기본학습을 위한 길라잡이

주식의 이해

이필상 안동현
손삼호 최영민

홍문사

머리말

주식은 기업이 설비투자나 시장 확대 등을 위한 자금을 확보하기 위해 발행하는 대표적인 유가증권이다. 이렇게 발행된 기업의 주식을 매입한 투자자는 자금을 기업에게 공여한 대가로 해당 기업의 소유권을 갖는 주주가 된다. 주식 또는 개별기업의 지분은 즉각 소비되는 일반 재화와 달리 투자자 간에 공개된 시장에서 재판매가 가능하다는 금융상품의 특성이 존재한다. 그러나 일정기간 동안 가격이 유지되는 일반 상품과 달리 주식은 재판매가 용이하지 않으며 투자자 별로 발행 기업의 미래에 대한 가치판단 차이로 인해 유통시장의 수요와 공급 규모가 달라진다. 또한 그에 따라 균형가격에 도달하여 거래가 발생하며 다시 새로운 정보 하에 주식의 균형가격은 변하게 된다. 따라서 주식시장의 참여자는 거래하는 주식뿐만 아니라 이러한 경쟁균형(competitive equilibrium)의 메커니즘에 대해서도 깊은 이해가 요구된다.

소비가 가능하지 않은 금융상품인 주식의 가격결정은 투자자의 소비에 대한 시계열적 이연 욕구 및 미래 현금흐름의 확률분포에 대한 인식, 경제환경이나 거래시스템, 금융제도와 같은 외적 요인 등 다양하고 복합적인 요인을 동시에 고려해야 하는 쉽지 않은 문제이다. 특히 우리나라를 비롯한 전 세계 각국은 주식시장을 비롯한 금융시장 전반에 대한 시스템 개혁과 규제 완화, 법과 회계제도의 변경 등 다양한 움직임이 빠르게 진행되고 있다. 앞으로 도래하는 4차 산업혁명 시대에는 ICT(Information & Communication Technology) 플랫폼 혁신에 힘입어 기업과 금융회사 중심에서 금융소비자 중심으로 경제 · 금융 활동이 변화할 것으로 예상된다. 기존 금융 산업은 세분화되고 전문화될 것이며 기술과의 융합으로 핀테크 산업 등 새로운 산업도 예상된다. 이렇듯 다가오는 변화는 세분화되어 있던 관련 업종의 경계를 허물고 있으며 각 금융기관은 새로운 분야로의 도전과 운영의 효율화를 지향하도록 요구받고 있다. 투자자 개인 역시 이러한 변화의 과정에서 투자 대상의 명확한 이해와 가치평가, 그리고 위험관리와 최종적인 투자결과에 대한 자기책임 역시 강화되고 있다. 결국 직접적인 주식을 거래하는 투자자뿐만 아니라 금융시장과 연계된 오늘을 살아가는 모두에게 광범위하고 전문적인 지식의 습득이 요구되는 시대가 도래하고 있다. 본서는 이러한 시대적 변화에 부응하여 금융시장에 대한 기본 지식, 그리고 주식의 기본 개념과 가치 평가에 대한 종합적인 분석이 가능한 기본서가 되도록 기획되었다.

본서, '주식의 이해'는 '채권의 이해'와 '파생상품의 이해'의 총 3권으로 구성된 시리즈 중 그 첫 번째이다. 주식은 채권이나 파생상품에 비해 그 내재가치를 평가하기가 가장 어려운 금융상품이다. 미래 현금흐름과 관련된 불확실성이 채권에 비해 상대적으로 큰 반면 파생상품과 달리 기초 자산이 존재하지 않기 때문에 복제방법을 통한 가치 산정이 불가능하기 때문이다. 따라서 주식가치의 판정은 현실에서 과학(science)보다는 예술(art)로 평가받는 영역으로, 투자자는 기본적 분석, 기술적 분석, 그리고 포트폴리오 분석에 대한 이해를 통해 자신만의 '투자론'을 확립할 필요가 있다.

본서는 주식의 가치 평가에 대해 다양한 접근법을 상술하여 다양한 응용이 가능토록 하였다. 또한 학부 수준의 학생이나 주식투자를 시작하는 투자자가 최소한의 시간으로 학습이 가능토록 불필요하거나 중요성이 낮은 주제에 대해서는 간략히 살펴보고, 반대로 핵심 주제는 깊이 다룸으로써 효율적인 학습이 가능토록 구성하였다. 전체적인 구성을 간단히 살펴보면, 우선 본격적인 주식에 대한 이해에 앞서 주식을 포함한 전반적인 금융상품이 거래되는 금융시장과 금융환경 전반에 대해 선행적으로 학습한다. 이를 통해 기본적인 자본시장 용어와 속성에 대해 이해하며 관련된 이해관계자와 금융상품의 유형에 대해 학습한다. 이어서 주식시장의 기본 정의와 유형, 그리고 본질적 의미에 대해 살펴본다. 무엇보다 중요한 주식평가에 대해서는 크게 실무적 접근을 위한 기본적 분석과 데이터에 기반한 기술적 분석으로 이원화하여 다각도의 학습이 가능토록 구성하였다. 다음으로 현대 재무이론에 근거한 포트폴리오 이론과 자본자산가격결정모형(CAPM) 등 이론적 모형에 근거한 주식가치평가를 학습한다. 끝으로 자산배분과 배당과 같은 주식 관련 세부 내용을 추가로 살펴본다. 본서에서 설명이 미비한 일부 분야에 대해서는 해당 주제가 포함된 '채권의 이해'와 '파생상품의 이해'의 각 권에서 보다 충실히 다루고자 한다.

본서의 출판을 오랜 시간 후원해 주신 홍문사의 임권규 사장님과 여러 번의 수정과 저자들의 귀찮은 요구에도 노력을 아끼지 않으신 이경희 편집주간께도 감사의 뜻을 표한다. 책이 작성되는 동안 한때의 고단함과 짜증에도 조용히 지켜봐 준 가족에게 깊은 사랑을 전하며, 지속적인 조언과 도움말을 아끼지 않은 동료 여러분에게도 고마움을 전한다. 본서에서 집중적으로 다룬 '주식'은 자본시장에 존재하는 유일한 금융상품이 아니며 채권과 파생상품과 같은 다양한 금융상품으로 이어지는 시작점이다. 바라건대 독자의 금융시장에 대한 관심이 본서에 그치지 않고 더욱 지식의 사다리를 높게 오르기 바라는 마음으로 머리말을 마친다.

2022년 4월
공저자 올림

차 례

I. 금융시장 및 금융환경의 이해

Ⅱ. 주식시장

Ⅲ. 주식 평가(Valuation)-기본적 분석

IV. 주식 평가(Valuation) - 기술적 분석

V. 주식 평가-포트폴리오 접근법 1

VI. 주식 평가-포트폴리오 접근법 2(MV Approach)

VII. 주식 평가-포트폴리오 접근법 3(CAPM)

VIII. 요인모형(Factor based Approach)

IX. Black-Litterman 모형

X. 배당정책

기본학습을 위한 길라잡이

주식의 이해

Ⅰ. 금융시장 및 금융환경의 이해
Ⅱ. 주식시장
Ⅲ. 주식 평가(Valuation)-기본적 분석
Ⅳ. 주식 평가(Valuation)-기술적 분석
Ⅴ. 주식 평가-포트폴리오 접근법 1
Ⅵ. 주식 평가-포트폴리오 접근법 2(MV Approach)
Ⅶ. 주식 평가-포트폴리오 접근법 3(CAPM)
Ⅷ. 요인모형(Factor based Approach)
Ⅸ. Black-Litterman 모형
Ⅹ. 배당정책

I. 금융시장 및 금융환경의 이해

본서에서 중점적으로 분석하게 될 주식, 채권과 파생상품은 금융시장의 일부인 자본시장(capital market)에서 거래되는 핵심적 상품들이다. 따라서 이들 개별 상품들에 대한 세부적인 이해에 앞서 자본시장을 포함하는 금융시장 및 이를 둘러싼 전반적인 금융환경에 대한 이해가 선행될 필요가 있다.

금융거래의 개요

일반적인 재화 및 서비스의 거래와 달리 금융거래는 '상이한 시점 간 재화의 교환'이란 측면에서 가장 뚜렷한 차별성을 가진다. 일반적인 재화나 서비스 거래에서 핵심은 거래에서 상이한 재화나 서비스 간(heterogeneous goods and services)에 교환이 이루어지고 그 교환은 지금 현 시점에서 이루어진다는 점이다. 이렇게 시간에 대한 고려가 배제된 현재 시점에서 재화나 서비스가 교환되는 거래를 횡단면적 거래(cross-sectional transaction)라고 한다. 횡단면적 거래를 통해 경제주체들은 자신들이 선호하는, 경제학적으로 표현하자면 자신들의 효용(utility)을 극대화하는 소비조합을 구성한다.

물물교환의 예를 들어 보자. 섬 A에 로빈슨 크루소가 표류되었고 인접한 섬 B에 톰 행크스가 표류되었다. 로빈슨 크루소는 섬 A에서 바나나 열 개, 코코넛 두 개를 수확했다. 반면 톰 행크스는 섬 B에서 바나나 네 개, 코코넛 일곱 개를 수확했다. 크루소는 행크스에게 바나나 두 개를 주고 코코넛 세 개를 받는 거래를 통해 자신이 선호하는 바나나 여덟 개, 코코넛 다섯 개의 소비조합(consumption mix)을 구성할 수 있게 된다.[1] 이러한 두 사람의 거래에 있어 바나나와 코코넛이란 재화 간 대체성(substitution among goods)이 핵심이다. 또한 현재 시점에서 즉각적으로 거래가 이루어진다. 이러한 거래가 미시경제학의 소비자 이론에서 배우게 되는 내용이다.

1 행크스 역시 이러한 거래를 통해 자신이 선호하는 바나나 여섯 개, 코코넛 네 개의 소비조합을 구성할 수 있게 된다.

반면 금융상품의 거래는 '오늘'의 재화나 서비스와 '미래'의 재화나 서비스가 교환되는 거래, 더 나아가 아예 특정 시점의 미래와 이와 다른 시점의 미래 간 재화나 서비스가 교환되는 거래를 의미한다. 따라서 교환되는 재화나 서비스가 서로 상이할 필요가 없다. 위의 물물 교환의 예를 들면 오늘의 바나나 두 개를 주고 일년 후 바나나 세 개를 받는 거래가 성립될 수 있다. 이러한 면에서 금융거래는 시계열적 거래(time-series transaction)라고 부르는 시간 간 거래(inter-temporal transaction)이며 시간이 배제된 위의 횡단면적 거래와 대비된다. 시계열적 거래를 통해 경제주체들은 자신들이 선호하는 소비의 시간적 구성을 달성할 수 있게 된다. 예를 들어 크루소는 섬 A에서 오늘 바나나 열 개, 내년에는 바나나 두 개를 수확할 수 있다고 하자. 반면 행크스는 오늘 바나나 네 개, 내년에는 바나나 일곱 개를 수확할 수 있다. 이런 경우 크루소가 행크스에게 오늘 바나나 두 개를 주고 내년 반대로 크루소가 행크스로부터 바나나 세 개를 돌려받는 거래를 할 수 있다고 하자. 이러한 금융거래를 통해 크루소는 자신이 선호하는, 경제학적으로 시간 간 효용(inter-temporal utility)을 극대화하도록, 오늘 바나나 여덟 개, 내년에 바나나 다섯 개의 소비를 하게 된다. 이러한 거래에 있어 핵심은 오늘의 바나나와 내일의 바나나 간, 즉 상이한 소비시점 간 대체성이다. 이를 상이한 재화 간 대체성과 구별하기 위해 시간 간 대체성(inter-temporal substitution)이라고 부른다.

물론 금융거래에 있어 반드시 재화가 동일할 필요는 없다. 오늘의 바나나 두 개와 내년의 코코넛 세 개가 교환될 수도 있다. 그럴 경우 바나나와 코코넛이란 상이한 재화 간의 교환으로 인한 횡단면적 거래와 오늘의 재화와 내년의 재화라는 시계열적 거래가 섞여 있게 된다. 금융거래의 특성은 시간 간 소비의 교환에 있는 만큼 위의 예에서 본 바와 같이 교환되는 재화나 서비스를 동일하다고 가정하는 것이 일반적이다.[2] 다만 모든 금융거래가 교환에 있어 시점 간 차이를 동반하진 않는다. 파생계약의 일종인 선도거래와 같이 내년의 바나나와 내년의 코코넛의 교환을 현재 시점에서 확정해 계약할 수 있다. 종합하면 금융거래는 적어도 거래에 따른 교환의 한 부분이나 모두가 미래의 특정 재화나 서비스의 양도(delivery)를 수반하고 있어야 한다.

그러나 다시 한 번 강조하지만 대부분의 금융거래는 상이한 시점 간 동일한 재화의 교환을 수반한다. 따라서 횡단면적 거래를 단순히 시계열적 거래, 즉 오늘의 바나나

2 오늘의 바나나와 내년의 코코넛 간 거래는 오늘의 바나나와 오늘의 코코넛 간 횡단면적 거래와 올해의 코코넛과 내년의 코코넛 간 시계열적 거래로 분리해 각각 분석한 후 조립하면 된다.

와 코코넛의 교환을 오늘의 바나나와 내년의 바나나의 교환에 대입해 생각하면 결국 경제학적 의미는 동일한 것이라고 추론할 수 있다. 이러한 직관적 추론의 방향성은 기본적으로 맞다. 다만 '내년'이라는 미래 시점이 개입됨에 따라 분석에 있어 새로운 요소들이 개입되게 된다. 생산의 기회, 불확실성과 위험, 그리고 이에 따른 정보의 상이성과 비대칭성, 도덕적 해이 등이 그것이다.

생산 기회(production opportunity)

로빈슨 크루소는 섬 A에서 수확한 바나나 중 일부를 소비하지 않고 이를 다시 심어 내년에 더 많은 바나나를 수확할 수 있다. 이것이 생산 기회(production opportunity)로 횡단면적 분석과 달리 시계열 분석에서만 가능한 기회다. 더 나아가 로빈슨 크루소가 바나나 농사에 있어 보다 비교우위를 가지고 있고 반대로 톰 행크스가 코코넛 농사에 비교우위를 가지고 있을 경우 크루소는 수확한 코코넛 중, 예를 들어 두 개를 행크스에게 빌려줘 농사를 짓게 한 다음 내년에 세 개를 돌려받고 반대로 행크스에게서 바나나 세 개를 빌려 농사를 지은 다음 내년에 다섯 개를 돌려 줄 수 있다. 즉, 특정 재화나 서비스 생산에 비교 우위를 갖춘 경제주체에 생산을 맡긴 후 그 생산물을 공유할 수 있다. 즉, 금융거래로 인해 생산과 소유가 분리될 수 있다. 현대경제에 있어 보편적으로 볼 수 있는 기업의 '소유와 경영'의 분리에 대한 이론적 근거가 여기에 있다.

이러한 생산 기회가 현실 경제에서 어떻게 적용되는가를 저축이란 금융상품을 통해 살펴보자. 우리가 저축을 하면 은행은 그것을 모아서 효율적인 사업계획을 보유한 기업에 대출을 해주고 기업은 이렇게 모인 자금을 투자하여 미래의 생산물을 증가시킨다. 그리고 일정 기간이 경과된 이후에 증대된 생산물의 일부를 우리에게 원금과 이자(수익) 형태로 되돌려 주게 된다. 이러한 면에서 기업은 생산물 증대를 통해 미래구매력을 증가시키게 된다. 즉, 개인들은 저축을 통해서 효용극대화를 위한 시점 간 자원배분에 대한 최적선택을 할 수 있고, 기업은 이윤극대화를 위한 효율적 투자를 수행할 수 있게 된다. 우리가 주식 투자를 하는 경우도 마찬가지다. 기업이 이러한 관점에서 보면, 금융거래는 한 경제의 생산 메커니즘과 결부되면서 단순히 현재의 소비와 미래의 소비 간에 있어 시점 간 교환뿐 아니라 미래 소비의 가능 집합(feasible set)을 확대시켜 주는 부의 증대를 가능케 한다는 중요한 시사점을 준다.

한 사회의 발전은 그 사회의 재생산이 얼마나 효율적으로 수행되는지의 여부로 판가름 할 수 있다. 자급자족이나 물물교환만 가능한 경제에서는 현재의 가용자원을 끌어다 미래를 위한 투자로 연결하는 활동이 수행되지 않게 됨에 따라 경제 규모가 정체되고 성장을 기대할 수 없다. 반면, 현대 경제는 특정시점에서 소득의 일부를 미래 소비로 대체하기 위해 금융투자를 하는 경제주체로부터 신규사업이나 사업확장과 같은 실물투자자금을 필요로 하는 경제주체들에게 자금을 이전시키는 일련의 체계를 갖추고 있다. 즉, 금융은 개인의 시간 간 소비 대체 욕구를 생산을 위한 투자와 연결시켜 경제 발전의 동력을 제공한다는 중요한 기능을 수행하며 이러한 금융체계가 잘 갖춰진 경제가 보다 높은 성장을 기대할 수 있다. 여기서 말하는 금융체계란 이러한 금융거래가 효율적으로 그리고 공정하고 투명하게 이루어지도록 중개 기능을 담당하는 금융기관과 금융거래가 이루어지는 금융시장, 그리고 이러한 금융시장이 원활히 작동하도록 만들어진 금융의 하부구조(financial infrastructure) 및 규율체계의 총체로서 우리가 금융제도라고 부르는 것이다. 경제발전 수준이 높을수록 더 효율적으로 시점 간 자원배분의 선택을 가능하게 하는 금융제도가 잘 구비되게 되며 그에 따라 더욱 더 경제가 성장해 나갈 수 있고 이렇게 만들어진 성장의 과실이 경제주체 간에 골고루 분배되는 선순환 구조가 만들어지게 된다.

불확실성과 위험(uncertainty and risk)

생산, 즉 실물투자는 불가피하게 미래 수익에 대한 불확실성과 위험을 수반하게 된다. 크루소가 바나나 두 개로 농사를 지을 경우 내년에 바나나 몇 개를 수확할 수 있을지 사전적으로 알 수 없다. 두 개의 바나나가 모두 발아에 성공할지, 성공해서 열매를 맺더라도 몇 개의 바나나가 열릴지, 중간에 태풍이 불어 농사를 마치게 될지 여러 예측할 수 없는 변수가 존재한다. 따라서 크루소 입장에서 투자란 오늘 확실한 바나나 두 개의 소비를 포기하고 내년 불확실한 개수의 바나나 소비를 선택하는 것이다. 그런 면에서 생산의 기회를 통한 실물 투자란 결국 '불확실한 미래 수익(payoff)'를 선택하는 것이다. 예를 들어 오늘 바나나 두 개의 소비를 포기하고 대신 내년 바나나 소비가 0개일 확률 10%, 1개일 확률 15%, 2개일 확률 15%, 3개일 확률 25%, 4개일 확률 20%, 5개의 확률 15%를 선택하는 것이다.

따라서 보다 정확히 설명하면 결국 투자는 수익의 확률분포(probability distribution)를 선택하는 것이라 할 수 있다. 이 중 어떤 결과가 실현될지 사전적으로는 알 수 없으며 사후적으로만 알 수 있다. 이렇게 주어진 확률분포에서 어떤 결과가 실현될지 알 수 없는 속성을 위험(risk)이라고 한다. 확률분포는 일종의 함수로, 쉽게 설명하면 특정한 조건을 만족하는 점의 집합(위의 예와 같은 이산적 확률분포(discrete probability distribution))이나 이러한 점이 연속적으로 연결된 선(정규분포와 같은 연속적 확률분포(continuous probability distribution))이라고 볼 수 있다.[3] 투자자는 이러한 점의 집합이나 선의 형태를 보고 투자를 결정하는 것이다. 따라서 투자안이 단일하든 또는 여러 개의 투자 대안이 존재할 경우 각 투자안이 가지는 점의 집합이나 선을 비교하고 투자의사결정을 해야 한다.

이러한 생산기회를 통한 실물투자의 위험은 필연적으로 금융거래에 선이될 수밖에 없다. 바나나 농사에 비교 우위를 가진 크루소에게 행크스가 지금 2개의 바나나를 주고 내년에 3개를 돌려받는 금융거래를 한다고 가정하자.[4] 이 경우 크루소가 내년 수확한 총 바나나의 수가 2개 이하가 될 수도 있기 때문에 3개를 돌려받지 못할 수도 있다. 또 다른 금융거래로 오늘 행크스가 크루소에게 바나나 2개를 주고 내년에 크루소가 수확하는 바나나 개수의 30%를 받는 금융거래를 할 경우 바나나 농사의 위험 자체가 그대로 행크스에게 전이되게 된다.[5] 여기서 실제 생산을 담당하는 크루소는 금융상품의 발행자가 되며 수익의 일부를 분배받는 행크스는 금융상품 투자자가 된다. 위의 두 예에서 보듯, 동일한 바나나 미래 수익이라도 경제주체 간에 어떻게 나누는가, 즉 수익의 배분구조에 따라 금융거래의 위험은 상이하게 된다. 이러한 수익의 배분구조에 따라서 금융상품의 구조가 달라지게 되며 이 구조가 어떻냐에 따라 실물 투자의 위험은 그대로든 아니면 변형된 형태로든 금융상품에 전이될 수밖에 없다. 따라서 일차적으로는 실물투자의 확률분포, 이차적으로 금융상품의 구조에 따른 변환으로 인해 금융상품의 위험성이 결정되며 바로 이것이 금융상품의 가장 큰 특성이다. 더불어 오늘 심은 바나나가 내년에 열매를 맺을 수도 있지만 내후년에 열매를 맺을 수도 있다. 이에 따라 이와 연계

3 확률분포는 특정한 결과들이 일어날 확률값이 비음수(non-negative value)고 확률분포의 합이 1이며 특정한 결과들이 일어날 확률은 개별 결과가 일어날 확률의 합이라는 콜모고로프 정리(Komogorov axiom)라는 조건을 만족해야 한다.

4 행크스가 크루소에게 대출을 하거나 크루소가 발행한 채권을 매입한 금융거래라고 해석할 수 있다.

5 행크스가 크루소의 바나나에 주식 투자를 한 경우로 해석할 수 있다.

된 금융투자 역시 언제 정확히 수익을 낼 수 있을지 모르는 위험도 존재한다. 이렇게 금융거래는 다양한 형태의 위험을 수반하게 된다.

이렇게 위험을 가진 실물투자가 금융투자로 변이되는 과정에서 두 가지 난제를 해결해야 한다. 첫째, 금융투자는 실물투자에서 파생되는 파생상품으로 해석할 수 있다. 위의 예에서처럼 크루소가 바나나 농사라는 실물투자를 통해 내년 불확실한 수익을 얻게 될 때 크루소와 행크스는 이론적으로 무한대의 금융계약을 체결할 수 있다. 즉, 주어진 실물투자의 수익을 투자자 간에 어떻게 나눌 것인가 수익의 분배(slicing of payoff) 문제다 보니 결국 금융상품은 실물투자에서 파생된 것으로 볼 수 있다. 위의 예로 설명하면 주어진 바나나 수익의 확률분포를 두 사람 간에 어떤 형태로 분배해 각자 선호하는 확률분포를 선택할 것인지가 핵심이다. 이렇게 투자자 간에 금융계약을 어떻게 정할지를 분석하는 문제를 최적 증권설계(optimal security design) 문제라고 한다. 본서에서 다루는 주식이나 채권과 같은 증권은 이러한 최적 증권설계의 산유물이라고 볼 수 있으며 이외에도 전환사채를 비롯한 수많은 형태의 증권, 즉 금융계약이 가능하다.

둘째, 투자자는 하나의 금융자산에만 투자할 필요할 필요는 없다. 복수의 금융 투자대안 중 하나를 선택하는 것은 곧 각 투자안의 확률분포를 비교해 선택하는 문제이다. 더 나아가 복수의 투자대안이 상호 배타적(mutually exclusive)인 것이 아니라 모두 투자할 수 있기 때문에 각기 다른 투자안에 얼마만큼 투자해야 할지, 즉 포트폴리오 구성문제를 결정하게 된다. 현실에선 무수히 많은 실물투자자산으로부터 또 다시 수많은 금융투자자산이 파생됨에 따라 투자자는 이렇게 수많은 금융투자자산을 자신이 최적이라고 생각하는 형태로 포트폴리오에 투자하게 된다. 이를 통해 자신이 원하는 형태의 미래 수익의 확률분포를 선택하는 것이다. 이를 위해서는 확정된 소비가 아닌 미래 소비의 확률분포를 투자자의 선호체계, 즉 효용함수에 어떻게 반영할 것인가 하는 근본적인 문제를 해결해야 한다. 또한 이러한 각 투자자의 포트폴리오 구성, 즉 각 금융자산에 얼마만큼 투자할 것인가 하는 문제는 각 금융상품에 대한 수요가 된다. 이러한 수요는 결국 각 상품의 미래 수익을 취득하는 대가로 오늘 얼마만큼 가격을 지불할 용의가 있는지, 즉 개별 투자자의 유보가격(reservation price)에 의해 결정된다. 이것이 개별 투자자, 즉 금융상품 소비자의 수요함수(individual demand curve)가 되며 이를 합산한 것이 시장 전체의 수요함수(market demand curve)이다. 이렇게 결정된 시장 수요함수와 금융상품의 공급곡선이 만나는 점에서 금융상품의 가격이 결정된다는 측면에서 경쟁균형

(competitive equilibrium)의 일종이다.

위험은 경제주체가 수익의 확률분포를 인지하고 있다는 가정 하에서 단지 어떤 수익이 실현될지 사전적으로 알 수 없는 문제를 일컫는다. 반면 현실에서는 아예 각 금융자산의 수익이 어떤 확률분포를 가지는지도 파악하기 힘든 것이 사실이다. 이에 따라 최근에는 확률분포의 집합이 주어져 있는 상태에서 어떻게 투자의사결정을 해야 하는지에 대한 문제가 학문적으로 활발히 진행되고 있다. 이렇게 확률분포 자체를 인지할 수 없는 경우를 불확실성(uncertainty)이라고 한다. 따라서 흔히 불확실성과 위험은 혼용해 사용하고 있지만 학문적으로 위험과 불확실성은 분명한 차이가 있음을 인식할 필요가 있다.

정보의 상이성, 정보의 비대칭성 그리고 도덕적 해이(information heterogeneity, asymmetric information and moral hazard)

앞서 살펴본 바와 같이 금융 투자의 가장 중요한 특성은 수익의 확률분포에 투자하는 것이다. 그런데 개별 투자자가 인식하는 확률분포는 상이할 수 있다. 크루소가 인식하는 내년 바나나 수확의 확률분포와 행크스가 인식하는 바나나 수확의 확률분포가 같지 않을 수 있다. 투자자 간에 보유하고 있는 정보가 상이하기 때문이다. 마치 장님이 코끼리를 만지고 코끼리의 형상을 추정하듯 투자자들은 정보의 일부분을 인지하고 이에 따라 투자의사결정을 하게 된다. 이를 정보의 상이성(information heterogeneity)이라고 한다. 또 다른 경우로 일부 투자자가 다른 투자자보다 더 많은 정보를 가지는 경우도 있을 수 있다. 이를 정보의 비대칭성(information asymmetry)이라고 한다.

정보의 상이성에서는 투자자들이 보유한 다양한 정보가 어떤 과정을 거쳐 집합적으로 가격에 반영되는지에 대한 정보의 집적(information aggregation)이 중요한 의제다. 정보의 비대칭성 역시 정보우월자가 보유한 정보가 어떻게 가격에 반영되는지에 대한 메카니즘이 주요 과제다. 그런데 여기서 중요한 것은 이렇게 가격이 정보를 반영하기 때문에 합리적 투자자들은 가격에 녹여진 정보를 추출하고자 한다. 즉, 정보가 가격에 영향을 미치는 만큼 이에 대한 함수관계를 파악해 역으로 함수를 도출해 정보를 추출한다고 보면 된다. 이렇게 투자의사결정에 있어 가격에 반영된 정보를 추출해 투자의사결정을 하는 행위를 합리적 기대(rational expectation)라고 한다.

정보의 비대칭성은 또 다른 중요한 이슈를 만들어 낸다. 두 가지 측면의 문제가 발생할 수 있다. 금융자산 발행자, 예를 들어 바나나 농사를 수행하는 크루소는 금융자산 투자자인 행크스에게 올해 바나나 한 개를 투자받아 내년 바나나 수확이 0개면 0개, 1개면 0.3개, 2개면 0.8개, 3개면 1개, 4개면 1.2개, 5개면 1.5개 6개 이상이면 2개를 주기로 계약했다고 하자. 이때 생산을 직접 수행한 크루소, 즉 금융상품의 발행자는 사후적으로 몇 개의 바나나가 수확되었는지 알 수 있지만 행크스는 알 수 없는 경우가 있을 수 있다. 즉, 사후적으로 몇 개의 바나나가 수확되었는지 정보의 비대칭성이 발생할 수 있다. 앞서 언급한 정보의 비대칭성이 사전적인 확률분포의 문제였다면 여기서 말하는 정보의 비대칭성은 사후적으로 그 확률분포에서 어떤 결과가 실현되었는지에 대한 비대칭성이다. 이를 사후 수익의 '입증 문제'(verification problem)라고 한다. 예를 들어 크루소는 4개의 바나나가 수확되어 1.2개의 바나나 수익을 행크스에게 줄 경우 행크스 입장에서는 실제 바나나 수확이 5개나 6개인데 크루소가 자신을 속인 것이라 생각할 수 있다. 정보의 비대칭성으로 인한 도덕적 해이 문제가 발생하는 것이다. 이를 우려한 행크스는 애초 위의 수익배분에 대해 올해 바나나 한 개를 크루소에게 주는 게 아니라 바나나 0.7개를 주는 식으로 금융상품의 가격을 낮추려고 할 것이다. 크루소가 사후 실현 수익을 속일 의도가 없더라도 이러한 문제로 자신이 발행한 금융상품(즉, 위의 수익구조)에 대한 적정 가격(바나나 한 개)을 받을 수가 없다. 따라서 크루소 입장에서는 애초 이러한 문제를 최소화하기 위해 어떤 형태의 금융상품을 설계해 발행해야 하는지 고민할 수밖에 없으며 이것이 증권설계의 주요 화두가 된다. 이 경우 최적 금융상품은 바나나 수확에 관계없이 투자자인 행크스에게는 동일한 수익을 양도함으로써 아예 바나나 수확이 얼마인지 입증할 필요가 없게 만들거나 최소화하는 것이다.[6] 현실적으로 대출이나 회사채 발행이 최적의 금융상품이라는 논리가 성립한다.

그렇다면 이렇게 대출이나 회사채 발행을 통해 외부 투자자금을 조달하면 모든 문제가 해결될까? 이 경우 또 다른 정보의 비대칭성 문제에 직면하게 된다. 바로 과도한 위험 추구 현상이다. 예를 들어 행크스가 크루소에게 올해 바나나 한 개를 투자하고 내년 두 개를 돌려받기로 계약을 했다고 하자. 이렇게 계약이 성사되고 나면 크루소 입장

6 예를 들어 크루소가 행크스로부터 바나나 두 개를 투자받고 내년 세 개를 돌려준다고 하자. 이때 바나나 농사로부터 얻는 최소 수확이 바나나 두 개 이상이면 입증 필요가 없어짐에 따라 비대칭성 문제는 완전 해결된다. 반면 수확이 두 개 이하인 경우가 발생할 수 있고 사후적으로 실제 두 개 이하가 수확되면 채무불이행(default)이 발생하며 그 경우에만 입증 문제가 발생한다.

에서는 자신의 수익구조를 살펴보게 된다. 예를 들어 원래 계획했던 농사로는 내년 바나나 총 수확이 0개일 확률 20%, 3개일 확률 60%, 6개일 확률 20%라고 하자. 그 경우 총 수확의 기댓값은 3개가 된다. 그리고 행크스에게 약속한 바나나를 돌려주고 나면 자신의 수익구조는 0개일 확률 20%, 1개일 확률 60%, 4개일 확률 20%가 되어 크루소의 기대 수익은 1.4가 되고 따라서 행크스의 기대수익은 1.6이 된다. 그런데 크루소에게는 다른 농사안이 있다. 만약 이 농사방법으로 변경하면 바나나 총 수확은 0개일 확률 40%, 3개일 확률 20%, 6개일 확률이 40%가 된다. 총 수확의 기대 수익은 여전히 3개로 원래의 농사안과 동일하다. 이 경우 크루소의 수익은 0개일 확률 40%, 1개일 확률 20%, 4개일 확률이 40%가 되어 기대수익은 1.8이 되고 따라서 행크스의 기대수익은 1.2가 된다. 따라서 크루소가 어떤 농사를 짓는지 행크스가 파악할 수 없는 한 크루소는 계약 체결 후 자신에게 유리한 두 번째 방법으로 농사를 전환한다. 이를 '위험변환 문제(risk shifting problem)'이라고 하는데 도덕적 해이의 문제 중 하나로 이를 어떻게 해결할지의 문제 역시 중요한 이슈 중 하나다.

이러한 불확실성 혹은 위험으로 인해서 저축자와 실물투자자의 이해관계의 상반성(incompatibility) 문제가 대두된다. 위험과 관련해서 저축자와 투자자는 상반된 입장을 드러낸다. 저축자는 가능한 한 위험은 회피하고 유동성을 높게 유지하고자 하는 반면, 실물투자자는 높은 위험을 감수하고 고정자산 투자를 수행하므로 저축자의 유동성 상환 요구에 부응할 수가 없다. 이러한 상황에서 효과적인 금융제도는 저축자들의 소규모 자금을 모아 대규모 투자자본 조달을 가능하게 해주고, 규모의 경제와 분업의 원리를 통해 거래비용을 절감시킨다. 또한 포트폴리오를 다양화함으로써 실물투자자들이 발생시키는 위험을 축소시키고 유동성을 제공함으로써 위험을 둘러싼 저축자와 실물투자자 간 이해관계의 상반성 문제를 만족스럽게 해결해 준다.

위에서 언급한 정보의 비대칭성 문제는 현실에서 심각한 문제를 유발할 수 있다. 발행자와 투자자 간, 또는 금융상품 판매사와 투자자 간 정보의 비대칭성으로 인해 정보 우위자인 발행자나 투자자가 정보 열위자인 금융상품 투자자를 착취할 수 있다. 차입자의 상환능력이나 상환의사, 혹은 금융상품에 내재된 다양한 위험에 있어 정보의 비대칭성으로 인해 불공정거래나 불완전 판매 등이 발생할 확률이 항시 존재한다.

더불어 도덕적 해이로 인해 차입자, 금융회사, 보험가입자 등이 각각 자금상환 노력, 자산관리 노력 및 사고방지 노력을 게을리 하거나 투자자에게 위험을 전가하는 등 투자자와의 이해상충 문제 역시 항시 발생할 수 우려가 있다. 이러한 문제들은 금융소비자들에게 손해를 입히게 되고 금융시장의 신뢰성을 약화시킬 수 있으며 자칫 금융회사의 건전성뿐 아니라 금융시장을 마비시킬 수 있다. 이에 따라 금융소비자 보호(financial consumer protection) 및 거시건전성 규제(macro-prudential regulation)를 통해 금융거래의 투명성과 공정성 그리고 금융시장의 안정성을 도모하는 다양한 금융규제가 잘 마련되어야 한다. 이와 관련하여 실효성을 발휘하는 금융제도는 신용정보 수집과 관련된 탐색비용을 축소시키고 차입자의 신용정보를 효과적으로 전달할 수 있어야 한다. 아울러 투자와 저축과 관련된 의사결정에 적절한 도움을 줄 수 있도록 자산가격이 신호역할을 충실히 수행할 수 있게 함으로써 효율적 자원배분을 가능하게 해야 한다.

[그림 I-1]은 이렇게 금융제도 및 금융하부구조가 원활히 작동할 때 어떻게 가계의 유휴자금이 기업에게 전달되는지, 그리고 그 사이에 금융기관과 금융시장이 중개기능을 통해 이러한 자금의 흐름을 원활히 하는지 보여주고 있으며 이러한 금융시장의

그림 I-1 금융 및 실물경제 순환관계

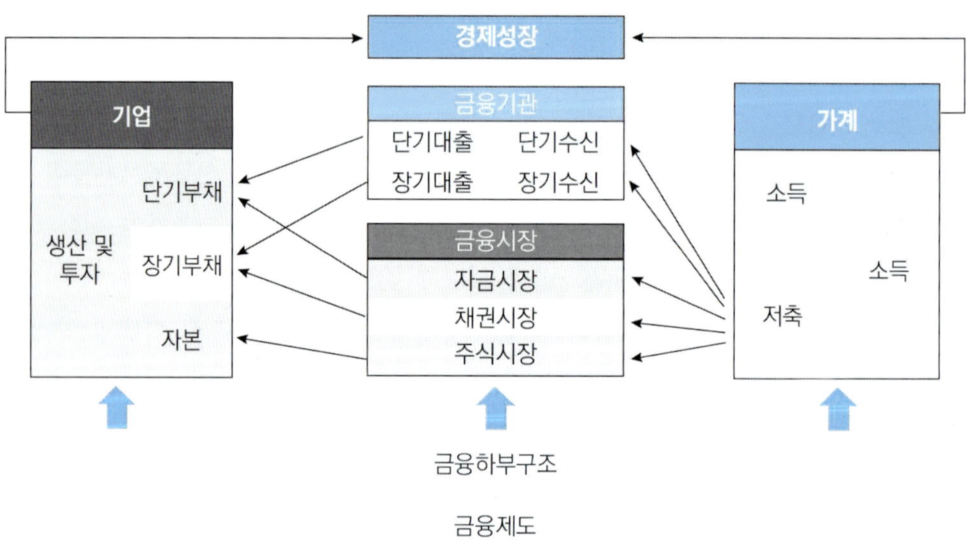

자료: 한국은행, 「한국의 금융제도」(2018), 中 재도식.

기능이 효율적으로 작동할 때 경제성장을 도모할 수 있음을 보여준다.

1. 금융시장 구조

1) 직접금융 vs. 간접금융

금융은 크게 직접금융과 간접금융으로 분류할 수 있다. 간접금융(indirect financing)은 상업은행(commercial bank)과 같은 금융중개기관이 가계의 유휴자금을 예적금의 형태로 모집(pooling)한 후 기업에 대출하는 방식이다. 반면 직접금융(direct financing)은 가계가 직접적으로 유휴자금을 기업이 발행한 주식이나 채권과 같은 증권에 투자하는 방식을 취한다. 두 방식 모두 가계의 유휴자금이 기업의 운용자금이나 투자자금으로 활용된다는 면에서는 동일하다. 그러나 간접금융에서는 자금의 공급자인 가계와 자금의 수요자인 기업이 직접적으로 거래를 하지 않는다. 은행이 금융중개자로서 자금의 공급자인 가계에게서 자금을 빌리는 자금수요자 역할을 하고 이렇게 모은 자금으로 자금의 수요자인 기업에게 공급한다. 따라서 원천적 자금의 공급자는 자금의 수요자인 기업과 어떤 방식으로든 접촉할 필요가 없다. 반면 직접금융에서는 자금의 공급자인 가계가 투자자로서 직접적으로 기업이 발행한 유가증권을 선정해 투자하게 된다.

직접금융과 간접금융은 각각 장단점이 있다. 간접금융의 경우 모니터링(monitoring) 비용이 상대적으로 저렴하다는 장점이 있다. 상기한 바와 같이 발행자와 투자자 간 정보의 비대칭성 및 이와 관련된 도덕적 해이 문제를 감소시키기 위해 자금 공급자는 최종 자금 수요자인 기업이 투자받은 자금을 원래의 목적에 맞게 투명하게 집행하고 있는지 모니터링을 할 필요가 있다. 직접금융에 있어서는 이러한 모니터링을 기본적으로 투자자가 직접 개별적으로 할 수밖에 없다. 물론 직접금융이 이루어지는 자본시장의 경우에도 현실적으로 외부감사나 공시제도 그리고 연기금이나 펀드와 같은 기관투자자들이 투자자로 참여하고 증권회사의 리서치센터가 일부 모니터링 기능을 수행하지만 최종적으로는 투자자 개인이 직접적으로 모니터링을 해야 하며 모든 책임이 투자자 개인에게 귀속된다. 반면 간접금융에 있어서는 은행이 가계의 예적금을 모아 자신의 책임 하에 기업에 대출하거나 투자한다. 따라서 기업에 대한 모니터링은 은행의 몫이 된다. 따라서 직접금융에서는 모니터링 비용이 중복되는 반면 간접금융에서는 단일화되어 비용면에서 저렴하며 보다 효율적이다. 더불어 상업은행의 경우 대부분의 자금조달이 예적금과 같이 차입계약이므로 자금 공여자인 예적금자가 부담하는 위험성이 낮고 입증 비용도 매우 낮다. 이러한 장점으로 상업은행은 조달하는 자금 규모가 워낙 커서 특정 기업에 상대적으로 큰 규모의 대출을 해도 은행 전체 대출 규모에 비하면 비중, 즉 집중위험(concentration risk)이 낮다.

반면 직접금융의 경우 투자자가 기업이 발행하는 유가증권에 투자하는 만큼 다양한 형태의 자금 조달이 가능하다. 즉, 간접금융에서는 차입형 자금조달이 주류인 반면 직접금융에서는 채권 외에도 주식, 전환사채, 신주인수권부 사채, 교환사채 등 무수히 많은 형태의 자금조달이 가능하다. 따라서 기업 입장에서는 자신이 기업활동을 통해 얻은 수익을 고위험 고수익, 중위험 중수익, 저위험 저수익 상품 등 다양한 형태로 분할하여 매각할 수 있다는 장점이 있다. 더불어 투자자 입장에서는 이러한 상품에 투자를 한 후 유통시장에서 매각을 통해 환매가 가능한 만큼 유동성 면에서도 간접금융상품에 비해 우수하다.

현재와 미래를 연결시키는 가교역할을 한다는 측면에서 금융제도는 현 세대는 물론이고 현 세대의 성과를 계승하는 이후 세대에게도 매우 중요한 제도이다. 그리고 당연하지만 오늘날 우리가 향유하는 실물경제뿐만 아니라 금융제도의 형태 또한 지난 과거 세대의 자원배분, 위험 및 정보문제 등을 해결해 온 금융제도에 의해 직접적 영향을 받고 있으며 이에 따라 직접금융과 간접금융의 비중이 국가에 따라 다르게 형성되어 있다.

금융제도의 유형을 크게 구분해보면 한국, 일본, 독일의 간접금융 위주의 은행중심 금융제도(bank-based financial system)와 미국, 영국 등 직접금융 위주의 시장중심 금융제도(market-based financial system)로 나눌 수 있다. 은행중심 금융제도 하에서는 은행이 금융제도의 중추적 역할을 담당하고 시장중심 금융제도에서는 주식과 채권, 전환사채, 그리고 파생상품 등이 거래되는 자본시장이 중요한 역할을 수행한다. 이러한 차이를 이해하기 위해서는 각 나라들의 금융제도가 역사적으로 어떻게 형성되어 왔는지를 이해할 필요가 있다. 또한 각국의 시점 간 자원배분, 투자 위험 및 정보비대칭성과 관련된 문제들이 어떤 형태로 전개되었고 어떻게 해결되었는지를 면밀히 살펴볼 필요가 있다.

먼저 산업화 시기 경공업이 성장을 주도했던 영국의 경우 기업들이 대규모 외부자금 조달 필요성이 크지 않았다. 따라서 당시 영국의 금융제도는 은행중심으로 발전할 수가 없었다. 또한 미국의 경우 전국적인 지점망을 가진 대형은행에 대해서 전통적으로 반대여론이 지배적이었다. 그 결과 소규모 지역은행들이 난립하였다. 이에 따라 미국의 경우, 산업화를 위한 대규모 자금조달은 불가피하게 자본시장을 통하여 수행할 수밖에 없었고 그 결과 시장중심 금융제도가 발전하게 되었다. 반면 독일의 경우 자본주의 발전의 후발주자로서 중공업 위주의 산업화를 위한 대규모 자금조달을 주로 은행을 통해서 수행한 결과 은행중심 금융제도가 발전하게 되었다.

다음으로 금융거래 참가자들이 부담하는 위험 및 정보비대칭성 문제를 해결하는 법률제도의 차이에도 주목할 필요가 있다. 일반적으로 법적 판례에 기초한 보통법(common law) 국가에서 법원은 금융거래와 관련된 특수한 문제를 해결할 수 있는 법조문이 없을 경우 법을 직접 만들어 낼 수 있었다. 보통법 국가의 기업들도 분쟁을 효과적으로 해결해주는 법원을 믿고 자신에게 유리한 주식, 채권 발행을 선호하였으므로 시장중심적 금융제도는 이러한 배경 하에서 발전할 수 있었다. 반면 성문화된 체계에 기초한 시민법(civil law) 국가의 법원은 그 특유의 보수성으로 인하여 금융거래와 관련한 각종 분쟁을 효과적으로 해결하지 못하였다. 따라서 시민법 국가에서는 분쟁해결, 계약집행, 투자자산 관리 및 기업감시, 정보전달 등에 전문성을 갖고 있는 은행조직을 중심으로 하는 금융제도가 발전하게 되었다.

통상적으로 시장중심 금융제도 즉 직접금융 방식은 주가 변동과 적대적 인수합병(M&A)이 기업 감시에 중요한 역할을 하기 때문에 기업 회계 투명성과 투자자 보호가 중시된다. 따라서 직접금융은 시장인지도가 높고 회계정보가 잘 갖추어져 있어 경영정보를 얻기 쉬운 대기업 금융에 유리하다. 또한 직접금융수단인 주식의 경우 투자수익이 기업의 경영성과에 비례하기 때문에 투자자는 기업이 보다 많은 위험을 감수하는 것을 용인하는 경향이 있다. 따라서 직접금융은 혁신산업의 지원에 유리한 측면이 있다. 즉, 직접금융은 주가를 매개로 투자자와 기업 간 의사소통이 끊임없이 이루어지기 때문에 경영방식에 대한 경험이 축적되지 않은 혁신산업의 감시 및 자금지원에 유리한 측면이 있다. 직접금융 방식의 장단점을 간략하게 정리하면, 장점으로는 자금배분의 적정화, 부실기업 조기정리 등에서 유리하다. 단점으로는 기업경영자와 투자자 간의 정보비대칭, 투자자금공급체계의 높은 변동성(volatility), 단기성과 중시로 인한 과소투자 우려 등이 있다.

대조적으로 은행중심 금융제도 즉 간접금융 방식은 주가변동보다는 은행과 기업 간의 장기적 관계를 통해 기업감시가 이루어진다. 따라서 간접금융 방식은 시장인지도가 낮고 회계정보가 불충분한 중소기업 금융에 유리한 측면이 있다. 중소기업들이 장기간 은행과 거래하는 경우 해당기업의 정보는 은행에 축적되므로 정보의 비대칭 문제가 완화된다. 또한 은행대출의 경우 투자성과가 사전에 정해지는 반면 기업이 부도가 나면 이자는 물론 원금까지 회수가 불가능한 위험에 빠질 수 있으므로 대출에 대해서 보다 보수적인 입장을 취한다. 따라서 간접금융방식은 수익이 낮지만 상대적으로 안전한 산업 즉, 투자자들의 견해 일치에 무리가 없는 전통산업에 적절한 방식이다. 간접금융 방식의 장점으로는 장기고객관계에 의한 정보비대칭 축소, 제조업 경쟁력 강화 등에 유리한 측면이 있다. 단점으로는 기업이 부실화되면 은행이 동반부실화될 가능성이 상존한다는 점이다.

금융제도의 효율화를 위해서는 직접금융과 간접금융의 균형적 발전이 필요하나 경제의 발전단계에 따라 양자의 비중조절이 필요하다. 즉, 대기업보다 중소기업 비중이 높은 경제에서는 정보비대칭 문제를 완화하기 위해 간접금융의 중요성이 강조되어야 하며, 혁신산업에 의해 주도되는 경제의 경우 산업지원에 유리한 직접금융의 역할이 중요해진다.

2) 주주 vs. 이해관계자

앞서 살펴본 금융제도의 구분은 기업지배구조와도 밀접한 연관을 갖는다. 기업지배구조의 유형은 크게 보아 주주자본주의(Shareholder Capitalism) 모델과 이해관계자 자본주의(Stakeholder Capitalism) 모델로 대별된다. 주주자본주의 모델은 주식시장이 발달하여 주식회사를 주주의 사적 재산으로 인식하는 미국, 영국 등의 기업지배구조를 설명하기에 적합하다. 이해관계자 자본주의 모델은 주식시장이 발달하지 않아 주식회사를 주주, 경영자, 종업원, 채권자, 거래기업, 소비자, 정부 등 다양한 이해관계자로 구성되는 공동이익의 연합체로 인식하는 독일, 일본 등의 현실을 설명하기에 적합하다.

주주자본주의 모델은 기업이 외부주주 등에 의해 통제된다는 점에서 외부자 중심체제(outsider system)로 지칭되기도 한다. 동 모델에 의하면 경영자는 기업의 투자수익을 극대화하기 위해 영업활동을 수행해야 할 임무가 있으나 주식의 분산으로 소유와 경영이 분리되어 경영자가 주주의 이익보다는 자기 자신의 고용안정과 부수혜택(perquisite)을 위해 행동하는 주주와 경영자 간의 "주인-대리인문제(principal-agent problem)"가 발생할 가능성이 커진다. 이 경우 정책당국은 대리인문제를 해소하기 위해 경영실적이 반영되는 주식시장에서 주식가격에 의한 기업가치 평가, 기업지배권 매매(M&A) 허용 등 시장규율을 통해 경영자의 행동을 통제하고 주주의 이익을 최대한 확보해주고자 노력한다. 주주자본주의 모델의 장점으로는 광범위한 주식분산으로 투자위험의 분산이 용이해지므로 일반인의 기업투자를 촉진한다는 측면이 있다. 또한 소유와 경영의 분리로 경영자의 독립성과 전문성이 제고되어 경영효율이 제고된다는 점도 장점이다. 단점으로는 경영자가 단기 경영성과에 집착하여 장기적인 관점에서 기업경영의 성과를 기대하기 어렵다는 점이다.

한편, 이해관계자 자본주의 모델은 기업 내부의 이해관계자들에 의하여 기업이 통제된다는 점에서 내부자중심 체제(insider system)로도 불리운다. 동 모델에 의하면 경영자는 주주뿐만 아니라 다양한 이해관계자의 이익을 극대화하는 한편 기업의 사회적 책임도 수행해야 할 임무가 있으며, 이해관계자간 이해상충을 조정하기 위하여 다양한 이해관계자들이 기업지배구조에 참여한다. 동 모델에서는 기업들이 자금을 주로 은행차입을 통해 조달함에 따라 은행이 기업경영에 상당한 영향력을 발휘하며, 이해관계자들은 내부 상호감시를 통해 대리인문제를 해소하고 이해관계자 전체의 이익 극대화를 추구한다. 이해관계자 자본주의 모델의 장점으로는 안정적인 지배구조를 바탕으로 장기적인 안목에서 경영이 가능하다는 점, 그리고 이해관계자 간의 이해상충을 조화롭게 해결할 수 있다는 점이 장점이다. 동 모형의 단점으로는 기업이 추구하는 목표가 다원적이어서 경영효율이 저하되고 주주의 이익이 경시될 가능성이 있다는 점이다.

1990년대 초까지는 주주권익 중심의 미국식 지배구조보다는 이해관계자 권익 중심의 독일 및 일본식 지배구조가 바람직할 뿐 아니라 장기적인 경영성과 면에서도 우월하다는 인식이 우세하였다. 그러나 이후 일본경제가 침체에 빠지고 미국기업의 경쟁력이 강화되면서 독일 및 일본식 지배구조의 문제점이 노정되고 영·미식 기업지배구조가 가지는 장점이 부각되기 시작하였다. 기본적으로 기업지배구조는 경제발전 형태, 정치·사회여건, 법제적 차이 등의 환경이 복합적으로 작용하여 형성되므로 지배구조에 있어 바람직한 하나의 유일 모델이 존재하지는 않으며, 최근 시장개방 등 국제화 및 세

표 I-1 주주와 이해관계자 비교

	주주 자본주의 모델 (Shareholder Capitalism)	이해관계자 자본주의 모델 (Stakeholder Capitalism)
해당국가	· 미국, 영국 등 영미계 국가	· 독일, 일본 등 대륙계 국가
기본개념	· 주주 주권주의(주주가 기업의 주인)	· 기업공동체주의(기업은 하나의 공동체)
경영목표	· 최소한의 대리인비용으로 주주이익 극대화	· 다양한 이해관계자들 간 장기 · 안정적인 관계 형성을 통한 이해관계자들의 이익 극대화
특징	· 소유와 경영의 분리, 기관투자가 발달 · 주주이익을 중시하는 법제 · 소액주주 보호장치 존재 · 엄격한 기업정보공개 요구	· 소유와 경영의 중첩 또는 분리 · 이해관계자들의 공동이익 추구 · 기업경영의 안정을 중시하여 기업지배권 매매(M&A)를 제한
금융여건	· 자본시장 성숙 및 관련 법제 완비 · 기업자금을 주로 자본시장에서 조달 · 은행은 기업경영에 불간여 · 기관투자가의 높은 지분율	· 자본시장 미성숙 · 기업자금을 주로 은행을 통하여 조달 · 은행이 기업경영에 영향력 행사 · 대주주의 높은 지분율
회계제도	· 주주이익(배당)의 극대화를 위해 시가주의 회계 채택	· 기업 및 채권자 입장에서 원가중심의 보수주의 회계 채택
기업성과 측정방법	· 기업의 시장가치(주식가격)	· 기업의 시장가치(주식가격), 고용관계, 공급자와 구매자와의 거래관계 등
규율수단	· 이사회의 경영감시 · 시장에 의한 규율(market discipline) - 투자자의 자유로운 주식매매 - 기업지배권 매매(M&A) 허용 등	· 조직에 의한 통제(organizational control) · 거래은행의 경영 감시 및 통제

자료출처: 최근의 기업지배구조에 관한 논의와 개선방향(한국은행 금융시스템리뷰, 1999).

계화가 진전되면서 순수한 자본주의 모델 또는 이해관계자 자본주의 모델만으로는 경영환경의 변화에 대처해 나가는데 어려움이 있으므로 양 모델의 장점을 중심으로 수렴해 나가는 경향이 나타나고 있다.

기업지배구조 이슈와 관련하여 우리나라 금융제도의 개편 방향을 살펴볼 필요가 있다. 1997년 외환위기 이전까지 우리나라는 경제성장에 필요한 자금을 지원하기 위해 정부가 은행 경영 및 영업활동에 영향력을 행사해왔다. 은행은 단순히 자금배분 창구 또는 여신관리업무를 수행해 옴에 따라 거래기업의 채권자로서 대출채권의 수익성 및 건전성을 높여 은행가치를 제고하는 역할을 제대로 수행하지 못하였다. 은행장의 선임 과정에서도 정부의 입김이 작용하여 은행장이 외부의 압력에 구애받지 않고 은행을 건전하게 경영하기가 어려운 실정이었다. 또한 우리나라 은행들은 의사결정 및 집행기능이 은행장을 정점으로 일원화된 라인조직으로 형성되어 있어 의사결정시에 유연성이 부족하고 견제장치가 충분히 작동되지 못한 측면이 있었다.

최근에 들어와 금융개혁 추진방안의 일환으로 영·미식의 지배구조형태와 유사한 은행 지배구조로의 개선이 추진 중이다. 비상임이사의 과반수 이상 선임, 이사수에 대한 제한 폐지, 주주대표 선정과 비상임이사 후보 추천시 금감위 확인사항 폐지 등 이사회 운영의 자율성 확대, 원칙적으로 은행장이 이사회의장을 겸임하도록 한 규정 폐지, 은행장후보를 비상임이사로만 구성된 후보추천위원회에서 추천, 비상임이사에 관한 규정적용의 예외 인정시 금감위승인 폐지, 금융기관이 선정한 은행장후보, 감사후보, 비상임이사후보 및 상임이사에 대한 금감원의 자격요건 확인 폐지 등 감독 당국의 영향력 축소, 이사회 산하 위원회 설치 운영 등이 그것이다.

우리나라 은행의 경영효율을 제고하기 위해서는 소유구조의 개선보다는 지배주주 역할을 하고 있는 정부와 최고경영자인 은행장의 독점경영을 통제할 수 있는 지배구조의 개선에 중점이 두어져야 한다. 1990년대 말 이후 우리나라 은행들은 지배구조 개선을 위해 이사회제도를 개편하고 있지만, 동 개편체제가 정착되기 위해서는 관련 하부구조(infrastructure)의 완벽한 정비가 중요하다. 이를 위해서는 일반기업과 마찬가지로 이사회의 독립성을 실질적으로 보장하는 것이 필요하다.

주주의 이익을 대변하고 집행기구에 대한 견제 및 감시 역할을 충실히 수행하는 한편, 외부압력을 효율적으로 차단할 수 있도록 이사회의 책임과 권한을 구체적으로 명시한 가이드라인을 마련하고 이를 준수하는 관행을 확립해야 한다. 비상임이사의 추천 및 선임절차를 구체적으로 명문화 하는 등 절차를 투명하게 마련하고 금융에 대한 실무경험과 경영경험이 있는 유능한 인사가 비상임이사에 선임되도록 노력할 필요가 있다. 또한 리스크관리위원회, 경영발전위원회 등의 이사회 산하 위원회가 활성화될 수 있도록 리스크관리시스템, 신용평가모형 등 관련 하부구조를 정교하게 구축할 필요가 있다. 또한 경영진의 임명시 외부압력을 배제하고, 책임을 명확히 부과하는 한편, 경영진의 책임이 커지는 데에 상응하는 적정 보상체계를 구축할 필요가 있다.

2. 금융시장 구성요소와 유형

일반적으로 어떤 형태의 시장이든지 다음 네 가지 요소를 가지고 있다. ① 거래되는 재화, 서비스 또는 금융자산 등 유형, 무형의 경제재, ② 경제재에 대한 공급자, ③ 경제재에 대한 수요자, ④ 수요자와 공급자 간의 중개자 또는 중개기관. 금융시장은 금융자산을 거래대상으로 하여 그 수급을 조절해 주는 시장기구이다. 금융시장은 앞의 네 가지 구성요소를 모두 갖추고 있다. 금융시장에서 주로 거래되고 있는 금융자산들은 기업의 지분청구권인 주식, 부채에 대한 청구권인 채권, 은행의 양도성예금증서 등의 유가증권들이다. 이러한 금융자산은 직접증권(direct security)과 간접증권(indirect security)으로 나눌 수 있다. 직접증권이란 기업, 정부, 공공기관 등 자금의 최종수요자가 발행한 증권으로서 금융자산의 대부분을 차지하며 주식과 채권이 주종을 이룬다. 자금의 최종수요자와 자금의 공급자 간에 직접적인 금융거래가 이루어지기 때문에 직접증권이 거래되는 시장을 직접금융시장이라고 한다.

한편 금융의 중개기능을 담당하는 금융기관이 발행하는 증권을 간접증권(indirect security)이라 하는데 예금과 대출이 대표적이다. 간접증권에는 은행, 비은행예금취급기관, 집합투자업자, 신탁업자 등이 발행한 예금증서나 출자계정 등이 포함된다. 자금의 최종수요자와 자금의 공급자 간의 금융거래가 금융중개기관의 매개를 통해서 이루어지기 때문에 간접증권이 거래되는 시장을 간접금융시장이라고 한다.

일반적으로 금융중개기관이 개입하는 간접금융시장보다는 직접금융시장의 역할이 크고 보다 세분화되어 있다. 직접금융시장은 금융상품 만기 1년을 기준으로 단기금융시장(money market)과 자본시장(capital market)으로 구분할 수 있다. 또한 이와 별도로 금융자산의 특성을 고려하여 외환시장과 파생금융상품시장을 추가적으로 구분할 수 있다.

먼저 단기금융시장은 만기 1년 이내의 단기금융상품들이 주로 거래된다. 현재 우리나라의 단기금융시장은 콜시장, 환매조건부매매(RP) 시장, 양도성예금증서 시장, 기업어음시장, 전자단기사채시장 등을 포함하고 있다.

자본시장은 만기 1년 이상의 장기자금을 조달하기 위한 시장으로서 주식시장과 채권시장으로 구성된다. 주식이 유통되는 시장은 유가증권시장, 코스닥(KOSDAQ)시장, 코넥스(KONEX)시장 등의 장내시장이 있고, K－OTC 장외시장이 있다. 채권이 유통되는 시장도 주식시장과 마찬가지로 장외시장과 장내시장으로 구분할 수 있다. 대부분의 채

그림 I-2 우리나라 금융시장 구조

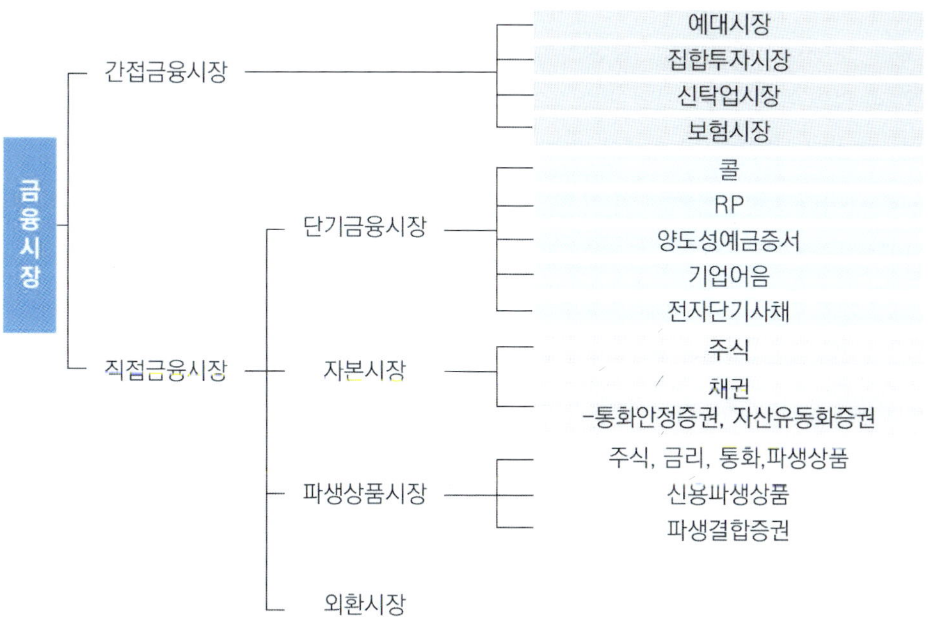

자료: 한국은행, 「한국의 금융제도」(2018), 中 재도식.

권거래는 장외시장에서 증권회사의 단순중개를 통해 이루어지고 있다. 채권 장내시장은 한국거래소의 일반채권시장과 국채전문유통시장이 존재한다. 자본시장은 또한 부동산, 매출채권, 주택저당채권 등과 같이 유동성이 낮은 자산을 기초로 발행된 자산유동화증권(ABS: Asset-Backed Securities) 시장도 포함한다.

3. 발행시장 vs. 유통시장

한편, 금융시장을 발행시장과 유통시장으로도 나눌 수 있는데, 이 둘은 매우 밀접한 관계를 유지하고 있다. 어떤 기업이 발행시장에서 새로운 증권을 발행하려면, 발행 후 그 증권의 계속적인 시장성과 유동성을 제공할 수 있는 유통시장의 효율성이 뒷받침되어야 한다. 만약, 유통시장이 효율적이지 못하다면 투자자들을 유인하기 위해 발행증권은 불필요하게 높은 수익률을 지불하여야 하며 이는 기업의 과대비용이 된다.

일반적으로 새로운 증권의 시장가격 및 수익률은 기존증권의 가격 및 수익률을 기준으로 형성된다. 효율적인 시장에서, 새로운 증권과 기발행증권과는 상호대체재로서 새로운 증권의 수익률이 기발행증권의 수익률을 크게 초과하거나 밑돌지 않는 것이 보통이다. 그러나 증권의 가격이나 수익률은 유통시장에서만 결정되어 발행시장에 적용되는 것이 아니라 두 시장의 총수요와 총공급에 의해 동시에 결정된다고 보아야 할 것이다. 어떻든 유통시장에서의 가격이나 수익률이 발행시장에서의 가격과 수익률에 절대적인 영향을 미치는 것은 사실이며, 이러한 이유로 경제 전반에 걸쳐 매우 큰 중요성을 갖는다. 왜냐하면 가격과 수익률에 따라 경제 전체의 소비와 투자활동이 달라지며, 여러 증권의 상대적 수익률의 차에 따라 시장에서 금융자원의 배분이 달라지기 때문이다.

1) 발행시장

새로이 발행된 증권이 발행주체로부터 최종적으로 투자자들에게 흘러들어가는 구조를 발행시장이라 한다. 발행시장은 새로이 발행된 증권의 수요와 공급을 조절하며, 장기 안정적인 산업자금의 공급을 주요기능으로 한다.

발행시장은 자금수요자인 발행인, 자금공급자인 투자자, 발행사무를 대행하고 발행위험을 부담하는 인수인으로 구성된다. 발행인에는 기업, 금융회사 등이 포함된다. 투자자는 일반투자자와 전문투자자로 구분되며 투자매매업자가 인수인의 역할을 담당한다.

새로이 발행된 증권은 발행자로부터 최종구매자에게 여러 가지 방법으로 이전될 수 있다. 우선 이전방식 중에는 중개기관을 통하지 않고 직접 이전되는 경우도 있다. 가령 차입자가 은행으로부터 직접 차입하는 것과 기업이 주주들에게 직접 주식을 교부하거나, 보험회사와 같은 대규모 금융기관에 직접 신주를 매각하는 경우에는 중개인이나 중개기관을 통하지 않고 자금과 증권이 직접 교환 · 이전된다. 그러나 새로운 증권의 대부분은 투자은행(investment bank)이나 일반은행(commercial bank) 등 중개기관을 통하여 인수되어 배포된다. 이러한 중개기관들은 일반기업은 물론 비영리법인, 금융기관, 정부나 공공기관의 주식이나 채권뿐 아니라 외국정부나 외국인의 유가증권발행에 대해서도 인수 및 배포사무를 취급한다.

발행시장에서 신규증권의 발행을 주선하여 유통시키는 대표적 전문기관이 투자은행이다. 투자은행(investment bank)이 새로이 발행된 증권을 인수하여 판매하는 것은 자체기관의 투자를 목적으로 하는 것이 아니라 중개기능을 통하여 가격변동이나 발행위험을 감소시키고 공정한 시장을 형성시키기 위한 것이다. 이러한 투자은행의 중개기능을 실질적으로 수행하는 것은 일명 중개브로커(broker－dealer)들이다. 우리나라의 경우 증권회사가 개별적 혹은 집단적으로 투자은행의 중개기능을 수행한다. 투자은행의 중개기능에 의하여 증권이 새로이 발행되고 투자자들에게 이전되는 과정은 일반적으로 발행(origination), 인수(underwriting), 판매(selling)의 세 단계로 구분된다. [도표 Ⅰ－3]은 이러한 발행시장의 구조를 나타낸다.

먼저, 발행회사 또는 발행자는 기업, 비영리법인, 정부, 공공기관 등이 되며, 그들은 broker－dealer들에게 조력을 구하게 된다. 발행자는 개별 또는 집단의 broker－dealer들과 발행조건과 가격을 협의하게 되는데, 이때 협정된 가격을 협정가격(negotiated price)이라 한다. 또한 두 집단 이상의 broker－dealer들의 경쟁에 의한 경쟁가격(competitive bidding)으로 증권을 발행할 수도 있다. 발행 첫 단계에서 broker와 dealer들은 새로운 증권의 경제적, 법적 성격을 규정하고 발행자에게 지급될 가격을 결정하게 된다. 이를 위해서 broker와 dealer들은 발행자의 재무상태 및 전망을 분석하고 해당

그림 Ⅰ-3 유가증권의 발행경로

발행자(issuer)

⬇

1차 인수자(underwriting syndicate)

⬇

2차 인수자(sub-underwriting syndicate)

⬇

투자자

증권의 수요를 예측하며, 금융위원회에 등록해야 한다.

다음 단계는 인수단계이다. 발행된 새로운 증권의 판매를 위해서는 인수단(underwriting syndicate 또는 underwriting group)이 구성되는 것이 보통이다. 인수단은 많은 broker-dealer들로 구성되며, 그들은 발행총액 중 특정비율을 인수하게 된다. 인수단은 일시적인 성격을 띤 조인트 벤처(joint venture)라고 할 수도 있을 것이다. 인수단의 구성은 발행규모, 위험, 수요자들의 성격이나 규모에 따라 변한다. 만약, 발행규모가 작고, 비교적 안전하며, 소수의 기관투자자들에게 판매될 수 있다면 인수단을 구성하는 인수자들의 구성원은 작을 것이며, 반대로 발행규모가 크고, 위험이 크면 인수단의 구성원은 많아진다.

마지막 단계는 판매 단계로, 하위 인수집단 또는 판매집단(selling group 또는 selling syndicate)이라고도 한다. 실제로 원인수단은 발행전액을 국내외 지사나 지점을 통해 직접 판매하기도 하고, 소매를 수행하는 다른 broker-dealer들에게 도매로 팔기도 한다. 그러나 보통 원인수자들뿐만 아니라 추가로 다른 broker나 dealer들이 판매집단을 형성하여 투자자들에게 판매한다. 일반적으로 증권은 이와 같은 과정을 통하여 발행되며 투자자들에게 국내외로 배포되어진다.

2) 증권 발행방법

증권발행은 크게 공모발행과 비공모발행(또는 연고모집)으로 대별된다. 우선 비공모발행이란 발행시장과 관계없이 발행자와 특정한 연고관계가 있는 사람들에게만 증권을 매각하는 것으로 구주주인수제도, 종업원지주제도, 고객지주제도 등을 예로 들 수 있다. 공모발행이란 인수자들의 경쟁을 통해 좀 더 좋은 조건을 제시한 인수자들에게 증권발행을 맡기는 것을 말하며, 증권발행에 따르는 발행위험을 누가 부담하느냐에 따라 직접발행과 간접발행으로 구분한다.

직접발행이란 증권발행에 따른 발행위험을 발행자 또는 발행회사가 부담하는 경우이며, 간접발행은 인수기관이 발행위험을 부담하게 되는 경우를 말한다. 다시 간접발행은 총액인수(買取모집)와 잔액인수(請負) 모집으로 구분된다. 전자는 인수기관이 발행자와 협의한 가격으로 발행증권전부를 인수하여 판매하게 되는 경우로, 인수기관은 발행자와 약정한 금액만을 인도하면 의무가 끝난다. 따라서 인수기관은 인수수수료나 판매

그림 I-4 증권발행방법

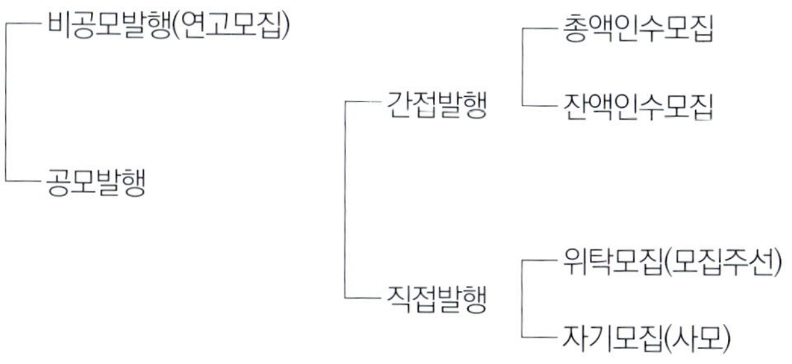

수수료를 받지 않으며 판매가격과 인수가격의 차이가 그들의 이익이 된다.

후자, 즉 잔액인수(청부)모집은 인수기관이 1차적으로 일반투자자들에게 매각한 다음, 잔여분에 대해서는 인수기관이 인수해야만 하는 의무를 갖는다. 이때 인수기관은 발행전액에 대한 인수수수료 및 판매수수료를 발행자로부터 받게 된다. 이는 발행위험부담 및 발행사무처리에 대한 대가이다.

한편, 직접발행은 발행사무를 누가 담당하게 되느냐에 따라 위탁모집과 자기모집으로 구분한다. 위탁모집은 모집주선이라고도 하는데, 발행위험은 발행자가 부담하고 발행사무는 주선기관이 담당하게 되는 방법이다. 주선기관은 일반대중에게 매각한 후, 잔여분이 있다면 이를 발행회사나 발행자에게 되돌려 주며, 매각된 부분에 대해서는 수수료를 받게 된다.

자기모집은 발행위험을 발행자가 부담하는 동시에 발행사무도 직접 담당하게 된다. 이 방법은 일반에게 잘 알려져 있어서 발행증권을 쉽게 소화할 수 있는 건실한 회사가 인수단을 거치지 않고 회사 자체 내에서 발행하여 매각하는 경우가 보통이다. 이와는 반대로 매우 부실한 회사가 적합한 인수단을 선택할 수 없을 때 이용되기도 한다.

국 · 공채 발행은 민간수선기관을 통하지 않고 중앙은행을 통하여 발행되는 것이 보통이다. 우리나라는 한국은행이 발행을 수선한다. 한편, 증권을 발행할 때 발행가격에 따라 액면발행, 할인발행, 할증발행으로 나눌 수 있다. 액면발행은 주식의 액면가격을 신주발행가격으로 하며, 회사설립시에 많이 발생한다. 할인발행은 주식의 액면가 이하로 발행하는 것을 말하며, 할증발행은 액면가보다 높은 가격으로 발행하는 것으로 premium부 발행을 포함한다. 시가발행은 할증이나 할인발행에 속한다.

3) 유통시장

이미 발행된 증권의 거래가 이루어지는 시장을 유통시장(secondary market)이라 한다. 유통시장은 자금조달과정에서 매우 중요한 역할을 한다. 유통시장은 저축으로부터의 자금흐름을 투자로 전환시키는 데 있어 촉매역할을 하며, 유동성을 제고시키며 차입비용을 절감시킨다. 또한 발행시장의 수요와 공급의 민감한 척도로서의 역할도 행한다. 이 중에서 유통시장의 기본적 역할은 유동성 제고 역할이라고 볼 수 있다. 유통시장이 얼마나 유동성(liquidity)을 부여할 수 있느냐 하는 것은 유가증권을 현금화하는 데 필요한 비용을 얼마나 줄일 수 있느냐에 달려 있다. 증권의 매매가 완전히 자유롭게 이루어지는 완전시장(perfect market)의 경우 현금화에 필요한 비용은 증권의 소유이전비용(cost of the transfer)과 거래수수료(transaction cost) 정도일 것이다. 실제로 이와 같은 유동화비용은 시장의 균형가격과 판매자가 수취하는 가격과의 차(spread)에 의해 측정되며, 이는 ① 증권의 소유이전비용, ② 시장불완전성에 따르는 비용, ③ 유가증권 발행자에 대한 정보의 재조사에 따르는 비용 등을 포함한다.

유통시장은 이 중에서 ③ 형태의 비용의 절감에 대하여는 유의한 효과를 가져오지 못한다. 실질적으로 발행자에 대하여 재조사가 요구되는 금융상품은 시장에서 거래되지 않기 때문이다. 은행과 기타 금융기관에 의한 대부(loan)가 이러한 종류에 속한다. 유통시장에서 거래되는 순수금융상품의 요건은 금융상품의 판매자가 판매 후에 재신용조사비용 등 부수적 의무를 지지 않는 유가증권으로서, 위험특성이 잘 알려져 있고, 더 이상의 발행자 자체에 대한 조사가 요구되어서는 안 된다. 따라서 크고 잘 알려진 기업들과 정부 및 공공기관의 증권만이 유통시장에서 주요한 거래상품이 된다.

이러한 증권들의 유동화비용은 욕구의 상호일치(double-coincidence of wants) 또는 수요자와 공급자의 결합이 어려운 데서 기인한다. 각 증권이 판매되기 위해서는 판매하기 위한 증권과 똑같은 증권을 사고자 하는 수요자가 필요하다. 만약, 그러한 수요자가 당장 없다면 공급자는 그 증권을 판매하지 않거나 시장불완전성에 기인하는 비용을 부담하여야 한다. 즉, 공급자는 가격을 낮추든지, 수요자를 찾아 나서든지 또는 수요자가 나타날 때까지 기다리든지 해야만 한다. 결국, 팔려고 하는 증권에 대한 수요자를 구하기 위해 공급자는 여러 형태의 비용을 부담하게 된다. 수요자와 공급자를 결합시키는 비용(matching cost)은 직접 측정할 수는 없으나 거래소에서는 시장균형가격으로부터의 편차(deviation)로 나타나며, 장외시장에서는 수요자조사비용이나 대기비용(waiting cost), 또는 균형가격으로부터의 편차 등의 형태로 나타난다. 유통시장이 이러한 비용들을 얼마나 줄이거나 또는 제거하느냐에 따라 시장의 유동성 정도가 결정된다.

유통시장이 결합비용(matching cost)을 얼마나 감소시키느냐 하는 것은 거래되는 증권의 특성뿐만 아니라 시장의 조직과 운영에 달려 있다. 시장이 기능을 다하기 위해서는 많은 수요자와 공급자가 필요하다. 증권에 대한 공급은 증권종목의 수, 주주의 수와 주주들의 증권매매에 대한 관심 등과 직접적으로 관계가 있으며, 실질적으로 거래에 참여하고 있는 시장참여자는 시장의 중앙조직화정도(the degree of centralization)에도 관련되어 있다. 시장의 중앙조직화가 잘 될수록 거래규모가 커지고 시장참여자는 늘어나게 된다. 주요 거래소의 증권시장은 중앙조직화된 거래에 의해 어느 정도 효율성(efficiency)을 가지고 있지만 시장불완전성에 기인하는 손실은 아직 완전히 제거되지 못하고 있다. 증권에 따라 가격형성이 극히 불공평한 경우가 흔히 있기 때문이다.

그러나 거래소에서 시장불완전성에 의한 손실을 정확하게 측정하는 것은 실질가치인 균형가격을 파악하는 문제 때문에 어려운 것이 보통이다. 이와 같은 시장의 불완전성을 개선하기 위하여 계속성(continuity)의 개념이 사용되는데, 계속적 시장(continuous market)이란 최근의 거래에서의 가격과 현재의 거래가격이 매우 근사하게끔 가격이 계속 형성되는 시장을 말한다. 즉, 가격수준이 다른 수준으로 등락할 때 작은 폭으로 움직이는 시장을 계속적 시장이라 한다. 각 증권에 대하여 이러한 시장의 계속성이 존재할 경우 불공평한 이득이나 손실이 비교적 적어 효율적인 시장이라 할 수 있다. 이러한 계속성을 유지시키기 위해 거래소들은 specialist들을 두고 인위적으로 거래를 계속화시킨다.

specialist들은 단기적 가격변동을 줄이게끔 증권을 매매한다. 이들은 이렇게 하여 극단적인 가격변동에 따르는 경제손실을 줄이지만 인위적인 증권보유에 따르는 다른 형태의 손실을 발생시킨다. 즉, 시장이 정산(clear)될 수 있는 기간을 확상시킴으로써 단기적 시장불완전성을 해결하지만, 시장이 청산되려면 그때까지 기다리는 대기비용을 발생시킨다.

specialist들의 도움에도 불구하고 거래소는 항상 만족할 만한 시장상태를 유지할 수 없는 것이 보통이다. 이러한 경우 장외시장(over-the counter; OTC)은 증권시장 전체의 효율성을 제고하는 효과를 갖는다. 장외시장은 broker나 수요자가 공급자를 찾아 거래를 성립시킨 다음 조사비용(search cost)을 고객으로부터 받는 형태를 취하기도 하며, dealer들이 증권을 구매하여 보유하고 있다가 원매자가 나타나면 파는(조사 및 대기비용은 dealer가 부담하고 있다가 매입자에게 전가) 형태를 취하기도 한다. 장외시장은 거래소에 상장되어 있지 않은 증권도 취급하며 흔히 상장증권의 대규모거래를 다루고 있는데, 이 때 상장증권의 대규모거래는 거래소에서 거래될 경우 주가의 갑작스런 등락을 일으키게 될 만큼 큰 규모인 것이 보통이다. 미국의 경우 대부분의 투자신탁의 대형거래는 장외시장에서 이루어지고 있다.

최근, 컴퓨터와 통신장비의 발달은 유통시장의 효율성과 구조에 큰 영향을 미치고 있다. 즉, 컴퓨터와 통신장비의 발달은 거래의 중앙조직화정도를 높이고, 시장에 접근하기 쉬우며 시장정보를 얻기도 쉽게 하고 있다. 이렇게 볼 때 전자 · 통신장비의 발달은 폭넓은 매매층을 형성하고 효율적 시장을 형성하는 데 크게 기여하고 있다고 할 수 있다.

현재 우리나라의 주식 유통시장은 유가증권시장, 코스닥시장(KOSDAQ; Korea Securities Dealers Automated Quotations), 코넥스시장(KONEX; Korea New Exchange) 및 K-OTC시장(Korea Over-The-Counter, 종전 프리보드)으로 구분된다. 이 중 유가증권시장, 코스닥시장, 코넥스시장은 한국거래소에서 개설 · 운영하는 장내시장이며, K-OTC 시장은 장외시장이다. 채권의 유통시장은 장외시장과 장내시장으로 구분된다. 채권거래는 증권회사(inter-dealer broker 포함)를 중개기관으로 하는 장외거래 비중이 높다. 이는 채권 종목이 다양하고 거래조건이 표준화되어 있지 않아 한국거래소의 자동매매시스템을 통해 거래하기가 곤란하기 때문이다. 한편, 장내시장은 크게 일반채권시장과 국채전문유통시장으로 구분된다.

4) 유통시장의 경제적 효과

위에서 유통시장의 운영과 유통시장에서의 증권가격결정에 대해서 분석하였다. 이러한 유통시장이 발행시장에 어떤 영향을 주며 이에 따른 전반적인 경제적 효과는 무엇인가에 대해서 알아볼 필요가 있다.

유통시장에서의 가격과 수익률의 변화는 두 가지 형태로 발행시장에 영향을 미친다. 그 변화는 먼저 금융자산의 상대적 선호도(relative attractiveness)를 계속적으로 변화시킴으로써 발행시장에서의 수요와 공급을 조정해 주어 자원의 효율적 배분을 돕는다. 다음으로 유통시장의 가격과 수익률의 변화는 금융적인 부의 가치구조를 변화시킴으로써 소비자와 기업의 소비－투자계획에 변화를 가져오게 된다. 전자를 배분적 효과(allocative effects), 후자를 부의 효과(wealth effect)라고 한다.

우선 배분적 효과(allocative effects)를 살펴보면, 유통시장이 시장성유가증권(marketable security)의 보유자에게 주는 유동성은 경제전체적으로 중요한 탄력성을 부여한다. 총체적으로 볼 때, 경제 내 현재소득과 현재지출은 일치하여야 한다. 따라서 기발행증권의 판매는 지출을 위한 추가적 자금조달을 수반하지 않는다. 그러나 기발행증권을 판매함으로써 증권의 소유자는 증권을 사려고 하는 투자자로부터 현금을 받게 된다. 이렇게 됨으로써 현금관리권의 이전(shift)이 발생한다. 이러한 이전으로 시상은 새로운 유동성수요(liquidity pressure)를 수용할 능력을 가지게 되며, 이에 따라 원하는 대로 자금의 배분이 이루어지게 된다.

만약, 발행시장이 완전경쟁적이고 저축된 자금에 대해서 자유롭게 융자의 형태를 바꿀 수 있고 지역 간의 이동이 가능하다면, 유통시장의 도움 없이도 변화하는 현금수요에 적절히 대응할 수 있다. 일반적으로 자금에 대한 수요가 상당수준으로 누적되었을 때 발행시장은 그에 대응하여 자금조달능력을 발휘한다. 이때 이자율과 발행조건은 수요와 공급여건에 따라 결정된다. 이와 같이 누적된 수요를 충족시키는 과정에서 자금은 지역 간 이동을 갖게 되고 융자형태(loan categories)에 있어서도 계속적인 변화를 원하는 대로 가져올 수 있다.

그러나 실제로 이와 같은 과정에서 여러 가지 규세나 정책 그리고 금융시장의 불완전성으로 인해 금융기관은 많은 제약을 받으며 수요에 대한 대응 또한 느린 것이 보통이다. 여기에서 대부기관이 저축이나 시장성유가증권을 충분히 보유하여 유동성이 적절히 유지되면 이러한 수요충속과성은 보다 탄력적이며 용이해질 수 있는데, 사실상 유통시장은 바로 이러한 탄력성을 제공하는 기능을 갖는 것이다.

금융기관들의 주선으로 다량의 증권이 매매되는 과정에서 유통시장은 투자자(증권을 매입하는 소비자)들의 여유자금을 끌어들이며, 필요에 따라 자금의 수요자(증권을 파는 소비자)들에게 공급해 주는 기능을 가짐으로써 새로운 유동성수요에 적절히 대처할 수 있다. 한편, 유통시장은 이와 같은 과정에서 투자자들을 발굴하여 자금의 원천을 확대시킴으로써 새로운 수요에 대응할 수 있는 발행시장의 능력을 제고시키는 기능도 갖는다. 이러한 제 기능으로 보아 유통시장은 자원의 배분이라는 경제적으로 중요한 과정에 있어서 절대적인 요인이 된다고 할 수 있다. 예를 들어 어느 날 한 주당 10원의 가격상승이 있다 하면 100,000주를 소유하고 있는 사람에게는 100만원의 부의 증가가 있게 된다. 이와 같이 매일 매일의 시장가격의 변화는 주식보유자들에게 실질적인 부의 변화를 가져온다. 그러나 많은 증권보유자들은 매일 매일의 가격변화보다는 가격의 등락에 대해 좀 더 긴 기간 동안에 걸쳐 주의를 하는 것이 보통이다. 이와 같은 장기간에 걸친 부의 효과는 기업과 개인의 투자소비의사결정에 큰 영향을 미치게 된다.

이어서 부의 효과(wealth effect)를 살펴보면, 장기적으로 볼 때 소비자와 기업은 기업이윤과 성장에 따라 부의 증가를 가져오는 것이 일반적인데, 이러한 부의 증가는 다른 형태의 부로 전환되거나 소비된다. 기업에 있어서 부의 효과는 자본비용(cost of capital)의 변화와 직결되며, 따라서 투자결정의 지표로 사용될 수 있다. 예로 주가가 높으면 높은 주가로 자금조달이 가능하므로 자본비용을 감소시킬 수 있어 기업은 투자지출을 늘리게 되는 반면, 주가가 낮을 때는 반대현상이 나타난다. 한편 증권가격은 기업경영의 탄력성에 영향을 미치기도 한다. 같은 예로 주가가 오르게 되면 주주들이나 다른 자금공급자들에 대해 경영자들의 지위는 더욱 강화되어 기업경영을 소신껏 할 수 있는 장점이 있는 반면, 주가가 떨어질 때 경영자의 입장은 반대가 되며 매우 우수한 투자안이라 할지라도 그 정당성을 인정받기 힘들 때가 있다. 채권가격에 대해서도 유사한 논리가 성립한다.

4. 화폐시장 vs. 자본시장

앞서 우리는 금융시장을 화폐시장과 자본시장으로 분류한 바 있다. 화폐시장(money market)과 자본시장(capital market)은 여유자금(excess funds)을 가진 사람들에게는 투자기회를 제공하고, 자금이 필요한 사람에게는 자금의 원천이 된다는 점에서 비슷하다. 그러나 두 시장은 거래되는 증권과 자금의 형태에 있어서 다르다. 화폐시장은 단기성 자금의 원천이자 출구이며, 주로 유동성 시장이다. 한편, 자본시장은 장기성증권(long term securities)이 거래되며, 영구적이거나 반영구적인 자금의 출구를 제공한다. 본 절에서는 이 두 시장의 특성과 거래상품에 대해 살펴본다.

1) 화폐시장(money market)

화폐시장은 단기적이고 일반적으로 높은 신용도를 갖는 금융상품들이 거래되는 시장들의 집단을 말한다. 이러한 화폐시장은 구체적으로 정의하기가 쉽지 않다. 왜냐하면, 금융기관이나 다른 금융거래자가 그들의 현금상태를 조정하기 위해 사용하는 금융상품들이 매매되는 시장이므로 상품이 변함에 따라 시장의 특성 및 구조도 변하기 때문이다. 단기금융시장의 특징은 다음과 같다. 첫째, 단기금융시장은 경제수체에게 난시자금을 효율적으로 조달 · 운용하여 유휴현금보유에 따른 기회비용을 절감할 수 있는 기회를 제공해준다. 둘째, 단기금융시장은 경제주체에게 금융상품 보유에 따르는 위험을 관리할 수 있는 수단을 제공한다. 셋째, 단기금융시장은 중앙은행의 통화정책이 수행되는 대상시장이며, 동 정책효과가 파급되는 시발점이다. 현재 이 시장에서 거래되는 주요증권들은 다음과 같다.

가. 콜시장(call money market)

일반은행으로서 초과지불준비금(excess reserve)을 갖는 은행은 준비금이 부족한 은행에 자금을 일시적으로 대출해 줄 수 있는데, 이러한 자금을 콜자금(call loan)이라고 부른다. 이와 같은 은행 간 자금거래는 준비금 잔고의 실질적인 이전을 수반하지는 않으며 대부분 차입은행과 대출은행의 장부상 이체에 의하여 이루어진다. 또 이들 자금의 대출은 통상적으로 하룻밤 동안 이루어지며 그 다음날 대출은행에 다시 소유권이 이전되는 것이 보통이다.[7]

이와 같은 콜자금은 일반적으로 금융시장 전반에 큰 영향을 미치는데, 이는 하루 동안의 콜자금에 대한 이자율은 가장 유동성이 큰 금융자산의 수익률로 간주되며, 또한

7 대부분의 콜자금의 거래는 하룻밤 사이의 짧은 기간(금요일 매각의 경우는 주말) 동안으로 한정되는 것이 보통이지만 최근에는 이들 자금의 거래가 보다 장기간(보통 1주~6개월)에 걸쳐 이루어지는(term Fed Funds) 것이 성행하고 있다. 이는 예금이 아닌 차입으로 분류되어 예금 보험료를 지급할 필요가 없다는 비용 상의 이점 때문에 CD 대신 많이 이용되고 있다.

그림 Ⅰ-5 콜거래 구조

중앙은행의 통화정책과 밀접한 관련을 갖는다는 점에서 일반시장 이자율결정에 큰 영향을 미치기 때문이다. 즉, 콜자금의 이자율은 시중은행에 준비금을 결정하는 중앙은행의 행동에 민감하게 반응하며, 이때 결정되는 이자율은 개인이나 기업, 기타 자금을 필요로 하는 사람들에 대한 대출에 관한 은행의 의사결정에 영향을 주게 된다. 또한 다른 금융자산(CP, T-Bill 등)에 지급되는 이자율도 콜자금의 이자율과 대체로 평행관계를 유지하면서 변동하기 때문에 다른 자금조달수단의 비용에도 영향을 주게 된다. 콜자금은 즉각적으로 이용 가능한 자금(immediately available funds)으로 결제된다는 점에서 RP(환매조건부채권)와 밀접한 관련을 가지나, 콜자금은 담보 없이 대출되는 것이 보통이며 RP는 담보부(보통 증권)대출이라는 차이점이 있다.

자금이 부족한 은행은 단기적인 지불준비금 요건을 충족시키기 위하여 보다 장기적인 대출 및 투자자금을 조달하기 위하여 은행 간에 형성되는 콜자금시장에서 필요자금을 차입하게 된다. 콜자금은 대부분 하루 정도의 최단기간(overnight loan)에 한정되지만 초과준비금을 갖는 은행은 이를 하루라도 운용하여 이자수익을 얻는 것이 대출은행(lending bank)의 입장에서 유리한 자산운용일 것이다. 또 지불준비금이 부족한 차입은행(borrowing bank)의 입장에서도 이러한 시장을 이용함으로써 시장성 있는 유가증권을 매각하거나 대출신청을 거절하는 바람직하지 못한 현상을 피할 수 있다는 이점이 있다. 이러한 이점 이외에도 콜자금시장의 발달을 촉진시켰던 요인으로 이자율수준의 상승과 이에 따른 은행유효자금의 기회비용이 증가하게 되었다는 점을 들 수 있다.

콜시장의 형성은 다른 금융자산의 시장에서와 같이 실제로 증권을 사고파는 딜러와는 달리 초과자금을 가진 사람과 자금을 필요로 하는 사람에 관한 정보를 갖고 있는 중개인에 의하여 시장이 형성된다는 점에서 다른 금융시장과 구분된다. 또한 다른 시장과는 달리 콜자금시장은 중앙은행에 준비금을 보유하는 은행과 금융기관에게만 직접적인 시장참여가 허용된다.

이러한 콜시장의 운영은 대부분 중개거래로 이루어진다. 중개거래는 자금중개회사가 거래조건(이율, 만기, 금액 등)에 따라 자금의 공급자와 수요자를 연결시키는 거래이다. 자금중개회사는 유선을 통해 콜론 및 콜머니 주문을 접수한 후 거래금액이 콜론기관의 콜머니 기관에 대한 신용공여한도(credit line) 범위 내인지 여부를 확인하고 거래를 체결시킨다. 자금중개회사는 부가가치통신망(VAN)을 통해 만기별, 금융권별 콜론 · 콜머니 신청금액 및 체결현황, 금리단계별 콜체결 현황 등 거래정보의 일부를 실시간(real-time)으로 제공하고 있다.

나. 환매조건부매매시장(RP market)

환매조건부매매(RP 또는 Repo; Repurchase agreement)는 일정시간이 경과한 후에 다시 매입하는 조건으로 증권을 매각함으로써 자금의 수요자가 단기자금을 조달하는 금융수단이다. 이 때 사용되는 증권이 곧 상환조건부증권이다. RP는 콜자금과 같이 단기적인 자금수요를 충족시키기 위하여 개발되었다. 따라서 하루 정도의 만기를 갖는 것이 대부분이지만 보다 긴 만기를 갖는 RP(term RP)도 빈번히 거래되고 있다. RP가 계약되는 과정을 보면, 자금의 수요자는 자금의 제공자로부터 즉시 이용 가능한 자금을 얻는 대신 상환조건부증권을 매각할 것을 동의한다. 다음 계약의 만기에 가서 이와 같이 매각되었던 증권을 재매입하는 역거래가 이루어지게 된다.

일반적인 RP 거래에서 자금수요자나 공급자들은 신용위험이 거의 없는 것으로 인식한다. 이는 RP 거래가 매우 짧은 만기로 계약되는 것이 보통이고 상호간에 높은 신용을 얻고 있는 기관들이 거래에 개입하기 때문이다. RP거래는 매수자에게는 안전한 단기자금운용 수단으로, 매도자에게는 무담보차입에 비해 저렴한 자금조달 수단으로 기능함으로써 단기금융시장이 효율적으로 작동할 수 있도록 한다. 또한 RP거래는 장기채권을 담보로 하여 단기자금조달을 가능하게 하기 때문에 장기채권담보에 따른 자금의 고정화현상을 방지한다. 또한 단기화폐시장과 장기자본시장을 유기적으로 연결함으로써 금융시장의 고도화에 기여한다. 구체적으로 RP는 다음과 같은 기능들을 수행한다. ① 콜자금시장이나 기타 화폐시장에 비하여 그 참가자의 범위가 넓고 보다 자유롭게 단기자금을 조달할 수 있으므로 단기금융기능을 활성화한다. ② RP거래를 통해 자금포지션의 변화에 대응할 수 있으므로 장기채권시장의 안정화에 기여한다. ③ RP는 단기자금의 조달 · 운영뿐만 아니라 금융자산의 금리차익거래를 촉진함으로써 화폐시장기능을 원활히 한다. ④ 금융기관들이 인수한 국 · 공채의 활용도를 높임으로써 금융기관의 자금운영을 원활히 하는 한편, 국 · 공채 소화를 촉진하고 채권투자의 대중화를 유도한다. 이처럼 RP거래는 증권매입 대금 유동성 제공, 증권차입의 용이성 향상, 차익거래 활성화를 통한 가격발견기능제공 등을 통하여 증권시장의 효율성을 제고시킨다. 또한 RP거래는 장단기 금융시장 간 연계성을 강화하여 통화정책의 금리파급경로의 원활화를 통한 통화정책 효율성 제고에 기여한다.

RP거래는 거래주체를 기준으로 금융기관과 일반고객 간에 이루어지는 '대고객 RP', 금융기관 간에 이루어지는 '기관 간 RP', 한국은행의 공개시장운영 수단으로서 한국은행과 금융기관 간에 이루어지는 '한국은행 RP'로 구분된다.

먼저 대고객 RP를 살펴보면, 대상증권은 채권평가회사의 일별 시가평가가 가능한 국채, 지방채, 특수채, 보증사채 및 모집 · 매출된 채권으로, 투자적격이상 신용등급이거나 정부, 지방자치단체 및 적격금융기관이 발행 또는 보증한 증권으로 제한된다. 거래약관으로는 금융투자협회가 제정한 「대고객환매조건부매매약관」 등이 사용되며, 일반적으로 중도환매가 허용된다.

다음으로 기관 간 RP거래의 대상증권은 종류, 가격, 만기, 거래금액 등 거래조건에 관한 제도적 제한은 없으며, 거래약관이나 환매서비스기관의 운영규정 등에 기초하여 거래 당사자 간 협의로 결정된다. 거래약관은 금융투자협회가 제정한 「기관간환매조건부매매약관」이 주로 사용되고 있으며, 시장운영규정은 장외RP의 경우 한국예탁결제원이, 장내RP의 경우 한국거래소가 정하고 있는데, 이들 간에는 대상증권과 만기, 매매단위 등에서 차이가 있다.

주요 공개시장운영 수단의 하나로 이용되는 한국은행 RP매매는 매매방식에 공모방식과 상대매매로 구분된다. 공모방식에 의한 매매는 경쟁입찰과 모집으로 나누어진다. 상대매매는 통화신용정책 상 필요한 경우에 예외적으로 실시되며, 금리와 만기 등 매매조건은 한국은행과 상대기관 간 협의에 의해 결정된다. 한국은행은 원칙적으로 단기유동성 조절을 위해 매주 목요일 정례적으로 7일물 RP의 매입을 실시한다.

다. 양도성예금증서시장(CD market)

양도성예금증서(CD; negotiable certificate of deposit)의 발생과정은 다음과 같다. 1950년대에 미국 기업들은 현금관리의 효율성 증대로 단기적으로 투자할 수 있는 자금이 급속히 증가하였다. 이에 따라 기업들은 무이자의 요구불예금 대신에 높은 유동성과 낮은 위험의 특성을 갖는 단기수익투자대상을 찾게 되었다. 그러나 당시 은행들은 이러한 욕구를 충족시킬 수 있는 이자부 단기예금을 제공하지 못했기 때문에 기업들은 다른 투자대상 특히 CP, 재정증권(T-Bill), RP 등을 찾게 되었다. 그 결과 은행의 재무상태표상에 기업예금의 중요성이 크게 감소하게 되었으며, 특히 투융자재원의 상당부분을 기업의 요구불예금에 의존하고 있던 대형은행들은 자금이 부족하게 되었다. 그러자 은행들은 기업자금들을 끌어들이기 위하여 전통적인 은행의 정기예금증서에 양도성을 부여한 양도성정기예금증서(CD)를 개발하게 되었다. 이러한 필요성에서 1961년 뉴욕의 퍼스트 내셔날 시티은행(First National City Bank of New York)이 처음 CD를 시작한 이래, 현재에 이르러 기업어음(CP)과 거래규모가 같을 정도로 CD시장은 급성장해 왔다.

CD시장은 CD가 발행 · 유통되는 단기금융 시장으로서 발행기관, 중개기관 및 매수기관으로 구성된다. 발행기관인 은행은 자금사정에 따라 발행규모와 시기를 조절함으로써 탄력적인 자금조달이 수단을 확보하게 된다. 중개기관은 중개수수료 수입과 자기계산으로 참가한 매매에서 시세차익을 확보할 수 있다. 또한 매수기관은 단기자금 운용수단으로 CD시장을 활용할 수 있게 된다.

우리나라의 경우 2001년부터 CD는 예금보호대상에서 제외되고 있어서 CD를 발행하는 은행의 신용도가 중요한 문제가 된다. 대형은행은 소형은행보다 낮은 수익률로 CD를 발행할 수 있으며 유통시장 또한 더욱 활발하나. 또 CD는 이자율이 시장조건에 의해서만 결정되고 이자지급에 대한 상한선이 없다는 점에서 다른 은행예금과는 다르다. 양도성 CD에 대한 투자자들은 2종류의 위험, 즉 신용위험(credit risk)과 시장성위험(marketability risk)을 부담하게 된다. 신용위험은 CD를 발행하는 은행이 채무를 이행하지 않을 위험으로 CD가 거액의 액면가액으로 발행되고 있고 보험 또한 예금액의 이전한도로 제한되어 있기 때문에 투자자들은 어느 정도 이 위험을 부담하게 된다. 시장성위험은 CD의 유통시장이 잘 발달되어 있기는 하나 CD의 매매가 용이하지 않을 수 있다는 점에 기인한다. CD의 수익률에는 이러한 위험의 차이가 반영된다.

CD는 중도해지할 수는 없으나 양도가 가능하므로 매수자가 보유 CD를 현금화하고자 하는 경우 매각할 수 있다. CD는 최단만기가 30일로 제한되고 최장만기에는 제한이 없으나 실제 거래에서는 대부분 1년 이내로 발행되고 있다. 또한 최저액면금액에 대한 제한은 없으나 은행들은 내규 등을 통해 5백만 원 또는 1천만 원으로 설정하여 운영하고 있다. 또한 CD는 할인방식으로 발행된다.

라. 기업어음시장(CP market)

기업어음(CP; Commercial Paper)은 신용상태가 양호한 대기업들이 상거래와 관계없이 단기운전자금 등을 조달할 목적으로 발행하는 무담보약속어음으로 기관투자자들이나 다른 기업들에 할인되어 판매된다. CP시장은 발행기업(issuers), 할인 · 매출기관(dealer), 매수기관(investors)로 구성된다. CP는 담보가 없고 발행자의 이름만 기록되어 있기 때문에 시장은 일반적으로 신용상태가 양호한(highest credit ratings) 대기업들이 주로 발행기업으로 참여한다. 발행기업의 CP발행 동기는 주로 재고자산, 급료, 세금 등 비교적 단기적이고 계절적인 비용지출을 위한 자금수요를 충족시키기 위한 것이다. CP는 발행절차가 간편하고 통상 담보 없이 신용으로 발행되는 데다 금리 면에서도 은행대출보다 유리한 측면이 있어서 발행기업들의 유용한 단기자금조달 수단으로 이용되고 있다. 또한 금융기관의 경우는 리스, 담보금융(mortgage banking), 소비자금융과 같은 은행관련사무의 자금을 조달하기 위하여 CP시장을 이용한다.

할인 · 매출기관은 발행기업으로부터 CP를 할인 매입한 후 이를 은행, 일반회사, 보험회사, 투자신탁(trust funds), 연기금(pension funds) 등의 매수기관에 매각한다. 이들 매수기관에 있어서 CP는 비교적 안정적이면서 수익성 높은 저축수단이 된다. CP 발행기업의 요건과 발행조건은 할인금융기관에 따라 상이하다. 증권회사가 CP를 매입하는 경우 대상기업, 만기 및 액면금액 등에 제한은 없다. 그러나 증권회사가 장외시장에서 CP를 매매, 중개, 주선 또는 대리하는 경우에는 2개 이상 신용평가기관으로부터 신용평가를 받은 CP만을 대상으로 할 수 있다. 종합금융회사가 CP를 할인 · 매입하는 경우에는 만기 1년 이내 CP에 한해서만 할인, 매매, 중개를 할 수 있다.

마. 전자 단기사채시장

전자단기사채는 「자본시장법」상의 사채권으로서 전자적으로 발행 · 유통되는 단기

그림 Ⅰ-11 음(-)의 현금흐름

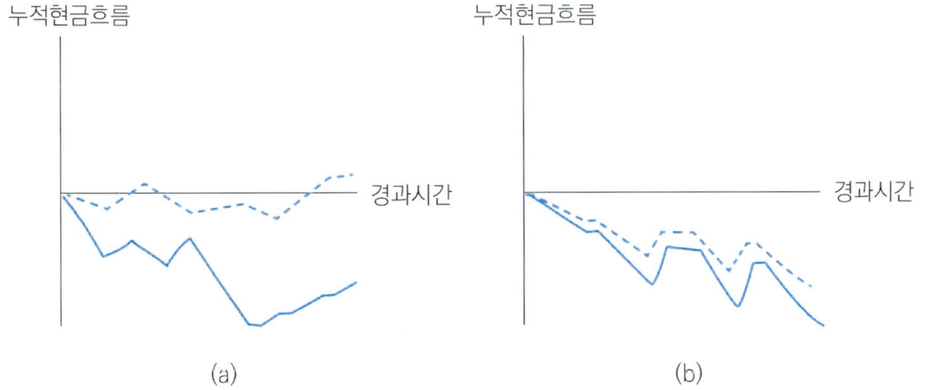

Ⅰ-11]은 현금유출이 많은 기간에 대해서 새로운 대출(loan)을 포함한 누적적 순현금흐름과 대출을 제외한 누적적 순현금흐름을 비교한 것이다. 그림에서 실선(—)은 누적현금흐름을, 점선(…)은 새로운 대출을 제외한 누적현금흐름을 의미한다.

[그림 Ⅰ-11]의 예시 (a)는 대출수요의 증가가 유동성을 악화시키는 기간이므로 신규대출을 중단하면 이 기간 중에는 유동성에는 아무런 문제가 없다. 그러나 (b)의 경우 현금흐름의 감소는 신규대출수요 때문이 아니라 예금의 감소에 기인한 것으로 볼 수 있다. 이 기간은 유동성에 큰 문제가 있으며 유동성요구를 충족시키기 위해 상당금액의 2차유동성준비금이 필요하다.

일단 2차유동성준비금이 어느 정도 필요한가가 결정되면 그 다음 문제는 어떠한 형태로 이러한 준비금을 보유하느냐 하는 것이다. 2차유동성준비금으로 보유하는 자산은 손실을 보지 않고 즉시 현금으로 교환되는 자산이어야 하는데, 이런 자산 중에서 수익률이 가장 높은 것이 또한 바람직하다. 따라서 2차유동성준비금으로 적합한 자산은 안전하고, 만기가 단기여야 하며 쉽게 판매 가능한 것이라야 한다.

일시적인 유동성문제를 해결하기 위한 방법으로는 2차유동성준비금 이외에도 차입을 통한 방법이 있다. 흔히 일반은행은 일시적인 유동성수요를 충족시키기 위해 콜시장을 통해 은행 서로 간에 자금을 차입하는데, 이에 대해서는 앞서 살펴본 바와 같다.

2차유동성준비금은 앞서 말한 바와 같이 대개가 단기적이고 위험도가 크지 않기 때문에 수익률도 비교적 낮다. 만약 이러한 준비금을 줄이고 그 자금을 수익률이 높은 곳에 투자한다면 금융기관의 수익성은 크게 향상될 수 있을 것이다.

유동성준비금을 감소시킬 수 있는 몇 가지 방법이 있다. 우선 한 가지 방법은 현금흐름에 대한 예측능력을 개선함으로써 잠정적인 현금유출에 대한 준비금을 감소시키는 것이다. 2차유동성준비금을 극소화하기 위해 흔히 이용되는 또 다른 방법은 헷징(hedging)이다. 헷징은 자산과 부채의 만기를 대응시키는 것을 말하는데, 자산과 부채의 만기가 대응되는 정도에 따라서 2차유동성준비금의 필요성은 줄어들 수 있다. 그러나 예금은 수시로 필요에 따라 인출되고, 대출은 장기간 지속되는 금융기관의 성격상 만기구조의 대응을 통한 유동성준비금의 감소는 제한이 따른다. 따라서 금융기관은 자금의 만기를 이용한 유동성관리보다는 보다 안전한 자금원천을 확보함으로써 유동성을 유지하는 것이 더욱 필요한 일이다.

세 번째 이슈는 위험의 감소 이슈이다. 금융기관은 그 성격상 자본구조에서 자기자본의 비율이 낮기 때문에 자산가치의 변화에 특히 민감하다. 이와 같은 금융기관의 위험은 이자율위험(interest risk)과 신용위험(credit risk)[11]의 두 가지로 구분된다.

이자율위험은 어떤 금융자산으로부터 나오는 고정수익흐름(fixed stream of return)의 가치가 이자율의 수준이 변화함에 따라 반대방향으로 변화하는 사실을 말한다. 예를 들면 매년 100원(C)씩 지불하는 영구사채(perpetuity)의 경우 투자자들이 요구하는 수익률(i)이 5%라면 그 가치는 2,000원이 되고, 투자자들이 요구하는 수익률이 10%로 증가한다면 영구사채의 가치(P)는 1,000원으로 하락한다.[12] 이자율위험은 인플레이션율의 증가와 그에 따른 이자율의 불안정성으로 인해 금융기관의 자본관리에 점점 더 심각한 문제를 제기하는데, 이러한 문제는 금융기관의 자산이 자금조달원(부채)보다 만기가 더 길다는 사실 때문에 더욱 가중되고 있다. 왜냐하면 단기간 차입하여 장기간 대출(borrow short and lend long)하는 금융기관의 성격상 급격한 이자율의 상승은 금융기관에 큰 손실을 가져다주기 때문이다. 이러한 이자율위험은 완전히 제거될 수는 없으나 자산과 부채의 만기를 대응시킴으로써 어느 정도 해결할 수 있다. 또한 예금기관은 장기예금의 확보를 통해 예치된 자금의 평균만기를 높여 이자율위험을 제거할 수 있다.

11 신용위험은 기업위험(business risk)이라고도 함.
12 $P = C/i$

이자율위험을 극소화시키는 또 다른 방법은 변동금리대출(variable rate loan)이 있는데, 이 방법은 대출금리를 일반이자율의 수준과 관련하여 이자율수준이 변화할 때마다 대출금리를 조정함으로써 이자율변동위험에 대비하는 것이다.

한편, 신용(또는 기업)위험은 자산이 가져다주는 현금흐름의 변동성과 관련된 위험인데, 예를 들면 보통주 주식투자의 경우 주식소유자는 기업 영업성과의 하락으로 수익이 감소할 경우 주식가치하락의 위험을 안게 된다. 기업위험은 정부채 등과 같이 위험이 별로 없는 증권에 투자함으로써 제거할 수 있으나 이러한 증권들은 대개 낮은 수익률을 가져온다. 따라서 위험의 완전한 제거를 위해선 금융기관은 수익성증가를 포기해야 할 때가 있다.

네 번째 이슈는 융통성의 확보이다. 금융기관관리에 있어 융통성이란 예기치 않은 문제에 대처하거나 변화하는 금융환경에 적응할 수 있는 능력을 말한다. 이러한 상황변화에 대처하는 능력은 미래에 발생할 사건에 내재적인 불확실성 때문에 성공적인 자산관리에 중요한 한 요소일 뿐 아니라 수익성을 높이고 위험을 저감시키는 데도 매우 중요하다.

금융기관에서 필요한 수준의 융통성은 적절한 자산 및 부채의 관리를 통해서 획득할 수 있는데, 일반적으로 자산관리에서 융통성은 증권이나 대출의 만기구조의 관리와 시장성 있는 자산(marketable asset)의 보유를 통해서 얻을 수 있다. 만기가 짧은 증권이나 대출을 보유하게 되면 금융기관은 대개 좀 더 자주 투자결정을 할 수 있기 때문에 높은 융통성을 갖게 된다. 그러나 이러한 금융기관의 융통성은 아무런 비용 없이 얻어지는 것은 아닌데, 만기가 짧은 증권이나 대출은 대개가 수익률이 낮다. 더욱이 몇몇 금융기관은 단기신용에 대한 수요가 매우 제한되어 있다.

대출이나 투자증권의 일정비율이 매기 만기가 되도록 자산포트폴리오를 구성하는 것은 수익성이 높은 장기자산을 포기하지 않고 융통성을 얻을 수 있는 한 가지 방법이다. 또한 시장성유가증권의 보유는 장기자금에 대한 투자를 가능케 해줌과 동시에 융통성도 증가시킨다.

지금까지 보아온 것처럼 융통성은 금융기관의 관리에 있어서 매우 중요한 개념이다. 융통성은 매우 동적인 기업환경에 내재하는 불확실성에 대비하는 능력으로서 금융기관이 변화하는 상황이나 새로운 기회의 출현에 대응하도록 자산과 부채를 적절히 관리함으로써 획득될 수 있는 것이다.

4) 금융기관의 관리와 규제

가. 시장규제의 근거

금융시장규제의 이론적 근거에 대해 논하기에 앞서 시장의 규제에 관한 일반적인 문제에 대해 살펴보기로 하자. 가장 이상적인 형태의 시장은 완전경쟁시장이다. 이 이상적 형태의 시장과 정반대되는 것은 독점적 시장이다. 그런데 금융시장이 왜 규제받고 또한 이렇게 규제받는가 하는 것을 이해하기 위해선 무엇이 경쟁적 시장을 형성하는가를 알아야만 한다.

한 산업은 그 산업 내에 많은 기업이 존재하고 그 기업들이 초과이익을 볼 수 없을 정도로 낮은 가격으로 그들의 제품을 판매할 때 경쟁적이라고 한다. 좀 더 기술적으로 표현한다면, 가격이 한계비용과 같아질 때, 즉 기업이 부가하는 가격이 마지막 한 단위의 제품을 생산하는데 드는 비용과 같아질 때 이윤은 극대화가 된다. 그러나 이와 같이 모든 기업의 가격이 한계비용과 같고 새로운 기업의 진입(entry)이 언제든지 가능할 때 초과이익은 존재하지 않는다. 이와 같이 될 경우 산업은 완전경쟁적이라 부른다.

반면 어떤 산업의 시장구조가 독점에 의해 지배될 때 독점기업이 부과하는 가격은 그 산업이 완전경쟁적일 때 형성되는 가격보다 높게 된다. 더욱이 독점 형성시 생산되는 생산량은 완전경쟁적일 때보다 상대적으로 적게 된다. 위와 같이 가격을 높게 책정하고 생산량을 감소시킴으로써 독점기업은 최대이익을 실현시키게 된다. 독점이 유지되기 위해선 경쟁을 억제하는 어떤 수단이 필요한데, 독점기업은 여러 가지 방법을 이용하여 다른 기업의 진입을 방해함으로써 가격을 높이고 생산량을 낮게 책정하며 초과이익을 유지한다.

시장규제가 필요한 이유는 독점을 지양하고 경쟁을 조장하기 위한 것과 경쟁적 시장을 대신하기 위한 것으로 구분할 수 있다. 경쟁을 조장하기 위해 규제가 사용될 때는 경쟁적 시장의 운영을 방해하는 요소를 제거하면 된다. 경쟁조장의 목적을 위해 규제가 사용될 때의 가정은 적절한 규제조치가 취해졌을 때 시장이 경쟁적으로 운영된다는 것이다. 한편 규제는 경쟁의 조장에 의하여 경쟁적 시장의 운영이 가능하지 않을 때(not feasible) 경쟁적 시장의 운영을 대신하기 위해서도 사용될 수 있다. 이 경우 경쟁적 시장은 실패(fail)한 것으로 간주되며, 우리가 현실에서 볼 수 있는 대부분의 규제는 이와 같은 시장기능의 실패(market failure)에 기인한 것이다.

시장기능의 실패는 시장이 기능을 전혀 발휘하지 못하거나 경쟁적으로 운영될 수 없을 때 발생하는데, 이것이 발생할 수 있는 원인에는 다음과 같은 3가지가 있다.

i) **자연독점**(natural monopoly)

자연독점이란 한 산업의 성격이 본질적으로 독점이 되는 상황을 말한다. 자연독점이 형성되는 주요부문은 공익사업부문(public utilities)을 들 수 있다. 예로, 같은 지역에서 경쟁하는 두 전기회사를 고려해보자. 각 기업은 각각 지역전체에 발전기와 전선을 설치해야 하는데, 이는 결코 바람직한 것이 아니다. 왜냐하면 하나의 발전시설과 전선을 설치하는 것이 보다 비용이 적게 들고 효율적이기 때문이다. 경제학자들은 자연독점을 갖는 산업을 비용감소산업(decreasing-cost industry)이라 표현하는데, 이는 규모의 경제(economy of scale)가 계속적으로 가능함을 의미하는 것이다. 즉, 한 단위의 생산을 위해 드는 생산비용(한계비용)이 생산량이 증가함에 따라 계속 감소함을 말한다. 전기산업은 그 성격상 자연독점이 성립되며, 이러한 독점은 독점가격을 형성하게 된다. 따라서 이러한 문제를 해결하기 위해 규제가 필요하게 되는 것이다.

ii) **외부효과**(externalities)

외부효과란 경쟁적 시장에서 결정된 균형가격에 포함되지 않는 비용을 말한다. 외부효과가 존재할 경우엔 사회적 비용이나 이득, 즉 재화의 생산과 관련된 총비용이나 총이득과 재화의 생산자 또는 구매자가 부담하는 사적 이득이나 비용 사이에 차이가 존재하게 된다. 외부효과는 사회적 비용이나 이득이 사적비용이나 이득보다 큰 경우와 그보다 작은 경우 두 가지로 나눌 수 있다.

우선 '사회적비용(이득) > 사적비용(이득)'인 경우는 공공재에서 그 예를 찾을 수 있는데, 공공재란 사람들이 쉽게 사용 또는 소비할 수 있으나 그 재화에 비해서 소비에 대한 가격을 부과하기는 어려운 경우의 재화를 말한다. 예로, 국방이란 서비스를 정부가 생산하는 것이 아니라 경쟁적 시장에서 생산된다고 가정하자. 대부분의 사람들은 국방이란 서비스를 소비하고자 할 것이며 국방에 대해서 다른 재화와 마찬가지로 가격을 지불하고자 할 것이다. 그러나 사람들은 모든 다른 사람들이 국방에 대한 가격을 지불한다면 그들은 가격을 지불하지 않고도 국방의 서비스를 소비할 수 있으리라고 생각하기 때문에 국방의 생산자는 사람들에게 국방서비스의 대가를 지불토록 하기 어려울 것이다. 따라서 국방의 생산은 모든 사람이 원하는 것보다 훨씬 더 감소될 것이다. 공공재가 갖고 있는 가장 근본적인 문제는 사용이득에 대한 대가를 지불하지 않은 사람들에게 공공재의 사용을 금지할 수 없다는 것이다. 즉 재화에 대한 접근(access)이 공적이기 때문에 국방의 생산자에게 돌아가는 사적 보수가 사회적 이득보다 작게 되고 따라서 공공재에 대한 생산이 줄어들게 된다. 여기에서 규제가 필요하게 되며 이때 규제의 역할은 생산을 사회적으로 최적(socially optimal)인 수준까지 증가시키는 것이다.

이어서 '사회적 비용(이득) < 사적 비용(이득)'인 경우는 재화의 생산으로부터 나오는 사적 보수가 사회적 이득보다 클 때이며, 이는 어떤 재화의 생산으로 인해 사회 전체적으로 비용이 소요되며 재화생산자에게 이러한 사회적 비용을 부담시킬 수 없을 때 일어난다. 이 경우 중요한 예는 공해(pollution)를 들 수 있다.

iii) **정보의 불균형**(asymmetric information)

규제를 가져오는 마지막 형태의 시장기능실패는 정보의 불균형 문제이다. 정보의 불균형을 이해하기 위해 어떤 제품이 그 질에 있어서 상당히 큰 차이가 있고 이러한 제품의 질은 판매자에게만 알려져 있고 구매자에게는 알려지지 않는다고 가정해보자. 이 경우 판매자는 제품가격이 이익을 가져올 때만 판매하고 구매자는 그들이 공정가격(fair price)을 지불한다고 믿을 때만 구매한다면 이때 이 시장은 실패하게 된다.

구매자는 모든 판매자가 그들이 가장 우수한 질의 제품을 갖고 있다고 주장한다는 것을 알고 있다. 구매자는 이들 대부분이 사실대로 말하지 않는다는 것을 알지만 누가 진실을 말하고 누가 거짓을 말하는지는 알지 못한다. 따라서 구매자들이 지불하고자 하는 제품가격은 시장에서 얻을 수 있는 평균제품의 질을 반영하게 된다. 그러면 실제로 양질의 제품을 갖고 있는 판매자는 이와 같은 평균적 가격으로 판매하지 않으려 할 것이고, 단지 저질의 제품을 보유하는 사람만이 이러한 가격으로 판매하려할 것이다. 그리고 구매자들은 양질의 제품을 갖고 있는 판매자는 시장에서 사라질 것이라고 생각하면 계속 구매가격을 낮출 것이다.

이와 같이 극단적인 경우에 정보의 불균형을 규제하기 위한 조치가 없다면 시장은 저질제품 이외에는 어떤 것도 전달할 수 없고, 따라서 저급제품의 불균형을 교정하고 구매자로 하여금 양질과 저가제품을 구별하도록 하는 방법을 제공하는 규제가 필요하게 된다.

나. 시장규제의 5개 원인

금융시장규제는 일반적으로 5가지 근본적 이유를 갖는다. 이 금융시장규제의 5가지 이유 중 3가지는 정보 분배의 불안정성, 즉 정보의 불균형으로 인한 것이며, 하나는 규모성장에 의한 자연독점, 나머지 하나는 금융기관 사이의 담합으로 인한 것이다. 이러한 금융시장규제의 근거와 그와 관련된 문제 및 규제의 형태를 [표 Ⅰ-4]에 정리하였다. 이하에서 각 규제 사유 별로 상세히 살펴보자.

ⅰ) 경제적 집중과 규제 - (1)과 (2)

금융시장에서 독점력을 얻을 수 있는 주요한 방법은 거래조합(trade association)에 의한 것이다. 거래조합은 한 산업 내에 기업들의 상품의 판매촉진과 공통의 문제를 해결하기 위한 목적으로 형성하는 조직이다. 거래조합은 여러 가지 유용한 역할 — 행위규범 결정, 산업기업들을 위한 연구 및 교육업무 등 — 을 하지만 또한 cartel 형성의 수단이 될 수 있다. 즉, 한 산업 내의 기업들은 거래조합을 통하여 독점을 형성할 수 있다.

독점을 형성하기 위해선 산업 내 모든 기업들에게 이익이 돌아가도록 하는 어떤 행위규칙을 정하는 것이 필요하다. 왜냐하면 cartel 협정을 위반하는 기업은 항상 더 많은 이익을 볼 수 있기 때문이다. 예를 들면 cartel 협정에서 한 재화에 대한 최저가격이 결정되었을 때 cartel 내 모든 기업이 협정가격유지를 준수하고 한 기업만이 이를 위반

표 Ⅰ-4 금융시장 규제근거

금융시장규제의 이유	문제의 성격	문제해결을 위한 규제방법
(1) 규모확대에 의한 경제력집중제거와 경쟁의 강화	(1) 시장규모에 비해 특정금융기관의 규모가 과대하며, 금융기관수가 부족	(1) 가격 및 활동의 규제와 진입장벽제거
(2) 담합에 의한 불공정거래제한	(2) 독점조정을 위한 cartel 행위	(2) 독점억제를 위한 규제의 보급과 집행
(3) 계약당사자 간의 정보차이 존재시 부당이득취득의 기회제한	(3) 비전문적 계약자(소비자)의 부당손해에 대한 보호능력 결여	(3) 계약의 제한과 정보의 공시요구
(4) 대리인의 고용자의 이해에 반한 행위제한	(4) 전문적 정보를 가진 대리인의 자신의 이익을 위한 정보사용	(4) 정보의 공시요구와 내부정보이용기회의 제한
(5) 정보불균형으로 인한 금융기관의 도산방지	(5) 금융기관의 규제 부재시 예금주의 인출가능성	(5) 정보의 공시요구와 예금에 대한 보험제공, 금융기관 위험관리에 대한 통제

하고 가격을 cartel 협정에서 결정된 가격이하로 낮춘다면 그 기업은 타 기업에 가게 될 고객을 끌어들임으로써 협정가격을 유지했을 때보다 더 많은 이익을 보게 된다. 그러나 모든 기업이 이와 같이 행동한다면 cartel은 붕괴되고, 따라서 cartel이 성공을 거두기 위해선 기업들의 행위를 규제하는 강력한 규칙이 필요하다.

broker와 dealer의 중개활동을 통해 운영되는 경매시장(auction market) 또한 cartel 형성의 기회를 제공해준다. 이는 broker와 dealer들의 부당한 시장조작행위에 기인한다. 따라서 이들의 행위에 엄격한 규제가 가해져야 한다. 그러나 모든 판매가 broker들에 의해 이루어지고 dealer가 일시적인 거래차액(trading imbalances)을 흡수하는 기능을 갖는 경매시장에서 cartel 형성의 잠재력은 항시 존재한다.

cartel 형성의 또 다른 가능성은 새로운 증권의 분배과정에서, 즉 직접시장에서 발생할 수 있다. 직접시장에서 증권은 종종 투자은행을 통해 분배되는데, 이 투자은행들은 증권을 인수하고 분배하기 위해 신디케이트(syndicate)를 형성하는 것이 보통이다. 신디케이트의 목적은 특정증권의 위험을 여러 투자은행에 분산시키기 위한 것으로 이러한 위험분산목적은 매우 타당한 것이다. 그러나 신디케이트와 같은 형태의 조직은 마음만 먹으면 항시 독점을 형성할 수 있는 가능성을 갖는다.

실질적으로 한두 개의 금융기관에 의해 지배되어 그들에 의해 독점이 형성되는 금융시장은 거의 없다. 즉, 대부분의 경우 시장에서 금융기관의 수는 상당 수준의 복수로 구성되며 또한 규모도 적절한 것이 보통이다. 따라서 금융시장에서 대부분의 독점력은 위에서와 같이 cartel 형성에 기인하는 것과 다음에서 설명하는 정보의 불균형에서 오는 것이 대부분이다. 그러면 이와 같은 독점행위의 가능성을 억제하고 경쟁을 조장하기 위한 규제에는 어떤 것이 있는가 알아보자.

이와 같은 cartel 형성을 막고 금융시장에서 경쟁을 조장하기 위해 취해지는 규제조치는 경쟁시장 및 장외시장을 다루는 규제와 중개시장(intermediated market)을 다루는 규제로 구분될 수 있다. 각 시장에서의 규제조치는 별개의 것이 아니나 상당한 차이점이 있다. 장외시장과 경쟁시장에서의 규제는 cartel 형성을 금지하기 위한 것으로, 이와 같은 시장에 대한 규제는 미국의 경우 증권거래위원회(SEC; Securities and Exchange Commission)가 담당하고 있으며 한국의 경우 금융감독원에서 이와 같은 역할을 한다. 이와 같은 규제기관에서는 broker가 제공하는 서비스의 최저가격유지를 금지하고 증권거래소에서 dealer의 활동을 철저히 감시한다.

경쟁의 조장은 경매시장이나 장외시장보다는 금융기관이 활동하는 중개시장에서 더욱 복잡하다. 증권거래소와 같은 경매시장에서 가장 중요한 문제는 경매시장을 구성하는 broker와 dealer가 그들이 제공하는 서비스에 대해 경쟁적 가격을 제시하도록 보장하는 것이다. 그리고 이와 같은 문제는 다른 비금융산업에서 발생하는 경쟁가격 대 독점가격결정에 관한 문제와 크게 다르지 않다. 그러나 은행과 같은 중개시장에서 가장 어려운 문제는 경쟁을 증가시키고 가격을 낮추기 위한 많은 규제조치가 시장기능실패를 방지하기 위한 규제와 상충된다는 것이다. 경쟁적 시장은 비효율적인 기업은 살아남을 수 없는 시장이다. 그러나 금융산업에 있어 이와 같은 기업(금융기관 예를 들면 은행)의 도산은 그 여파가 매우 많은 기관들에게 미치며, 따라서 금융기관의 도산은 전체 산업과 경제의 안정을 위협하게 된다.

한편, 시장기능의 실패를 다루기 위한 규제시스템은 경쟁적 환경 하에선 살아남을 수 없는 금융기관을 존속시키는 경향이 있다. 그런데 이와 같이 경쟁조장을 위한 규제와 시장기능의 실패를 방지하기 위한 규제 사이에 발생하는 갈등을 해결하는 실제적 방법은 없다. 따라서 금융기관에 대한 규제는 얼마나 경쟁을 허용할 것인가 하는 문제로 귀결되는데, 이러한 문제는 또한 시장기능의 실패를 방지하기 위한 규제가 실제로는 그러한 목적에 전혀 도움이 되지 않으며 오히려 경쟁을 줄이고 현존하는 금융기관의 이익을 증가시킨다는 사실 때문에 더욱 복잡해진다.

ii) 정보의 불균형 - (3), (4), (5)

거의 모든 금융거래는 어떤 형태든 법적 계약(legal contract)을 필요로 하는데, 이는 계약당사자들의 이익을 보호하기 위한 것이다. 그러나 그러한 계약이 성립될 때 흔히 계약의 한 당사자가 다른 계약당사자의 이익을 침해할 수 있는(expropriate) 기회가 존재한다. 예를 들어 주식소유자와 채권소유자와의 관계를 살펴보자. 주주가 채권소유자의 이익을 침해할 수 있는 한 가지 방법은 주주가 경영자로 하여금 그들에게 특별혜택을 주도록 하는 것이다. 이와 같이 할 때 기업은 채권소유자에 대한 부채를 상환하지 못할 가능성이 더 높아지고 따라서 채권소유자에 대한 부를 침해하게 된다. 또 다른 침해의 예는 주주와 경영자의 관계에서 찾을 수 있다. 경영자는 여러 가지 방법을 통해 주주의 부를 잠식할 수 있는데, 예를 들면 기업의 자금을 횡령하거나 기업이 경영층에 제공하는 여러 가지 서비스—사장실, 자가용 등—를 과잉 소비하는 것 등을 들 수 있다.

만약 금융계약 당사자가 전문적 지식이 없는 사람이라면 부당침해의 기회는 좀 더 많아질 것이다. 일반적으로 기업 간의 계약에 있어서 일반적인 가정은 계약당사자들이 전문적 지식을 갖고 있거나 또는 그렇게 되어야 한다는 것이다. 그러나 소비자와의 계약에 있어서는 경우가 다르다. 왜냐하면 소비자들은 금융계약행위를 빈번히 하는 것이 아니며, 따라서 그들의 부가 침해당하는 사실을 자세히 알지 못하고 또한 그로부터 자신의 부를 보호할 줄도 모르기 때문이다. 따라서 이러한 부의 침해가능성 때문에 규제의 필요성이 있게 되는데, 이와 같은 비전문적 계약당사자보호를 위한 규제에는 일반적으로 두 가지 형태가 있다. 첫째는 비양심적이라 판단되는 모든 계약조건을 완전히 금지하는 것이고, 두 번째는 상대적으로 전문적 지식을 갖고 있는 계약당사자에게 공시조건(requirement of disclosure)을 부가하는 것이다. 전자의 경우는 비양심적 계약의 금지를 위한 규제, 즉 계약의 형태를 직접적으로 제한하는 규제이고, 후자의 경우는 모든 계약당사자들의 정보에의 접근을 가능하게 하기 위한 규제이다.

이와 같은 계약관계에서 나타나는 중요한 문제가 대리인문제(agency problem)이다. 대리인 개념은 자유주의경제의 모든 계약관계에 적용될 수 있는데, 대표적인 대리인의 예로는 주주들을 대신해 기업의사결정을 하는 기업경영자를 들 수 있다. 이상적으론 대리인은 그를 고용한 사람들의 이익을 위해서 행동해야 하나, 현실적으로 볼 때 대리인의 이해관계는 종종 고용자들의 이해관계와 상충된다. 따라서 대리인들을 고용한 사람들은 대리인이 그들이 원하는 대로 행동하도록 하게끔 하는 메커니즘을 고안해내는 것이 필요하다.

대리인과 고용인의 이해관계가 상충되는 원인에는 크게 3가지가 있다. 첫 번째 원인은 경영자가 기업활동에 들이는 노력에 대한 고용인과 대리인의 태도가 다르다는 것이다. 고용인은 그의 대리인들이 들이는 노력이 많으면 많을수록 더 높은 수익과 비용의 감소를 가져온다는 것으로 파악하는 반면, 대리인은 더 많은 노력이 여가의 감소를 가져온다고 파악한다. 따라서 고용인은 대리인의 여가로부터 어떠한 이익도 얻을 수 없는 반면, 대리인은 '노력과 여가'의 균형을 얻으려고 한다.

두 번째 원인은 대리인이 그의 고용인을 위해 관리하는 자산에 관해 갖고 있는 정보와 관련된 것이다. 대리인들은 일반적으로 그들이 관리하는 자산의 가격에 관해 자산의 소유자보다 훨씬 더 많은 정보를 갖고 있다. 만일 그러한 정보를 시장에 보급시키는데 장애요소가 전혀 없다면 대리인들은 특별한 이점을 가질 수 없을 것이다. 그러나 경영자들은 많은 양의 정보를 경쟁자로부터 보호하기 위해 접근을 통제한다. 한편 일단 정보에 대한 접근이 어렵게 되면 경영자들은 기업소유자들을 고려하지 않고 의사결정을 할 것이다. 이 경우 고용인이 직면하게 되는 문제는 정보의 비밀유지가 그들에게 해가 되지 않도록 경영자에게 적정한 대가를 지불하는 인센티브(incentive)를 제공하는 것이다.

대리인과 고용자 간 이해차이의 마지막 원인은 횡령(embezzlement)의 문제이다. 만약 대리인이 그들이 관리하는 자산의 실제수익을 파악하고 그를 고용자에게 보고할 책임이 있다면 그들은 횡령의 기회를 갖게 된다. 그들은 실제 발행한 이익보다도 더 낮게 보고하고 그 차이를 취할 수 있기 때문이다. 그러한 행위를 방지하는 한 가지 방법은 고용자가 회계사를 고용하여 대리인이 보고할 내용을 감사(audit)하고 횡령이 발생하지 않음을 확인하는 것이다. 물론 그러한 감사인들의 신뢰성에 대한 문제는 존재한다. 일반적으로 횡령으로 인한 이득이 클수록 횡령가능성은 크지만, 대리인과 고용인 간의 정보차이가 적으면 적을수록 횡령의 인센티브는 줄어든다.

대리인문제를 다루기 위한 규제는 주로 대리인과 그를 고용한 사람과의 정보불일치를 감소시키기 위한 것이다. 이러한 형태의 규제는 공시규제(disclosure regulation)라 하는데, 이는 기업경영자로 하여금 기업자산가치에 관한 정보를 자본시장에 공시토록 요구한다. 미국의 경우 공시규제는 증권거래위원회(SEC)의 감독 하에 시행되는데, 기업은 재무제표의 정기적인 발표나 증권의 발행시 사업계획서의 제시 등의 형태로 필요한 정보를 시장에 제공할 것이 요구된다.

공시규제가 실제로 필요한 것인지에 관해선 상당한 논란의 여지가 없는 것은 아니다. 일부 사람들은 시장이 그 스스로 적절한 양의 정보를 제공한다고 말하고, 기업으로서 정보의 생산과 공시는 비용이 많이 들기 때문에 공시의 증가가 반드시 좋은 결과를 가져오는 것은 아니라고 주장한다.

흔히 금융기관은 예금의 대규모 인출로 위험에 처하는 경우가 있다. 이는 앞에서 언급한 바와 같이 금융기관을 소유하고 관리하는 사람과 금융기관에 예금을 갖고 있는 사람 사이의 정보불일치에 기인하는 것이 보통이다. 실제적으로 금융기관은 금융자산을 보유하고 있는 한 금융시장에서 사라지지는 않는다. 오히려 금융기관의 자산가치에 관한 정보가 거의 없는 예금주들이 그들의 예금이 사라질 것을 두려워해서 금융기관으로부터 자금을 인출해가고 은행을 위험하게 만드는 것이다. 일단 이러한 예금인출이 시작되면 금융기관의 안정성은 위협받게 되고 예금인출의 인센티브는 증가된다. 이러한 종류의 공황은 1930년대 미국의 대공황(Great Depression)처럼 경제제도의 와해와 시장의 실패를 가져오게 된다.

이러한 문제를 해결하기 위한 규제제도의 한 방법은 예금보험(insurance of deposits) 제도이다. 현재 우리나라의 예금보험공사는 금융기관별로 1인당 원리금을 5천만원까지 보호해주고 있다. 1997년 외환위기 직후 뱅크런 방지를 위해 한시적으로 전액보호하였으나 2001년부터 부분보호로 환원되었다. 이는 은행의 예금주가 금융시장과 금융계약에 전문적 지식을 갖고 있는 금융기관과 거래할 때 그들의 예금이 잘못 사용될 것을 두려워할 필요가 없고 또한 은행에 대한 불신 때문에 자금을 인출해 갈 필요가 없다는 것을 의미한다. 보험의 형태로 부가되는 규제는 정부가 시장기능의 실패를 가져오는 문제를 적어도 부분적으로 제거할 수 있도록 은행의 경영활동을 정부가 보장함을 의미한다.

만일 예금보험이 금융시장에서 시장기능의 실패를 제거하기 위해 사용되는 완벽한 방법이라면 그 금융시장은 바람직한 것은 아니다. 왜냐하면 정부의 보호를 받는 예금주는 더 이상 정보를 수집하고 은행의 활동을 평가할 필요성이 없기 때문이다. 실제로 은행은 더 이상 예금주의 대리인이 되는 것이 아니며 보험을 제공하는 정부의 대리인이 된다. 따라서 정부는 금융기관과 거래하는 전문적 지식을 갖고 있는 계약당사자가 하게 될 모든 기능을 수행해야만 한다. 따라서 무엇보다도 중요한 것은 정보의 불균형을 감소시키는 것이다. 즉, 금융기관으로 하여금 자금을 수요하거나 공급하는 사람들을 위해 정보를 수집하고 처리하여 공시를 하게 하는 제도가 필요하게 된다.

Ⅱ. 주식시장

오늘날 우리가 접하는 주식 시장은 금융자산과 거래절차의 오랜 시간 동안의 진화의 결과이다. 초기 단계에는 기업이 발행한 주식이 거래대상이었으나 현대에는 전통적 주식 외에 파생된 형태의 증권도 거래의 대상이 되고 있다. 또한 거래대상 자산의 복잡성 증가에 따라 거래 방법 역시 단순한 대면거래에서 컴퓨터를 통한 실시간 가치변화 확인과 즉각적인 거래가 가능한 시스템이 구축되고 있다. 나아가 이러한 빠른 정보흐름은 시장규제와도 연계된다.

본 장에서 살펴볼 주식시장은 이러한 일련의 시스템적 측면에서 주식시장에 사용되는 특징 용어를 학습하고 주식시장의 과거와 현재를 살펴보도록 구성하였다.

1. 주식의 정의와 주식투자의 이유

주식과 주식이 거래되는 시장은 오늘날의 개인 재정과 국가 경제에서 중요한 부분을 차지한다. 많은 사람들이 부의 창출 또는 재정손실의 위험을 줄이고자 직접적인 주식 투자 외에 펀드와 연금 플랜을 통해 직간접으로 주식을 소유하고 있다. 따라서 주식과 주식시장의 이해는 현대 자본시장을 이해하는 가장 기본적인 수단이 된다.

주식에 대한 정의는 그 대답이 주체에 따라 다양할 수 있으나 가장 선형적인 정의로 주식은 소유자가 보유한 금융 자산인 동시에 주식을 발행한 기업에 대한 청구권으로 정의할 수 있다. 우선 금융 자산의 측면에서 살펴보면, 기업은 주식의 최초 발행(IPO; initial public offering)을 통해 주식을 구매한 사람들로부터 자금을 획득하고 이 자금을 사용하여 새로운 공장을 건설하거나 새로운 제품 라인을 출시하여 매출을 발생시킨다. 그러나 일단 주식이 발행된 이후에는 주식이 계속해서 거래가 된다 하더라도 기업이 추가 자금을 확보하는 것은 아니다. 즉, 누군가 이미 발행되어 주식시장에서 A 기업의 주식을 사면 지불대금이 해당 지분을 팔기로 결정한 사람에게 이체되는 것이지 기업에게 전달되는 것이 아니다. 이어서 청구권의 측면에서 살펴보면, A사의 지분을 소유하면 향후 이익에 대한 소유권 주장과 회사 운영 방식에 대한 소유 지분만큼의 주장을 할 수 있다. 따라서 주주는 A사의 매출상승과 같은 운영개선을 통해 주식 수요를 증가시키고 이를 통해 주식 소유권의 이전 가치를 높이고자 시도한다.

주식은 전통적으로 거래소를 통한 집합거래의 형태에서 전자거래(electronic trading)의 형태로 전환되고 있다. 거래소는 일반적으로 거래자가 대면하여 주식을 거래하는 물리적 위치로 공개 호가 시장(open outcry market)에서 거래자 간에 주식의 매수가격과 매도가격을 서로 발표하고 이 두 가격이 일치할 때 거래가 완료된다. 이후 전자기술의 발전에 따라 투자자 간의 전자적 연결을 통해 이러한 거래절차가 빠르게 실시간으로 수행될 뿐 원론적인 절차와 단계는 동일하다. 미국의 경우 가장 긴 역사를 가진 NYSE(NewYork Stock Exchange), 미국 최대 규모의 전자거래소인 NASDAQ(National Association of Securities Dealers Automated Quotations), AMEX(American Stock Exchange) 등 복수의 거래소가 존재한다. 이외에도 우리나라의 한국거래소(KRX; Korea Exchange)를 비롯하여 전 세계에 약 150개 이상의 독립적인 거래소가 존재한다. 그만큼 주식시장과 거래소는 국가 내 금융자본을 재할당하는 대표적이고 효율적인 수단임을 반증한다.

거래소는 거래되는 주식들의 가격으로 구성된 다양한 주가지수를 구성하여 제공한다. 이러한 각 지수는 투자 요구에 가장 적합한 회사들로 형성된 패키지를 투자자에게 제공하기 위한 목적을 갖는다. 예를 들어 어떤 지수는 가격 변동성이 더 높아 높은 위험성을 지향하는 투자자들의 선호도를 일치시켜 줄 수 있다. 반면 다른 투자자는 장기적으로 안정적인 지수를 선호할 수도 있다. 이렇듯 다양한 주식 및 주가지수 패키지를 통해 투자자는 자신의 필요에 맞게 주식 포트폴리오를 구성 가능케 해 줌으로써 투자대상 사업의 범위를 확대할 뿐만 아니라 하나의 바구니에 계란을 담는 위험을 회피해주는 효과를 갖는다.

오늘날 많은 개인투자자들은 미래의 재정적 안정을 위해 점점 더 주식 시장으로 전환하고 있다. 우리나라의 경우 2020년 말 기준으로 국민 전체의 18%가 주식투자를 하고 있는 것으로 나타났다. 시가총액에서 개인투자자가 차지하는 비중 역시 28%인 역대 최대 규모로 개인투자자의 위상이 더욱 높아지고 있다. 특히 최근 여성의 주식시장 참여 확대로 투자자수 및 보유금액 증가율에서 남성을 크게 상회하는 특징이 나타나고 있다. 이러한 주식시장으로의 직접 참여 외에 펀드나 퇴직연금 등을 통한 간접투자 비

그림 II-1 우리나라 개인 주식투자 현황추이

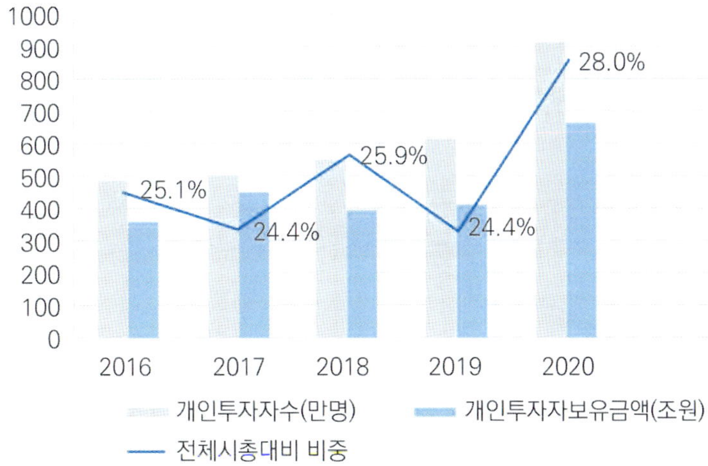

자료: 한국예탁결재원, '2020년12월 결산 상장법인의 소유자 현황'(2021).

중까지 포함한다면 그 비중은 더욱 높아질 것으로 추정된다.

이렇듯 주식시장으로의 투자증가는 주식시장을 통해 얻을 수 있는 수익에서 비롯된다. 장기투자를 주장한 Jeremy Siegel[1]에 따르면, 주식, 장기채, 단기채, 금, 달러를 대상으로 한 1802년에서 2012년까지의 총 실질수익률을 비교한 결과, 총 210년에 걸쳐 잘 분산된 주식의 경우 년 평균 6.6%의 수익률을 보였으며 10년에 2배씩 자산가치가 높아진 것으로 나타나 다른 자산군 대비 압도적으로 우월한 자산군임을 제시하였다. 특히 대공황과 세계대전 이후에도 자본시장은 회복하여 경제적 위기로 인해 장기추세에서 벗어나더라도 결국은 장기추세로 회귀하고 있다고 보았다. 따라서 주식은 구매력을 유지하면서도 재정안정을 확보해주는 장기투자자산이라 주장하였다.

비교한 연구를 참조하면, 우리나라의 주식투자 역시 1983년 이래 28배의 수익률을 보여 타자산 대비 가장 높은 누적수익률을 보였다. 우리나라의 1998년 경제위기 등에도 장기적으로는 장기 트렌드로 회귀하고 있음을 알 수 있다.

1 Siegel, Jeremy. Stocks for the Long Run. 5th Edition. New York: McGraw Hill Education, October 2013

그림 Ⅱ-2 미국 자산군별 총 실질수익률 비교(1802-2012)

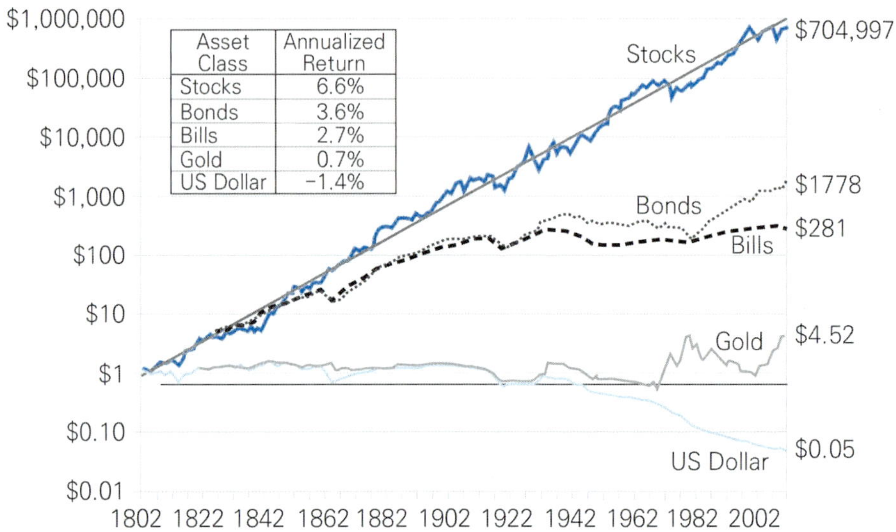

자료: 'Stock for Long Run'(5ED), Fig 1-1, 6p.

표 Ⅱ-1 **국내 투자자산별 누적수익률 비교**

자산구분	2008-2012	1983-2012
주식	274.0%	2,793.2%
채권	52.0%	1,609.7%
예금	48.7%	777.3%
금	325.8%	418.7%
부동산	55.6%	419.9%
원유	212.8%	289.8%
물가상승률	35.9%	236.6%
경제성장률	42.7%	552.2%

자료: '무엇이 위험자산인가', 금융투자협회 (2013), 5p.

그림 Ⅱ-3 KOSPI 추이(1980.1-2020.12)

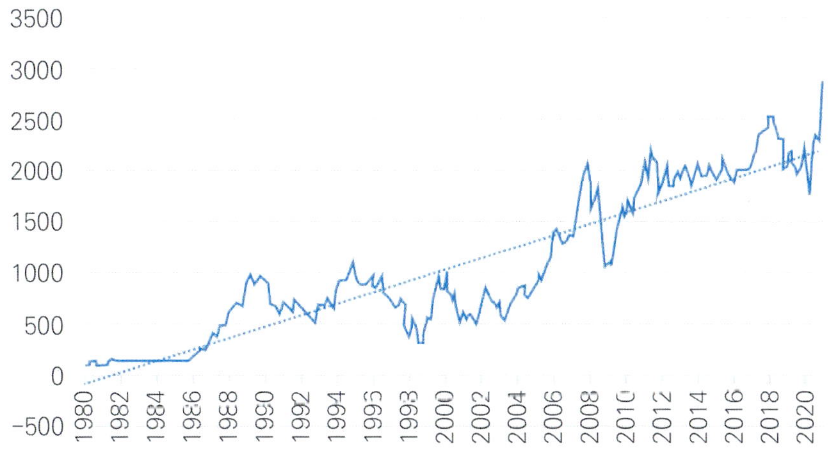

2. 주식 시장의 역사

이탈리아 역사가 Lodovico Guicciardini에 의하면 13세기 후반 브뤼헤에서 상품 상인들이 Van der Beurze 가문의 여관 앞 광장에 모여 농업공동체의 부채를 관리하고 규제하기 시작하였으며, 이후 이 시스템이 정착되고 이웃국가로 빠르게 퍼지면서 거래소의 형태를 갖추기 시작하였다. 실제로 증권거래소의 용어에 이 어원을 찾을 수 있다. 증권거래소는 이탈리아어로 'Borsa valori', 프랑스어로는 'Bourse', 독일어로는 'Börse', 스웨덴어의 'Börsen' 등 거의 대부분의 단어에서 라틴어 'Beurze'의 이름을 찾아볼 수 있다. 13세기 중엽 베네치아 은행은 유가증권 거래를 시작하였으며 이어 기업들의 주식 발행이 최초로 개시되었다.

그럼에도 가장 공식적인 최초의 증권거래소는 네덜란드 동인도회사(VOC; Vereenigde Oostindische Compagnie)가 1602년 설립한 암스테르담의 증권거래소(Beurs van Hendrick de Keyser)라 할 수 있다. 이에 대해서는 1688년 암스테르담의 금융전문가이자 다이아몬드 상인이었던 Joseph de la Vega의 'Confusion of Confusiones'이라는 증권거래소

입문서에 기술되어 있다. 특히 이 저서는 철학자, 상인 그리고 주주 간에 주식에 대한 일련의 대화 형식을 통해 독자에게 전반적인 투자조언을 비롯하여 다양한 시장 참여자의 관점과 투기 및 거래의 복잡성을 설명하고 있다.

[Joseph de la Vega(1688)의 주식투자 4대 원칙]

- ○ 당신이 틀릴 가능성이 있는 경우, 누구에게도 주식을 사고 팔도록 조언하지 말 것
- ○ 주가의 최고점을 놓쳤다고 자책하지 마라. 그리고 잃어버린 이익에 대해 후회하지 마라
- ○ 거래소의 이익은 "도깨비의 보물"과 같아서 오늘의 이익은 내일의 손실이 될 수 있다.
- ○ 주식으로 진정 성공하고자 하는 자는 인내와 자본이 있어야 한다.

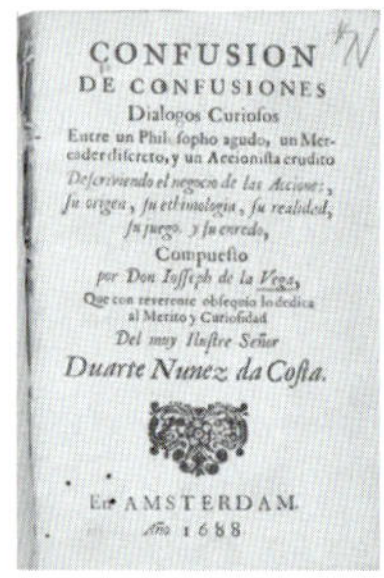
CONFUSION
DE CONFUSIONES
Dialogos Curiosos
Entre un Philosopho agudo, un Mercader discreto, y un Accionista erudito
Descriviendo el negocio de las Acciones, su origen, su ethimologia, su realidad, su juego, y su enredo,
Compuesto
por Don Iosseph de la Vega,
Que con reverente obsequio lo dedica al Merito y Curiosidad
Del muy Ilustre Señor
Duarte Nunez da Costa.
En AMSTERDAM.
Año 1688.

그 내용을 소개하면 다음과 같다. 17세기와 18세기에 네덜란드인은 현대 금융 시스템의 토대를 마련하는 데 기초가 되는 몇 가지 금융 혁신을 단행하였다. 이탈리아의 도시 국가가 최초의 양도 가능한 국채를 개발했지만 주식시장을 개발하지는 않았다. 1600년대 초 동양무역 활성화를 위해 동인도지역에 난립하던 여러 무역회사를 통합하여 무역독점권을 부여해서 만든 네덜란드 동인도 회사는 최초로 일반 대중에게 채권과 주식을 발행하였다. 이후 이 회사는 고정된 자본 확보하기 위한 주식회사로 전환하여 암스테르담 거래소를 통해 회사의 주식이 지속적으로 거래가 될 수 있도록 하였다. 이후 암스테르담 거래소에는 옵션과 Repo와 같은 파생상품도 등장하였다. 또한 공매도(short sale) 제도를 개발하여 시행하였다.

미국의 경우 1700년 후반 미국 독립전쟁부채(Revolutionary war debt)를 갚을 목적으로 정부증권을 발행하면서 뉴욕과 전국에서 거래가 촉발되었으며 이후 소수의 은행 주식 거래가 개시되었다. 거래가 늘고 경쟁이 격화되면서 거래규칙이 무시되는 상황이 빈번해지자 일부 중개인들이 경쟁을 줄이고 거래프로세스에 질서를 부여하기 위해 조직을 마련하였다. 이를 바탕으로 1817년 뉴욕증권거래소(NYSE)가 설립되었으며 1844년 뉴욕과 필라델피아 증권거래소 간 전용라인이 구축되면서 즉각적인 가격전송이 가능해지는 기술혁신이 이루어졌다. 또한 1800년대 중반의 골드러시는 캘리포니아 금광개발에

따른 자금이 뉴욕금융시장으로 유입되면서 투자활동을 더욱 촉발시켰다. 또한 서부로의 확장은 철도 주식의 거래 또한 크게 증가시켰다. 1861−65년의 남북전쟁 이후 몇 번의 재정적 혼란, 호황과 불황의 반복 속에 1890년부터의 미국의 황금기(Golden age) 동안 투자 및 상업은행, 자금 신탁 등 다양한 금융과 사업의 결합 등이 이루어졌으며 주식시장의 시스템 역시 발전하였다. 1907년 공황의 충격은 금융시장을 안정시키기 위해 연방준비은행 시스템이 마련되는 계기가 되었다. 1929년의 월스트리트 대폭락 사태에 직면하여 미국은 1933년의 증권법(Securities Act), 1934년 증권거래법(Securities and Exchange Act) 마련으로 대규모 사기와 주가조작에 대한 규제를 높이고자 하였다. 1987년의 블랙먼데이로 인한 주식시장 붕괴는 주식시장에 여러 제도적 개혁을 가져왔으며 특정한 거래량이 위배될 때 거래를 중지시키는 제도(서킷브레이크 등)등이 이때 마련되었다.

우리나라의 증권거래는 공식적으로는 1956년 대한증권거래소의 설립을 기점으로 하고 있다. 일제시대였던 1932년 유가증권 거래방법 및 시세결정방법, 허위매매금지 등의 규정이 마련되었던 조선취인소(朝鮮取引所)가 존재하였으나 대부분의 주식자본을 일본인이 독점하였다는 점에서 우리나라의 공식적인 주식 유통 시장으로 보기 어렵다. 1945년 광복 이후 미군정 하에 한국은행 차입금에 의존하던 정부는 지나친 재정적자 누적을 우려, 1948년 대한민국 정부 수립과 더불어 1949년 국채법을 제정하여 1950년 건국국채를 발행하였다. 또한 정부수립 직후 적은 부담으로 농민에게 농지를 재분배하

그림 Ⅱ-4 건국국채와 지가증권

[건국국채]

[지가증권]

기 위한 농지개혁을 단행하였으며 이때 국가가 토지를 매입하면서 토지소유자에게 땅값을 기재한 5년짜리 지가증권을 발행하였다. 그런데 당시의 높은 인플레이션 및 국가의 상환 불확실성 등으로 인해 중도에 처분을 원하는 자들로 인해 지가증권이 유통증권화 되기 시작하였다.

1950년 한국전쟁 발발과 더불어 1951년 부산 피란시기에 국채증권과 지가증권의 매매가 일부 수행되었다. 이러한 국채발행과 거래의 급증에 따라 대한증권, 고려증권, 영남증권, 국제증권, 동양증권 등이 생겨났으며 1953년 한국전쟁 종료와 더불어 이 5개 증권사들이 조직화된 공동시장 설립을 목적으로 대한증권업협회를 창립한다. 그러다가 1956년 제5회(마호) 건국채권 원금상환에 이르러 국회 재정경제위원회가 상환예산을 삭감시키는 사건이 일어난다. 이는 '제5회(마호) 건국채권' 발행시 원리금 지급방법과 만기일이 확정되지 않은 채 발행되어 정부의 추경예산안이 전액삭감되어 상환이 일시적으로 불가능해진 사건을 뜻한다. 이 일을 계기로 정부는 국채 공신력 회복을 위해 국채정기상환제도를 도입하여 공표하였다. 이와 동시에 1956년 3월 정부는 '대한증권거래소'를 설립하면서 건국국채를 상장시켜 유통시키기 시작하였다.

1956년 금융, 보험, 증권단이 공동출자해 설립한 대한증권거래소는 약 150억 원 수준의 주식 12종목(4개 은행[조흥은행, 저축은행, 상업은행, 흥업은행], 6개 일반기업[대한해운공사, 대한조선공사, 경성전기, 남선전기, 조선운수, 경성방직], 대한증권거래소, 한국연합증권금융)과 3종의 건국국채를 대상으로 거래를 개시하였으며, 주로 국채위주로 운영하였다. 당시 거래방식은 각 증권사 대표 직원들끼리 의사표명으로 수량과 가격을 매칭하여 체결하는 방식이었다. 다만 상장된 주식의 대부분을 정부가 보유하고 있어 실제 유통되는 주식량은 매우 미미하였다.

[제1차 경제개발5개년계획 '증권시장 안정 및 육성정책'](1962.1.13.)

… 이상의 금융정책을 달성하기 위하여 다음과 같은 제정책을 실시한다.

(1) 금융체계를 개편한다.

(2) 소비금융에서 산업금융으로 전환한다.

(3) 증권시장의 육성, 상업어음제의 확대를 기한다.

(4) 물가안정을 위주로 한 외환관리체계에서 국제수지 및 생산중심의 외환관리체제로 전환한다.

자료: 행정안전부 국가기록원.

그러다가 1961년 제1차 경제개발5개년 계획의 일환으로 증권시장 안정 및 육성정책의 선언, 그리고 1962년 본격적인 경제개발계획 투자재원을 주식시장을 통해 마련하기 위해 주식시장의 거래가 본격화된다. 1971년 미국의 닉슨쇼크(금태환 중지)에 따라 고금리 사채에 의존하던 기업들의 자금조달을 원활하게 하기 위해 모든 기업의 채무를 신고하고 주식으로 전환하는 기업공개촉진법이 1972년 제정되었다. 그 이후 상장사의 수가 대폭 증가하였다. 1977년에는 한국증권전산을 설립하여 1983년 매매결과 통합관리가 가능한 증권전산화가 구축되었다. 1983년에는 시가총액방식의 종합주가지수, 즉 코스피(KOSPI; Korea Composite Stock Price Index)가 도입되었다. 1992년에는 외국인의 국내증시 직접투자 허용으로 국내 주식시장이 일부 개방되었으며, 1996년에는 코스닥(KOSDAQ; Korea Securities Dealer Automated Quotation) 시장이 설립되었다. 1997년의 IMF 사태를 거치면서 증시부양의 일환으로 1998년에는 외국인 전면 투자 허용으로 완전 개방되었다. 2000년대에는 각종 파생상품이 도입되어 2005년 1월 한국증권선물거래소(KRX; Korea Exchange)가 출범하였다. 이를 통해 시장참가권과 소유권이 분리되도록 함으로서 회원제 거래소의 한계를 벗어나도록 개선되었다.

국내 상장기업의 수는 1973년 100개, 1997년 1,000개, 2016년 2,000개를 넘어서 2020년 기준 유가증권시장 800개사, 코스닥시장 1,468개사로 총 2,268개사에 달하고 있다. 시가총액 역시 2000년 200조원을 돌파한 뒤 2020년 말 기준 유가증권시장과 코스

표 II-2 연도별 유가증권시장 주요 지표

	KOSPI	KOSPI 200	일평균 거래량	상장주식 회전율	일평균 거래대금	연간 거래대금	신규상장 기업수	신규 공모금액	시가총액
	pt	pt	백만주	회	조원	주원		조원	조원
2020	2,873,47	389.29	895	4.0	12.2	3,025	14	3.3	1,980
2019	2,197.67	293.77	470.7	2.0	5.0	1,227	15	1.4	1,476
2018	2,041.04	261.98	397.9	1.9	6.5	1,597	19	0.9	1,344
2017	2,467.49	324.74	340.5	2.0	5.3	1,294	21	4.5	1,606
2016	2,026.46	260.01	370.8	2.3	4.5	1,113	18	4.3	1,308
2015	1,961.31	240.38	455.26	3.1	5.4	1,327	19	2.4	1,243
2014	1,915.59	244.05	278.08	1.9	4.0	976	7	3.5	1,192

닥 총액으로 2,268조원으로 큰 성장을 이루었다.

표 Ⅱ-3 연도별 코스닥 시장 주요 지표

	KOSDAQ	KOSDAQ 150	일평균 거래량	상장주식 회전율	일평균 거래대금	연간 거래대금	신규상장 기업수	신규 공모금액	시가총액
	pt	pt	백만주	회	조원	조원		조원	조원
2020	968.42	1,532.5	1,631.7	10.01	10.8	2,682.2	84	2.59	385
2019	669.83	1,029.6	824.6	5.41	4.3	1,060.1	78	2.56	241
2018	675.65	1,166.3	792.8	5.57	4.9	1,201.9	101	2.1	228
2017	798.42	1,413.8	735.4	5.73	3.7	896.3	99	3.5	283
2016	631.44	936.1	694.3	6.48	3.4	834.9	82	2.2	202
2015	682.35	1,095.5	604.5	6.34	3.5	873.8	122	2.1	202
2014	542.97	894.4	354.5	3.99	2.0	482.7	68	1.2	143

자료: 한국거래소 각 연도별 영업보고서, e-나라지표.

그림 Ⅱ-5 상장기업수(개) 및 시가총액(조원) 추이

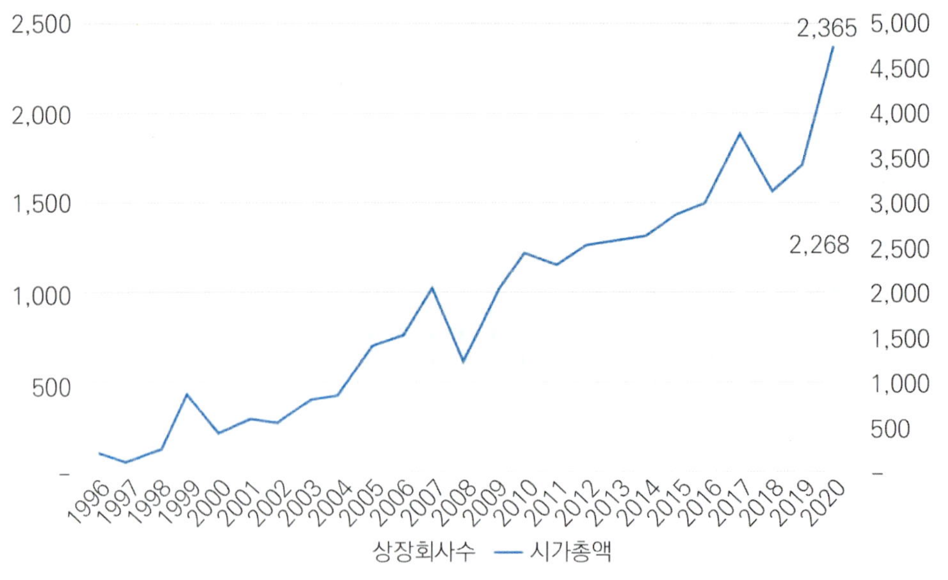

3. 주식의 유형과 속성

주식은 소유권을 주장할 수 있는 권리를 나타내는 금융 증권이므로 이를 소유한 주주는 회사의 부분 소유자가 된다. 따라서 주주는 사업 이익의 비례 배분에 대한 권리를 가지며 청산의 경우에는 초과하는 사업 자산 가치에 대한 비례 배분 권리를 보유한다. 따라서 주식은 투자자와 회사 간의 계약상 합의로 볼 수 있다. 즉, 현재의 소비 내지 다른 대안투자를 포기하고 해당 주식에 투자하려는 투자자의 의지는 그들이 포기한 금액을 초과하는 미래 수익을 창출할 수 있을 것이라는 기대를 반영한다.

본 장에서는 주식을 투자자와 기업의 측면에서 상세히 살펴본다. 이를 통해 기업 입장에서 왜 기업이 보통주를 발행하여 스스로 의무를 지는지, 주식 발행 규모에 영향을 미치는 요인은 무엇인지, 투자자의 관점에서 불확실한 이익의 비례 배분을 위해 자금을 포기하는 이유는 무엇인지 등에 대한 답을 찾아보고자 한다.

1) 자금원으로서의 주식

기업이 주식 투자자들에게 이익을 배분할 권리 부여에 동의하는 이유는 무엇일까? 이는 기업이 투자자로부터 얻은 자금을 사용하기 위해 부분 소유권을 거래한 결과이기 때문이다. 주식이 처음으로 판매되는 경우 이 거래활동을 기업 공개(PO; Public Offering)라 한다. 기업은 경제가 성장하고 새로운 기술을 활용할 수 있는 기회를 놓치지 않기 위해 자금을 투입해야하는 경우가 많다. 이때 주식 발행은 비즈니스 성장과 발전을 위한 자금원으로의 역할을 하게 된다.

가. 기업공개(IPO; Initial Public Offering)

기업공개는 일반 대중이 주식을 사고 기업에 투자할 수 있는 기회를 최초로 부여받는 것을 뜻한다. 따라서 투자자는 요구 가격을 지불하고 주식을 매입할 권리를 갖는다. 이러한 IPO는 많은 사람들이 관여하는 만큼 법률과 규정으로 그 자격요건과 절차를 규정해놓고 있다.

[자본시장과 금융투자업에 관한 법률] 제390조 (상장규정)
① 거래소는 증권시장에 상장할 증권의 심사 및 상장증권의 관리를 위하여 증권상장규정(이하 "상장규정"이라 한다)을 정하여야 한다. 이 경우 거래소가 개설·운영하는 둘 이상의 증권시장에 대하여 별도의 상장규정으로 정할 수 있다.

[거래소 유가증권시장 상장규정]
제1조(목적) 이 규정은 한국거래소가 「자본시장과 금융투자업에 관한 법률」 제390조에 따라 유가증권시장에 상장할 증권을 심사하고 상장법인과 상장증권을 관리하는 데에 필요한 사항을 규정함을 목적으로 한다.

신규상장을 위한 유가증권 및 코스닥의 충족요건은 영업활동기간, 기업규모, 주식분산요건, 경영성과/시장평가, 감사의견, 최대주주소유주식 보호예수, 사외이사/상근감사 등 매우 다양한 분야에 대한 충족이 요구된다.

표 Ⅱ-4 신규상장요건(2019.7.1. 개정반영)

<table>
<tr><th>항목</th><th>유가증권시장</th><th>코스닥시장</th></tr>
<tr><td>영업활동기간</td><td>설립 후 3년 이상 경과</td><td>-</td></tr>
<tr><td>기업규모</td><td>자기자본 300억 이상, 100만주 이상</td><td>-</td></tr>
<tr><td rowspan="2">주식분산</td><td>선택충족
1) 일반주주 소유비율 25% 이상(or 500만주 이상)
2) 공모주식수 25% 이상(or 500만주 이상)
3) 자기자본 500억 이상(또는 기준시가 1,000억원 이상 법인은 10% 이상 공모하고 자기자본별 일정규모이상 발행)
<table>
<tr><th>자기자본</th><th>기준시총액</th><th>공모주식수</th></tr>
<tr><td>500-1000억</td><td>1000-2000억</td><td>100만주 이상</td></tr>
<tr><td>1000-2500억</td><td>2000-5000억</td><td>200만주 이상</td></tr>
<tr><td>2500억 이상</td><td>5000억 이상</td><td>500만주 이상</td></tr>
</table></td><td>선택충족
1) 심사청구일 기준 소액주주 소유비율 25% 미만일 경우, 소액주주 비율 25%이상 & 공모주식수 10% 이상
2) 심사청구일 기준 소액주주 소유비율 25% 이상일 경우, 공모주식수 5% & 10억원 이상
3) 자기자본 500억 이상(또는 기준시가 1,000억원 이상 법인은 10% 이상 공모하고 자기자본별 일정규모이상 발행)
<table>
<tr><th>자기자본</th><th>기준시총액</th><th>공모주식수</th></tr>
<tr><td>500-1000억</td><td>1000-2000억</td><td>100만주 이상</td></tr>
<tr><td>1000-2500억</td><td>2000-5000억</td><td>200만주 이상</td></tr>
<tr><td>2500억 이상</td><td>5000억 이상</td><td>500만주 이상</td></tr>
</table></td></tr>
<tr><td>일반주주 500명 이상</td><td>소액주주 500명 이상</td></tr>
</table>

경영성과/ 시장평가	선택충족 1) 매출액 & 수익성 - 매출액 최근 1,000억 이상 (3년평균 700억 이상) - 수익성 … ROE: 최근 5%(3년합 10% 이상) … 이익: 최근 30억(3년합 60억 이상) … 자기자본 1천억 이상의 법인은 ROE 3% 또는 이익 50억 이상 2) 매출액 최근 1,000억 이상 & 기준시가총액 2,000억 이상 3) 기준시가총액 2,000억 이상 & 최근 이익 50억 이상 4) 기준시가총액 6,000억 이상 & 자기자본 2,000억 이상	선택충족 1) 매출액 or 수익성 - 이익 최근 90억 이상 - 이익 최근 20억 이상 & 기준시가총액 90억 이상 - 이익 최근 20억 이상 & 자기자본 30억 이상 - 매출액 최근 100억 이상 & 기준시가총액 200억 이상 2) 시장평가 or 성장성 - 기준시가총액 1,000억 이상 - 기준시가총액 900억 이상 & 공모후 자기자본 대비 시가총액비 200% 이상 - 기준시가총액 900억 이상 & 최근 매출액 30억 이상 & 최근2년 평균매출액 증가율 20% 이상 - 기준시가총액 300억 이상 & 매출액 최근 100억 이상 - 자기자본 250억 이상 ※ 기술성장기업은 특례로 선택충족 - 자기자본 10억원 이상 - 기준시가총액 90억 이상
감사의견	최근 감사의견 '적정', 직전 2사업연도 '적정' 또는 '한정'	최근 감사의견 '적정'
최대주주 소유주식 보호예수	- 최대주주 소유주식은 상장일부터 6개월간 보호예수/매각금지 - 상장예비심사신청 전 1년 내 3자배정 신주는 발행일로부터 1년간	- 최대주주 소유주식은 상장일부터 6개월간 보호예수/매각금지, 단, 상장 후 6월 경과 후 매월 5%까지 매각가능
사외이사/ 상근감사	- 사외이사: 이사총수의 1/4이상 선임, 단 자산총액 2조원 이상 법인은 3인 이상 선임 - 상근감사: 자산총액 최근 1천억 이상 법인은 1인 이상, 2조원 이상 법인은 감사위원회 설치	- 사외이사: 이사총수의 1/4이상 선임, 단 자산총액 최근 1천억 미만 벤처기업은 면제) 상근감사: 자산총액 최근 1천억 이상 법인은 1인 이상

자료: 금융위 보도자료(2019. 6. 26.).

IPO를 수행하기 위한 첫 번째 절차는 대표주관회사를 상장예비심사청구 2개월 전까지 선정하여 사전점검과 준비를 진행한다. 이어 상장예비심사 전까지 기업실사(due-diligence)를 수행한다. 세 번째 절차로 거래소에 상장예비심사를 청구하고 통상 2개월의 시간이 소요된다. 네 번째 금융위에 증권신고서를 제출하여 공모의 적정성을 심

그림 Ⅱ-6 IPO와 2차시장거래

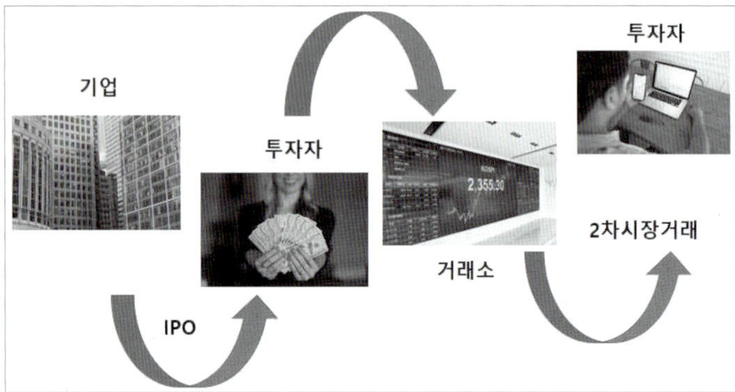

사받는다. 다섯 번째 기업 IR(Investor Relations)을 통해 홍보하고 수요를 예측하여 공모 가격을 확정한다. 여섯 번째 청약 및 납입을 받고, 끝으로 거래소에 상장신청서를 제출하여 매매를 개시한다.

나. 유통시장 거래

대부분의 투자자는 IPO에서 주식을 구매하기보다는 나중에 다른 투자자로부터 주식을 구매한다. 이러한 거래를 일컬어 2차 시장 거래(secondary market transaction)라고 한다. 점차적으로 주식 투자자가 증가하고 있으며 기업들 역시 자금원으로서 IPO뿐만 아니라 상업어음과 같은 다른 대안적 금융이 가능한 현실을 고려할 때 주식과 관련된 대부분의 거래는 IPO가 아닌 2차 시장 거래로 보는 것이 더 타당하다.

IPO와 2차 시장 거래의 주요 차이점은 2차 시장 거래에서 주식에 대한 의무가 부과된 기업은 해당 거래로부터 아무것도 받지 못한다는 점이다. 즉, IPO와 달리 2차 시장의 거래는 단순히 두 투자자 간의 교환을 나타낸다. 이 거래가 회사에 주는 유일한 의미는 주주 중 한 명이 변경되었음에 지나지 않는다.

다. 2차 공모(SEO; Secondary Offering)

IPO를 통해 이미 자금을 조달한 기업이 더 많은 주식을 발행하고 추가 자금을 조달하기를 원하는 상황이 발생할 수 있다. 제품 라인을 확장하거나 다른 도시에 새로운 매장을 열기를 원하는 경우가 그러하다. 이 경우 후속공모 내지 2차 공모를 통해 새로운 자금원을 모집하게 된다. 그러나 2차 공모는 주식의 소유권을 더욱 분산화시킴으로 '소유권 희석(dilution of ownership)'을 초래한다. 예를 들어 회사가 IPO를 통해 10개의 발행 주식을 가지고 있고 2차 공모를 통해 추가로 5개의 주식을 발행하기로 한 경우, 애초 주주의 보유 청구권 비율이 1/10에서 1/15로 약화되기 때문이다. 따라서 2차 공모는 이러한 효과 때문에 기존 주주가 2차 공모를 승인해야 한다. 기존 주주들이 2차 공모를 통해 유입될 신규 자금이 사업을 확장하고 이익을 올릴 것이라고 믿는다면 소유권의 희석을 기꺼이 받아들일 것이다. 즉 기업의 성과 증진이 현실화된다면 1/15의 소유권의 가치가 기존 1/10 가치를 초과할 것이기 때문이다.

라. 사모(private placement) vs. 공모(public offering)

보통주는 사적 모집(사모) 또는 공개 경매를 통해 제공된다. 자본시장법 상 '공모'와 '사모'를 구분하고 있는데 그 기준은 투자자 50인 이상의 여부, 그리고 공모의 경우 신규발행인지 아닌지에 따라 '매출'과 '모집'으로 재분류된다.

> [자본시장법 제9조(그 밖의 용어의 정의)]
> ⑦ 이 법에서 "모집"이란 대통령령으로 정하는 방법에 따라 산출한 50인 이상의 투자자에게 새로 발행되는 증권의 취득의 청약을 권유하는 것을 말한다.
> ⑧ 이 법에서 "사모"란 새로 발행되는 증권의 취득의 청약을 권유하는 것으로서 모집에 해당하지 아니하는 것을 말한다.
> ⑨ 이 법에서 "매출"이란 대통령령으로 정하는 방법에 따라 산출한 50인 이상의 투자자에게 이미 발행된 증권의 매도의 청약을 하거나 매수의 청약을 권유하는 것을 말한다.

이러한 투자 대상자 수에 따른 구분은 50인 이상의 불특정 다수에게 증권청약을 칭하는 경우 문제 발생시 개인투자자 보호의 필요성이 높아짐에 따라 보다 엄격한 관리를 하기 위함이다. 우선 50인 이하의 사모, 즉, 사적 판매는 일반적으로 투자자가 사전에 알려져 있고 회사 관리자와 이미 관계를 유지하고 있을 때 사용된다. 즉, 이미 발행자인 기업과 투자자 간에 원만한 관계가 유지되고 있을 가능성이 높다. 거래소의 규칙

그림 Ⅱ-7 주식공개관련 구분

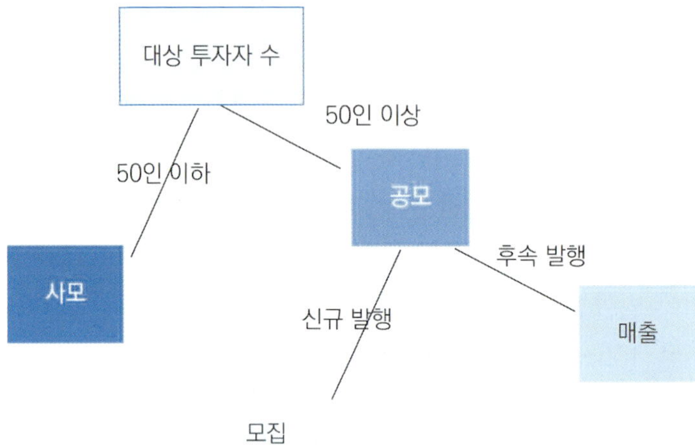

내지 규정의 준수 필요성이 낮아지며, 일반적으로 발행비용이 저렴하다는 강점을 갖는다. 다만 투자자에게 처음 발행된 사모 증권은 상장 주식보다 2차 시장에서 판매하기가 더 어려워 유동성이 떨어지는 것으로 알려졌다. 이와 반대로 공모는 공식 거래소에서 거래되며 상장 주식의 가격은 일반적으로 쉽게 이용 가능하므로 낮은 비용으로 거래가 가능하다는 측면에서 사모주식 대비 상대적 강점을 갖는다.

[미래에셋대우의 베트남 랜드마크72빌딩 사건]

베트남의 랜드마크72 빌딩은 경남기업이 2012년 베트남 하노이에 완공한 건물로 여의도 63시티의 3.5배, 두바이 부르즈칼리파의 1.3배로 베트남 최대건축면적의 복합빌딩이다. 이 빌딩은 2015년 소유주인 경남기업이 워크아웃과 법정관리를 거쳐 최종 상장폐지되면서 2016년 구조조정전문사 AON BGN에 매각되었다. 이때 미래에셋은 선순위대출 3,000억, 우선주 1,000억을 투자하였다. 이중 선순위대출 3,000억원을 기초로 하여 2016년 8월 미래에셋은 개인투자자 771명에게 자산유동화증권(ABS)을 판매하였다. 이 상품은 6개월 만기 연 4.5%의 약정이자를 주도록 설계되었다. 상품 자체는 문제가 없으나 판매방식이 문제가 되었다. 미래에셋은 15개의 특수목적회사(SPC)를 설립하고 각 SPC별로 쪼개 투자자 50명 이하로 투자자수를 맞추어

사모로 판매했다. 그러나 자본시장법상 사실상 500여명에 대한 공모여서 증권신고서를 제출해야하나 이를 회피하기 위해 사모로 위장한 것으로 밝혀졌다. 이러한 시도는 SPC를 통해 자본시장법을 회피하는 게 가능해지면, 법 자체가 무력화될 우려가 있으며 투자자를 보호할 각종 장치가 효력을 발휘하기 어려워진다는 문제가 제기되었다. 2017년 2월 금융위원회 산하 자본시장조사심의위원회는 과징금 20억원(금융기관 최고 과징금)을 부과하고 기관조치 및 임직원 징계를 의결하고 3월 금융위원회 제4차 정례회의에서 과징금이 확정되었다. 이 사건 이후 금융당국은 자본시장법 및 세부 시행령을 개정해 '같은 종류의 증권'에 대한 규정을 명확히 하였다.

○ 자본시장법 제119조(모집 또는 매출의 신고)

⑧ 자금조달 계획의 동일성 등 대통령령으로 정하는 사항을 종합적으로 고려하여 둘 이상의 증권의 발행 또는 매도가 사실상 동일한 증권의 발행 또는 매도로 인정되는 경우에는 하나의 증권의 발행 또는 매도로 보아 제1항을 적용한다. <신설 2017.10.31.>

○ 자본시장법 시행령 제129조의2(증권의 발행 또는 매도의 동일성 인정 기준)

법 제119조 제8항에서 "대통령령으로 정하는 사항"이란 다음 각 호의 사항을 말한다. <개정 2021. 2. 9.>

1. 증권의 발행 또는 매도가 사실상 동일한 자금조달 계획에 따른 것인지 여부. 이 경우 증권의 기초자산 또는 운용대상자산이 별도로 있는 경우에는 해당 증권의 기초자산 또는 운용대상자산, 투자위험 및 손익의 구조 등의 유사성 여부를 기준으로 판단한다.
2. 증권의 발행 또는 매도의 시기가 6개월 이내로 서로 근접한지 여부
3. 발행 또는 매도하는 증권이 같은 종류인지 여부
4. 증권의 발행 또는 매도로 인하여 발행인 또는 매도인이 수취하는 대가가 같은 종류인지 여부
5. 둘 이상의 증권의 발행인이 다르더라도 모집 또는 매출하는 자가 동일한지 여부

바. 보통주 vs. 우선주

주식은 크게 두 가지 유형으로 구분된다. 우선 주주총회에 참석해 주요 경영 사항에 대한 의결권을 행사하고 발행되는 신주를 인수하는 등 단 1주를 가지고 있더라도 경영에 참여할 수 있는 의결권이 주어지는 일반적인 주식을 보통주(common stock)라 한다. 그러나 배당금 지불을 확약하지 않은 증권이다. 다시 말해 보통주는 보통 배당금을 분기 또는 년 단위로 지급하지만 반드시 지급해야 하는 의무가 존재하는 것은 아니다. 실제로 기업은 다른 모든 지급의무를 먼저 지불한 이후에 배당금을 지불할 수 있다. 반

표 Ⅱ-5 보통주 vs. 우선주

보통주	우선주
경영의사결정에 대한 의결권 보유	보통주에 선행한 배당 권리
비례적 배당(권리 아님)	고정적 배당액
청산시 잔여자산에 대한 비례적 권리	청산시 보통주에 앞선 자산처분권리
지분율 유지를 위한 선순위 신주인수권	보통주 대비 낮은 주가와 낮은 발행량

면 우선주(preferred stock)는 기업이 배당금 지급률을 의무로 명시한다는 점에서 보통주와 다르다. 또한 보통주에 비해서도 통상 1~2% 수준의 추가배당을 받는다. 즉, 우선주 소유자는 일반적으로 배당금을 고정으로 지급받고자 기대하는 투자자로, 우선주에 대한 배당금은 보통주 배당금 전에 지급되는 우선권을 갖는다. 이렇게 우선주는 배당에 관한 우선권 속성 대비 의결권이 부여되지 않는다.

이러한 측면에서 의결권보다 매매차익이나 배당금에 더 높은 관심을 갖는 일반적인 투자자는 우선주를 더 선호하겠으나 반드시 그러하지는 않다. 우선 기업이 보통주에 대해 배당을 하지 않으면 우선주 역시 배당을 받지 못한다. 이는 우선주는 보통주의 배당보다 '우선'하여 배당한다는 의미이므로 보통주에 대한 배당이 없을 경우 '우선'할 대상 배당액 자체가 없기 때문이다. 또한 우리나라는 G20 중에서도 최하위권에 위치할 정도로 극히 낮은 평균 배당성향을 가지고 있어 배당수익이 크지 않다. 순이익 대비 주주에게 이익을 돌려준다는 개념의 주주환원율 차원에서도 한국은 미국에 비해 1/4에 불과할 정도로 매우 낮다는 점에서 우선주는 배당이익의 측면에서 의미를 부여하기 쉽지 않다. 발행량과 거래량이 적은 편이기 때문에 선호도가 낮은 만큼 보통주 대비 우선주는 발행가의 경우 보통주보다 15% 정도 낮게 형성되고, 시세도 보통주보다 30% 정도 낮은 편이다. [그림 Ⅱ-8]에 나타난 보통주와 우선주의 가격 격차를 확인할 수 있다.

우선주의 경우 다양한 범주로 분류되는데 1995년 12월 29일 개정 상법 발효 전에 발행된 구형우선주와 이후 추가 혜택이 부여된 신형우선주의 범주로 분류할 수 있다. 구형우선주는 종목뒤에 '우'또는 '숫자+우'의 표기를 하며 보통주 대비 추가 배당금이 주어진다. 신형우선주는 '숫자+우+U or B'로 표기하며 만기를 가지며 구형우선주보다도 더 높은 확정 배당의 지급을 보장한다. 이는 1995년 개정상법 제344조2항의 '최저배당률제도'에 따른 것으로 영문 B의 표기는 이러한 채권(Bond)성향을 반영한 표기로 볼

그림 II-8 보통주와 우선주 주가 추이

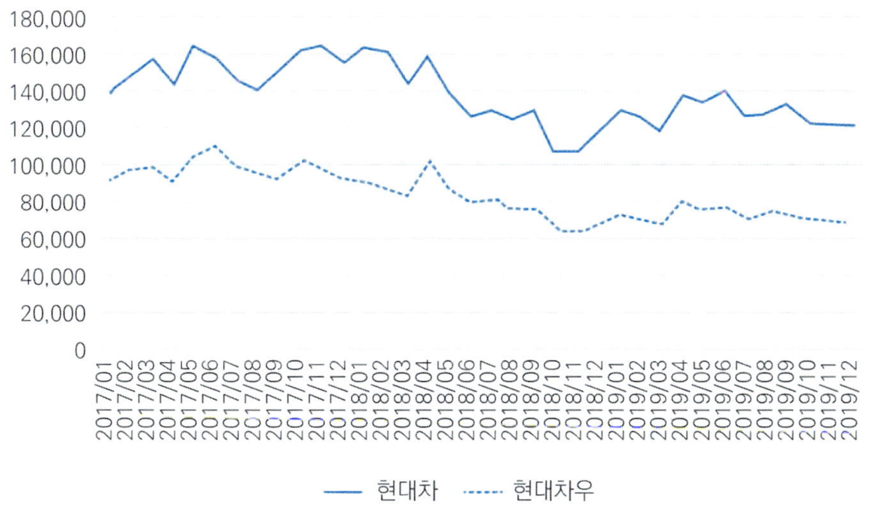

수 있다. 2012년 상법 개정 후에는 단순히 배당 외에 다양한 성격을 부여할 수 있게 되었다.

주식을 소유하는 것은 채권 보유자에게 제공되는 계약과는 매우 다른 투자자와 기업 간의 계약이다. 즉, 채권의 보유자는 기업에 자금을 공여하고 기업은 이를 동의하였다는 채무를 보유한 것이지 사업의 소유자가 아니다. 대부분의 채권은 고정된 만기가 존재하며 정기적으로 이자를 지급한다. 이 이자지급은 법적 의무로 지불이 불가할 경우 파산 절차에 들어간다. 따라서 채권에 대한 이자지급은 보통주와 우선주 배당보다도 앞

표 II-6 우선주 유형

우선주 유형	내용
전환 우선주	발행시 우선주이나 기간 경과 후 보통주로 전환가능
상환 우선주	발행시 우선주이나 기간 만료시 발행사가 재매입하는 우선주
참가적 우선주	우선주, 보통주의 배당이 완료된 후에도 남은 잔여이익에 대해 다시 배당에 참여할 권리 부여
누적적 우선주	당해연도 배당을 받지 못한 경우 차년도에 미지급 배당액을 받을 권리 부여

표 Ⅱ-7 보통주 vs. 우선주 vs. 채권

	보통주	우선주	채권
자본 성격	지분	지분	부채
청산시 우선순위	낮음	중간	높음
위험	높음	중간	낮음
의결권	지분에 비례	-	-
배당	변동	고정/약정	고정

서는 가장 선순위 지급이 요구된다. 반면 주식은 특정 만기가 존재하지 않는 지속적 소유권으로 채권과 완연히 다른 성격을 가짐을 이해할 필요가 있다.

2) 투자자산으로서 주식의 의미

가. 주식의 이익실현

기업마다 주주에게 보상하는 형태는 다르며 이에 따라 주식의 투자자는 그 형태 선호에 따른 주식을 소유하고 이익을 실현한다. 통상 주식 투자자들은 배당금의 수취 또는 자본이득(capital gain)의 두 가지 방법 중 하나로 이익을 기대한다. 우선, 이익을 창출한 기업은 배당금의 형태로 이익을 직접적으로 지급한다. 대부분의 대기업은 정기적으로 배당금을 지급하고 사업성과가 좋을 때 주주에게 지급되는 배당금을 늘리는 것이 일반적인 관행이다. 따라서 배당의 지급 및 배당액의 증액은 주가에 긍정적인 시그널로 작용하게 된다. 특히 정기적 배당금의 지급을 선호하는 주주들에게는 더욱 그러하다.

또 다른 이익실현 방식은 주식 가치가 상승함으로 인한 자본 이득의 형태로 이익을 제공하는 방법이다. 일부 투자자는 앞서 배당 선호자와 달리 당장의 현금 흐름이 필요하지 않으며 오히려 기업이 미래 수익을 높이기 위한 자금원으로 이익을 유보할 것을 선호할 수 있다. 또한 일부 투자자는 세금 의무를 최소화하기 위한 목적으로도 배당 형태를 비선호하고 자본이익을 선호할 가능성이 있다. 우리나라의 경우 2021년 기준으로 소득세법 제17조(배당소득)에 따라 배당금에 대해 '배당소득세'로 2,000만원 이하면 15.4%(=배당소득세 14%+지방소득세 1.4%)의 세금이 발생하며 증권사에서 이를 원천징수하고 지급하게 된다. 2,000만원 이상인 경우 종합소득세(근로소득+이자소득+사업소득

+연금소득+기타소득+배당소득)로 과세되어 다른 소득과 함께 세금이 발생한다. 실제 배당이 지급되지 않은 상태의 주식가격에 내재된 미실현 이익은 세금 의무가 없다. 기업이 이익을 내면서도 배당의 지급이 이루어지지 않을 경우 이 발생이익은 이익잉여금(retained earnings)의 형태로 기업에 유보되며 실질적으로 각 주주의 소유권을 비례하여 증액시키게 된다. 이러한 결과는 투자자들이 해당 기업의 내재가치가 높아진 것으로 판단하고 투자수요가 증가하여 결과적으로 주가를 상승시키게 된다.

이러한 두 가지 이익 실현 방법을 고려할 때 주주가 투자를 통해 얻는 이익 측정 방법은 투자에서 얻은 모든 이익(배당금+자본이득)을 원래 투자한 금액으로 나누어 산출하는 방식이다. 예를 들어, 2020년 공시기준 배당금이 가장 높았던 종목은 서울가스로 주당 16,750원이었다. 만일 2020년 1월 1일 서울가스 주식 1주를 72,300원에 매입하였다고 가정하자. 2020년 12월 30일의 서울가스의 종가는 90,500이었다. 이 경우 서울가스에 투자한 총이익은 18,200원(=90,500−72,300)에 배당금 16,750원을 합한 34,950원이 된다. 따라서 총수익률(total return)은 총이익을 애초 투자액으로 나눈 48% 수준으로 판단내릴 수 있다. 다만 이러한 총수익률 기준으로 향후 주식에의 투자 가능성을 판단할 때에는 배당의 지급이 안정적으로 유지되어 온 결과인지 여부를 고려하는 것이 중요하다.

나. 포트폴리오 측면의 주식

투자는 하나의 사업에 투자하는 대신 여러 다른 기업에 투자함으로써 전반적인 재무 위험을 줄일 수 있다는 '분산투자'를 기본 원칙으로 한다. 이를 통해 투자자는 일부 주식의 손실을 다른 주식의 이익으로 상쇄하는 위험분산효과를 누릴 수 있다. 나아가 투자 포트폴리오를 다양화하면 한 번의 개별 발생을 예측하는 것보다 큰 그룹의 평균을 예측하는 것이 더 쉬워지는 '대수의 법칙(law of large numbers)'이 작동한다. 다시 말해 경우의 수가 늘어날수록 실제 경험치와 통계적 수치가 근접하는 현상을 통해 이례적 수익률이 제거되고 수익률 특징이 명확해진다.

따라서 주식 하나에만 고정된 금액을 투자하는 것은 여러 주식에 같은 금액을 투자하는 것보다 손실 위험이 높아진다. 다만 단순히 투자개수를 높여나가기만 해도 위험을 쉽게 피할 수 있기 때문에 이 위험을 감수하는 데 대한 보상 역시 낮아진다. 결국 다각화된 보통주 포트폴리오에 대한 투자는 채권에 대한 투자보다 여전히 위험하지만 더 높은 수익을 기대할 수 있다.

주식은 이렇듯 한 시점에서의 위험뿐만 아니라 시간의 흐름에 따라 변화하는 위험에도 노출된다. 즉, 강세장(bull market)에서는 대부분의 주식 가치가 증가하므로 주식투자로부터 높은 수익률의 창출이 가능하나 약세장(bear market)의 경우 잘 분산된 주식 포트폴리오도 음(−)의 수익률이 나타날 수 있다. 그러나 더욱 시간구간을 더욱 장기로 고려하고 주식포트폴리오를 유지하였다면 이러한 시간흐름에 따른 음의 손실도 다각화 효과와 마찬가지로 위험을 역으로 감쇄시켜 준다. 결국 주식투자는 두 요인−다각화와 시간의 결합을 통해 위험을 상쇄하고 이익을 창출할 수 있다.

[(Weak) Law of Large Numbers] (WLLN)

만일 y_i가 i.i.d 이고 $E|y| < \infty$이면, $n \to \infty$ 일 때

$$\bar{y} = \frac{1}{n}\sum_{i=1}^{n} y_i \xrightarrow{p} E(y)$$

예를 들어 0부터 36까지의 눈금으로 나누어진 회전판(룰렛)을 반복해서 돌리면서 나온 수치들의 평균값을 구해나가면

1차 회전 : 나온 수 11, 누적합 11, 누적평균 11

2차 회전 : 나온 수 26, 누적합 37, 누적평균 18.5 (=37/2)

3차 회전 : 나온 수 12, 누적합 49, 누적평균 16.3 (=49/3)

이렇게 회전 차수를 늘려나갈수록 누적평균은 하나의 값으로 수렴해 나감을 알 수 있다.

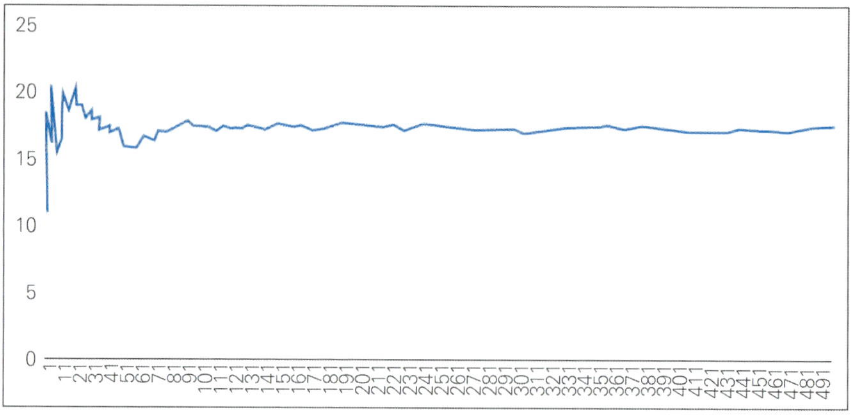

다. 주식 투자전략

가장 기본적인 주식시장 투자전략은 수동적인 구매 후 보유전략이다. 투자자는 다양한 주식 포트폴리오를 선택하고 각각에 투자한 다음 장기에 걸쳐 배당금과 이익을 재투자한다. 또 다른 투자방안으로 일부 투자자는 강세장에 투자하고 약세장에 빠져나오는 시장 타이밍 전략을 구사할 수 있다. 단기 변동성을 고려한다면 주가가 하락할 때 시장에서 벗어나고 상승할 때 시장에 진입하는 시장 타이밍 전략은 매수 및 보유 전략보다 더 큰 수익을 창출할 수 있다.

이렇듯 시장 타이밍 전략의 우월성은 분명하지만 시장이 현재 강세장인지 아니면 약세장인지에 대한 판단은 극히 어려운 문제이다. 이러한 시장상황 예측에 대해 성공적인 학문적 연구결과 역시 명확히 제시되지는 못한 상태이다. 즉 광범위한 추세의 식별과 구체적인 추세변경시점 등의 추정이 극히 어렵다는 한계가 존재한다.

다른 투자전략은 투자할 기업의 규모와 관련된다. 이 접근방식은 기업의 시가 총액(=발행주식수×주가)에 중점을 두고 대형주(large cap) 기업과 중형주(mid-cap), 그리고 소형주(small cap)로 분할하여 접근하는 방식이다. 이러한 시가총액 기준 중소형주를 선호하는 전략을 고려할 수 있다. 소형주 선호 전략의 근거는 소형주에 해당하면서 새롭게 등장한 중소기업이 현재를 변화시킬 혁신기업이 될 가능성이 높다는 점이다. 여러 실증연구들에서도 소형주 회사의 수익률이 다소 높게 나타난다는 견해를 뒷받침한다. 물론 소형주 선택의 단점은 사용가능한 정보가 제한적이라는 점이다. 또한 많은 소형주 기업 중 생존율 역시 높지 않다는 한계도 존재한다. 그 밖에도 소형주의 우수한 성과가 일부 연구가 집중되었던 1980년대 단기간에 집중되어 나타났을 뿐이라는 견해도 존재한다. 따라서 소형주에 집중된 투자보다는 시가총액 기준으로도 다각화된 포트폴리오를 구성하는 것이 보다 타당할 것이다.

또 다른 투자전략은 성장주와 가치주 유형을 고려한 투자전략이다. 성장주 투자전략은 미래에 더 높은 수익을 올릴 가능성이 가장 큰 회사에 투자하는 데 중점을 둔다. 이때 주식의 현재 상태 및 배당금의 현재 지불상태 등은 투자를 결정짓는 핵심이 아니며 오히려 미래에 수익성을 개선할 잠재력이 가장 큰 기업, 또한 이러한 성장잠재력이 주가를 높이는 원동력이라는 점에서 그러한 주식을 찾는 데 집중하는 전략이다.

이와 반대로 가치주 투자전략은 우선적으로 주식의 현재 가격에 중점을 둔다. 이

전략은 대상 기업이 잠재력을 최대한 발휘하고 주가가 절상될 것이라는 기대를 가지고 '저렴한' 주식을 포착하는 전략이다. 나아가 가치주 전략은 현재 기업이 지불하는 배당금까지 고려한다. 앞서 배당에서 살펴본 바와 같이 실제로 특정 주식을 저렴하게 보이게 만드는 한 가지는 상당한 배당금을 지불하는 등 왜곡의 가능성이 존재하기 때문이다. 가치주 전략은 성장주 전략에 비해 성장기회를 중요하게 고려하지는 않는다.

4. 효율적 시장

효율적 시장 이론은 주가의 움직임을 설명하는 데 유용하다. 앞서 살펴본 바와 같이 주식은 회사의 미래 이익에 대한 소유권을 나타낸다. 따라서 투자자들은 현재 주식의 가치를 설정할 때 과거가 아닌 미래를 더욱 고려한다. 즉, 과거는 미래에 대한 기대를 형성하는 데 도움이 되는 정도로만 관련되며 오늘의 주가는 미래에 대한 투자자들의 기대를 반영한다는 것이다. 이때 투자자들의 기대는 기업의 예상되는 미래 수익과 같은 현재 이용 가능한 정보를 반영한다는 점에서 효율적이다. 즉, 합리적 투자자는 기대치를 형성할 때 관련 정보를 의도적으로 무시하지 않을 것이기 때문이다. 따라서 효율적인 주식 시장이라는 개념은 '주가가 모든 정보를 반영한다'는 의미를 가지며 주가를 변화시키는 유일한 원인은 예기치 않은 새로운 정보의 도착에 기인한다. 그러나 새로운 정보가 발표되고 있는지 아는 것만으로는 시장의 반응을 이해하는 데 충분하지 않다. 주가 변동을 설명하기 위해서는 해당 정보가 투자자가 기대한 것과 어떻게 관련되는지를 파악하는 것이 중요하다.

예를 들어 실업률 하락에 대해 주식 시장이 상승하고, 다른 때 같은 발표에 대해 주식 시장이 하락하는 다른 반응을 보였을 때를 가정해보자. 이는 각각의 실업률의 변화 발표에 앞서 투자자들이 사전적인 예측을 어떻게 하고 있었는지가 핵심이 된다. 우선 발표 전 시장 참여자들이 실업률에 변화가 없을 것으로 예상하고 있었을 경우, 실업률 하락의 뉴스는 금융 시장 참여자들에게 경제가 예상보다 좋은 상태이며 더 큰 예상 미래 수익과 주가 상승으로 이어질 수 있다는 긍정적인 정보로 받아들여진 것이다. 이와 달리 두 번째 발표 이전 투자자들이 이미 실업률이 하락할 것으로 예상했다고 가정해 보자. 발표된 실업률의 하락폭이 예상보다 크면 금융 시장 참여자들에게 노동수요와 공급이 동시에 둔화되어 구직활동이 위축된 결과 실업자 수가 줄어든 결과로 받아들여질 수 있다. 이 경우 오히려 경제가 예상보다 악화된 상태로 시장 참여자들이 받아들이게 되어 주가는 하락하게 된다. 결국 정부가 경제 통계치로 제시한 단순정보, 즉 실업률이 하락하였다는 정보는 동일하였지만 시장의 예상과 다르다는 점에서 주식 시장이 다르게 반응한 것으로 볼 수 있다. 이렇듯 효율적 시장의 관점은 시간 경과에 따른 주가 변화를 설명할 때 기대치의 중요성을 강조한다. 기대치와 실질 정보가 일치할 경우 효율적 시장 가설 하에서 주가는 변하지 않는다. 반면 실질정보가 기대치에 미치지 못할 경우 시장은 해당 정보를 새로운 정보로 유입시켜 주가는 새로운 기대치로 재조정되는 것이다. 거기에 더하여 현실을 더욱 복잡하게 만드는 것은 투자자별로 동일 정보의 유입에 대해서도 동일한 기대치를 만드는 것은 아니라는 점이다. 따라서 정보의 유입과 그 영향력 분석을 통한 주가의 예측은 여전히 쉽지 않은 과제이다.

그렇기 때문에 주식시장이 효율적인지에 대해 여전히 많은 논란이 존재한다. 효율적인 시장 이론이 맞는다면 전체적으로 일관되게 '시장을 이긴다'는 것은 매우 어렵다. 역으로 말해 지속적으로 시장을 이기기 위해서는 다른 사람들이 모르는 것을 일관되게 알고 있어야 한다. 효율적 시장 하에서 정보가 모든 사람에게 자유롭게 전달된다면 어느 투자자도 주가의 정확한 움직임을 일관되게 예측할 수 있는 능력이 없어야 하며 전문 매니저를 고용한 어떤 특정 펀드도 시장 전체를 따르는 펀드보다 우월할 수 없다. 이 주제와 관련하여 다수의 연구들이 진행되었으나 연구의 방법이나 시기 등에 따라 여전히 다른 결론이 나오고 있어 효율적 시장가설에 대한 논의는 진행 중이다. Robert Shiller(1978)[2]의 경우 투자자와 시장 참여자들이 효율적 시장 이론이 예측한 것처럼 합리적으로 항상 행동하지는 않는다고 주장하였다. 예를 들어 주가가 연중 1월에 가장 많이 상승하여 가장 높은 수익률을 보인다는 1월 효과는 효율적 시장을 부정하는 대표적 예로 행태재무학(behavioral finance)에서 시장의 비효율성을 지적하는 대표적인 예로 사용된다.

효율적인 시장과 분명히 일치하지 않는 또 다른 예는 앞서 주식 투자전략에서 살펴본 소형주 투자전략이다. 효율적인 시장 이론에 따르면 다른 조건이 동일하다면 투자자는 소형주 투자가 대형주 투자 대비 더 우월한 성과를 내야할 아무런 이유가 없다.

2 Shiller, R. J. (1978). "Rational expectations and the dynamic structure of macroeconomic models: A critical review", *Journal of monetary economics*, 4(1), 1-44.

만일 모든 투자자가 소형주 투자가 대형주보다 우월할 것으로 기대한다면 소형주의 수요가 집중되고 결국 소형주의 수익률은 대형주의 수익률과 동등해질 때까지 하락할 것이기 때문이다.

물론 이러한 소형주 투자전략의 유효성에 관하여 시장 효율성을 옹호하는 측에서는 소규모 회사 주식이 유동적이지 않기 때문에 대형주와 동등한 비교 자체가 불가하다는 점을 근거로 든다. 즉, 소형주는 평균적으로 대형주만큼 자주 거래하지 않아 유동성이 떨어지며 변동성이 상대적으로 높기 때문에 그러한 주식을 소유하는 데 더 많은 위험이 존재하며, 이 위험에 대한 보상이 필요하다는 것이다. 이외에도 시장에 존재한다고 믿어지는 다양한 이상현상(anomalies)들은 시장효율성에 대한 많은 논란을 제기하고 있다.

Ⅲ. 주식 평가(Valuation) - 기본적 분석

올바른 주식 가치의 평가는 주식 투자를 비롯하여 그 가치의 적절성 여부에 따라 전체 포트폴리오의 구성에까지 파급된다는 면에서 매우 중요하다. 또한 적절한 주식 가치의 평가는 각 상황에 적합한 평가방법을 올바르게 채택하는가에 크게 영향 받는다. 그럼에도 발생가능한 모든 상황에 적합한 범용적인 하나의 방법은 존재하지 않는다. 따라서 다양한 평가방법을 대상으로 다음의 사항을 고려하여 적정 방법론을 선택하게 된다. 이를 위한 고려사항은 다음과 같다.

첫째, 평가를 위한 조건과 목적에 부합하는 가치 기준
둘째, 가능한 평가접근방법 및 방법별 장단점
셋째, 자산의 특성 및 관련시장 참여자들이 사용하는 접근방법
넷째, 방법을 적용하기에 요구되는 정보의 가용성과 신뢰성

특정 방법론에 대해 높은 수준의 신뢰를 가지고 있는 경우 복수의 방법론을 평가하거나 사용할 필요는 없다. 다만 신뢰할 수 있는 결론을 도출하기 위한 실제 투입자료 내지 관찰 가능한 투입자료가 충분하지 않은 경우에는 복수의 평가 접근법 또는 방법을 사용하여 가치평가를 수행할 수 있다. 하나 이상의 접근 방식과 방법이 사용되거나 단일 접근 방식 내에서 여러 방법이 사용되는 경우 이러한 여러 접근 방식 또는 방법을 기반으로 한 결론은 합리적이어야 하며 다른 값을 분석하고 단일 결론으로 조정하는 프로세스가 필요하다. 또한 실제로 시장에서 관찰되는 정보가 가장 강력한 투입자료가 되며, 간접적 정보도 가치평가에 활용될 수 있으나 주관성의 개입에 따른 조정이 요구될 수도 있다.

적절한 평가에 사용되는 주요 접근법은 크게 시장 접근법(Market approach), 수익 접근법(Income approach), 비용 접근법(Cost approach)이 있다. 이 접근법은 모두 가격균형(price equilibrium)의 경제원칙에 기반한다.

1. 시장접근법(Market approach)

시장접근방식은 가격 정보를 사용할 수 있는 동일하거나 유사한 자산과 비교하여 자산의 가치를 산정하는 방식이다. 이 방법은 신뢰할 수 있고 검증 가능하며 관련 있는 시장정보가 사용 가능할 경우 선호되는 평가접근방식이다. 보다 구체적으로 시장 접근방식은 다음과 같은 상황에서 평가에 활용될 수 있다. 첫째, 평가하는 시점에 근접한 시기에 자산 매각이 발생하여 가치평가의 기본가치로 참고할 수 있는 경우, 둘째, 유사한 자산이 공개적으로 활발하게 거래되고 있는 경우, 셋째, 실질적으로 유사한 자산이 높은 빈도로 또 근접한 시기에 관찰 가능한 거래가 있을 경우이다.

이러한 세 가지 상황은 시장접근방식이 적절한 평가방법이 될 수 있는 전제이지만, 이러한 기준이 충족되지 않는 아래와 같은 경우 시장접근방법을 대체할 수 있는 다른 대안을 모색할 필요가 있다 예를 들어 대상 자산 또는 실질적으로 유사한 자산의 거래가 시장의 변동성 수준을 고려할 때 충분히 이루어지지 않은 경우, 시장 거래에 대한 정보를 사용할 수 있지만 비교 가능한 자산이 대상 자산과 상당한 차이가 있어 잠재적으로 주관적인 조정이 필요한 경우, 정보의 누락이나 내부자 거래, 부실 판매 등으로 정보의 신뢰성이 부족할 경우, 그리고 자산의 가치가 예술품 등의 경우와 같이 부차적 요인에 더 크게 영향받는 경우 등이 그러하다.

시장접근법은 가장 공정해 보이면서도 적용이 쉽지 않은 평가방법이기도 하다. 그 이유는 많은 자산들이 저마다의 독특성을 지니기 때문에 동일한 자산이라는 범주를 찾기 어렵기 때문이다. 따라서 시장 접근법이 아닌 다른 평가방법을 사용하더라도 시장기반 정보를 이용할 경우에는 이러한 자산마다의 차별성에 유의할 필요가 있다.

비교 가능한 시장정보가 정확하지 않거나 관련성이 떨어지는 경우 시장접근방식을 이용하기 위해서는 보다 합리적인 근거가 필요하다. 예를 들어 비교 가능한 자산과 대상 자산 간의 질적 · 양적 유사성 및 차이점에 대한 비교 분석을 수행해야 한다. 그 이유는 비교 분석을 기반으로 평가결과의 조정을 해야 하는 경우가 있기 때문이다. 이러한 조정은 평가대상의 정성적 및 정량적 요인을 고려하여 비교 대상에서 파생된 시장배수를 반영하는 방식 등을 이용할 수 있다.

그림 Ⅲ-1 시장접근법

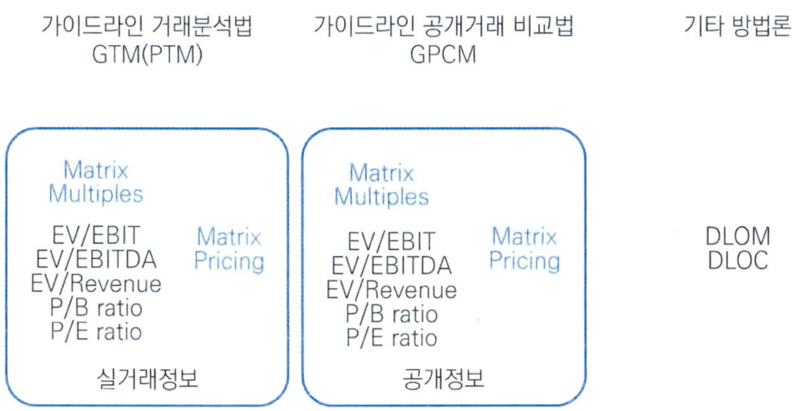

1) 가이드라인 거래 분석법(GTM; Guideline Transactions Method)

비교가능 거래 분석법(Comparable Transaction Method)으로도 불리우는 GTM은 대상 자산과 동일하거나 유사한 자산과 관련된 실거래 정보를 활용하여 가치평가를 수행하는 상대적 평가방법(relative valuation)이다. 고려하려는 비교 가능한 거래가 대상 자산과 직접적으로 관련된 경우(과거 거래사례 등)에는 이전 거래 분석법(PTM; Prior Transaction Method)으로도 불리운다. 평가일에 근접한 시기에 거래가 거의 발생하지 않은 경우에는 정보의 관련성이 명확하거나 엄격하게 분석되어 상장 내지 판매되었던 유사 자산의 가격을 고려하는 것이 적절한 수도 있다. 이때 상장가치 또는 매매가격 활용 시 가격에 내재된 약정(commitment) 수순을 고려한 가중치 조정이 필요하다. 예를 들어, 주어진 가격으로 자산을 매수 또는 매도하겠다는 약정 제안은 그러한 약정 없이 공시된 가격보다 더 많은 가중치가 부여된 것으로 볼 수 있다.

GTM은 시장배수(market multiples)를 사용하는 방식과 매트릭스 가격결정(matrix pricing) 방법이 있다. 우선 시장배수를 이용하는 방법은 자산의 가치를 금융, 운영, 물리적 속성 등의 비율로서 나타내는 것을 말한다. 각각의 비교가능 자산마다 배수는 다양한 유형과 속성을 갖는다. 적합한 배수의 선택은 측정에 부합하는 정량적 및 정성적 속성을 고려하여 선택하게 된다.

평가 배수를 계산하기 위한 요인 중 분자는 기업가치(EV; enterprise value)로 자기자본, 즉 시가총액에 부채시가를 더하고 모든 현금등가물을 차감한 가치를 의미한다.

$$\begin{aligned} EV &= \text{시가총액} + \text{부채시가} - \text{현금등가물} \\ &= [\text{주가} \times \text{주식수}] + \text{순차입액} \end{aligned}$$

분모는 $EBIT$, $EBITDA$ 등의 성과측도(performance measure)가 해당된다. 각 성과측도와 이를 분모로 적용한 각 비율의 의미와 해석을 살펴보면 다음과 같다.

우선 $EBIT$는 영업이익에 비영업활동 손익을 제외하고 영업외손익을 반영한 것으로 순수한 영업활동에 따른 영업이익과 영업활동외 손익과 세금까지 고려한 당기순이익의 중간 개념으로 볼 수 있으며[1] 동시에 세금의 영향으로부터 기업의 수익성을 온전히 확인할 수 있도록 해준다는 점에서 $EBIT$가 그 의의를 갖는다.

$$\begin{aligned} EBIT &= [\text{당기순이익} + \text{이자} + \text{세금}] + \text{영업외손익} - \text{비영업활동손익} \\ &= \text{영업이익} + \text{영업외손익} - \text{비영업활동손익} \end{aligned}$$

따라서 $EV/EBIT$는 가격을 이익으로 나누는 PER(=stock price/earning)과 매우 유사하다. 우선 PER의 earning은 기업 자체의 속성 외에 외적인 요인에 영향을 크게 받는다. 반면 $EBIT$는 기업의 자본구조에 영향 받지 않으며 이는 분자인 EV의 동인(driver)과도 일관된다는 면에서 의미를 갖는다. 이를 세부적 수치 산출 예를 통해 살펴보자.

자본구조 A의 경우 차입이 없으며 높은 자기자본과 현금/현금등가물을 보유한 상태이다. 이때의 EV는 자기자본 1,800(=15×120)에 부채 0을 더하고 현금등가물 700을 차감한 1,100이다. 이와 반대로 자본구조 B의 경우는 높은 부채와 낮은 자기자본비용의 자본구조를 갖는다. 이때의 EV는 자기자본 450(=15×30)에 부채 800을 더하고 현금등가물 150을 차감한 1,100이다. 즉 자본구조 A와 B는 자본구조는 차별적이지만 동일한 EV를 갖는다.

1 대부분의 경우 영업외수익의 비중이 낮아 영업이익과 EBIT는 서로 근사하므로 동일하게 간주하기도 한다.

자본구조 A	
주가	15
발행주식수	120
부채	0
현금/현금등가물	700
EV	1,100

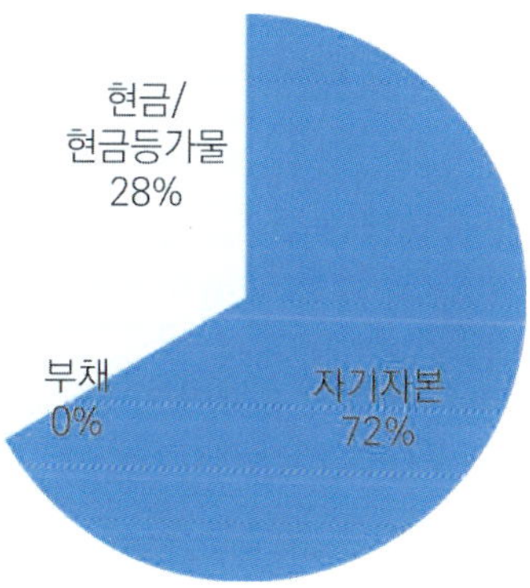

자본구조 B	
주가	15
발행주식수	30
부채	800
현금/현금등가물	150
EV	1,100

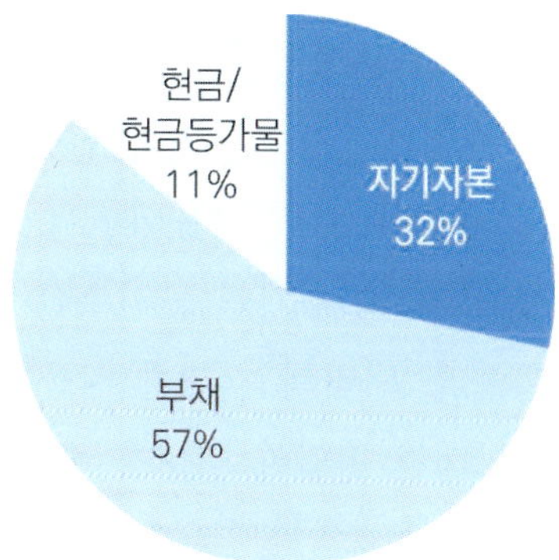

이어서 자본구조 A의 $EBIT$는 당기순이익 80에 이자수익 8을 차감하고 이자비용(5%) 0과 세금 28을 더한 100이다. 자본구조 B의 $EBIT$는 높은 부채 이용기업으로 당기순이익 40에 이자수익 0을 차감하고 이자비용 40을 더한 100이다. 따라서 자본구조 A의 $EV/EVIT$와 자본구조 B의 $EV/EVIT$는 11로 동일하며 두 자본구조의 차이에도 동일한 값을 갖는다. 이때, $EBIT$는 기업 매출을 영업이익으로 전환할 수 있는 운용효율성을 측정하므로 산출된 $EV/EBIT$가 낮은 값일수록 저평가됨을 의미한다.

손익구조 A	
당기순이익	80
이자수익	8
이자비용	0
세금	28
EBIT	100

손익구조 B	
당기순이익	40
이자수익	0
이자비용	40
세금	20
EBIT	100

반면 PER 측면에서는, 자본구조 A의 PER는 18.75배(=15/80)이며 자본구조 B의 PER는 37.5(=15/40)로 두 배 더 높게 나타난다. 결국 $EV/EBIT$는 변화하지 않았음에도 불구하고 PER는 극적인 변화를 보이게 된다. 따라서 평가하려는 관심대상이 현금 가치가 아닌 운영 가치라면 PER가 아닌 $EV/EBIT$가 적절한 판단 기준이 된다.

또 다른 성과측도인 $EBITDA$(earning before interest tax depreciation amortization)는 영업이익에 감가상각비, 그리고 무형자산상각비[2]를 더한 금액으로 영업활동을 통한 감가상각비와 무형자산상각비를 차감하기 전의 순수한 현금창출능력을 나타내는 수익성 지표이다. 이 지표는 1980년대 LBO(leveraged buyout)의 확산시기에 적합한 기업인수 대상 선정을 위해 사용되면서 그 활용이 급격히 증가하였다. LBO는 대량의 부채를 통해 현재 재무곤경기업을 인수한 후 기업의 가치를 높여 다시 매각하여 수익을 창출하는 기법이다. 따라서 최대한 빠른 시간 내에 조달한 레버리지를 상환하기 위한 현금창출능력에 대한 면밀한 검토가 반드시 선행될 필요가 있다. 특히 여기서 유형자산 및 무형자산에 대한 감가상각비를 더하는 것은 감가상각비 자체가 미래투자를 위한 설비투자자금을 미리 적립하는 개념이므로 LBO 단계에서 이러한 미래를 위한 적립은 원천적으로 주요 관심사가 아니기 때문이다. 이러한 의미와 더불어 회계적으로 영향을 미칠 수 있는 고정자산처리에 대해 기업마다 다른 회계정책을 가질 수 있으며 이러한 효과는 각 기업의 본질적인 능력비교를 어렵게 만든다. 따라서 이러한 부차적 효과를 배제하기 위해 $EBITDA$가 사용된다.

$$EBITDA = EBIT + \text{유형자산감가상각비} + \text{무형자산상각비}$$

결국 $EV/EBITDA$는 단순한 회계이익이 아니라 경제적 실질 이익인 현금창출능력 대비 기업가치가 몇 배인지를 나타내며, 특히 유출되지 않은 현금흐름을 원복시켜 산출하므로 가장 실질적인 현금창출능력의 지표가 된다. 예를 들어 $EV/EBITDA$가 10배라는 의미는 해당 기업의 가치가 영업활동을 통해 벌어들이는 현금의 약 10배에 해당한다는 의미인 동시에, 현재의 $EBITDA$가 매년 변동 없이 발생한다면 현 기업가치 수준이 도달하는 데 10년이 소요됨을 의미한다. 따라서 $EBITDA$가 낮다면 저평가된 기업으로 분류할 수 있다.

2 산업재산권, 영업권, 저작권, 개발권 등 무형자산의 사용에 따른 회계적 비용처리 내용으로 회계상 반영되는 비용인 만큼 실질적인 현금변동은 발생하지 않음

물론 단점도 존재한다. 우선 *EBIT*를 포함하는 *EBITDA* 역시 자본구조, 즉 자본지출을 고려하지 않으므로 이를 무시하는 것이 중대한 판단의 오류를 낳을 가능성이 있음에 유의해야 한다. 또한 *EBITDA*이 현금창출능력의 측도이지만 실제의 영업현금흐름을 조감하는 것은 아니다. 즉 영업현금흐름에는 운전자산을 고려하고 실제 현금이 유출되지 않은 감가상각 관련비용도 차감하여 산출하기 때문이다. 실제로 *EBITDA*는 영업이익 대비 수치가 크게 나타나 현금창출능력에 대한 판단을 오도할 가능성이 있다. 2020년 말 현대모비스의 영업이익은 약 5,983억 원이나 *EVITDA*는 26,859억 원으로 4배에 달한다.

평가대상이 애초 주식으로 설정되어 있는 측도로는 P/B비율과 PER(또는 P/E비율)을 들 수 있다. 우선 P/B비율은 자본의 장부가에 대한 자본의 시장가치의 비율로 대차대조표 내 주주 자본의 측도가 된다.

$$P/B\ \text{비율} = \frac{\text{자기자본 시장가치(Price)}}{\text{자기자본 장부가치(Book value)}}$$

이 비율은 분모와 분자를 동일하게 조정함으로써 그 개념을 더 확장할 수 있다. 예를 들어 분모와 분자에 부채와 현금등가물을 반영하면 EV/IC(Invested capital)로 확장시킬 수 있다.

$$\frac{\text{자기자본 시장가치} + \text{부채} - \text{현금 및 현금등가물}}{\text{자기자본 장부가치} + \text{부채} - \text{현금 및 현금등가물}} = \frac{EV}{\text{투하자본}}$$

이 EV/IC는 투자자가 기업에 투자한 1단위 자본에 부여한 가치의 수준으로 경제적 수익률 측면에서 장부가치를 초과하여 시장이 기꺼이 지불하고자 하는 배수로 해석할 수 있다.

P/E 비율은 주가수익률로 주가와 주당 순이익(EPS; earning per share) 간의 관계, 또는 시가총액 대 순이익의 관계를 나타낸다. 이 비율은 시장의 기대치를 나타내며 현재(또는 미래의) 수익 단위당 지불해야 하는 가격을 의미한다. 나아가 현재 수익 수준이 일정하게 유지되는 경우 각 주식에 대해 지불한 금액을 상환하는 데 걸리는 년 수로 해석할 수 있다. 특히 평가대상마다 다른 주가와 순이익 수준을 표준화하여 비교가능하게 해준다는 점에서 이해가 용이하기 때문에 매우 폭넓게 사용된다. 높은 P/E 비율을 갖

표 Ⅲ-1 시장배수별 속성 종합

배수	산출값	장점	단점
$EV/EBIT$	기업가치	자본구조 및 세금 효과 배제	자산간 차이가 결과를 왜곡시킬 가능성
$EV/EBITDA$	기업가치	자본구조 및 세금 효과 배제, 자산 기반의 차이 고려	
$EV/Revenue$	기업가치	계산 용이	영업상 차이의 미고려
P/B ratio	주식가치	금융기관 및 스프레드 지향시 유용	산업별 회계관행 차이의 미고려
P/E ratio	주식가치	대중적으로 가장 많이 활용됨	자본구조 및 회계관행 차이의 미고려

자료: Deloitte(2013b) "IFRS 13 & Valuation Technique".

는 주식은 때로 성장주로 간주되며 미래수익성장에 대한 높은 기대를 하고 있다는 의미이다.

$$P/E \text{ 비율} = \frac{\text{자기자본 시장가치}(Price)}{\text{당기순이익}(Earning)}$$

지금까지의 시장배수를 종합하면, 결국 시장배수는 주로 회계자료 및 주가자료로부터 비교가능성을 높이기 위한 균일한 측도를 제공하기 위한 것으로 해석할 수 있다.

이어서 매트릭스 평가방법을 살펴보자. 이 방법은 통상 금융상품의 평가시에 사용되는 수학적 기법이다. 보다 구체적으로 이 방법은 주로 채권과 같은 금융자산 유형을 평가할 때 사용되는데, 특정 증권의 공시가격만을 사용하는 것이 아니라 벤치마크와의 관계까지도 고려하는 방식이다. 즉 유사한 특징을 가진 자산으로부터 거래가격 및 기타 관련 시장정보를 사용하여 평가 대상의 예상 가치를 도출한다. 다음의 금융상품 예를 살펴보고 매트릭스 방법론에 대해 이해해보자.

[매트릭스 방법을 이용한 채권가격 도출]

평가 대상은 거래빈도가 낮은 만기 4년의 5% 연간이자를 지급하는 채권이 평가대상일 경우 이에 근접한 신용등급의 다른 채권 A와 B가 확인되었다. 채권 A는 만기 3년의 6% 년이표를 갖는 채권으로 가격은 106이다. 채권 B는 만기 5년의 4%의 년이표채권으로 가격은 102이다. 이로부터 다음의 매트릭스를 구성할 수 있다.

〈채권 매트릭스〉

		쿠폰		
		4%	5%	6%
만기	3년			채권 A 가격 106
	4년		평가대상채권	
	5년	채권 B 가격 102		

평가대상채권의 가격설정을 위한 1단계는 채권 A 및 채권 B의 만기수익률(YTM)의 산정이 먼저 필요하다. 채권 A의 경우 YTM은 3.84%가, 채권 B의 경우 YTM은 3.56%가 산출된다.

$$\text{채권 A: } 106 = \frac{6}{1+YTM} + \frac{6}{(1+YTM)^2} + \frac{106}{(1+YTM)^3}$$

$$\text{채권 B: } 102 = \frac{4}{1+YTM} + \frac{4}{(1+YTM)^2} + \frac{4}{(1+YTM)^3} + \frac{4}{(1+YTM)^4} + \frac{104}{(1+YTM)^5}$$

따라서 평가대상 채권은 두 채권의 중간에 놓여있으므로 두 채권 YTM의 평균치인 3.7%를 YTM으로 간주하고 이로부터 가격을 산출하면 104.75가 계산된다.

$$\text{평가대상채권: } \frac{5}{1+0.037} + \frac{5}{(1+0.037)^2} + \frac{5}{(1+0.037)^{3}} + \frac{105}{(1+0.037)^4} = 104.75$$

이러한 매트릭스 방법론은 결국 평가 대상에 근접해있는 유사 대상으로부터 정보를 추출하여 평가대상의 평가에 활용하는 것으로 정의내릴 수 있다. 따라서 평가를 개시하기에 앞서 무엇보다 중요한 점은 비교가능한 거래를 어떻게 적절하게 선택하는가에 달려있다. 물론 선택을 위한 기준은 복잡하다기 보다는 상식선에서의 논리를 따른다. 우선 복수의 거래 정보가 단일 거래부다 선호된다. 또한 동일하거나 매우 유사한 자산의 거래 정보가 별도의 조정을 가한 평가대상 자체의 정보보다 적합성이 더 높다. 평가일에 가까운 시기에 근접하여(arm's length) 이루어진 거래가 과거의 거래보다 시장을 더 잘 대표한다. 끝으로 평가 기준의 명확성, 거래에 대한 충분한 정보 획보 및 신뢰성 있는 출처의 마련이 당연하게도 이루어져야 한다. 이제 비교가능 분석을 위한 보다 구체적인 단계는 다음과 같다.

첫째, 관련 시장의 참여자가 사용하는 비교 단위를 식별한다.

둘째, 비교 가능한 거래를 식별하고 해당 거래에 대한 주요 평가 지표를 계산한다.

셋째, 비교 가능한 자산 및 대상 자산 간의 질적 및 양적 유사성 그리고 차이점에 대한 일관된 비교 분석을 수행한다.

넷째, 대상 자산과 비교 가능한 자산 간의 차이를 반영하기 위해 평가지표에 필요한 조정을 수행한다.

다섯째, 조정된 평가지표를 대상 자산에 적용한다.

끝으로, 복수의 평가지표가 사용된 경우 가치 표시를 조정한다.

이러한 단계를 거쳐 산출된 가치는 추가적인 조정이 필요하다. 이는 비교 가능한 거래와 대상 자산 사이의 존재할 수 있는 중대한 차이가 조정될 필요가 있기 때문이다. 반드시 조정이 필요한 경우는 연수(age)나 규모 등의 물리적 특성, 대상 자산 또는 비교 자산에 대한 관련 제한, 지리적 위치 및 관련된 경제 규제 환경, 자산의 수익성 내지 수익 창출 능력, 과거 및 예상 성장 수준, 비교 가능한 거래의 비정상적 조건 여부, 비교 가능한 자산과 대상 자산의 시장성 및 통제 특성과 관련된 차이, 법적 소유권 형태 등이 해당된다.

2) 가이드라인 공개거래 비교법(GPCM; Guideline Publicly-traded Comparable Method)

가이드라인 공개거래 비교법은 대상 자산과 동일하거나 유사한 공개거래 비교대상에 대한 정보를 활용하여 가치를 산출하는 방식이다. 이 방법은 앞서 살펴본 비교가능 거래 분석법과 매우 유사하나 비교대상들이 공개되어 거래되고 있다는 점에서 차이가 존재한다. 이 비교법을 적용하기 위해서는 먼저 평가 매트릭스 및 비교 가능한 정보들이 평가일 기준으로 이용 가능하고, 세부정보가 공개적으로 쉽게 이용할 수 있으며, 정보가 이해하기 용이하도록 회계 지침을 잘 준수하였는지 여부 등을 살펴볼 필요가 있다. 따라서 이 방법은 평가 대상이 공개되어 거래되는 비교대상자산과 충분히 유사한 경우에만 사용해야 한다. 가이드라인 공개거래 비교법의 주요 절차는 다음과 같다.

첫째, 관련 시장 참여자가 사용하는 평가 매트릭스 및 비교 가능한 증거를 식별한다.
둘째, 관련 가이드라인 공개거래 비교대상을 식별하고 해당 거래에 대한 주요 평가 지표를 계산한다.
셋째, 비교가능자산과 평가 대상자산의 정성적 및 정량적 분석을 통해 자산 간 유사점 및 차이점을 확인한다.
넷째, 대상자산과 비교가능 자산 간의 차이를 반영하여 평가 지표에 필요한 조정을 수행한다.
다섯째, 조정된 평가 지표를 대상 자산에 적용한다.
끝으로, 복수의 평가지표가 사용된 경우 이를 반영하여 가치 표시를 조정한다.

이러한 가치산출 과정에서 하나의 비교대상을 사용하는 것보다 복수의 공개거래 비교대상을 고려하는 것이 더 선호되며 상당한 조정이 필요한 독특한 지표보다는 시장 세그먼트, 지리적 영역, 매출 및 자산과 같은 규모, 성장률, 이익 마진, 레버리지, 유동성 및 다각화 등 충분히 알려진 비교가능한 지표를 선정하는 것이 바람직하다.

이러한 단계별 진행에도 불구하고 여전히 평가대상과 공개거래 비교대상 자산과의 중대한 차이를 조정해야 하며, 이는 앞서 비교가능거래 분석법의 경우와 동일하다. 단, 시장에서 거래되는 가격에는 통상 신용위험이 포함되기 때문에 추가적인 신용위험의 조정이 필요하지 않을 수 있다. 그럼에도 신용위험의 조정이 필요한 경우는 CDS(credit default swap) 프리미엄이나 신용 스프레드와 같이 시장에서 관찰가능한 정보를 기반으로 하여야 한다.

3) 기타 시장접근법

일회성(Anecdotal) 또는 경험적(rule–of–thumb) 평가 벤치마크는 때로 단기 목적의 시장접근을 위한 방식으로 사용된다. 이러한 평가 벤치마크를 단기 평가 목적으로 활용하는 경우 지나치게 과다한 가중치를 부여해서는 안 되며 최소한 다른 한 가지 방법을 사용하여 교차 점검을 수행해야 한다. 또한 일반적으로 할인(discount) 또는 프리미엄(premium)으로 알려진 시장접근 내 조정이 부가될 필요가 있다.

비교대상 자산이 평가대상보다 우월한 시장성을 가졌다고 간주될 경우 시장성 부족에 따른 할인(DLOM; discounts for lack marketability)이 반영될 필요가 있다. DLOM은 동일하지 않은 자산을 비교할 때, 쉽게 시장화할 수 있는 자산이 시장화가 어려운 자산보다 더 높은 가치를 지닐 것이라는 상식적 개념을 반영한다. 예를 들어 상장되어 공개거래되는 증권은 거의 즉각적으로 매매가 가능한 반면 비상장기업의 주식은 잠재적 구매자를 식별하고 거래를 완료하는 데 상당한 시간이 필요하다.

DLOM 산정방식으로는 처분제약주식 방법(Restricted stock method), 최초공모가산정방법(IPO method), 그리고 옵션가격모형을 이용하는 방법이 있다. 처분제약주식 방법은 용어 그대로 처분에 제약이 없는 주식과 제약이 존재하는 주식 간의 차이를 이용하는 방식이다. 공개 회사의 경우 제한 주식은 공개적으로 거래되지 않고 일반적으로 임원 및 이사와 같은 내부자가 보유하는 미등록 소유권 주식으로 구성된다. 이 주식들의 특성은 주식의 조기 처분을 막기 위해 양도 및 매도할 수 없다는 제한이 존재한다는 점이다. 통상 경영진과 이사는 대리인 비용의 발생을 방지하기 위해 그들의 이익이 주주와 일치하도록 일정 수의 주식을 보유해야 한다. 따라서 이러한 거래가 제약받는 주식들은 다른 공개되어 거래되는 보통주보다 낮은 가치를 갖는다. 이처럼 통상 거래되는 보통주와 처분제약주식 간의 가치 차이를 DLOM로 산정하게 된다.

IPO 방식도 전후의 가치차이를 이용하는 접근법이다. IPO는 새로운 주식 발행을 통해 대중에게 주식을 제공하는 과정이다. 이를 통해 기업은 더 광범위한 투자자에게 접근할 수 있다. 이러한 IPO 과정에서 IPO 대상 주식은 IPO 이전 가격에서 IPO 이후 가격으로 이동하는 과정을 거친다. 이러한 전후의 가치 차이를 DLOM으로 산정한다.

옵션가격모형을 이용하는 방식은 현재 옵션가격으로부터 주식가치에 대한 정보를 제공해주므로(풋-콜 패리티) 특정 행사가격과 특정 옵션가격의 차이로부터 DLOM 가치를 산정하게 된다.

조정이 필요한 또 다른 사항은 기업 통제와 관련된 통제 프리미엄(control premium) 또는 통제부족에 따른 할인(DLOC; discounts for lack of control)이다. 통제 프리미엄이 존재한다는 사실은 투자자가 총 발행주식수 중 소규모의 점유만이 가능하여 의사결정력이 부족하다는 것을 나타낸다. 의사결정권을 행사함으로써 자신의 이익을 추구하는 방향으로 기업의사결정을 이끌 수 있는 대규모 투자자는 통제 프리미엄을 부담하지 않는다. 간단한 예로 대규모 지분 보유자는 배당의 결정과 같은 직접적인 수혜를 요구하거나 그 외 기업의 정책, 전략과 운영 전반에 대한 통제가 가능하다. 역으로 소규모 주식보유는 이러한 이점을 누리지 못하며 소규모 주식의 매수 · 매도시 이러한 통제력 부족 프리미엄이 고려될 필요가 있으며 이를 DLOC로 정의할 수 있다. 다음 두 투자자의 예를 살펴보자. 투자자 A와 B가 존재하며 총가치가 100,000원인 기업에 투자하고 있다. 이때 투자자 A와 B의 주식점유율은 7:3으로 A가 사실상의 주요 의사결정권을 갖고 있으며 B는 통제력이 부족하다. 이러한 상황 하에서 투자자 B가 주식을 매각하려 할 때 다른 투자자가 이를 인수받기 위해서는 통제력 부족에 대한 할인, 즉 DLOC를 요구하게 된다. DLOC는 통제프리미엄과 다음의 관계를 갖는다.

$$DLOC \text{ 비율} = 1 - \frac{1}{1 + \text{통제프리미엄}}$$

여기서 통제프리미엄은 통제 지분의 백분율 가치가 비통제지분의 백분율 가치를 초과하는 수준을 나타내며 과거 역사적 데이터로부터 추정한다. 즉, 공개 시장에서 기업 전체가 인수된 거래 사례를 이용한다. 이러한 거래에는 기존에 거래되는 소수자 거래가격 대비로 통제프리미엄이 부가되기 때문이다. 결국 DLOC는 보유 소수지분이 통제력을 포함하지 않는다는 사실을 반영하기 위한 할인으로 볼 수 있다. 다음의 DLOC 관련 구체적 사례를 살펴보자. 주가 100에 총발행주식수가 1,000주인 기업에 대한 투자자 A와 B를 가정해보자. 이때 투자자 A는 전체 지분의 80%를, 투자자 B는 20%를 보유하고 있다. 따라서 투자자 A는 기업의 통제권을 보유하지만, 투자자 B는 통제부족의 상태이다. 이제 추정된 통제프리미엄이 30%라 할 때 DLOC는 약 23%가 산출된다.

$$DLOC = 1 - \frac{1}{1 + \text{통제프리미엄}} = 1 - \frac{1}{1 + 0.30} = 1 - 0.77 = 0.23$$

이로 인해 투자자 B의 지분에 통제부족에 따른 할인금액은 4,615(=20,000×0.23)이며 이를 반영한 투자자 B 지분의 실질가치는 15,835(=20,000−4,615)로 산정된다.

2. 소득접근법(Income approach)

소득접근법은 미래의 현금흐름을 현재가치로 전환하여 비교가능성을 높인 가치 지표를 제공한다. 소득접근법 하에서는 자산의 가치가 자산에 의해 창출되는 소득, 현금흐름 내지 원가절감 수준 등에 따라 결정된다. 특히 시장참여자 관점에서 자산의 수익 창출능력이 가치에 영향을 미치는 핵심요소이며 대상자산의 미래 창출 가능한 소득의 양과 시기가 유의하게 추정이 가능하나 비교 대상 자산은 그렇지 못할 경우 수익접근법이 사용될 수 있다. 물론 이외의 경우에도 소득접근법이 사용될 수 있으나 다른 접근법의 사용이 선행적으로 검토될 필요가 있다. 왜냐하면 소득접근법이 가지는 태생적 한계가 명확히 존재하기 때문이다. 우선 자산의 소득 창출 능력은 시장 참여자의 관점에서 가치에 영향을 미치는 여러 요인 중 하나일 뿐이며 미래 소득의 금액과 시기에 정확성을 담보하기 어렵다. 또한 미래 소득 추정을 위한 정보의 확보가 용이하지 않을 수 있으며 현 시점에서 대상자산의 소득 창출이 시작조차 되지 않은 경우 추정은 더욱 불확실해진다는 점에서 다른 접근법의 검토가 선행된 후에 적용을 검토할 필요가 있다.

소득접근법의 근간은 투자자가 기대하는 수익이 인식된 위험수준을 적절히 반영하여 보상되어야 한다는 점이다. 구체적인 소득접근법에 대해 살펴보자. 소득접근법의 적용방식은 구체적인 모든 실현방법에서 미래소득 내지 미래 현금흐름을 현재가치로 할인하는 것을 기본으로 한다. 즉, 예측된 미래소득 별로 그 규모와 시기에 따라 할인하는 할인현금흐름(DCF; discounted cash flow) 방법이 대표적인 소득접근법이다. 장기 또는 영구 존속형 자산의 경우 DCF 적용시 예측기간 종료 시에 해당 자산의 최종가치가 포함될 수 있으며 이 경우 소득 자본화 접근법(income capitalization method)으로도 명명된다. DCF 방법의 주요 절차와 각 단계에서의 세부사항을 살펴보면 다음과 같다.

첫째, 대상 자산의 성격과 양도에 가장 적합한 현금흐름 유형을 선택한다. 통상 전체 자산에 대한 현금흐름이 사용되지만 때로 부채에 대한 이자와 원리금 지급 후 자기자본만의 현금흐름을 사용하거나 주식 소유자에게 분배된 현금흐름의 측면에서 배당금과 같이 다른 측면의 소득도 사용될 수 있다. 그러나 이론적으로 자산이 생성하는 현금흐름은 자금조달 방법 또는 소득의 지급방식이 무엇인지, 재투자되는지 여부에 상관없이 단일의 가치를 가지는 것이 가장 합리적이며 이에 따라 전체 자산에 대한 현금흐름이 가장 일반적으로 사용된다. 또한 실질소득을 사용할 것인지, 아니면 기대인플레이션이 반영된 명목소득을 사용할 것인지 선택이 필요하다. 단, 예상 현금흐름에 예상 인플레이션이 포함된 경우 할인율에도 동일한 인플레이션이 반영되어야 함에 유의해야 한다. 추가적인 고려사항으로 선택한 현금흐름 유형은 투자자의 관점 및 시장 관행에 부

그림 Ⅲ-2 DCF 접근법

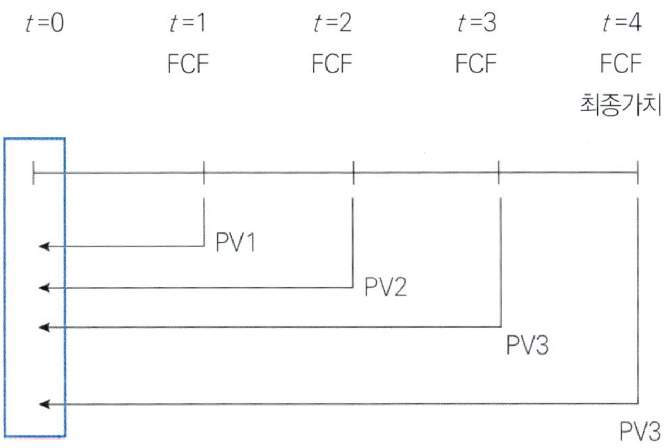

$$NPV=\frac{FCF_1}{(1+r)^1}+\frac{FCF_2}{(1+r)^2}+\frac{FCF_3}{(1+r)^3}+\frac{FCF_4+\text{최종가치}}{(1+r)^4}$$

자료: 한국은행, 「한국의 금융제도」(2018), 中 재도식.

합해야 한다. 예를 들어 부동산에 대한 현금흐름(임대료 및 할인율)은 관례적으로 세전 기준을 적용하나 기업의 할인율은 세후 기준을 적용하는 등 세밀한 차이가 존재할 수 있음에 유의해야 한다.

국가 간 경계가 허물어지면서 급증한 자본의 국가 간 이동은 대상 자산의 기준 통화와 평가자의 평가 통화가 다른 상황이 발생한다. 이 경우 통화의 전환이 필요하다. 우선 가 평가 대상 자산에 적합한 할인율로 평가 대상의 현금흐름을 할인하고 평가일의 현물 환율로 대상 자산의 현재가치를 평가통화로 전환하는 방법이 있다. 다른 방법으로는 환율선도곡선을 이용하여 대산 자산의 통화를 평가 통화로 전환하고 평가 통화에 부합하는 할인율을 사용하여 예상 현금흐름을 현재가치로 할인하는 방식이다. 이 방식은 신뢰할 수 있는 환율선도곡선의 사용이 가능할 경우에 한하여 유효할 수 있다.

둘째, 현금흐름을 예측함에 있어서 적절한 명시적 기간(explicit forecast period)을 결정한다. 그 기준은 자산의 특성, 사용 가능한 정보 및 필요한 가치 기준, 평가 목적 등에 따라 달라진다. 내용연수가 짧은 자산의 경우는 전체 수명의 현금흐름 추정이 어느 정도 가능하다. 일부 자산의 경우 예측 기간 동안 시장 참여자 사이에서 허용되는 표준 기간이 존재할 수도 있다. 명시적 기간을 선택하기 위한 주요 요인은 다음과 같다. 우선 자산의 수명이 일차적인 기본 기간이 된다. 또는 예측에 사용하기 위한 데이터가 이용 가능한 기간을 추정기간으로 설정할 수도 있다. 이외에도 신규 생성 자산의 경우 자산이 안정 수준의 성장과 이익을 달성하는데 요구되는 최소 기간을, 반대로 이미 자산의 평가시점에 안정적 수준의 성장과 이익이 창출되고 있는 경우에는 명시적 예측기간을 고려하는 것이 불필요할 수도 있다. 평가의 목적도 예측기간을 선정하는 데 고려해야 한다. 투자자가 특정한 기간 동안의 투자에 대한 가치를 판단하는 목적이라면 해당 자산의 보유기간이 명시적 예측기간이 될 것이다.

셋째, 해당 기간에 대한 대상 자산이 창출할 현금흐름(FCF; future cash flow) 및 종료 시점의 적절한 최종 가치를 결정한다. 이를 위해 예상되는 수입과 지출 관련 예측 재무정보를 이용하게 된다. 이때 평가자는 예측 재무정보의 기초가 되는 가정 및 그 적합성은 평가 목적과 적용 시 가치기준에 따라 달라지나 정보의 출처에 영향 받아서는 안 된다. 예를 들어, 시장가치(market value)를 결정하는 데 사용되는 현금흐름은 시장 참여자가 예상하는 예측 재무정보를 반영해야 하며, 투자가치(investment value)는 특정 투자자의 관점에서 예측에 기반한 현금흐름을 사용하여 측정하게 된다.

현금흐름은 자산의 특성, 현금흐름의 패턴, 사용 가능한 데이터 및 예측 기간의 길이에 따라 적절한 주기(주간, 월간, 분기, 연간)로 나누어진다. 각 현금흐름은 가능성이 가장 높은 하나의 현금흐름 또는 확률적으로 가중된 현금흐름, 또는 가능한 복수 개수의 미래 현금흐름 시나리오로 구성하게 된다.

넷째, 적절한 할인율(r)을 결정한다. 다양한 유형의 현금흐름은 때로 다양한 수준의 위험을 반영하며 각 현금흐름에 매칭된 별도의 할인율이 필요할 수 있다. 예를 들어, 확률적으로 가중된 예상 현금흐름은 가능한 모든 결과에 대한 기대치를 포함하며 특정 조건이나 사건에 의존하지 않는다. 가장 가능성이 높은 하나의 현금흐름을 사용할 경우 발생 가능한 다른 위험을 반영하여 할인율을 조정할 필요가 있다. 따라서 할인율은 화폐의 시간가치뿐만 아니라 자산 및 사업의 운용과 관련된 위험까지 반영되어야 하며 각각 무위험 이자율과 위험프리미엄의 형태로 반영되게 된다. 다양한 유형의 할인율을 살펴보자.

1) 가중평균자본비용(WACC; weighted average cost of capital)

기업은 영업활동을 영위하기 위해 자본을 사용하므로 어느 정도의 자본 비용이 소요되는지 고려해야 한다. 이때 다양한 자본 출처가 존재할 수 있으며 이러한 출처의 가중 평균을 가중평균자본비용, 즉 WACC라 한다. 대부분의 회사의 경우 부채와 자본의 가중 평균일 뿐이지만 일부는 더 복잡한 자본구조 등을 가질 수 있으므로 두 가지 이상의 구성 요소가 될 수 있다.

WACC를 계산하려면 자기자본비용에 회사 자본 구조의 자기 자본 비율을 곱한 다음 부채 비용에 회사 구조의 부채 비율을 곱하여 산출한다. 부채에 대한 이자는 세전 비용이므로 부채비용은 세율만큼 감소하므로 실질적으로 세금 공제의 효과가 존재한다.

$$WACC = K_e\left[\frac{V_e}{V_e + V_d}\right] + K_d(1-T)\left[\frac{V_d}{V_e + V_d}\right]$$

이때, K_e: 자본비용(CAPM 등으로부터 추출하여 사용)

K_d: 부채비용(기업 부채에 대한 평균 이자율)

T: 법인 세율

V_e: 자기자본 가치(=기업시가총액–현금–부채)

V_d: 부채가치(장부가 기준)

2) 자본자산가격결정모형(CAPM; capital asset pricing model)

앞서 $WACC$에서 자본비용 K_e는 CAPM 공식(Sharpe(1964)[3], Lintner(1965)[4]) 하의 기대수익률 예측 기간 동안 주식에서 기대되는 배당금과 같은 유입액과 자본가치상승을 할인하는 데 사용된다. 자본비용 K_e는 투자자가 주식에 대한 투자에 소요하는 자본비용 K_e보다 낮은 수익이 기대된다고 결론 내리면 주식을 매도하게 되고 주식시장 내

3 Sharpe, W.F. (1964), "Capital asset prices: A theory of market equilibrium under conditions of risk", *Journal of Finance* 19: 425-442.

4 Lintner, J. (1965), "The valuation of risk assets on the selection of risky investments in stock portfolios and capital budgets", *Review of Economics and Statistics* 47: 13-37.

공급증가로 가격은 내려간다. 이와 반대로 투자자들이 자본비용 K_e보다 높은 수익이 기대된다면 주식의 수요가 높아져 가격이 상승하게 된다. 결국 균형상태의 K_e로 수렴하게 된다. K_e를 위한 기본 CAPM 공식은 시장수익률과 무위험수익률의 차($E(r_M)-r_f$)인 위험가격(risk price)에 해당 기업의 위험민감도를 곱한 위험 프리미엄(risk premium)을 무위험수익률에 부가하여 산출한다.

$$
\begin{aligned}
\text{자본비용 } K_e &= \text{무위험수익률} + \text{위험 프리미엄} \\
&= \text{무위험수익률} + \text{주식 민감도} \times \text{위험 가격} \\
&= r_f + \beta \times (E(r_M) - r_f)
\end{aligned}
$$

이때, r_f: 무위험수익률(장기국채수익률 등)

β: 시장수익에 대한 주식의 기대수익 민감도($= Cov(r_i, r_M) / Var(r_M)$)

r_M: 시장수익률

따라서 자본비용은 세 가지 요소, 무위험수익률, 베타, 그리고 시장수익률에 영향 받는다. 우선 무위험수익률은 장기국채금리와 같은 안전자산의 수익률을 사용하며 장기국채금리를 구할 수 없는 경우 위험이 최소화된 대기업의 시장 차입금리를 이용하는 것도 대안이 될 수 있다. 베타는 기업의 비즈니스 유형, 영업레버리지도(DOL; degree of operating leverage), 재무레버리지도(DFL; degree of financial leverage) 등에 영향 받는다. 즉, 기업이 속한 해당 사업군이 시장상황에 더 민감할수록 베타가 더 높으며 경기 사이클에 민감한 기업은 그렇지 않은 기업보다 더 높은 베타를 가질 것으로 예상할 수 있다. 매출액 증가에 대한 영업이익의 증가수준을 보여주는 DOL은 기업 비용구조의 함수이며 일반적으로 고정비와 총비용 간의 관계로 정의된다. 따라서 고정비가 존재하면 DOL은 반드시 1 이상의 값을 갖는 확대배수가 된다. 고정비의 대부분은 감가상각비이므로 이 비중이 높은 장치산업 등에서 높은 DOL 값을 갖는다. 이렇게 DOL이 높은 기업들은 $EBIT$의 변동성이 높으며 베타가 높게 나타난다.

$$
\text{영업레버리지도(DOL)} = \frac{\text{영업이익의 변화}}{\text{매출액의 변화}} = \frac{\text{매출액} - \text{변동비}}{\text{매출액} - \text{고정비} - \text{변동비}} = \frac{\text{공헌이익}}{\text{영업이익}}
$$

이와 유사하게 이자와 같은 고정금융비용이 주주순이익 내지 주당순이익에 미치는 영향을 DFL로 정의한다. 만일 타인자본을 전혀 사용하지 않는 경우 DFL은 1이며 타인자본을 사용함에 따라 1보다 큰 값이 된다. 이는 고정비인 이자비용이 순이익의 확대라는 레버리지를 유발함에 따른다. 이렇게 DFL은 타인자본 사용에 대한 프록시가 되며 DFL이 높을수록 고정 이자부담 증가에 따라 베타도 상승하게 된다.

재무레버리지도(DFL)

$$= \frac{\text{주당순이익의 변화}}{\text{영업이익의 변화}} = \frac{\text{영업이익}}{\text{영업이익} - \text{이자비용}} = \frac{\text{매출액} - \text{변동비} - \text{고정비}}{\text{매출액} - \text{변동비} - \text{고정비} - \text{이자비용}}$$

단, 타인자본 사용의 이점은 세금혜택을 주는 경우를 들 수 있다. 따라서 타인자본의 사용에 대한 베타 조정은 다음과 같다.

$$\text{levered 베타} = \text{unlevered 베타} \times \left(1 + (1-t)(\frac{D}{E})\right)$$

예를 들어 A사는 부채/자본비율이 5.0%, 세율 25%인 현재 베타가 1.2로 나타났다. 이때 부채/자본비율을 20%로 하는 부채확대전략 구사시 베타에 미치는 영향을 산출하기 위해서 상기 공식을 이용할 수 있다. 즉, 현재 levered 베타에서 unlevered 베타를 역추산한 후 다시 새로운 levered 베타로의 전환과정을 거치면 다음과 같이 1.33의 새로운 levered 베타가 계산된다.

현재(타인자본 사용 중) 베타 $= 1.20$

레버리지 없는 베타 $= \dfrac{1.20}{1 + 0.75 \cdot 0.05} = 1.16$

신규 leveraged 베타 $= 1.16\left(1 + (1-t)(\dfrac{D}{E})\right) = 1.16(1 + 0.75 \times 0.20) = 1.33$

결국 CAPM 하 자본비용 K_e는 다음의 각 요인별 방향성 하에서 높아짐을 알 수 있다(반대논리 역시 성립한다).

무위험이자율 ↑	DOL ↑	베타 ↑	DFL ↑	시장수익률 ↑

3) 내부수익률(IRR; internal rate of return)

내부수익률(IRR)은 특정 프로젝트 또는 투자에 대해 유입(+)과 유출(−)되는 현금흐름의 순현재가치(NPV; net present value)를 0으로 만드는 할인율을 의미한다. 이 IRR은 프로젝트 또는 투자를 평가하는 데 사용되는데 어떠한 투자의 IRR이 요구되는 필수수익률을 초과하는 경우는 긍정적인 투자안으로, IRR이 필요 수익률 이하일 경우는 부정적인 투자안으로 판단하게 된다. 다시 말해 통상 순현재가치를 계산하기위한 할인율이 필수 수익률인 동시에 기회비용이므로 IRR은 이 기회비용보다 높거나 최소 같아야만 해당 투자안을 채택하므로 IRR은 투자안에서 기대되는 최저 하한선으로 해석할 수 있다.

내부수익률(IRR)

$$0 = NPV = CF_0 + \frac{FCF_1}{(1+IRR)} + \frac{FCF_2}{(1+IRR)^2} + \cdots \frac{FCF_n}{(1+IRR)^n}$$

다만 IRR은 그 사용에 한계가 존재한다. 우선 초기 현금유출과 하나 이상의 현금유입이 있는 경우에만 적용가능하며, 중간에 음의 현금흐름이 존재하는 경우 사용이 제약된다. 또한 IRR은 투자의 절대크기를 측정하지 않으므로 왜곡된 의사결정을 내릴 가능성이 있다. 즉, 다음의 경우와 같이 절대 규모 면에서 2번째 안이 더 바람직한 현금흐름을 주지만 IRR 측면에서는 상대적으로 낮은 값을 제시하므로 판단에 주의할 필요가 있다.

연차	현금흐름	IRR 2.0
1	-1	-0.33
2	3	0.33
		0.00

연차	현금흐름	IRR 1.0
1	-500,000	-250,000
2	1,000,000	250,000
		0.00

4) 가중평균 자산수익률(WARA; weighted average return on assets)

가중평균 자산수익률(WARA)은 기업의 다양한 유형의 유형(tangible) 및 무형(intangible) 자산에 대한 집합 수익률(collective rate)을 의미한다. WARA의 가정은 기업 내 자산 기반의 각 클래스(예: 제조 장비, 계약, 소프트웨어, 브랜드 이름 등)가 자산의 기본 운영 위험과 능력에 따라 고유한 자체 수익률을 갖는다는 것을 기반으로 한다.

일반적으로 유형자산은 두 가지 요인으로 인해 무형자산보다 더 낮은 수익률을 보인다. 우선 유형자산은 일반적으로 자기 자본보다 낮은 수익률을 요구하는 부채 자본 유치(debt financing)에 담보로 제공될 수 있다. 또한 기대 수익에 대해 더 많은 확실성을 제공해주므로 재무 담당자의 위험을 감소시켜 주는 역할을 한다. 이와 반대 논리로 무형자산은 더 높은 수익률을 수반하게 된다. 이러한 수익률들을 총자산 기반의 백분율로 평균하면 WARA가 생성된다.

$$WARA = K_{wc}\left[\frac{wc}{V_e + V_d}\right] + K_{TV}\left[\frac{TV}{V_e + V_d}\right] + K_{IV}\left[\frac{IV}{V_e + V_d}\right]$$

이때, wc: 운전자본(공정가치), K_{wc}: 운전자본 수익률
TV: 자산, 플랜트, 장비, K_{TV}: 자산 수익률
IV: 무형자산, K_{IV}: 무형자산 수익률

지금까지 WACC, IRR, 그리고 WARA를 살펴보았다. 그러나 이러한 할인율의 대안 값들은 서로 별도의 의미를 갖기보다는 상호관련성을 갖는다는 점을 확인할 필요가 있다. 각 측정치의 의미를 재정리해보면 다음과 같다.

우선 WACC는 기업의 자금 소달 측면과 관련된다. 필요한 자기 자본 수익률 K_e, 추정 세후 부채 비용 K_d 그리고 장기 목표자본구소(V_e, V_d)를 사용하여 추정된다. IRR은 투자가 가지는 암시적 수익률을 나타낸다. 주로 투자를 통한 인수의사결정 등에서 예상재무정보(FCF; future cash flow)를 통해 산출된다. WARA는 브랜드, 고객 관계 및 영업권과 같은 무형자산을 포함하여 취득한 자산의 포트폴리오에서 얻은 가중 수익률을 나타낸다. 일반적으로 유형자산, 운전 자본, 무형자산 및 영업권의 공정가치(fair value)를 추정하여 계산한다.

이들 중 WACC와 IRR 간의 관계 ⓐ에 대해 살펴보자. 회계 기준의 주요 요구사항

그림 Ⅲ-3 WACC vs. IRR vs. WARA

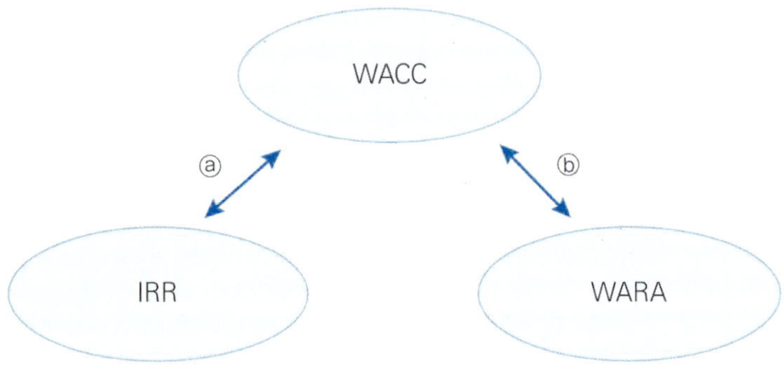

중 하나는 공정가치(fair value)가 시장 참여자의 가정에 근거하여 추정된다는 점이다. 직관적으로 IRR은 WACC에 근접해야 한다. 만일 내재된 IRR과 WACC가 다를 경우는 IRR 산출에 요구되는 예상 현금흐름 정보 내에 별도의 주관적 기대가 반영되었거나 시장 참여자들과 기대가 불일치하는 것으로 볼 수 있다. 또한 사업에 지불한 가격이 공정가치와 일치하지 않음을 암시한다. 보다 구체적으로, IRR>WACC인 경우는 예상현금흐름이 너무 낙관적이거나 저렴하게 구매했음을 나타낸다. 반면, IRR<WACC일 경우는 예상현금흐름을 너무 보수적으로 판단하였거나 구매자가 목표에 대해 과다 지불했음을 의미한다. 결국 WACC는 IRR과 마찬가지로 회사에 가치를 추가하기 위해 초과해야 하는 hurdle rate, 내지 기회비용의 의미를 갖는다.

이어서 ⓑ의 관계를 다시 살펴보면, 이론적으로 WARA는 WACC와 동일한 자본 비용을 생성해야 한다. 이는 자본과 부채라는 자금 조달 측면과 기업 내 구축된 자산이라는 자산 지출 측면이 근본적으로 동등하기 때문이다. 그럼에도 WARA는 평가자가 무형자산의 자산별 수익률과 영업권에 대한 수익률의 전반적인 합리성을 평가하는 데 활용될 수 있다. 다음 도식은 대차대조표 상 WACC와 WARA가 바라보는 측면이 다를 뿐 실질적으로 동일함을 알 수 있다.

그림 III-4 WACC와 WARA

자산	부채
운전자본(WC) 자산(TV) 무형자산 및 금융자산(IV)	자기자본

투자적 관점		재무적 관점
WARA=	=	WACC=
$K_{wc}\left[\frac{wc}{V_e+V_d}\right]$		$K_e\left[\frac{V_e}{V_e+V_d}\right]$
$+K_{TV}(1-T)\left[\frac{TV}{V_e+V_d}\right]$		$+K_d(1-T)\left[\frac{V_d}{V_e+V_d}\right]$
$+K_{IV}(1-T)\left[\frac{IV}{V_e+V_d}\right]$		

5) build–up method

이 방법은 앞서 제시한 할인율 산출을 위한 투입자료가 부족할 경우 사용되는 방법이다. 할인율의 정의를 다시 상기해보면, 예상되는 미래 이익을 현재 가치로 전환하는 데 사용되는 비율이다. 따라서 미래의 이익을 기다려야 함에 따른 불확실성이라는 요소가 개입되게 되며 이러한 정도는 해당 자산이 어느 정도의 불확실성을 내재하고 있는지에 따라 차별된다. 그러므로 할인율은 무위험수익률을 기본으로 다양한 수준의 증분 위험에 대한 프리미엄을 추가함으로써 구축하게 된다. 이 방식이 할인율의 build–up 방법론이 된다. 무위험수익률인 기저 값과 이에 추가되는 각 구성요인을 살펴보면, 주식위험 프리미엄(ERP), 규모 프리미엄, 기업 고유위험, 그 외 산업위험 프리미엄 등을 들 수 있다.

가장 기저 값인 무위험수익률은 통상 실질적으로 불확실한 지급상황이 전혀 발생하지 않을 것으로 기대되는 장기 국채수익률을 사용한다.

주식위험 프리미엄(ERP; equity risk premium)은 투자자에게 고정현금흐름을 제시하는 채권이 아닌 불확실한 주식에의 투자를 촉진하기 위해 제공하는 프리미엄의 시작점을 의미한다. 이러한 ERP는 CAPM의 베타 개념과 연계된다. 즉, 주식시장이 부담하는 위험가격(risk price)에 시장에 대한 주식의 민감도인 베타를 곱하여 산출하게 된다. 이때 현 시점의 ERP가 미래 ERP에 대한 합리적 예측이라는 점을 기본 전제를 한다.

규모 프리미엄은 역사적으로 규모와 기대 또는 필요 수익 간에 존재하는 반비례 관계에 근거한다. 통상 대기업은 소규모 기업보다 덜 위험한 것으로 인식된다. 예를 들어, 공개 시장을 대상으로 규모별로 순위를 매기면 대규모 기업들의 추가 수익은 소규모 기업보다 낮으며 이러한 관계는 비교적 일관되게 나타난다. 이는 소규모 기업의 위험증가에 따른 요구보상의 증가에 기인한다.

프리미엄에 증분가능한 기업고유의 위험은 주관적 판단요소가 가장 크게 개입되는 부분으로, 주요 인사 문제(또는 관리 능력 부족), 절대적 기업 규모, 재무 구조(레버리지), 집중 위험(제품, 지역, 공급 업체 또는 고객 관련), 수익(이익, 안정성 및 예측 가능성) 및 특정 회사와 관련된 기타 위험 등이 해당한다.

끝으로 최종 가치를 포함하여 예측된 미래 현금 흐름에 할인율을 적용하여 현재가치화(NPV)한다. 실제로 DCF 적용시 현금흐름에서 가장 큰 가치는 최종가치(terminal value)이다. 자산이 명시적 예측 기간을 초과하여 계속해서 수익을 창출할 것이 예상되는 경우 해당 기간이 끝날 때의 자산의 가치, 즉 최종가치를 추정할 필요가 있다. 우리는 미래의 현금 흐름을 영원히 추정할 수 없으며, 미래의 어느 시점(보통 5년 또는 10년)에 현금흐름을 중단함으로써 강제 종료를 설정한다. 그 이후 회사의 상태에 따라 내재가치를 결정하기 위해 현금흐름의 최종 가치를 결정한다. 최종 가치는 일반적인 예측 현금흐름에 적용된 것과 동일한 할인율을 사용하여 평가일로 할인된다.

표 Ⅲ-2 할인율 built-up

장기국채수익률		1.50%
ERP	5.50%	
베타	0.9	
조정 ERP		4.95%
규모 프리미엄		2.00%
기업 고유위험		1.00%
할인율		9.45%

최종가치를 산정함에 있어서는 자산이 태생적으로 유한한 만기를 갖는지 아니면 무기한으로 지속되는지의 여부, 명시적 예측 기간을 초과한 자산에 대한 미래 성장 잠재력 여부, 예측 기간이 끝날 때 수령할 것으로 예상되는 미리 확정된 고정 자본 금액, 최종 가치가 계산될 때 자산의 예상 위험 수준, 경기순환성을 갖는 자산인지의 여부, 자산에 내재된 세금의 속성 내지 세금 효과의 지속여부 등도 고려해야 한다. 이러한 최종가치를 산정하는 데는 배수 접근법(multiple approach)과 Gordon Growth model(또는 안정성장모형)의 두 유형의 방법을 이용할 수 있다. 각 유형에 대해 세부적으로 살펴보자.

첫 번째, 배수 접근법은 할인된 현금흐름의 예측 기간 추정 이후에도 지속되는 영구(going concern) 기업의 가정 하에서 사용될 수 있다. 이 방식은 예측 기간 종료시 실현 가능한 가치를 판단하는 것으로 해당 자산을 연관된 기업의 다른 자산과 비교하여 산정한다. 이 방식은 출구 배수법(exit multiples)라고도 하며 판매, 수입 또는 이익과 같은 재무 통계치를 통해 공정가격(fair price)을 추정한다. 즉, 가장 최근에 측정된 $EBITDA$에 결정된 배수를 곱하여 산출한다. 이 접근법은 극히 간단하지만 곱하는 배수가 최종 가치에 큰 영향을 미치므로 그 측정 방법이 중요하다. 만일 동일한 산업의 비교 가능 기업을 살펴봄으로써 배수의 추정이 가능하다면 별도의 내재적 배수계산이 불필요하다. 이 접근법의 한계로는 복수의 비교 가능 자산을 사용하면 최종 가치가 상대적 가치인 동시에 할인된 현금 흐름 가치가 혼합되므로 해석에 유의할 필요가 있다. 이러한 문제를 극복하기 위해서는 이어서 살펴볼 Gordon 성장모형의 사용이 필요하다.

두 번째, Gordon 성장모형은 기업의 성장률에 기초한 모형이다. 기업이 초기의 성장단계를 지나 성숙해갈수록 초기 성장세를 유지하기가 더 어려워진다. 결국 그보다 낮은 속도로 성장하고 종국에는 기업이 운영하는 경제와 같거나 낮은 속도로 성장하게 된다. 이 속도를 안정된 성장률(stable growth rate)이라 부르며 기업이 이 수준을 영속적으로 유지할 수 있음을 가정한다. 결국 안정 성장률로 전환되는 포인트 이후의 현금흐름을 최종 가치로 추정하게 된다.

기업이 현금흐름을 자산에 재투자하고 안정적 성장(g)을 계속하는 현금흐름 패턴이 영속됨을 가정할 때 다음의 공식으로 그 가치를 표현할 수 있다.

$$\text{최종가치} = \frac{\text{현금흐름}}{r-g}$$

이 공식에서 이자율 r은 투자대상이 기업인지 아니면 주식가치인지에 따라 적용에 차이가 있을 수 있다. 기업을 평가하는 경우는 가중평균 자본비용(WACC; weighted average cost of capital) 내지 요구수익률(required rate of return)을 r로 사용하게 된다.

$$\text{Gordon 성장모형 최종가치} = \frac{\text{종료 포인트에서의 현금흐름}}{WACC-g}$$

그러나 이 공식에서 최종가치에 가장 큰 영향을 미치는 요인은 성장률(g)로 매우 신중한 선택이 요구된다. 이는 안정 성장률 g의 작은 변화도 최종 가치에 크게 영향을 미치며 성장률(g)이 r에 근접할수록 효과가 더욱 커진다는 측면에서 그러하다. 단, 어떤 회사도 속해 있는 경제 성장률보다 더 높은 속도로 영구히 성장할 수 없으며 지속적인 성장률은 경제의 전체 성장률보다 클 수 없다. 참고로 음(−)의 안정 성장률도 가능하다. 이는 기업이 점진적으로 청산되고 축소되고 있음을 뜻하며 기업으로서 수명주기가 다해가는 오래된 기업에게 발생할 수 있다. 보다 구체화된 공식을 도출해보자. 현재 평가시점에서 현금흐름 FCF_0가 일정 성장률 g를 가질 때 예측기간 n년도의 가치는 다음과 같다.

$$FCF_n = FCF_0 \cdot (1+g)^n$$

이 n차년도 시점의 최종가치의 현재가치는 다음과 같다.

$$n\text{차년도 최종가치의 현재가치} = \frac{FCF_0(1+g)^n}{(1+WACC)^n}$$

영구존속 기업을 가정하면 다음의 무한 합으로 정리된다.

$$\text{(현재가치 기준) 최종가치} = \sum_{n=1}^{\infty} \frac{FCF_0(1+g)^n}{(1+WACC)^n} = \frac{FCF_0(1+g)}{WACC-g}$$

다음의 수치 예를 통해 Gordon의 모형 하에서 최종가치를 산출해보자. A사의 예측기간을 10년으로 추정하고 0년 차의 여유 현금흐름이 5,000이며 연간 여유현금흐름

증가율이 8%라 하면 10차년도의 예상 현금흐름은 10,795이다.

$$예상\ 최종\ 현금흐름 = 5{,}000 \times (1+0.1)^{10} = 10{,}795$$

이 금액이 이후 시간에 계속해서 발생함을 가정하고 WACC는 8.0%를 가정하였다. 이제 성장률(g)가 최종가치에 미치는 영향도를 파악하기 위해 다양한 성장률 가정—10년 국채, 세계 GDP, 국내 GDP, 그리고 안정적 성장률—을 제시하였다.

표 Ⅲ-3 성장률별 최종가치

	10년 국채	세계 GDP	국내 GDP	안정적 성장률
g	1.1%	-3.0%	0.2%	3.0%
$1+g$	1.011	0.97	1.002	1.03
① $FCF \times (1+g)$	10,913	10,471	10,816	11,118
② $WACC-g$	0.069	0.11	0.078	0.05
① / ②	158,165	95,189	138,669	223,369
주당 최종가치(150주)	1,054	635	924	1,482

(주당)최종가치 산출 결과는 최소 635에서 최대 1,482까지로 매우 광범위한 가능성을 보여주고 있다. 따라서 적절한 성장률의 선택이 선택되지 못할 경우 지나치게 낙관적이거나 비관적인 수치가 계산되어 잘못된 의사결정이 있을 수 있음에 유의해야 한다.

3. 비용접근법(Cost approach)

비용접근법은 과도한 시간, 불편, 위험 또는 관련된 기타 요인이 없는 구매자가 구매 또는 신규생성을 통해 동일한 효용의 자산을 얻는 데 드는 비용보다 더 지불하지 않는다는 경제적 원칙을 사용하여 가치를 표시한다. 이 접근법은 자산의 현재 시점의 대체 또는 재생산에 소요되는 비용을 계산하고 물리적 부식 및 기타 모든 관련 형태의 노후화에 대해 감가함으로써 가치를 표시한다. 이러한 비용접근법은 다음 상황에서 평가의 기준으로 사용될 수 있다.

우선 시장 참여자가 규제 또는 법적 제한 없이 대상 자산과 실질적으로 동일한 효용성을 가진 자산을 재구축할 수 있으며, 시장 참여자가 대상 자산을 충분히 빠르게 재생성할 수 있어 즉시 사용에 대한 추가 프리미엄을 지불할 의향이 없는 상황에 사용될 수 있다. 또한 해당 자산의 고유 특성으로 인해 앞서 살펴본 시장접근법 내지 소득접근법의 사용이 불가한 경우에 비용접근법이 사용될 수 있다. 이외에도 자산이 최근 신규로 생성되어 비용 접근법에 적용된 가정의 신뢰도가 높거나 청산가치 대비 지속가치가 극명하게 높아 재구축이 불가피한 특수한 경우 등에 비용접근법이 적합할 수 있다. 단, 이러한 비용접근법이 사용되기에는 상당한 현실적 제약이 존재하는 만큼 그 사용은 시장접근법이나 소득접근법의 차순위로 제한적으로 사용될 필요가 있다. 이는 시장 참여자들이 유사한 효용의 자산을 재창조하는 것을 고려할 수 있지만 잠재된 법적 또는 규제에 따른 장애물이 있거나 자산 재구축에 상당한 시간이 소요될 가능성이 있기 때문이다.

부분적으로 완성된 자산의 가치는 일반적으로 자산 생성시 현재까지 발생한 비용과 이러한 비용이 가치에 기여했는지 여부, 그리고 완료시 자산 가치에 대한 시장 참여자의 기대를 반영한다. 그러나 비용과 자산을 완료하는 데 필요한 시간과 수익 및 위험에 대한 적절한 조정이 부가될 필요가 있다.

비용접근법은 크게 다음의 세 유형으로 분류할 수 있는데, 동등한 효용을 제공하는 유사 자산의 비용, 즉 대체 비용을 이용하는 방법(replacement cost method), 자산을 복제하여 재구현하는 데 소요되는 재생산 비용을 이용하는 방법(reproduction cost method), 그리고 구성 요소의 개별값을 합하여 가치를 산정하는 합산하는 방법(summation method)이 그것이다. 각 방법론에 대해 세부적으로 살펴보면 다음과 같다.

대체비용 방법론은 자산의 물리적 속성을 복제하는 것이 아니라 자산의 효용을 복

표 Ⅲ-4 대체비용 방법

단계	내용
1단계	일반적인 시장 참여자가 동등한 효용을 제공하는 자산을 생성하는 데 소요될 모든 비용을 계산한다.
2단계	관련 자산과 관련된 물리적, 기능적 그리고 외형적 노후화와 관련된 감가상각이 존재하는지 여부를 결정한다.
3단계	총비용에서 총감가상각을 공제하여 최종의 대상 자산의 가치를 산출한다.

제하는 것을 기반으로 한 비용을 측정함으로써 시장 참여자가 지불할 가격을 결정한다. 일반적으로 대체 비용은 물리적 감가 및 모든 형태의 노후화를 반영하여 조정된다. 대체비용 방법의 주요 단계는 [표 Ⅲ–4]와 같다. 대체 비용은 일반적으로 대상 자산과 유사한 기능과 동등한 효용을 제공하지만 평가시점 기준의 현재의 설계와 비용, 최근의 재료 및 기술을 사용하여 보다 효율적으로 구성된 상태에서의 자산 구축비용이 된다.

이어서 재생산비용 방법은 동등한 자산(equivalent asset)을 만드는 비용이 대상 자산의 복제를 통해 재생산하는 비용보다 크거나, 대상 자산이 제공하는 효용이 대상 자산의 복제로만 가능한 경우 재생산비용 방법이 타당성을 갖는다. 이러한 전제 하에 일반적인 시장참여자가 대상 자산의 복제본을 생산하는 데 소용되는 모든 비용이 고려되어야 한다.

합산 방법은 일반적으로 보유 자산의 가치로 자신의 가치가 결정되는 투자회사 또는 기다 유형의 자산 등에 사용된다. 이 방법론은 적절한 평가접근법 및 방법을 사용하여 주체의 일부인 각 구성 자산을 평가하고, 이 구성 자산들의 가치를 합하여 최종 평가대상의 가치를 산출하게 된다.

이제 비용접근법에서 고려해야 하는 비용의 유형과, 감가상각의 형태를 살펴보자.

1) 고려하는 비용

비용접근법은 어떤 방법론을 사용하는지와 무관하게 일반적인 시장 참여자가 발생하는 모든 비용을 포착해야 한다. 비용 요소는 자산 유형에 따라 다를 수 있으며 평가일 기준으로 자산을 대체/재생산하는 데 필요한 직접 및 간접비용을 포함해야 한다. 고려해야 할 일반적인 항목들은 다음과 같다. 각 비용들은 발생한 실제 비용을 사용하거나 관련 지표를 이용할 수 있다. 다만 비용이 발생한 날짜와 평가 날짜 사이의 비용 변동 그리고 비용에 반영되는 비정형적이거나 예외적인 비용 등에 대해서는 비용에 반영되지 않도록 조정될 필요가 있다.

2) 감가상각(Depreciation)

비용접근법의 측면에서 감가상각은 대상 자산의 가치에 영향을 미치는 노후화 영

표 Ⅲ-5 직접비용 vs. 간접비용

직접비용	간접비용
• 재료비, 지대 • 인건비	• 운송비 • 설치비 • 전문가 이용비(디자인, 인허가, 설계, 법률 등) • 기타 비용 (수수료 등) • 간접비 • 세금 • 금융비용(금융이자) • 이익 마진 (영업자)

향을 반영하기 위해 효용이 동일한 자산을 만드는 데 필요한 추정 비용을 조정하는 것을 의미한다. 이는 시간이 지남에 따라 유형자산 가치감소를 회계에 반영하기 위해 체계적으로 자본을 지출하는 회계상 용어와는 차이가 있다. 감가상각 조정은 일반적으로 물리적 · 기능적 · 외견상의 노후화에 대한 고려를 반영한다. 여기서 물리적 노후화는 연식의 증가 및 정상적인 사용으로 인한 자산의 가치하락 또는 구성 요소의 물리적 노후화로 인한 효용 손실을 의미한다. 정량적 개념으로 전환하기 위해서 노후화된 상태를 수정하거나 고치는데 소요되는 비용을 계산하는 방식 또는 자산의 연령이나 물리적 노후화로 인해 기대총수명이 줄어든 상태를 애초의 총 기대수명 하의 가치에 비례하여 삭감하는 방식을 이용할 수 있다.

기능적 노후화는 설계, 사양 또는 기술이 오래되어 동일 대체 자산에 비해 대상 자산의 비효율성 발생에 따른 효용손실을 의미한다. 이러한 기능적 노후화는 설계, 재료, 기술 또는 제조 기법의 변화에 의해 발생할 수 있는 비효율성에 기인하며 현 시점에 동등한 자산을 이용할 수 있는 자본비용 대비 초과된 초과자본비용(excess capital cost)으로 구체화할 수 있다. 이는 운영비용에 있어서도 동일 논리가 적용된다. 즉, 현대적인 동등한 자산이 더 낮은 운영비용으로 가용할 때 이러한 초과운영비 발생을 기능적 노후화 개념으로 정의할 수 있다.

경제적 노후화는 경제적 또는 위치적 요인과 같은 외적 요인이 개별 자산 또는 사업에 사용되는 모든 자산에 영향을 미칠 때 발생할 수 있으며 물리적 노후화 및 기능적 노후화의 반영 후에 차감해야 한다. 경제적 노후화의 예로는 자산이 생산하는 제품 또는 서비스 수요에 대한 부정적인 변화, 자산 시장의 과잉 공급, 노동력 또는 원자재 공급 중단 또는 손실 등이 해당된다.

이러한 감가상각 및 노후화는 자산의 물리적 내지 경제적 사용연수에 따라 영향 받는다. 물리적 수명은 일상적인 유지 보수는 하나 개조 또는 재구성의 가능성을 가정하지 않은 상태에서 낡아 중지되기 전까지 자산을 사용할 수 있는 기간을 의미한다. 경제적 수명은 자산이 현재 사용에서 재정적 수익을 창출하거나 비재무적 이익을 제공할 것으로 예상되는 기간이다. 당연하게도 경제적인 연수는 물리적인 연수를 초과할 수 없다.

Ⅳ. 주식 평가(Valuation) - 기술적 분석

올바른 주식가치를 평가하기 위한 두 번째 접근법은 기술적 분석(technical approach)이다. 기술적 분석은 과거 시장 데이터를 기반으로 하여 가격 움직임, 거래량, 이동 평균 및 다양한 통계 측면에서 과거의 시장성과를 살펴보는 것을 말한다. 과거의 주가에는 수익 및 위험과 같은 모든 재무 데이터가 반영되어 있다. 따라서 과거의 가격 행동을 분석하는 기술적 분석은 과거의 역사적 패턴이 반복된다는 믿음 하에 미래 움직임을 예측하게 된다. 이러한 과거 자료의 분석을 통한 주식의 추세에 대한 분석은 오랜 역사를 갖는다. 17세기 네덜란드의 상인 Joseph de la Vega는 1688년 저서 「Confusion de Confusiones」에서 네덜란드 금융시장을 분석하고 기술적 분석의 기본 개념을 제시하였다. 이후 아시아에서는 일본의 Homma Munehisa가 18세기 초 쌀 가격을 연구하면서 Japanese chart, 일명 캔들스틱 차트를 개발하였다. 이후 1920년대와 30년대에 다우이론(Dow Theory)과 트렌드 분석, 차트 패턴 등의 이론들이 등장하였다. 그럼에도 이러한 초기 기술적 분석은 주로 차트분석에 집중되어 있었으며 이후 컴퓨터의 발달과 더불어 기술적 분석은 더욱 발전하게 되었다.

기술적 분석은 유가증권의 내재 가치를 측정하는 것이 아니라 투자 결정의 기초로 사용할 다양한 시장 패턴을 식별 한다는 점에서 앞서 살펴본 기본 분석(fundamental analysis)과 다르다. 특히 기술적 분석은 다음과 같은 가정을 전제한다.

첫째, 시장은 모든 요소가 할인되어 반영된다고 가정한다. 이는 광범위한 시장 요인과 시장의 심리, 나아가 알려진 정보와 알려지지 않는 모든 정보가 이미 주가에 책정되어 있다는 믿음에 기반한다. 다만 다른 기본 요소를 무시하고 가격 변동만을 고려하기 때문에 기술적 분석의 한계로 지적되곤 한다.

둘째, 가격 변동은 무작위가 아니라 추세(trend)를 따르면서 변동한다. 이는 주가가 과거의 변동 패턴을 반복할 것임을 의미한다. 다만 과거의 기간을 어느 정도로, 어떻게 설정할 것인지에 따라 추정결과가 달라지며, 과거에 추세대로 미래에 반복될 것이라는 믿음일 뿐 이를 보장하는 것은 아니다.

셋째, 동일한 패턴을 인식하는 사람 수가 충분히 많으면 주가에 대한 예측력이 발생할 수 있다. 즉, 동일한 패턴을 식별하고 이에 따라 의사결정을 실행에 옮기는 사람 수가 증가할수록 현실이 되어나가는 자기충족적 예언 이론(self-fulfilling prophecy theory)은 구매수요가 더 높은 상승장에서 특히 의미를 갖는다. 반면 모든 사람들이 공급자로 돌아선 경우에는 시장하락을 가속화시킬 우려가 있다.

넷째, 역사는 자주 반복된다. 이 가정은 심리적 측면에 따른 것으로, 이는 흥분과 공포와 같은 특정 감정을 고려할 때 예측 가능성이 높은 것으로 알려져 있다. 이러한 측면에서 차트 패턴은 오히려 주가 자체보다는 시장참여자의 감정과 시장 움직임 사이의 관계를 살펴보는 것으로 해석하는 것이 적절하다.

이러한 기술적 분석과 앞장에서 학습한 기본적 분석과의 차이는 어떤 접근방식이 최선의 투자의사결정에 기여하는지에 관한 개념이 다르다고 볼 수 있다. 즉, 기술적 분석을 추정하는 투자자는 근본적인 요소가 항상 시장가격에 반영되는 것이 아니므로 시장 행동을 통해 형성되는 추세를 따르는 것이 최선의 접근방식이라고 생각한다. 반면 기본적 분석을 이용하는 투자자는 시장이 종종 가치를 간과한다고 생각하며 현재 가격에 반영되지 않은 내재가치를 찾기 위해 대차대조표와 기업의 시장 프로필의 규명에 집중한다. 전반적으로 기술적 분석은 더 신속한 투자의사결정에 적합하지만 기본적 분석은 일반적으로 추가 실사에 필요한 시간으로 인해 투자의사결정에 더 긴 시간이 소요된다. 따라서 어떤 방법이 옳고 그른지의 문제가 아닌 투자의사결정을 위해 어떤 개념을 추종하는가에서 차이가 존재한다고 볼 수 있다.

다만 본 장에서 학습할 기술적 분석은 그 사용에 한계가 있을 수 있음을 간과해서는 안 된다. 즉, 기술적 분석은 과거 패턴 분석을 통해 특정 거래 트리거를 기반으로 한 전략을 제시한다. 그러나 모든 전략은 동일한 한계를 가지고 있다. 차트가 잘못 해석될 수 있으며 예측을 형성하기에 거래량이 너무 낮을 수도 있다. 또한 이동 평균과 같은 지표 형성시 사용되는 기간이 구사하기 원하는 거래 유형에 비해 너무 길거나 짧아 의사결정의 방향을 왜곡할 가능성도 존재한다. 이러한 한계점에도 불구하고 기술적 분석은 여전히 널리 사용되고 있으며 기술적 분석에 의존하는 투자자들이 많을수록 기술적 분석의 유효성이 더 높아지는 상황을 이해할 필요가 있다.

기술적 분석은 다양한 '기술적 지표'와 '차트 패턴'에 대해 이들을 조합하여 사용한다. 이번 장에서는 기술적 지표와 차트 패턴에 세부 유형과 해석에 대해 살펴보도록 하자.

1. 기술적 지표(technical indicator)

1) 기술적 분석 개요

기술적 분석은 추세선 또는 각종 지표 등을 통해 가격에 내재된 정보를 인식하고 향후 방향성까지 예측하는 기법을 의미한다. 기술적 분석의 핵심은 '패턴(pattern)'에 있다. 패턴은 주식가격에 내재된 정보로 생성되는 특정 형태로 대상기간 동안 동일 포인트를 연결하여 생성된다. 이러한 패턴은 추세선과 같이 단순하거나 더 복잡한 형태를 취할 수 있다. 이하에서 가격 정보에서 나타나는 주요 패턴을 살펴보자.

가. 추세선 – 지속형 패턴(continuation pattern)

추세선은 연속적인 고점 또는 저점을 연결하여 생성한 라인이다. 따라서 위로 상향하는 추세선은 지속적으로 고점이 갱신되는 경우 생성되며, 아래로 하향하는 추세선은 반대로 저점이 계속해서 더 낮게 갱신되어 생성된다. 추세가 일시적으로 중단된 경우를 지속형 패턴(continuation pattern)이라 한다. 투자자 측면에서 이러한 지속기간 경과 후 추세가 지속될지 아니면 반전할지의 여부가 가장 중요하며 패턴이 정확하게 이해될 필요가 있다.

일반적으로 알려진 '지속형 패턴'은 페넌트형(Pennants), 깃발형(Flags), 쐐기형(Wedges)의 세 유형이 있다.

페넌트형은 하나는 상승추세, 다른 하나는 하락추세로 이동하여 서로 수렴하는 두 개의 추세선으로 구성된다. 보통 페넌트형 패턴의 확인은 이후 학습할 상대적 강도(RSI) 등을 통해 매도 또는 매수 수준의 동향을 동시에 확인하여 페넌트형이 끝난 이후 가격이 어디로 급변할 지에 대한 방향성을 가늠케 해준다.

깃발형은 위아래 또는 수평으로 두 개의 평행 추세선으로 구성된다. 이는 단기추세가 있더라도 그에 상응하는 역추세가 뒤따름을 의미한다. 하향하는 깃발형(그림 Ⅳ-2)은 강세 패턴(bullish flag)으로 깃발패턴의 종료와 함께 새로운 강세장으로 전환될 가능성을 제시한다. 다만 이 경우 거래량의 증가가 반드시 수반되는 것은 아니다. 진입은 상한 평행추세선 위로 마감되어 일종의 돌파 시그널을 확인한 후가 바람직하다. 이와 반대로 상향하는 깃발(그림 Ⅳ-3)은 약세 패턴(bearish flag)으로 투자자의 불안에 의해 주도되는 만큼 평균보다 높은 거래량이 특징이다.

쐐기형은 고점과 저점을 연결하는 2개의 추세선이 방향은 동일하나 서로 속도가 다른 경우로 잠재적 가격반전의 지표로 사용된다. 쐐기형은 패턴의 진행에 따라 추세선의 수렴, 거래량의 감소라는 특징을 갖는다. 상승하는 쐐기형 패턴(그림 Ⅳ-4)은 낮은 추세선을 돌파한 후 가격 하락의 가능성이 높음을, 하강 쐐기형(그림 Ⅳ-5)은 반대로 가격 상승의 가능성을 의미한다.

그림 IV-1 페넌트형

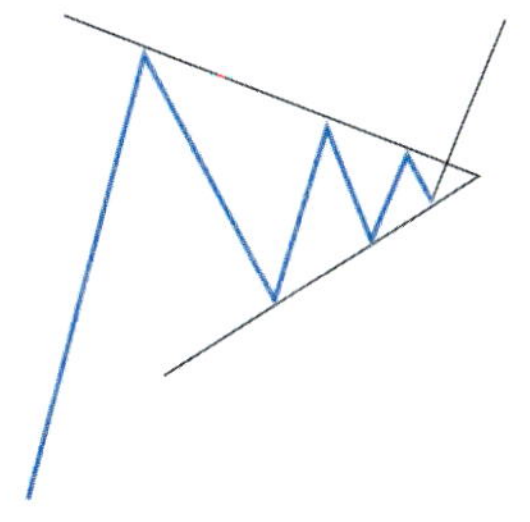

그림 IV-2 깃발형(bullish Flag)

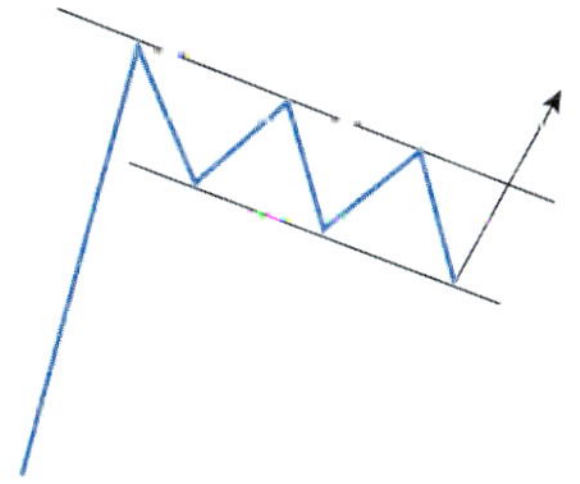

그림 IV-3 깃발형(bearish Flag)

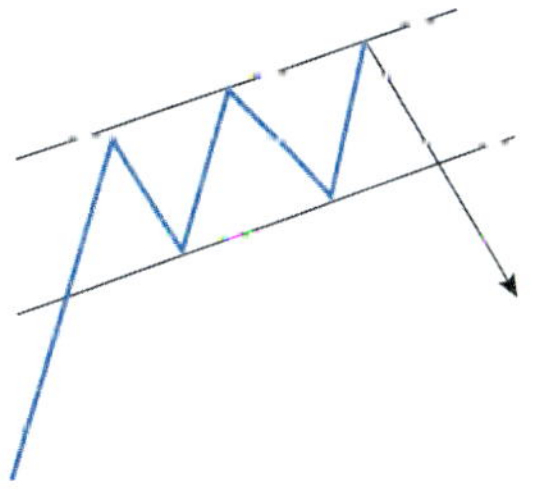

그림 IV-4 상승 쐐기형(rising wedge)

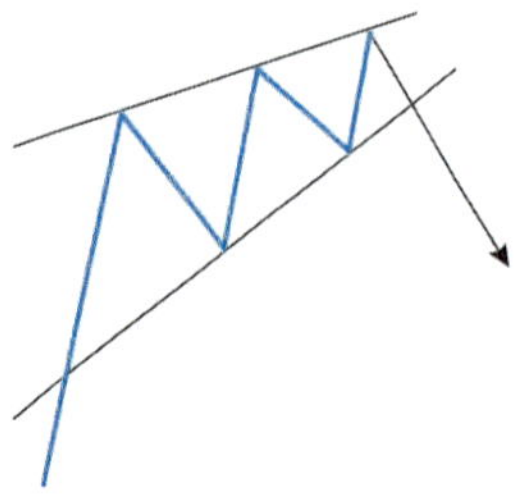

그림 IV-5 하강 쐐기형(downward wedge)

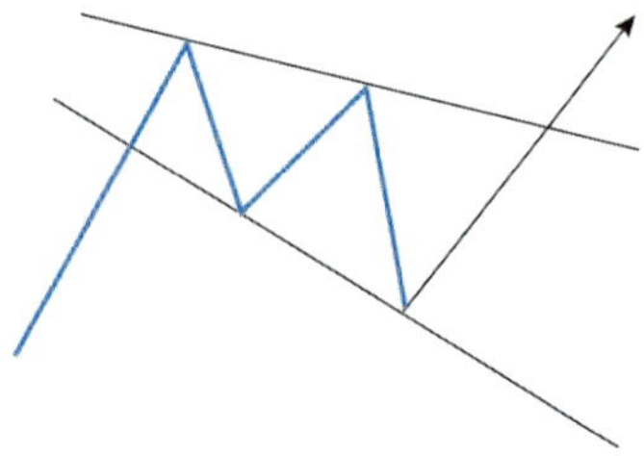

삼각형은 페넌트형 및 쐐기형과 유사하며 상방 추세선과 하방 추세선이 우측 정점에서 만나 모서리를 형성하는 형태이다. 특히 '높은 거래량'이 수반될 경우 강력한 강세 또는 약세의 신호로 받아들여진다. 상승 삼각형(그림 Ⅳ-6)은 상방 추세선이 저항선 수준으로 저항 가격 이상의 breakout 발생의 신호가 되며 돌파 후 저항선이던 상방 추세선은 하방 지지선이 된다. 하강 삼각형(그림 Ⅳ-7)은 반대 개념으로 지지선이던 하방 추세선이 하락 돌파할 경우 신규 저항선이 된다.

[그림 Ⅳ-9]의 컵핸들형(cup and handle)은 상승추세가 일시 중지되었다가 강세 패턴을 보인다. 컵 형태와 같이 양쪽이 동일한 U자형의 패턴을 보이며 이어지는 핸들(손잡이) 부분은 깃발 내지 페넌트형이 오른쪽에 형성된다. 이 손잡이가 완성되면 새로운 고점으로 돌파하게 된다.

그림 IV-6 상승 삼각형(ascending triangle)

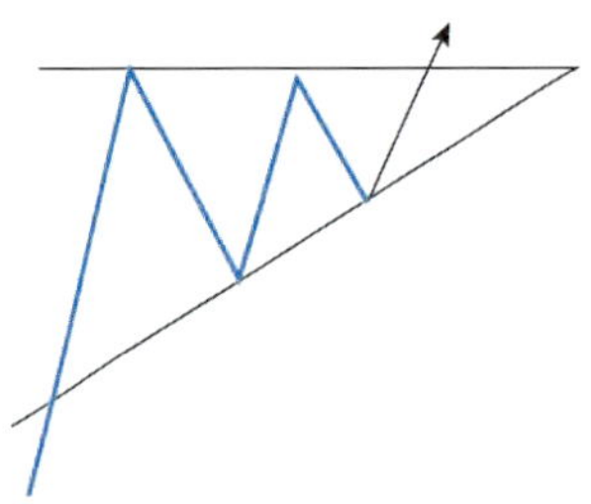

그림 IV-7 하강 삼각형(descending triangle)

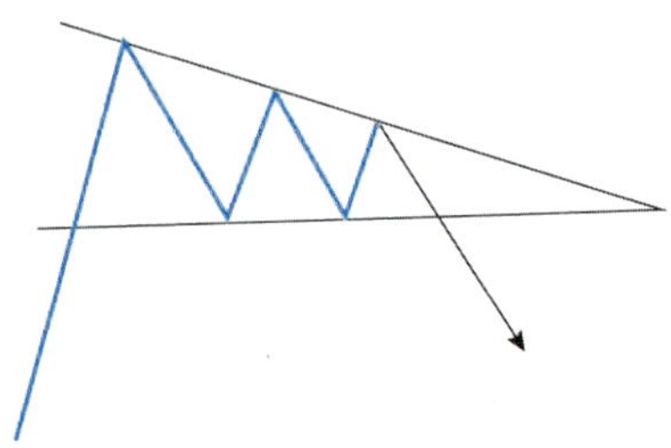

그림 Ⅳ-8 대칭 삼각형(symmetrical triangle)

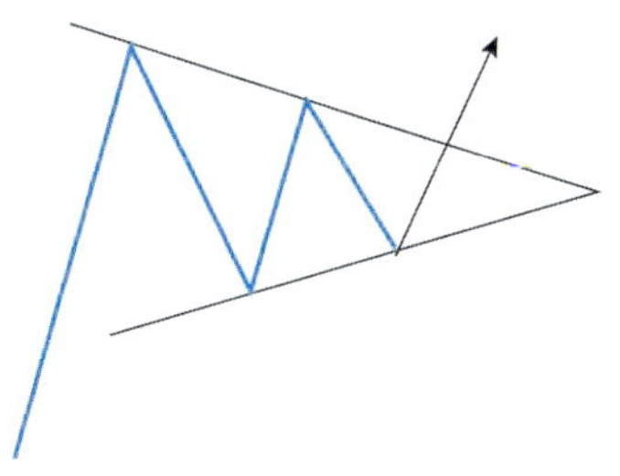

그림 Ⅳ-9 컵핸들형

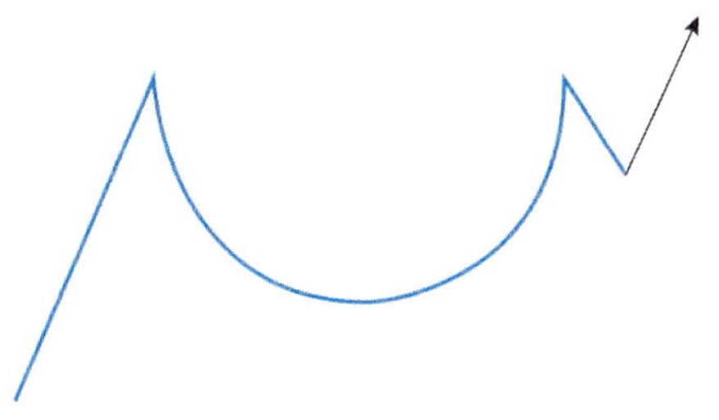

나. 추세선 – 반전패턴(reversal pattern)

반전페턴은 확인된 추세의 변화를 나타내는 가격 패턴을 의미하다. 즉, 추세가 진행 중에 잠시 멈춘 후 다시 새로운 추세 에너지에 따라 방향성이 재정립된다.

시장의 정점에서 발생하는 반전은 폭발적인 매도세를 배경으로 한다. 반대로 시장 바닥에서 발생하는 반전은 적극적인 매수세를 배경으로 형성된다. 연속 패턴과 마찬가지로 패턴이 명확히 드러나기 전까지 시간이 더 소요되며 패턴 내 가격 움직임이 클수록 반전시 예상되는 가격의 움직임이 더 커진다. 어떤 추세가 일시 중지 후 가격이 반전될 때의 반전 패턴은 크게 머리어깨형(Head and Shoulders), 쌍봉형(double top), 이중바닥형(double bottom)의 유형이 있다.

우선 머리어깨형(그림 Ⅳ–10)은 시장 정상 또는 바닥에 일련의 세 가지(왼쪽 어깨–초기 고점/저점, 머리—두 번째 더 큰 고점/저점, 오른쪽 어깨—세 번째 첫 번째 고점/저점 수준)로 나타날 수 있다.

머리어깨형의 머리에서 중단된 상승추세는 오른쪽 어깨를 거쳐 실질적인 하락 추세로의 반전을 의미한다. 초기 고점과 하락으로 왼쪽 어깨를 형성한 후 다시 기존 강세를 기대하는 투자자들이 새로운 고점까지 결집한다. 그러나 이 추세가 꺾여 머리를 형성할 경우 다시 한 번 강세를 기대하는 투자자들이 머리를 넘어서지 못하고 오른쪽 어깨에서 꺾이는 경우는 강세기대가 확실한 약세기대로 전환되는 반전을 뜻하게 된다.

반대로 역머리어깨형(그림 Ⅳ–11)은 상승 추세로의 반전을 기대할 수 있다. 역머리어깨형의 W자형 패턴은 장기가격하락이후 시장전망에 대해 낙관적인 투자자들이 가격

그림 IV-10 머리어깨형(Top H-S)

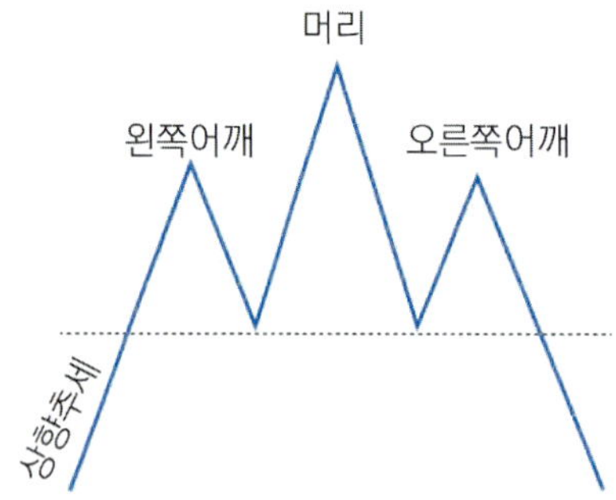

그림 IV-11 역머리어깨형(Bottom H-S)

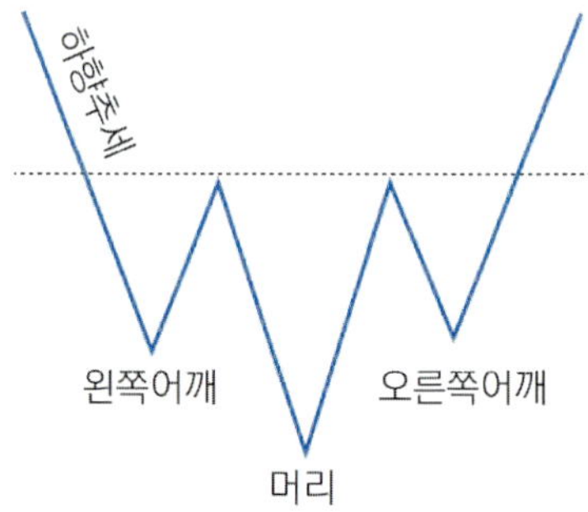

이 저점이라는 판단 하에 적극적인 매수에 나설 것이라는 신호로 받아들일 수 있다. 머리어깨형과 유사한 접근으로 1차로 왼쪽어깨에서 상승 후 약세를 기대하는 투자자들에 의해 머리까지 하락하나 강세 투자자들의 재결집으로 상승 후 다시 오른쪽 어깨까지 다시 하락하나 반전하여 상승세를 보이게 된다.

쌍봉형(그림 Ⅳ－12)은 두 개의 연속된 고점으로 형성된다. 첫 번째 고점은 때로 장기 강세 후에 발생하므로 약세 반전의 지표가 된다. 두 번째 고점은 투자자가 강세의 마지막 이익을 얻기 위한 결과 내지 강세 투자자들의 마지막 저항으로 나타난다. 이중

그림 IV-12 쌍봉형(double top)

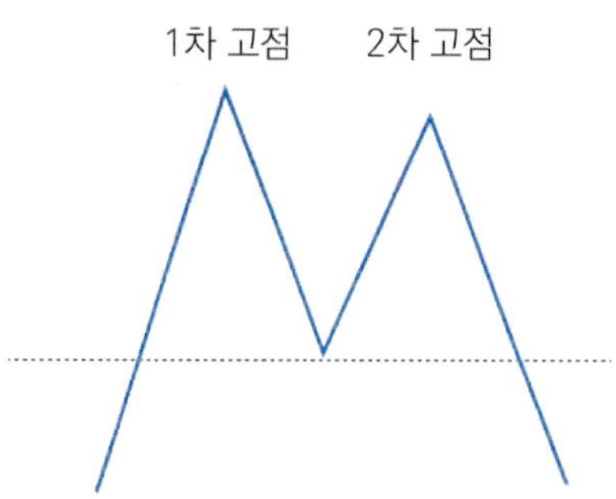

그림 IV-13 이중바닥형(double bottom)

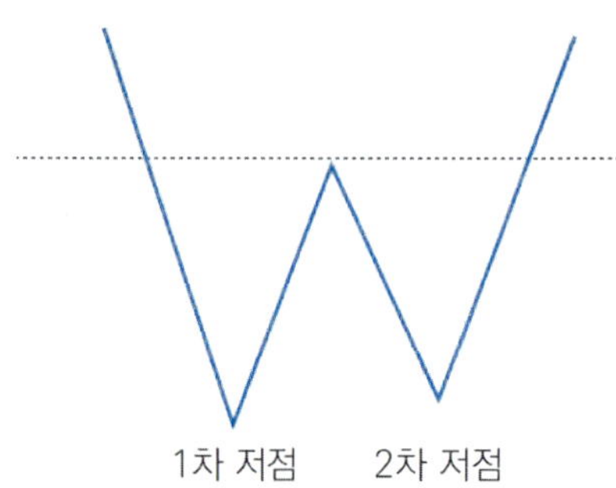

바닥형(그림 Ⅳ – 13)은 쌍봉형의 반대 패턴으로 강세 반전의 지표가 된다. 일반적으로 장기 약세 추세가 종료될 때 나타난다. 첫 번째 저점은 상승하지만 여전히 약세를 기대하는 투자자들의 매도세가 강하게 나타난 결과이나 다시 한 번 1차 저점보다 약간 높은 2차 저점에서 상승세로 돌아선 경우 강한 강세의 신호로 해석할 수 있다. 다만 쌍봉형과 이중바닥형은 정확히 식별되지 않거나 섣불리 이 형태를 전제하는 것은 유의할 필요가 있다. 즉, 단순히 연속적인 두 개의 고점만으로 판단하지 않도록 하여야 한다.

다. 가격갭(Gap)

용어 그대로 가격의 급격한 상승 또는 하락으로 인해 두 거래 기간 사이에 빈 공간이 존재하는 경우를 뜻한다. 크게 돌파갭(breakaway gap), 진행갭(runaway gap), 소진갭(exhaustion gap)의 3가지 유형으로 분류할 수 있다.

돌파갭은 머리어깨형이나 이중바닥형과 같은 형태에서 가격차이가 저항선보다 높거나 지지선보다 낮을 때 발생하며 새로운 방향 이동의 시작임을 알리는 국면의 전환 초기에 대한 시그널이 된다.

진행갭은 앞서 돌파갭 이후 추세의 중가에 발생하는 두 번째 갭으로 추세가 강화되어 완전한 국면의 강화 시그널이 된다. 따라서 이러한 방향추세가 한동안 지속될 것

그림 Ⅳ-14 갭(gap) 유형별 순서와 형태

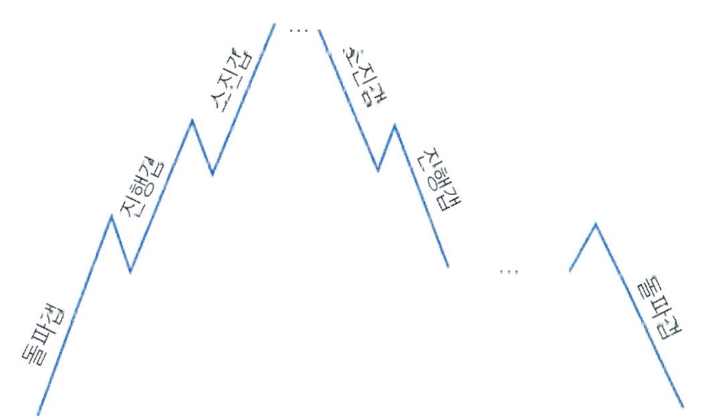

으로 예상할 수 있으며 해당 추세의 대략적인 끝 지점을 예측할 수 있어 측정갭(measurement gap)이라고도 불린다. 즉 진행갭은 전체 추세의 1/3 지점에서 나타나는 지속진호라고 통상 해석되고 있다.

소진갭은 신고가(신저가)를 수반하지 못한 추세 진행의 마지막 단계에 나타나는 형태로 소진갭이 나타나면 시세 전환의 신호가 된다. 단, 소진갭은 진행갭으로 오인될 수 있으며 해석에 주의가 필요하다.

2) 기술적 분석 전략

물리적 세상에서 움직이는 물체는 정(+) 또는 부(−)의 추가적인 힘이 가해지지 않는 한 동일한 속도와 방향이 유지되는 '관성의 법칙'이 존재한다. 주식에 대해서도 관성의 법칙을 준용하여 그 움직임과 타 요인과의 관계를 설명하고자 하는 것이 기술적 지표의 산출이며 그 해석을 통해 주가의 추세(trend) 파악에 중점을 둔다.

기술적 지표는 가격과 거래량에 다양한 수학 공식을 적용하는 통계적 형태의 기술분석을 통해 과거 데이터를 분석하고 궁극적으로는 미래의 가격변동을 예측한다. 따라서 기술적 지표는 과거 거래 자료가 존재하는 모든 증권형에 사용할 수 있으며 단기 가격 움직임의 평가에 더 빈번하게 사용되고 있다.

기술적 지표는 크게 오버레이(overlay)와 오실레이터(oscillator)의 유형으로 분류된다. 오버레이 계열은 가격과 동일한 척도를 사용한다. 아래 학습할 이동평균과 볼린저

표 IV-1 기술적 분석 유형

기술적 지표 분석	▪ 이동평균(moving average) ▪ MACD(이동평균수렴확산) ▪ 볼린저 밴드(Bollinger band) ▪ 상대강도지수(Relative strength Index) ▪ 피보나치 회귀(Fibonacci Retracement) ▪ 투자자 신뢰지수(Investor confidence index) ▪ 시장 범위(Breadth of the Market)
차트 및 그래프 분석	▪ 선 차트(line chart) ▪ 막대 차트(bar chart) ▪ 캔들 차트(Japanese chart)

밴드(Bollinger bands)가 대표적인 오버레이 지표이다. 오실레이터 유형은 최솟값과 최댓값 사이에서 왕복하며 변하는 지표로 이후 학습할 MACD, RSI 등이 이에 해당한다. 다만 본 교재에서는 이러한 유형별 구분보다는 대중적으로 많이 사용되는 지표에 초점을 맞추어 살펴보고자 한다.

가. 이동평균(moving average)

이동평균 분석은 지속적으로 대상 기간을 이동해가면서 평균 산출을 갱신해나가는 방식으로 임의의 가격변동에 내재된 노이즈를 제거하여 불규칙성을 완화시켜 준다. 이러한 노이즈 제거를 통해 정제된 추세방향을 식별하고 지지 또는 저항 포인트 등을 설정할 수 있다. 나아가 또 다른 기술적 지표인 이동평균수렴발산(MACD; moving average convergence divergence)의 기초가 된다. 이동평균분석을 위한 주요 사항은 대상기간(time frame)의 선택과 산출방식이다. 이를 세부적으로 살펴보면 다음과 같다.

우선 대상기간의 선택은 5일, 20일, 60일, 100일 등 평가자가 선택하는 시간 프레임으로 과거의 움직임을 참고하는 기간을 의미한다. 특정하게 표준화된 대상기간이 존재하는 것은 아니며 통상적으로 5일, 20일, 60일 등이 가장 많이 사용된다. 5일 이동평균은 기준 거래일 이전 5일의 평균값으로 대략 1주일간의 평균주가로 해석할 수 있다. 동일한 논리로 20일 이동평균은 약 1개월의 평균주가를, 60일 이동평균은 약 3개월의 평균주가를 의미한다. 당연하게도 대상 기간이 짧을수록 가격 지연 없이 가격변화에 더 빠르게 반응하며 단기거래를 지향하는 투자자에게 적합하다.

두 번째는 이동평균의 산출방식이다. 이동평균은 단순이동평균(SMA; simple moving average)와 지수이동평균(EMA; exponential moving average) 방법으로 산출할 수 있다. n일 SMA는 n일 간의 종가를 더한 후 n으로 나누어 매일 새로운 평균을 생성해나가 이를 연결한 하나의 선을 구축한다. EMA는 가장 최근 가격에 더 많은 가중치를 적용한다. 따라서 EMA가 SMA보다 가격변동에 더 빠르게 반응하게 된다. [그림 Ⅳ-15]에 2019년 7월부터 12월까지의 KOSPI 지수에 대해 20일 SMA와 EMA를 비교하여 도식하였다. 설명한 바와 같이 EMA가 보다 빠르게 원 지수의 변동에 대응하여 변화하고 있음을 알 수 있다. 다만 SMA와 EMA는 어떤 방법이 더 낫다 또는 더 유효성이 높다는 측면보다는 어떤 기준으로 사용할 것인가 하는 평가자의 선택이 더 중요하다.

이러한 이동평균에 대한 가장 대표적인 패턴은 가격과 이동평균의 교차포인트에

그림 IV-15 KOSPI SMA vs. EMA(2019.6-12)

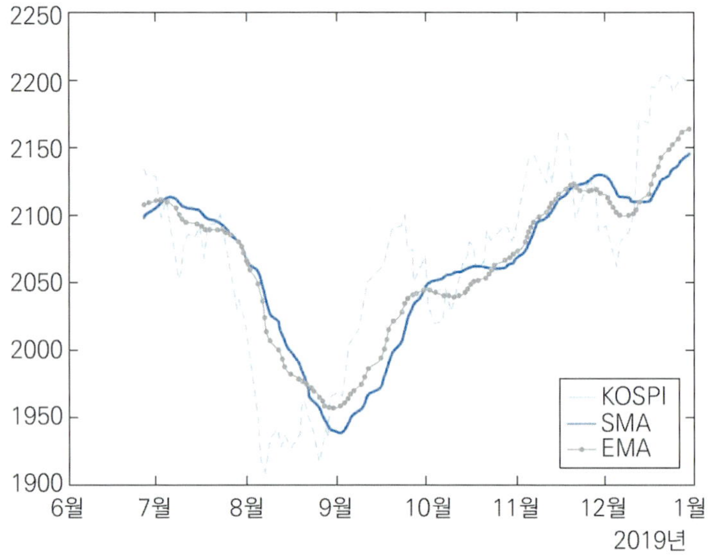

대한 해석(cross−over)이다. 이를 이해하기 위해 우리나라의 2019년 1월부터 12월까지의 KOSPI 종가 데이터로부터 단순 이동평균(5일, 20일, 60일)을 산출하여 예로 살펴보는데, 이동평균선의 해석과 관련해서 다음 두 가지 사항을 기억할 필요가 있다.

첫째, 가격과 이동평균의 교차 지점이다. 일반적으로 알려진 이동평균 지침은 오늘의 주가가 5일 이동평균치 위에 위치할 경우는 오늘의 주가가 지난 1주일의 평균주가 이상이라는 의미를, 5일 이동평균치 아래에 위치할 경우는 지난 1주일의 평균주가에 미치지 못함을 의미한다. 특히 20일 이동평균은 추세의 방향성을 가장 잘 반영한 지지선으로 알려져 있다. 따라서 현 시점의 주가와 이동평균에 내재된 정보를 비교하여 현재 주가의 방향성을 가늠하게 된다. 예를 들어 [그림 Ⅳ−16]의 C 지점과 같이 주가가 상승중일 경우에는 60일 이동평균선이 일종의 저항선 역할을 수행한다. 즉, 60일 평균선이 일종의 상한선(ceiling)으로 작용하여 주가가 하락하기 때문이다. 반대로 D지점과 같이 주가가 상승추세 중에 있는 경우에는 60일 이동평균선이 주가의 지지선 역할을 수행한다. 즉, 평균이 하한선(floor)처럼 작용하여 주가가 반등하기 때문이다.

그림 Ⅳ-16 KOSPI 일별데이타 및 단순이동평균(SMA)(2019.1.1-12.31)

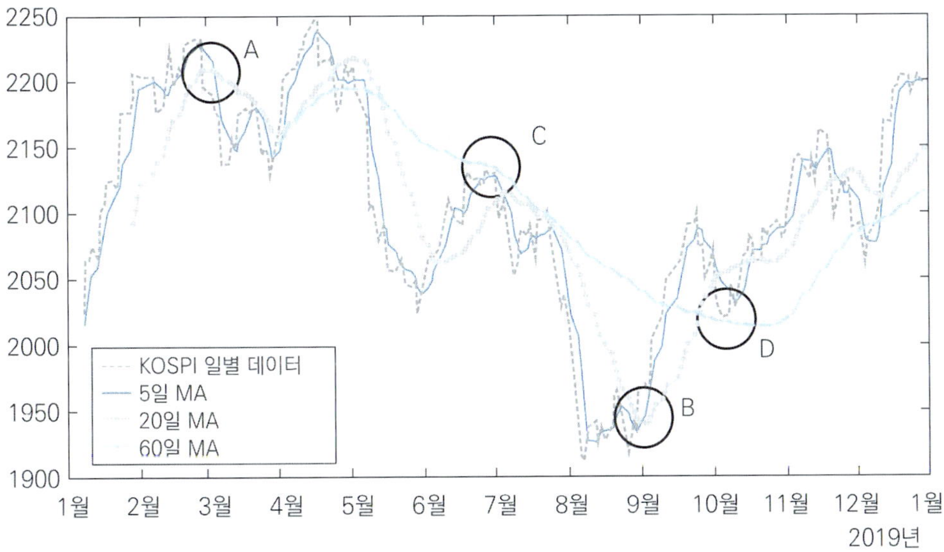

둘째, 단기 이동평균선과 장기 이동평균선의 교차점이다. A지점과 같이 5일 이동평균이 20일 이동평균선을 교차하여 하락한 경우 지난 1주일의 평균 주가 단가가 지난 1개월의 평균 단가 이하로 하락한 상태로 'death cross'로 명명하며, 향후 주가 하락신호로 해석하여 주식을 매도한다. 반대로 B지점과 같이 5일 이동평균이 20일 이동평균선을 교차하여 상승한 경우 1주일의 평균 주가 단가가 지난 1개월의 평균 단가 이상으로 높아진 상태로 'golden cross'로 명명하며, 향후 주가 상승신호로 해석하여 주식을 매입한다.

나. MACD(Moving Average Convergence Divergence)

앞서 살펴본 이동평균 자체의 분석에 더하여 이동평균 수렴확산지수, MACD를 추가로 살펴보자. MACD는 1970년대 후반 Gerald Appel이 개발한 모멘텀 지수로 짧은 이동평균에서 더 긴 이동평균을 차감하여 모멘텀 오실레이터로 변환한다. 따라서 MACD는 추세추종과 모멘텀의 정보를 모두 제공한다. 이동평균간 차는 이동평균이 서로를 향해 이동할 때 수렴(convergence)하며, 교차, 그리고 이동평균이 서로 멀어짐에 따른 발산(divergence)함에 따라 0의 위아래로 변동한다. 짧은 기간의 이동평균이 더 빠르게 반응하므로 MACD의 변동의 대부분은 짧은 이동평균의 변화에 대응된다. 통상 짧은 대상기간은 12일을, 긴 대상기간은 26일이 대표적으로 사용된다. 또한 MACD의 9일 이동평균 EMA를 signal 선으로 명명하여 사용하며, MACD와 sigmal 선 간의 차이를 MACD histogram이라 한다.

MACD = 12일 이동평균 EMA − 26일 이동평균 EMA

signal = 9일 MACD 이동평균 EMA

MACD Histogram = $MACD - signal$

그림 IV-17 KOSPI MACD(2019.6-12)

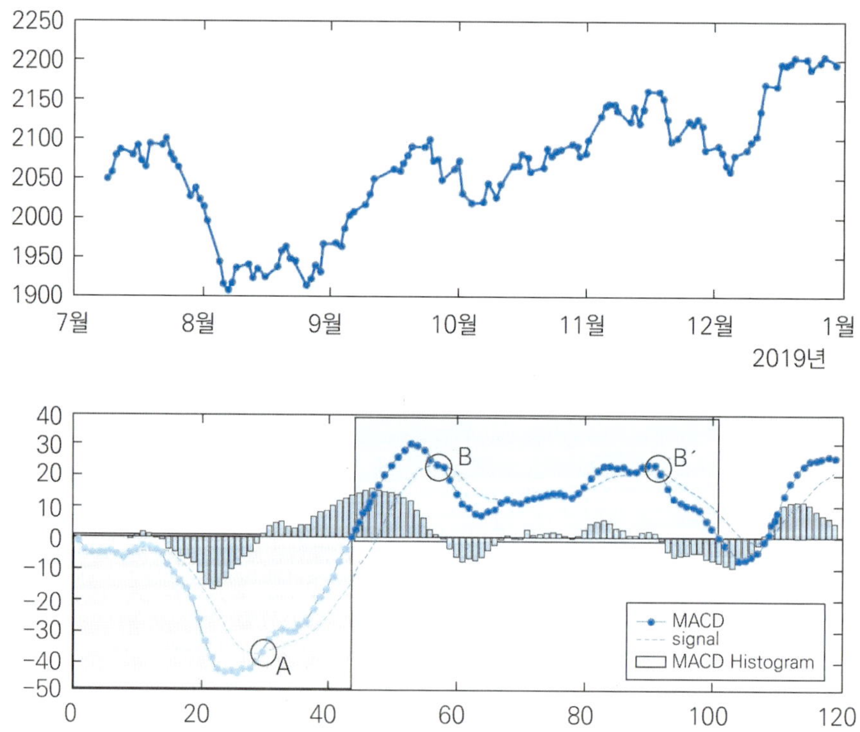

따라서 양(+)의 MACD는 12일 EMA가 26일 EMA보다 높음을 의미하며 양수값이 증가할수록 상승모멘텀이 증가함을 의미한다. 반면 음(−)의 MACD 증가는 하락모멘텀이 증가하고 있음을 의미한다. [그림 Ⅳ−17]은 KOSPI 지수의 2019년 6월−12월의 데이터로부터 산출한 MACD, signal, MACD Histogram이다. 산출결과, 7월부터 9월초까지 MACD가 음(−)의 값을 보이는 구간이, 9월 초부터 12월 초까지는 양(+)의 MACD 구간이 산출된다. MACD와 관련해서 가장 의미 있는 것은 signal 선이다. signal 선은 MACD의 9일 이동평균이므로 MACD의 방향성에 대한 정보를 제공해준다. 즉, MACD가 상승하며 signal 선을 상향하며 교차할 때 상승으로의 방향성 전환, 즉 강세 크로스오버를 뜻하게 된다. [그림 Ⅳ−17]의 *A* 지점이 이를 의미한다. 반대로 MACD가 하락하고 signal 선 아래로 교차하는 *B* 또는 *B′* 지점은 약세 크로스 오버를 의미한다. 이러한 강세 또는 약세 크로스오버의 지속성은 상황에 따라서 차별적이다.

이러한 MACD는 단기와 장기의 이동평균이 수렴과 발산을 반복하면서 교차하다는 성질에 근거하여 가격의 방향성 보다는 추세의 방향성에 집중한 지표로 해석할 수 있다.

지금까지 이동평균에 대한 해석은 다른 모든 기술적 분석과 마찬가지로 그러한 경향이 나타난다는 의미일 뿐 반드시 주가의 방향성이 확정적임을 뜻하는 것이 아님에 유의할 필요가 있다. 엄밀히 말해 이동평균은 단순히 역사적 데이터의 기록에 기반한 것일 뿐 본질적으로 예측에 대한 정보는 어떤 것도 내포하지 않는다. 따라서 이동평균의 통상적 해석은 그러한 경우가 많이 발생한다는 높은 통계적 가능성을 제시할 뿐이며 그 외의 다른 요인에 의해서 이동평균의 신호는 다른 방향성으로 나타날 수 있음에 유의해야 한다. 특히 차트해석은 차트해석자의 심리 — 주식매수자는 상향으로의 해석을, 공매도 내지 미보유자는 하방으로의 해석을 할 가능성 — 에 더욱 크게 영향 받는다는 점을 고려한다면 더욱 주의할 필요가 있다.

다. 볼린저 밴드(Bollinger band)

1980년 존 볼린저(John Bollinger)가 개발한 기술지표로 증권가격의 상대적 고가 또는 저가를 측정하는 변동성 지표로 구성된다. 즉, 변동성이 증가하면 밴드가 확장되고 변동성이 하락하면 밴드는 축소된다. 크게 20일 이동평균선을 중심으로 하여 상한선과 하한선의 세 줄로 구성된다.

대상가격=(고가+저가+종가)÷3
상위 밴드=20일 단순이동평균+(20일 가격 표준편차×2)
중심 밴드=20일 단순이동평균
하위 밴드=20일 단순이동평균−(20일 가격 표준편차×2)

예를 들어 KOSPI의 2019년 1월부터 12월 말까지의 일별 데이터에 대한 볼린저 밴드를 도식해보면 [그림 Ⅳ−18]과 같다.

볼린저 밴드의 위치는 추세의 강도 및 가까운 장래에 예상되는 잠재적 고가 및 저가 수준에 대한 정보를 확인할 수 있다. 가격이 상위 밴드에 가까울수록 시장이 과매수 상태로 약세로 돌아설 것이 예상된다, 예를 들어 4월의 A지점과 같이 가격이 상위밴드에 도달하면서 하락세로 반전되고 있다. 반대로 하위 밴드에 근접할수록 시장이 과매도 상태로 곧 강세로 전환될 것을 예상할 수 있다. 8월의 B지점과 같이 하위밴드 도달 후 반전 상승함이 확인된다.

그림 Ⅳ-18 2019 KOSPI 볼린저밴드(2019.1-12)

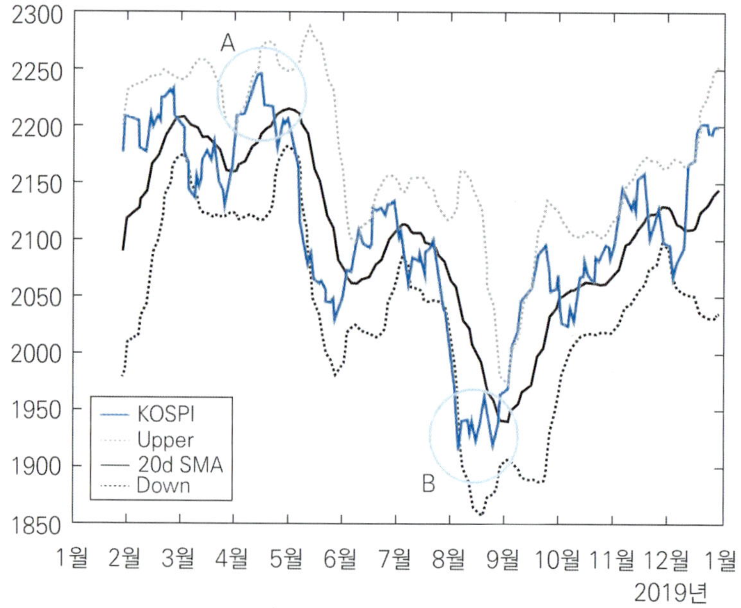

이러한 볼린저 밴드의 방향성 확인을 위한 패턴은 'M－Top'과 'W－Bottom'으로 정의된다. M－Top 형은 쌍봉형(double top)과 유사하다. 그러나 최고점이 서로 근접하는 쌍봉형과 달리 M－Top 형은 첫 번째 고가 대비 두 번째 고가가 높거나 낮을 수 있다. W－Bottom 역시 이중바닥형(double bottom)과 유사하나 역시 첫 번째 저점과 두 번째 저점이 차이가 존재한다.

라. 상대강도지수(RSI; Relative Strength Index)

RSI 역시 널리 사용되는 모멘텀 오실레이터 중 하나로 1978년 Wells Wilder가 제시하였다.[1] 해당 지표는 증권 가격 변동의 속도와 규모를 측정함으로써 자산이 초과매수(과열)되었는지 또는 초과매도 되었는지를 확인해준다.

Wilder는 대상기간으로 14일을 사용하였으며 이외에도 평가자가 자유롭게 대상기간을 정하여 산출한다. 예를 들어 14일 중 8일을 양(+)의 수익을, 6일은 음(－)의 수익을 창출한 경우를 가정해보자. 이때 RSI를 산출하기 위한 절차는 다음과 같다.

우선 8일 동안 각 일의 절대이익(absolute gain)을 계산한다. 이 절대이익을 모두 더하여 14일로 나누어 상향종가 평균값을 산출한다. 음의 수익이 발생한 6일에 대해서도 동일하게 각 일의 절대이익을 모두 더하고 14일로 나누어 하향종가 평균값을 산출한다. 상향종가 평균을 하향종가 평균으로 나누어 상대적 강도(RS; relative strength)를 산출한다. 산출된 수치를 0과 100 사이의 값이 되도록 정규화값으로 전환한다. 다음 날의 RSI는 전일의 평균 이익에 13을 곱하고 오늘의 이익을 더한 후 14로 나눈다. 다시 상향 평균치를 하향 평균치로 나누어 RS를 산출하고 정규화하는 작업을 반복한다. 지금까지의 산출절차를 공식화하면 다음과 같다.

$$RSI = 100 - \left(\frac{100}{1+RS}\right)$$

$$\text{이때, } RS = \frac{n\text{일의 상향(up)종가 평균}}{n\text{일의 하향(down)종가 평균}}$$

산출된 RSI는 임박한 증권 가격의 반전(reversal) 또는 반응(reaction)을 나타낸다. 따라서 RSI가 0이면 주가가 14거래일 동안 모두 하락했음을 의미하고, RSI가 100이면

1 J. Welles Wilder, "New Concepts in Technical Trading System", *Trend Research*, 1978.

주가가 14거래일 동안 모두 상승했음을 의미한다. 일반적으로 RSI가 70 이상이면 초과 매수(과열) 영역으로 간주되고 RSI가 30 미만이면 초과 매도 영역으로 간주된다. RSI는 일반적으로 시장에 앞서 정상과 바닥에 대한 선행 지표로 사용될 수 있다. 단, 평가대상이 되는 증권의 고유 변동성에 따라 70과 30 수준을 조정할 필요가 있다. 보다 구체적으로 RSI 패턴에 따른 해석을 살펴보자.

RSI의 대표적 패턴은 Failure Swings이다. 이는 주가가 저항성으로부터 벗어나 breakout에 진입하는 패턴을 의미한다. 즉 시장의 반전이 임박하였음을 의미한다. [그림 Ⅳ-19]의 경우를 살펴보자. RSI가 70 수준에 도달하면 과매수 영역의 임계값을 60으로 설정한다. 이를 실패 지점(fail point)라 한다. 이후 RSI가 이전 최고점인 70보다 적게 상승하고 하락하는 패턴, 즉 fail point를 지나 하락하는 failure swing이 발생하면 이는 해당 지수 내지 주식이 약세로 돌아섰다는 bearish failure swing을 의미하며 거래자가 증권에서 매도 포지션을 취하라는 시그널로 해석한다. 이와 반대로 [그림 Ⅳ-20]의 경우에서는 RSI가 과매도 영역의 임계값인 30에 도달한 후 실패 지점인 40까지 상승한 후 다시 하락하지만 이전 값인 30보다 높은 상황이 발생한다. 이에 더해 RSI가 실패 지점을 다시 교차하여 더 높게 상승할 때 낙관적인 failure swing을 만든다. 이는 시장이 상승패턴으로 돌아섰으니 매수 포지션을 취하라는 bullish failure swing을 의미한다.

주가와 RSI 움직임을 동시에 해석하면 주가의 발산과 저항의 두 상황에 대한 정보를 확인할 수 있다. 주가는 하락하거나 일정 수준이나 RSI가 실패점을 교차하여 상승할 경우는 발산(divergence)에 대한 신호가 된다. 또한 주가가 상승하거나 일정수준인데 RSI가 실패점을 교차하여 하락할 경우도 발산에 대한 신호로 시장 조정이 임박하였다는

그림 Ⅳ-19 Bearish failure swing

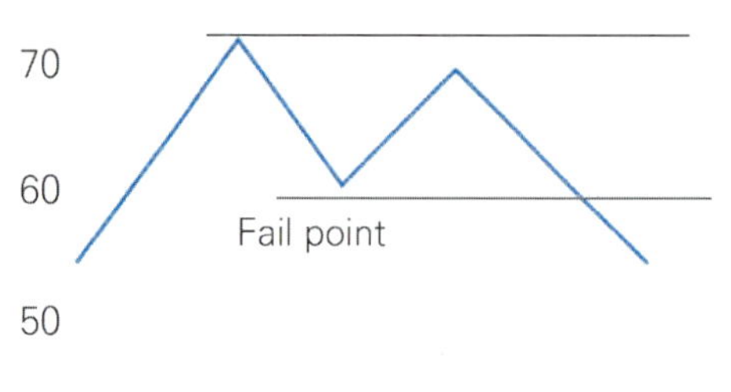

그림 Ⅳ-20 Bullish failure swing

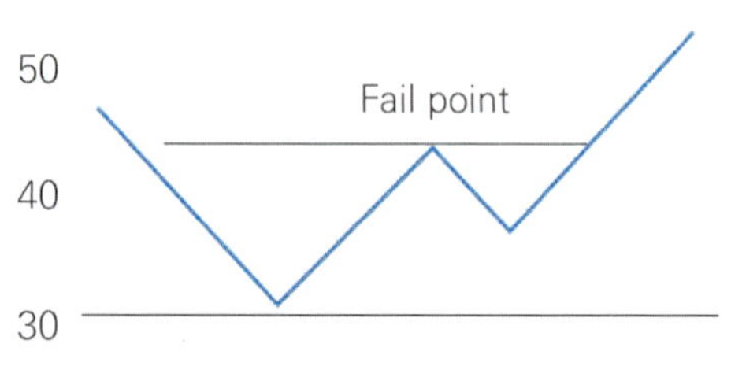

그림 Ⅳ-21 KOSPI 지수와 RSI(2019.6-12)

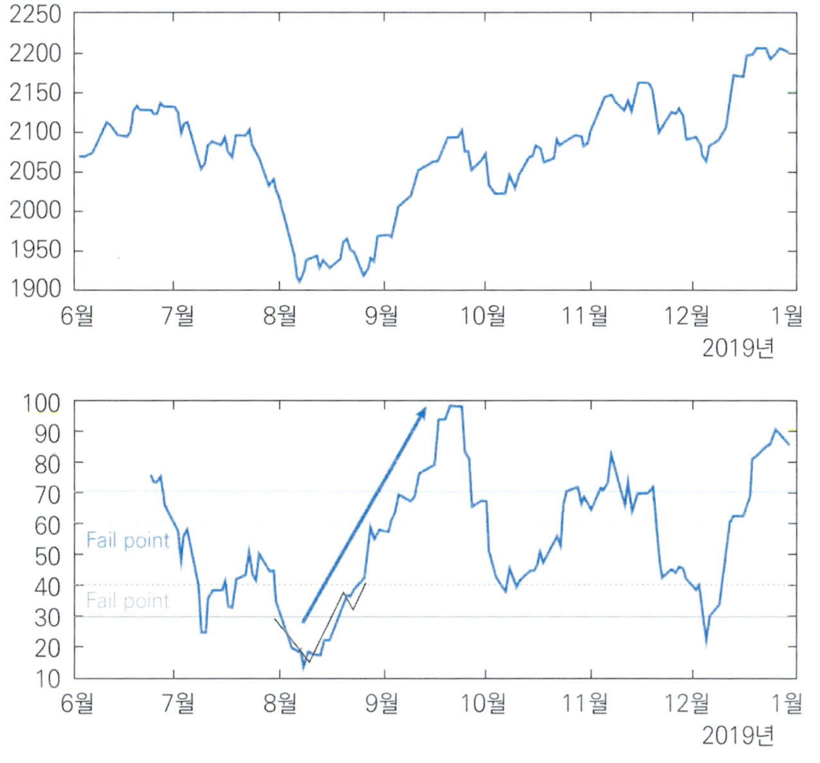

강력한 신호가 된다. [그림 Ⅳ–21]에 KOSPI 2019년 하반기 RSI를 도식해본 결과 8월에 앞서 살펴본 bullish failure swing이 발생하였음이 확인되고 이후 10월까지의 상승장이 나타나고 있음을 알 수 있다.

마. 피보나치 회귀(Fibonacci Retracement)

Fibonacci Retracement 지표를 이해하기 위해서는 피보나치 수열을 먼저 이해할 필요가 있다. 피보나치 수열은 0에서 시작하여 수열에 있는 어떤 수의 값이 이전 두 수의 합이 되도록 배열된다. 피보나치 수열의 속성은 연속선상의 숫자를 이전 숫자로 나눌 경우 비율이 항상 약 1.618이라는 황금비율(phi)이 된다. 예를 들어 55/34=1.618이

그림 IV-22 피보나치 수열

1, 1, 2, 3, 5, 8, 13, 21, 34, 55 …

1, 1, 2, 3, 5, 8, 13, 21, 34, 55 …

1, 1, 2, 3, 5, 8, 13, 21, 34, 55 …

다. 또 다른 속성은 피보나치 수열의 수를 바로 다음 수로 나누면(황금비율의 역수) 일관되게 0.618이 산출된다. 피보나치 수열의 수를 두 자리 더 높은 숫자로 나눌 때는 0.382가, 세 자리 더 높은 숫자로 나눌 때는 0.236이 산출된다. 이를 정리하면 다음과 같다.

$$P_n + P_{n+1} = P_{n+2}$$

$$\frac{P_n}{P_{n-1}} = 1.618, \quad \frac{P_n}{P_{n+1}} = 0.618, \quad \frac{P_n}{P_{n+2}} = 0.382, \quad \frac{P_n}{P_{n+3}} = 0.236$$

이러한 61.8%, 38.2%, 23.6%가 주식 차트에서 적용되는 것으로 알려져 있다. 즉 주식의 급격한 상승 또는 하락시마다 일반적으로 다음 이동 전으로 회귀(retracement)하는 경향이 있다. 즉, 피보나치 비율, 61.8%와 38.2%, 23.6%는 거래자가 잠재적 반전의 가능한 범위를 식별하는 기준선이 된다. 즉, 주가의 움직임에 있어 피보나치 비율을 지지선 내지 저항선으로 간주하는 개념이다. 산출방법은 간단하다. 평가자의 대상기간 중 최고가격과 최저가격을 순서대로 나열하여 피보나치 비율의 지점을 선택하게 된다.

다음 KOSPI의 예를 살펴보자. 2019년 1월부터 7월까지의 데이터로부터 피보나치 61.8%, 38.2%, 23.6%을 산출하여 8월부터의 데이터 움직임을 살펴보았다. 그 결과 8월부터의 상승세가 약 38.2%에서 반전되어 하락하고, 다시 23.6% 즈음에서 재상승하여 61.8%에서 다시 반전하며 38.2%를 재차 지지선으로 하여 재상승하는 패턴이 확인된다.

이러한 피보나치 회귀 패턴을 이용하기 위해서는 특정 주식을 사고 싶었으나 주식의 급격한 상승으로 인해 구매할 수 없었던 상황에서 피보나치 수열 지점까지 주식의 회귀를 기다려 매입을 시도하는 전략을 구사할 수 있다. 반대로 급격한 주가하락에 대

그림 Ⅳ-23 KOSPI Fibonacci Retracement

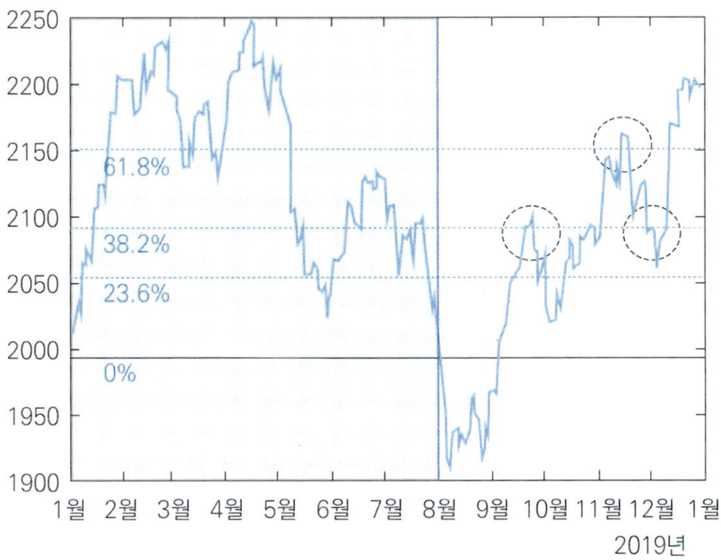

해서도 피보나치 회귀 시점으로의 상승을 기다려 매도하는 기회를 포착할 수 있다.

Fibonacci Retracement의 약점은 사실상 이론적 근거가 취약하다는 점이다. 단순히 이상적 비율이라고 인정받는 비율값을 사용하고 있다는 점에서 한계를 인식할 필요가 있다.

바. 투자자 신뢰지수(ICI, Investor Confidence Index)

행태 재무이론(behaviour finance)은 차익거래와 투자자 정서라는 두 이론을 기반으로 한다. 고전 재무이론에 따르면 차익거래는 시장 효율성을 달성하는 데 중요한 역할을 한다. 가장 기본이 되는 논리는 시장에는 비합리적인 투자자가 존재하며 이들로 인해 가격이 본질 가치를 이탈하게 되고, 합리적인 투자자는 가격에 대한 영향력을 제거함으로써 결국 가격과 가치가 합치된다는 것이다. 그러나 행태 재무이론은 무제한의 차익거래가 불가능하다는 점을 지적한다. 그 이유 중 하나는 차익거래자는 위험 회피자이며 단기 투자시계를 가지고 있기 때문에 그 지배력이 약화될 가능성이 있기 때문이다.

즉, 차익거래자들의 위험 부담과 포지션 부담이 무제한일 수 없다는 현실적 한계에 기초한다.

이러한 전통적 재무이론의 한계를 극복하기 위해 De Long 외(1991)[2]는 변동하는 투자자 심리가 자산가격과 자산 변동성에 미치는 영향을 고려하는 자산가격결정모형(DSSW 모형)을 제시하였다. DSSW 모형은 시장이 노이즈 트레이더와 투자자라는 두 유형으로 구성됨을 가정한다. 시장에는 경제학자들의 투자 조언을 따르지 않는 일부 투자자들이 있으며 그들은 자신의 연구만을 신뢰한다. 따라서 이러한 비합리적 투자자들은 위험의 원천이 되며 시장 내 비합리적 가격결정에 기여하므로 Black(1986)[3]은 이런 투자자들을 "소음 거래자(noise trader)"라 명명하였다. 이들은 기술적 분석가, 경제 컨설턴트 및 증권 중개인 등으로부터 정보를 얻고 이 정보가 위험 자산의 미래 가격을 예측하는 데 유용하다고 간주하는 오류를 범한다. 따라서 소음 거래자들은 Alpert와 Raiffa(1982)[4]에서도 지적된 바와 같이 잘못된 신념에 따라 포트폴리오를 선택한다. 반대로 정

그림 IV-24 ICI 추이

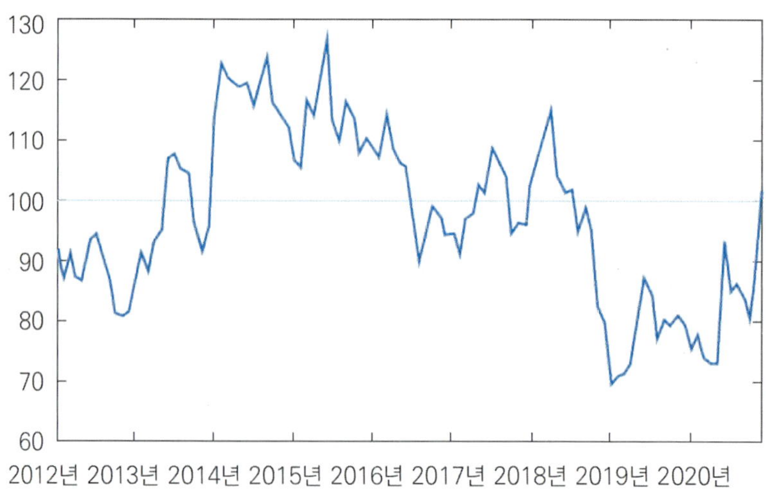

2 Delong JB, Shleifer A, Summers LH, Waldmann RJ, (1991), "Noise trader risk in financial markets", *Journal of Political Economy* 98(4), 703-738.

3 Black, F. (1986). "Noise", *The journal of finance*, 41(3), 528-543.

4 Alpert, M., & Raiffa, H. (1982). "A progress report on the training of probability assessors".

교한 거래자는 소음 거래자의 비합리적인 오해를 이용한다. 이들은 소음 거래자들이 가격을 낮출 때 주식을 사고 소음 거래자들이 가격이 상승할 것이라고 생각할 때 주식을 매도하는 반대 거래의 행태를 보인다. 이후 투자자 심리와 주식 수익률 간의 관계에 대한 다양한 연구들이 수행되었다. 다만 합치된 결론이 존재하지는 않는다.

투자자신뢰지수, 일명 ICI 지수는 투자자 심리적 측면의 지표로 기관 및 개인 투자자의 신뢰수준을 측정한다. ICI 지수는 State Street 사에서 월별로 북미, 유럽, 아시아 등 전 세계 45개 국 이상의 국가와 2천2백만 개의 자산군을 대상으로 기관투자자들의 포트폴리오를 통합하고 Froot & O'Connell의 모형[5]을 통해 투자자들의 위험 성향에 대한 정보를 제공한다. ICI 지수의 접근 개념은 간단하다. 기관투자자의 포트폴리오에 위험자산 편입이 많을수록 위험선호도가 증가하였음을 뜻한다. [그림 Ⅳ–24]의 ICI의 역사적 데이터 추이를 살펴보면 2013년 중반부터 2016년 중반까지 100 이상의 위험선호가 이이지다 2018년 중반부터 2020년까지 100 이하루 하회하고 있어 위험자산 선호도

그림 Ⅳ-25 ICI-VIX 산점도(2012.1-2020.12)

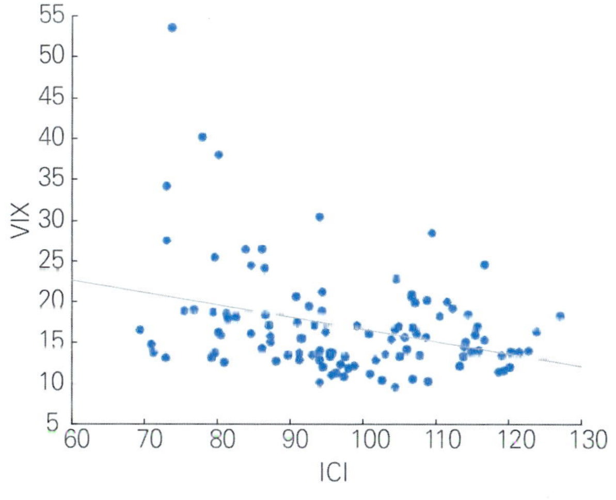

자료: Statestreet, 'ICI Monthly update'(2021.4), (data로부터 도식).

5 Froot, K. A., O'connell, P. G., & Seasholes, M. S. (2001). "The portfolio flows of international investors", *Journal of financial Economics*, 59(2), 151-193.

가 낮은 상태임을 알 수 있다. 이는 공포지수로도 불리는 위험자산의 회피도 VIX와 실질적인 역의 관계가 존재해야 함을 의미하며 데이터를 통한 산점도(scatter plot) 도식시 우측으로 하향하는 추세선이 확인됨을 알 수 있다. 이는 시장 내에 위험이 낮은 상태, 즉 VIX가 낮은 상황에서 투자자는 더 많은 위험자산을 편입하게 되고, 반대로 VIX가 높은 공포상황에서는 위험자산 편입을 꺼리고 안전자산 위주로 포트폴리오를 구성하게 됨을 뜻한다.

사. 시장 범위(Breadth of Market)

시장의 범위는 참여의 폭을 나타내며 다양한 방식으로 해석될 수 있다. 이 범위는 시장에 참여하는 주식의 수로 해석되기도 하고 또는 시장에서 활동하는 투자자의 수로 해석되기도 한다. 시장에서 상승 추세 또는 하락 추세가 발생한 이후의 주요 주제는 추세의 지속성에 대한 판단이다. 이러한 판단에 대한 정보가 시장의 범위에 내재되어 있다. 일반적으로 시장의 추세는 더 지속 가능한 것으로 간주되는 시장 범위가 더불어 확인될 때 추세의 지속성이 예측된다. 반대로 시장이 폭이 좁아지는 경우는 시장의 방향성에 대한 투자자들의 믿음 내지 신념이 약화되고 있음을 의미한다. 이러한 시장의 범위를 측정하기 위한 대표측도가 등락주 비율(ADR; Advance/Decline ratio)이다. ADR은 단순히 상승한 주식 수와 하락한 주식 수의 비율을 의미하며 대상기간은 평가자의 선택에 따라 당일 하루 또는 최근 1개월 등 선택에 따른다. 예를 들어 ADR 2는 하락하는 주식 1개 대비 상승하는 주식이 2개 있음을 나타낸다. 따라서 이 추세는 랠리 또는 기타의 지속 가능성에 대한 더 나은 정보를 내재하며 백분율 기준으로 ADR이 100이면 상승종목과 하락종목이 대등한 수준, 120 이상이면 과열상태로 반전하락할 가능성이, 75 이하이면 과매도 상태로 반전 상승 가능성으로 판단한다. [그림 Ⅳ－26]에 2021년 1월부터 3월까지의 일별 KOSPI의 20일 ADR을 도식하였다. ADR의 궤적이 KOSPI의 상승추세와 상관성이 높음을 알 수 있다. 실제 상관계수 역시 0.6296으로 변동의 궤적이 거의 근접함을 알 수 있다.

또 다른 시장의 범위를 측정할 수 있는 지표로 High－Low Index가 있다 이 비율은 최근 52주 간의 고점과 저점에 기반한 Record high percent로 산출한다. 이때 Record high percent는 새로운 고점을 신규 고점과 신규 저점의 합으로 나눈 비율을 뜻한다. 이 백분율을 10일 단순이동평균하여 평활화한 것이 High－Low Index가 된다.

그림 Ⅳ-26 KOSPI ADR(20일)(2021.1-3)

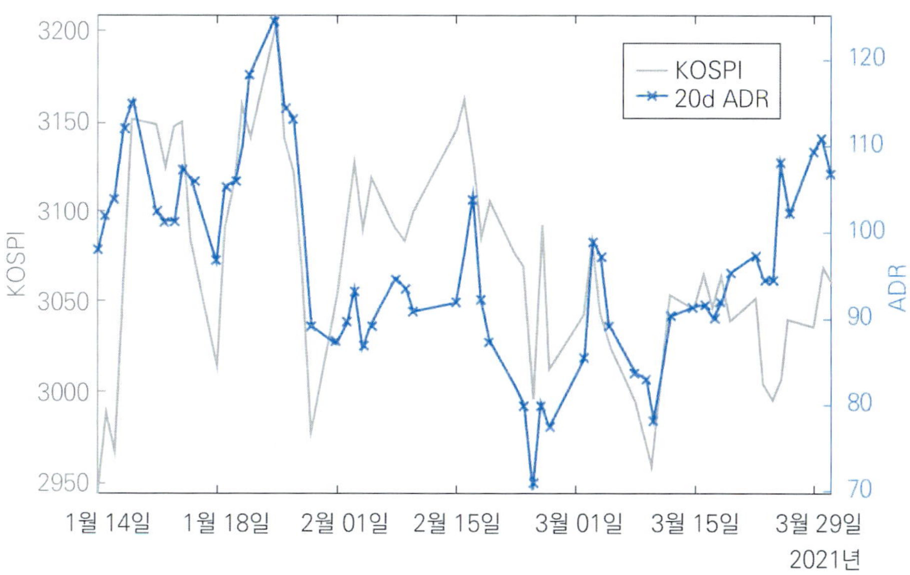

$$\text{High}-\text{Low Index}=\text{Record high percent의 10일 SMA}$$

$$\text{이때, Record high percent}=\frac{\text{신규고점}}{\text{신규고점}+\text{신규저점}}\times 100$$

일반적으로 High−Low Index가 50 이상일 경우 새로운 최고가 종목이 새로운 저점 종목을 능가하는 시장 강세를 추정한다. 따라서 70 이상은 강한 상승 추세를, 30 이하는 강한 하락 추세를 나타낸다.

2. 차트 및 그래프 분석

주식 차트에 내재된 정보와 이를 통한 주가의 방향성을 추정할 수 있는 능력은 기술적 분석의 가장 기본이자 핵심이다. 즉, 가격 패턴을 이해함으로써 투자자는 투자에 대한 의사결정 방향을 정하게 된다. 따라서 모든 차트 및 그래프 분석은 과거의 움직임이 미래에도 반복될 것이라는 전제 하에 수행된다. 심리적 요인에 의해 뒷받침되는 이러한 패턴 분석은 특정 가격 포인트 및 시간에서 돌파 또는 붕괴 이후 가격이 향하는 위치를 예측하도록 설계된다.

1) 선형 차트(line chart)

선형 차트는 가장 기본적인 차트 유형이며 하나의 데이터 요소를 사용하여 차트를 구성한다. 즉, 주식 또는 지수의 종가를 플로팅하여 선형 차트를 구성한다. 시간 프레임도 월별, 주별, 시간별 등 다양하게 전개해 나갈 수 있다. 이러한 선형 차트의 장점은 단순성으로 거래자에게 한눈에 증권의 일반적인 추세를 식별할 수 있도록 해준다. 반면 이 단순성은 단점이기도 하다. 분석가에게 추세에 대한 정보 제공 외 추가적인 세부 정보를 제공하지 않는다. 또한 선형 차트는 시가, 고가 및 저가를 무시한 채 종가만을 고려한다. 이러한 이유로 실제 투자자들은 라인 차트만을 사용하지는 않으며 다른 차트와 병행하여 사용하는 것을 선호한다.

2) 막대 차트(bar chart)

가장 널리 사용되는 차트이며 시가(Open), 종가(Closing), 최고가(High), 최저가

그림 IV-27 막대 차트 기본표기

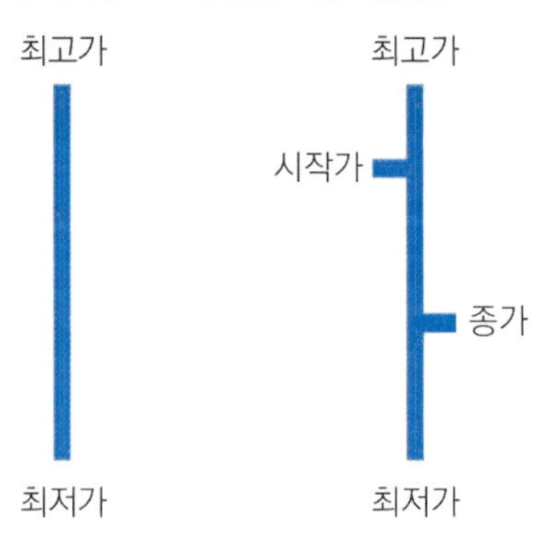

(Low)의 네 가지 정보를 표시하도록 구성된다. 막대는 총 세 가지의 구성 요소가 있다. 우선 중앙 막대(central line)의 상단은 유가 증권이 도달한 최고 가격을, 하단은 같은 기간의 최저 가격을 나타낸다. 왼쪽 표시는 시작가를, 오른쪽 표시는 종가를 나타낸다. 그러므로 중앙선의 길이는 하루 동안의 가격 범위를 나타내며 선이 길수록 더 큰 가격변동폭을 의미하게 된다.

막대 차트는 4개의 데이터 포인트를 모두 표시하지만 여전히 시각적 정보가 부족하다는 한계를 갖는다. 즉 이 막대 차트만으로는 잠재적인 패턴을 발견하기 어렵다는 단점이 존재한다. 이러한 막대 차트의 한계를 극복하기 위한 차트가 이어서 살펴볼 캔들 차트이다.

3) 캔들스틱 차트(candlestick chart)

18세기 일본 오사카의 도지마 쌀시장 상인으로 추정되는 Homma Munehisa는 전날의 가격 정보를 사용하여 가격이 상승 또는 하락했는지 확인하기 위한 캔들 차트를 개발하였다. 특히 그가 거주하던 사카타 지역이 오사카 쌀시장과 거리가 떨어져 있어

그림 Ⅳ-28 캔들스틱 기본표기

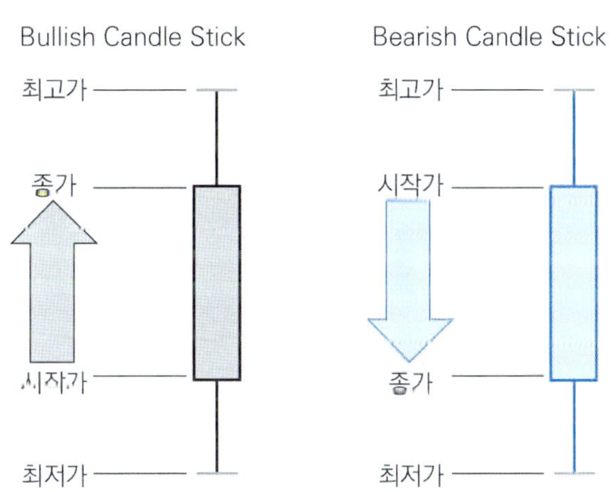

(600km) 매일의 최신 가격정보를 획득하기 위한 메신저 네트워크(6km 간격으로 구축)까지 구축하는 독창적 아이디어를 구현하였다. 그가 강조한 사항은 시장의 심리학적 요인이 거래에 가장 중요한 요인이며 실질적으로 가격을 좌우한다고 설명한다. 그러므로 시장의 심리를 식별함으로써 트레이더가 취해야 할 움직임의 의사결정방향을 제시할 수 있다고 제안하였다. 예를 들어 인버스(inverse) 투자방식이나 단기적 가격 하락 후 자산을 구매하라는 'buy the dips' 전략, 단기적 가격 상승 후 자산을 매도하는 'sell the rips' 등의 전략을 제시하였다.

캔들스틱 차트는 막대 차트와 동일한 데이터를 제공하나 표시형식에서 차이가 존재한다. 우선 시작가와 종가범위를 나타내는 'body'와 일중 최고가와 최저가를 지시하는 'wick' 또는 'shadow', 그리고 녹색은 상승장(bullish)을, 붉은 계열은 하락장(bearish)을 의미한다. 시간흐름에 따라 각 개별 스틱은 거래자가 주요 가격 지지나 저항과 같은 수준을 인식하기 위한 패턴을 형성하게 되며 이를 통해 거래자는 투자의사결정을 위한 통찰력을 얻을 수 있다.

이에 따라 KOSPI 지수의 2020년 12월 1일부터 30일까지의 1개월 간 캔들스틱 차

그림 IV-29 KOSPI 지수(2020.12.1-12.30)

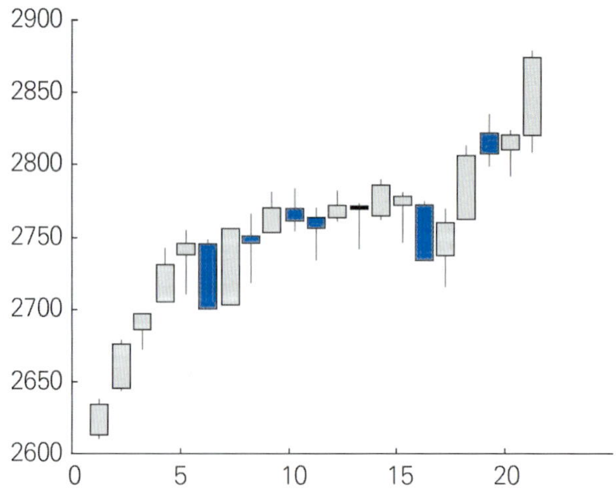

트를 도식해보면 다음과 같다.

그렇다면 캔들스틱의 패턴으로부터 어떤 정보를 획득할 수 있을지 학습해보자. 캔들스틱의 주요 패턴은 총 6개의 강세 패턴과 6개의 하락 패턴이 있다. 강세 패턴은 시장하락추세 이후 가격의 반전움직임을 예측한 것으로 매수 포지션이 고려되어야 한다.

표 Ⅳ-2 캔들스틱 강세패턴 6종

<table>
<tr><td>Hammer

아래쪽 틱이 길고 짧은 몸체로 하락추세의 맨 아래에서 발견됨</td><td>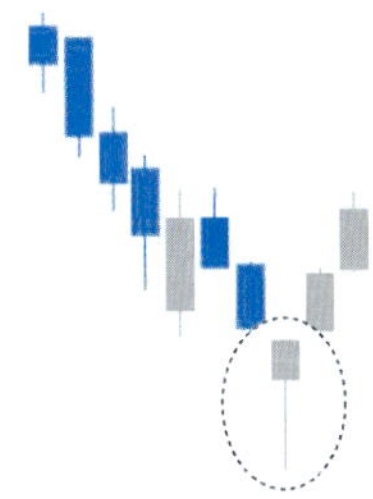</td></tr>
<tr><td>Inverse hammer

반대로 상단 틱이 길고 하단 틱은 짧은 상태로 매수압력과 더불어 시장가격을 하락시킬 정도의 매도 압력은 존재하지 않음을 의미</td><td>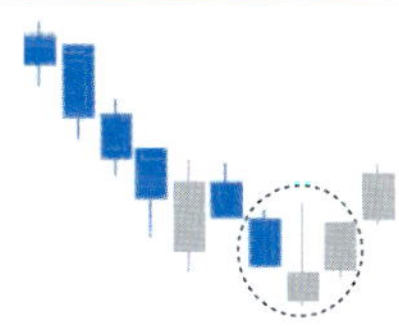</td></tr>
<tr><td>Bullish engulfing

2개의 body로 구성되며 첫 번째 붉은 body에 이어 더 큰 녹색 body가 이어지는 형태로 첫째날 대비 두 번째 날의 시작가는 낮으나 이후 가격상승 압력이 높음을 의미</td><td>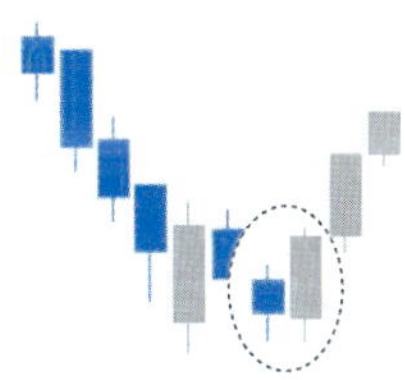</td></tr>
<tr><td>Piercing line

첫 번째 body의 종가와 이어진 녹색 body의 시작가 간에 상당한 차이가 존재하며, 이는 가격이 전일 중간 가격 이상으로 하락하면서 강한 구매압력 손새</td><td>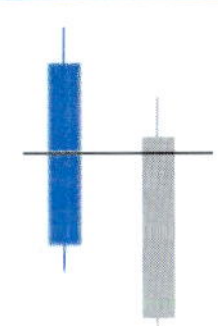</td></tr>
<tr><td>Morning star

긴 빨간색 body와 긴 녹색 body 사이 가운데에 짧은 스틱이 존재하는 형태로 첫날의 판매압력이 가라앉고 강세상이 시작됨을 의미</td><td>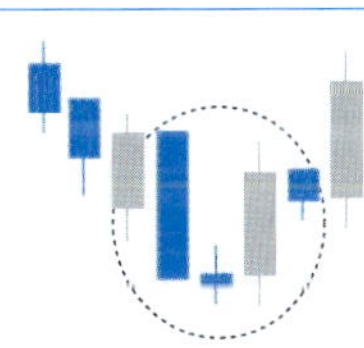</td></tr>
</table>

Three white soldiers 작은 틱을 갖는 연속 3일의 긴 녹색 캔들로 구성되어 하락세 이후 발생하는 강력한 강세신호	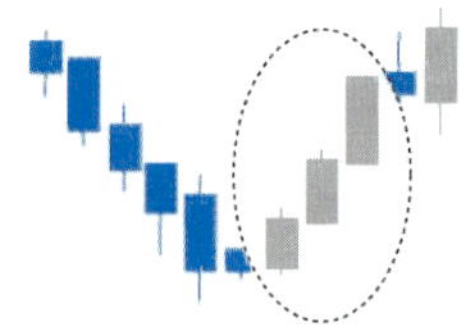

약세 패턴은 상승 추세 이후에 형성되며 가격상승을 저지하는 지점의 시그널이 된다. 이 패턴을 이용할 경우 매도 포지션을 취하게 된다.

표 IV-3 캔들스틱 약세패턴 6종

Hanging man hammer형과 같은 형태이나 상승세가 끝날 때 형성되며 시장상승 여력이 사라지고 있다는 표시	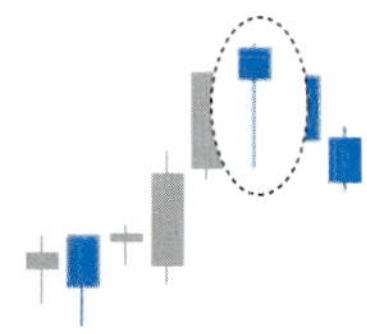
Shooting star inverse hammer형과 같은 형태이나 상승장세에 발생하며 시가바로 위의 가격을 마감되기 전 하루 중 최고가를 보임	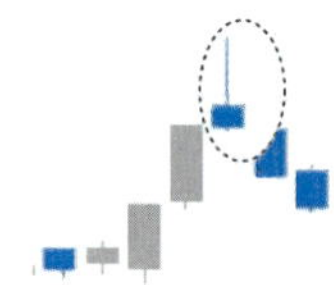
Bearish engulfing 상승추세 후 작은 녹색 body, 이후 긴 빨간 캔들이 이어지는 형태로 시장하락이 임박하였음의 신호	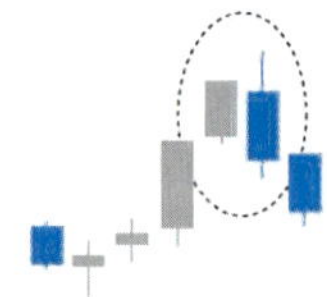
Evening star 긴 녹색 캔들과 큰 빨간색 캔들 사이에 짧은 캔들의 3개 캔들로 구성되며 상승추세의 반전을 의미함	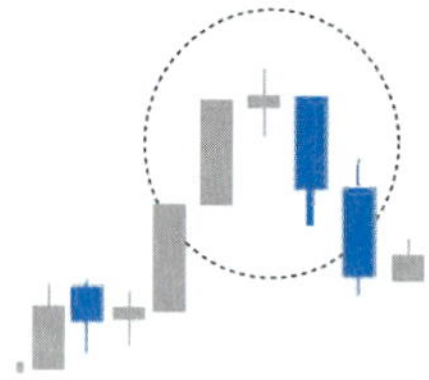
Three black crows 틱이 짧거나 없는 3개의 연속된 긴 빨간 캔들로 각 세션은 전날과 유사한 가격에서 시작하나 매도 압력이 마감 때마다 가속화됨	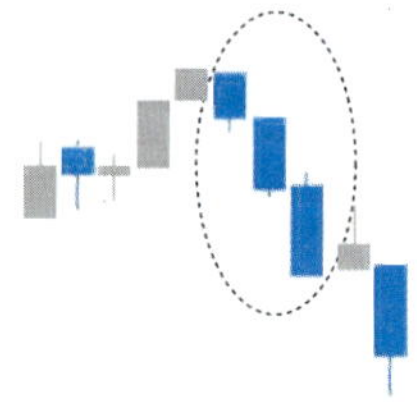

Dark cloud cover 명칭 그대로 전날의 긍정적 분위기를 검게 덮어버린다는 약세로의 전환 의미로 전날의 녹색 body 위에서 시작가를 형성하고 중간지점 아래에 종가가 형성됨. 약세장이 시작되었으며 가격을 급격히 낮추었다는 신호	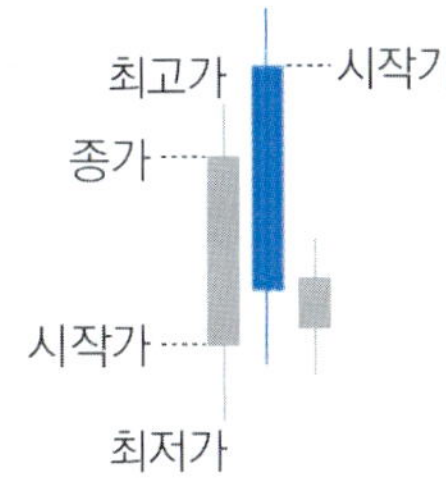

이렇게 캔들스틱이 강세 또는 약세 방향을 확인할 수 있는 각 6종의 형태를 살펴보았다. 그렇다면 각 추세의 지속 수준에 대한 예측이 이어질 필요가 있다. 이를 확인하기 위해서는 다음의 패턴을 이용할 수 있다.

표 Ⅳ-4 캔들스틱 지속성 패턴

Rising three methods 긴 녹색 body 사이에 위치한 3개의 작은 적색 body로 구매자의 시장통제력을 의미함	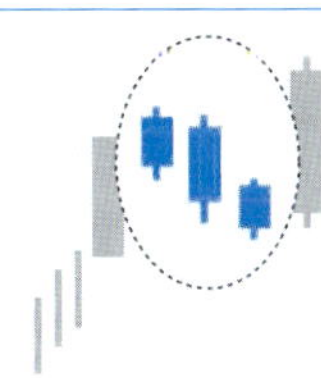
Falling three methods 붉은색 body 사이에 위치한 3개의 작은 녹색 body로 형성됨 이는 거래에 추제반전을 위한 충분한 여력이 없음을 의미	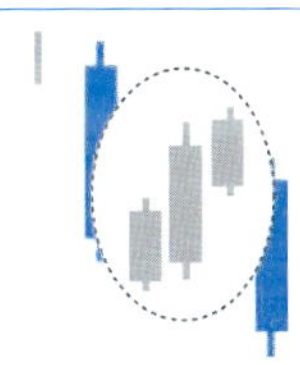

이외에도 three inside up, morning doji star 등 투자자에게 거래의사결정의 방향성을 제시해주는 캔들스틱의 다양한 조합 패턴이 제시되고 있다.

V. 주식 평가 - 포트폴리오 접근법 1

본 장에서는 주식평가의 세 번째 접근방식인 포트폴리오 접근법(portfolio approach)와 관련된 내용을 살펴본다. 포트폴리오의 관리는 주식뿐만 아니라 채권 및 파생상품 등에 대한 전략적 자산배분(strategic asset allocation)과 관련되어 있다. 이 주제는 일차적으로 자산에 대한 수요함수를 구하는 문제이다. 자산에 대한 수요함수는 일반적으로 n개의 위험자산(risky asset)과 1개의 무위험자산(risk-free asset)이 존재할 경우에 평균-분산 분석(mean-variance analysis)을 적용하여 최적 포트폴리오를 구성하는 과정에서 나타난다. 자산에 대한 수요함수를 결정한 다음에는 개별 자산들(혹은 개별 포트폴리오들)의 기대수익률이 어떻게 결정되는가를 살펴본다. 개별 자산의 기대수익률을 구하는 과정은 자본자산가격결정모형(CAPM; Capital Asset Pricing Model)으로 체계화되어 있다. 개별 주식의 기대수익률 결정은 개별 주식의 적정가격을 결정하는 문제와 동전의 양면과도 같은 관계를 갖는다. 그리고 이는 주식에만 적용되는 것이 아니라 위에서 언급한 바와 같이 주식, 채권, 파생상품 혹은 모든 자산에 대한 수요함수 및 기대수익률을 결정하는 일반적인 메커니즘으로 볼 수 있다. 다만 본 장에서는 자산의 범위를 주식으로 한정하여 논의를 진행한다.

1. 수익률의 측정

본 절에서는 주식에 대한 수요함수와 기대수익률 결정을 위해서 주가수익률을 먼저 정의하고 수익률 분포와 관련하여 적률에 관한 정의를 살펴본다. 주식을 투자했을 때 얻게 되는 가장 일반적인 수익률은 보유기간 수익률(HPR; holding period return)로서 다음과 같이 정의한다.

$$r_{i,t} = \frac{\text{보유기간동안의 가치변화} + \text{현금흐름}}{\text{보유기간 기초가치}} = \frac{P_{i,t} - P_{i,t-1} + D_{i,t}}{P_{i,t-1}}$$

이때, 투자시작시점: $t-1$, 투자종료시점: t

$P_{i,t}$: 주식가치

$D_{i,t}$: 배당수익

이 보유기간 수익률은 주식투자기간이 종료되고 난 이후에 계산될 수 있는 사후적인 실현수익률 개념이다. 따라서 보유기간수익률은 투자기간 종료시점의 주가에서 시작시점의 주가를 차감한 차액, 즉 자본이득(capital gain)과 배당(dividend)수익의 합계액을 투자시점 시작시점의 주가로 나누어준 것으로 정의할 수 있다.

예를 들어 9월 11일에 A사 주식 100주를 10,425원에 매입하였다. 3개월 후에 이 주식을 13,400원에 매도한 경우의 HPR은 다음과 같이 28.5%가 산출된다.

$$\text{HPR} = \frac{13,400 - 10,425}{10,425} = 28.5\%$$

즉, A사에 투자한 100원당 28.5원을 보유기간 수익으로 벌었다는 것이다. 이 경우 투자기간이 3개월이라는 점을 유의하자. 3개월간의 보유기간 수익률이 28.5%이다. 따라서 이 보유기간 수익률을 연수익률로 환산하면 28.5%×4=114%임을 알 수 있다.

참고로 고려하는 주식의 성격에 따라 자본이득과 배당수익의 비중이 다르게 나타나는 경우가 있다. 즉, 어떤 주식은 상대적으로 자본이득의 비중이 크고, 어떤 주식은 상대적으로 배당수익의 비중이 크게 나타난다. 자본이득의 비중이 큰 기업의 주식을 성장주라고 한다. 성장주 기업들은 신종 업종에 참여하여 기업수익을 계속 재투자해야 하는 관계로 배당을 잘 주지 않는다. 마이크로소프트나 애플 같은 IT기업의 경우 과거 성장기에 배당을 주지 않았던 유명한 일화를 남기고 있다.[1] 반면 성장이 멈춘 대기업의 경우 배당은 많이 주지만 성장을 더 이상 기대할 수 없어서 자본이득을 기대할 수 없는 기업들이다. 이런 기업들의 주식을 가치주라고 부른다. 배당수익을 많이 주는 기업이 좋은 것인지 아니면 자본이득을 많이 주는 기업이 좋은 것인지에 관한 가치판단은 곤란

1 이들 기업의 논리는 기업 성장이 주주가치를 올리는 최선의 길이라는 관점을 가지며 배당을 통한 기업 유동자금의 유출은 미래 성장 동력을 포기하는 것이며 배당세율 등 세금 문제는 실질적인 주주이익을 오히려 저해한다는 입장을 기초로 한다. 물론 마이크로소프트는 2003년 배당지급을 개시하였으며 애플 역시 스티브 잡스의 사망 직후인 2012년부터 본격적으로 배당지급을 개시하였다.

하다. 기업이 창출한 영업이익을 주주에게 돌려주는 방식이 현금배당으로 직접 주는 경우도 있지만 그 돈을 재투자해서 기업을 성장시키고 주가를 상승시켜 자본이득의 형태로 주주에게 돌려주는 방식도 있는 것이다. 어떤 형태가 더 좋거나 나쁘다고 말할 수 없는 문제이다. 다만 기업이 영업이익을 재투자 할 때 대리인 문제(agency problem)로 인해서 효율적인 재투자가 이루어지지 못하는 경우가 있을 수 있다. 그러나 이는 배당수익을 많이 주는 기업이 좋은 것인지 아니면 자본이득을 많이 주는 기업이 좋은 것인지의 문제와는 논점이 전혀 다른 문제이다.

앞서 살펴본 보유기간 수익률은 사후적(ex−post)으로 얻어진 수익률을 나타낸다. 실제 투자실무에서는 이처럼 정의된 사후적 수익률이 아니라 투자를 수행하는 시점에서 미래에 예상되는 사전적(ex−ante) 기대수익률이 더욱 중요하다. 투자 경험이 별로 없는 투자자들이라고 할지라도 사전적으로 투자를 통해서 얼마의 수익률을 얻을 수 있을지 정확하게 알 수 없는 경우에 평균적으로 기대할 수 있는 수익률 값이 무엇인지를 알기를 원한다. 올바른 투자가 이루어지기 위해서는 평균수익률 뿐만 아니라 투자의 위험에 대한 정보도 필요하다. 투자자들이 투자로부터 기대할 수 있는 수익률과 관련된 많은 정보들을 획득하기 위해서는 수익률의 확률분포를 추가로 고려해야만 한다.

만약 투자자들이 수익률의 확률분포에 대해서 확률밀도함수(probability density function)를 알 수 있다면 가장 간단하고 명확하게 확률분포를 수학적으로 표현해 낼 수 있으며, 이 확률분포를 이용하여 투자로부터 얻을 수 있는 평균 수익률과 위험과 관련된 정보를 얻어낼 수 있다. 확률밀도함수를 알 수 없다면 그에 대한 대안으로 투자자들이 1차 적률(moment)값, 2차 적률값, …, n차 적률값을 모두 아는 것도 수익률 확률분포에 대한 정보를 취득하는 대안적 방안이 될 수 있다. 이론적으로 이 모든 적률을 알고 있을 경우는 확률밀도함수를 알고 있는 경우와 동일한 정보를 얻을 수 있다. 1차 적률은 평균을 나타내며, 2차 적률은 분산(variance)이나 표준편차(standard deviation)를 나타내는데 확률분포의 확산의 정도(dispersion)를 측정한다. 3차 적률은 왜도(skewness)로서 분포의 대칭성(symmetry) 측도이다. 4차 적률은 첨도(kurtosis)를 나타내는데, 이는 분포가 중심으로부터 퍼졌을 때 꼬리가 얼마나 두껍게 퍼져 있는가를 측정하며 극단적 사건의 발생 개연성(likelihood of extreme events) 측도로 이용된다. 이들 적률들 중에서 홀수차 적률은 분포의 중심 수렴(central tendency) 성질과 관련되어 있고, 짝수차 적률은 분포의 확산의 정도(dispersion), 즉 확률분포 꼬리의 두께와 관련되며, 투자에서 극단적

수익률이 나타날 개연성을 나타낸다. 투자자의 효용함수가 일반적 형태를 갖고 있는 경우 홀수차 적률(즉, 평균과 왜도 등)은 높을수록 좋고, 짝수차 적률(즉, 분산과 첨도 등)은 낮을수록 좋은 것으로 알려져 있다.

이러한 확률분포에 대한 지식을 배경으로 위험의 정의에 대한 몇 가지 사례를 살펴보자. 위험이란 기대수익률과 사후적으로 실현된 수익률이 다르게 나타나는 데에서 발생한다. 엄밀하게 말하자면 위험은 수익률의 확률분포에 대한 정보만으로 명확하게 정의를 내리기 어려우며 추가적으로 투자자의 효용함수를 고려해야 한다. 따라서 학문적 연구에서 위험은 매우 복잡하게 정의될 뿐만 아니라 학계에서 위험에 대한 정의에 관한 합의는 아직까지 내려지지 않고 있다. 다만, 확률분포의 확산 정도(dispersion)가 크면 위험도 크다고 개략적으로 말할 수 있다. 대표적인 위험측도로 수익률 분포의 분산(variance)나 표준편차를 주로 많이 사용하는 것은 분산이 확률분포의 확산 정도를 측정하는 대표적 측도이기 때문이다.

현실에 존재하는 수익률 분포의 형태는 대부분의 경우 정규분포를 따르지 않는 경우가 일반적이다. 그러나 투자실무에서는 편의상 투자수익률이 정규분포를 따른다는 단순화 가정을 하는 경우가 많은데, 그것은 정규분포가 가진 편의성 때문이다. 정규분포 확률밀도함수는 1차 적률(평균)과 2차 적률(분산)만의 함수로 표현되기 때문이다.[2] 따라서 정규분포를 2개 모수 확률분포(two parameter family distribution)라고 부른다. 정규분포의 신뢰수준은 잘 알려진 바와 같이 평균으로부터 표준편차의 상하 1배 구간은 68%의 신뢰수준을 제공하고, 상하 1.65배는 90% 신뢰수준을, 1.96배는 95% 신뢰수준 나타낸다.

2. 위험과 수익의 상충관계

[그림 V−1]은 블룸버그 데이터를 이용하여 1950년 1월에 1달러를 1년 단위로 각 자산의 지수에 투자하고 원금과 투자이익을 매년 재투자하여 70년 동안 지속하였다면

2 정규분포를 따르는 확률변수 x의 확률밀도함수는 $f(x) = \frac{1}{\sqrt{2\pi}\,\sigma} e^{-\frac{(x-\mu)^2}{2\sigma^2}}$로 나타나는데, 이 함수는 μ와 σ^2의 함수로 표현되고 있다.

그림 V-1 미국 자산별 누적 부

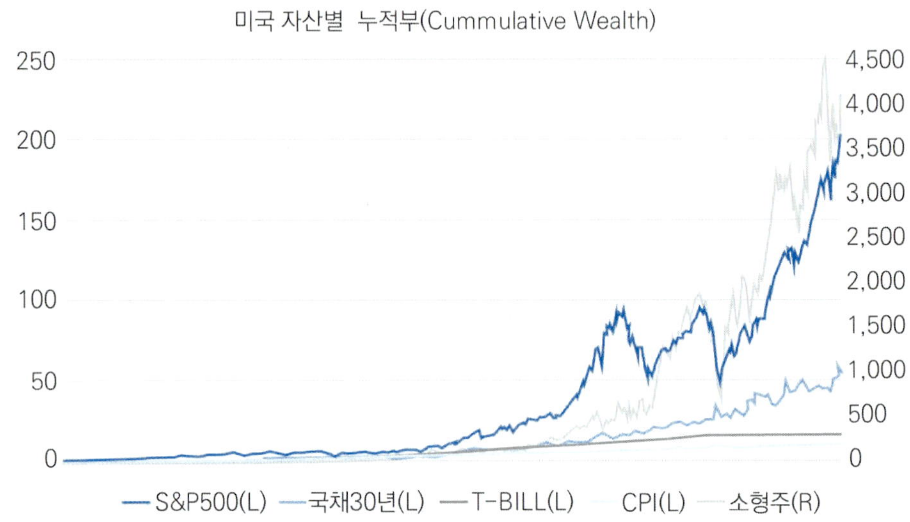

인플레이션 지수는 10.88달러, T-Bill은 16.85달러, 30년 만기 장기국채는 50.42달러, S&P500 지수는 192.76달러, 소형주 지수는 3,916.78달러로 증가함을 나타내고 있다. [그림 V-1]에서 소형주의 경우 70년간 거의 4,000배 가까운 증가세를 보이고 있는 반면, 예금이자율과 거의 동일한 T-Bill은 겨우 17배 정도 증가세를 보이고 있어 대조를 보이고 있다. 그런데, T-Bill의 경우 원금이 큰 변동 없이 안정적으로 유지되고 있어서 부의 증가에 있어서 변동성이 매우 작게 나타나고 있는 반면, 소형주 지수의 경우 부의 증가에 있어서 변동성, 즉 위험이 크다는 것을 확인할 수 있다. 아래 그림에서 고려하는 각 자산별 수익성이 큰 순서로 나열해보면, 소형주, S&P500, 장기국채, T-Bill, 인플레이션 지수 순으로 나타나고 있다. 그리고 변동성 또한 이와 동일한 크기 순서를 나타내고 있다. 결론적으로 수익성과 위험은 상충관계(risk-return tradeoff)가 나타나고 있음을 확인할 수 있다. 변동성과 관련해서 소형주 지수와 S&P500 지수의 경우 글로벌금융 위기 때 자산가치가 거의 1/3토막이 났으나 소형주는 신속하게 자산가치가 회복되고 S&P500은 가치회복이 더디게 나타남을 확인할 수 있다. 참고로 글로벌 금융위기 때 장기국채의 가격하락으로 인해 장기국채 수익률은 더욱 상승하고 있음이 확인된다.

이어서 [그림 V –2, 3, 4]는 각 자산별 월별 수익률의 히스토그램을 나타내고 있다. 소형주의 경우 월평균 수익률이 1.182%이고, S&P500지수의 월평균수익률은 0.71%, 장기국채의 월평균수익률은 0.51%로 나타나 있다. 이 자산들의 표준편차는 각각 6.23%, 4.1%, 3.12%로 순서대로 나타나고 있어서 위험–수익 상충관계가 잘 나타나고 있음을 확인할 수 있다.

이어서 각 자산의 왜도(Skewness[3])를 살펴보면, 소형주는 0.2760으로 나타나고 있는 반면, 대형주는 –0.4377로 나타나고 있다. 통상적으로 투자자들은 왜도가 플러스 값을 가지는 경우를 선호하는데, 그것은 왜도가 플러스 값을 가질 때 아주 큰 수익을 볼 가능성이 아주 큰 손실을 볼 가능성보다 더 크기 때문이다. 왜도만 본다면 소형주가 대형주에 비해 선호되어야 할 것으로 생각될 수도 있지만, 역사적 데이터에는 기업부도로 인한 상장폐지된 주식들은 나타나지 않는다는 점을 고려할 필요가 있다. 이 문제는 역사적 데이터의 생존 편향(survivorship bias)과 연관되어 있다. 중소기업은 상장폐지되는 경우가 대기업에 비해 빈번하게 나타난다. 그러나 이처럼 상장폐지된 중소기업의 주가수익률 데이터는 역사적 데이터에서는 누락되어 있다. 만약 상장폐지된 중소기업들의 수익률 데이터까지 고려한다면 소형주의 왜도는 S&P500의 왜도보다 작게 나타날 가능성이 있다.

다음으로 첨도(Kurtosis[4])는 확률분포의 꼬리가 얼마나 두터운가(fat–tailed, lep–tokurtic)를 측정해준다. 확률변수가 정규분포를 따르는 경우 첨도는 3의 값을 갖는데, 첨도가 3보다 크다는 것은 확률분포가 정규분포에 비해 두터운 꼬리를 갖는다는 것을 의미한다. [표 V –1]을 보면 소형주의 첨도값이 4.0741로 가장 큰 값을 갖고 있다. 소형주와 대형주를 첨도값으로 비교해 보면 소형주가 대형주에 비해 극단적인 수익률이 빈번하게 나타나고 있어서 더 위험하다는 것을 확인할 수 있다.

3 Skewness= $\frac{[E(R-\mu)^3]}{\sigma^3}$. 정규분포를 따르는 확률변수의 왜도는 0의 값을 갖는다.

4 Kurtosis= $\frac{[E(R_{it}-\mu_{it})^4]}{\sigma_{it}^4}$. 정규분포를 따르는 확률변수의 첨도는 3의 값을 갖는다.

표 V-1 각 자산별 기초모멘트

	소형주	S&P500	국채30년	T-BILL	CPI
평균	0.01182	0.0071	0.0051	0.0033	0.0028
표준편차	0.0623	0.0410	0.031262	0.0025	0.0035
왜도	0.2760	−0.4377	0.5659	1.0203	0.1610
첨도	4.0741	1.7666	3.3558	1.5571	2.6739
최솟값	−0.2845	−0.2176	−0.1473	−0.00003	−0.0191
최댓값	0.4026	0.1630	0.1740	0.0151	0.0180

그림 V-2 S&P500 수익률 히스토그램

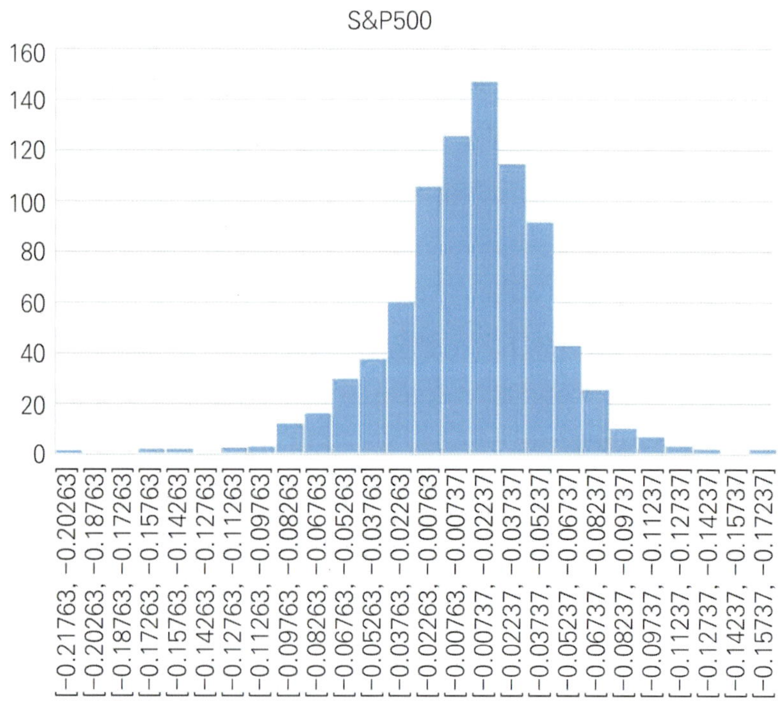

그림 V-3 소형주 수익률 히스토그램

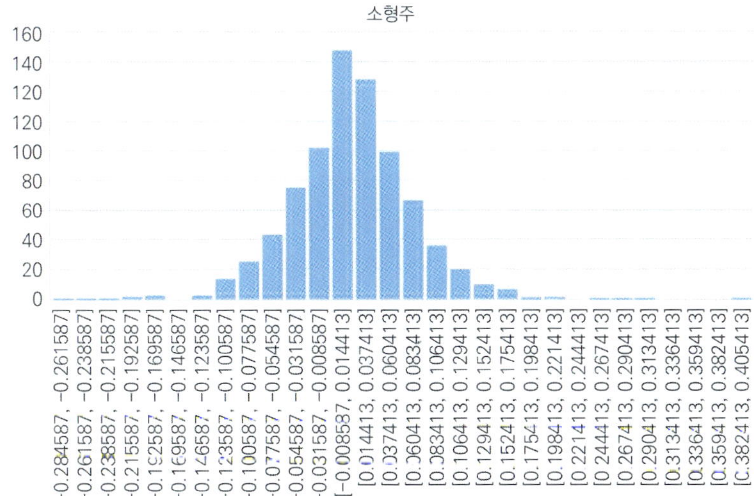

그림 V-4 장기국채 수익률 히스토그램

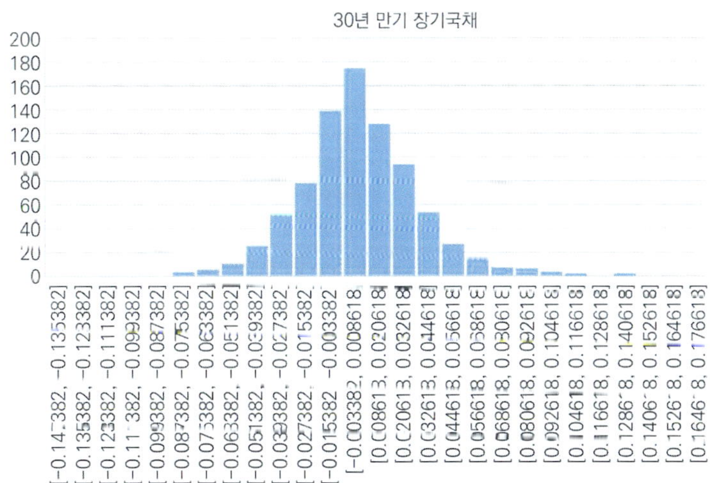

그림 V-5 자산군별 위험 vs 수익률

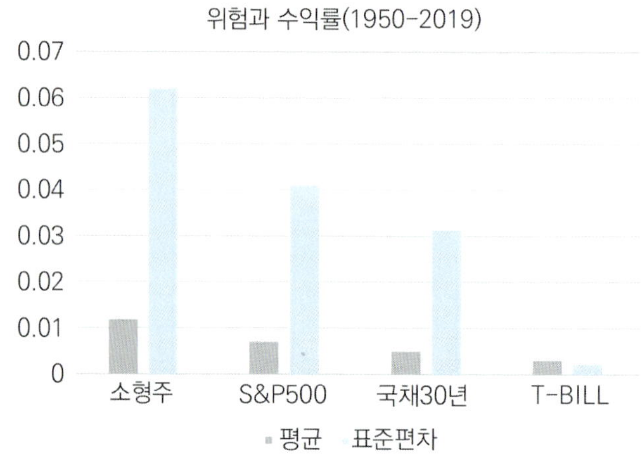

그림 V-6 1년 누적 수익률(월별) 추이

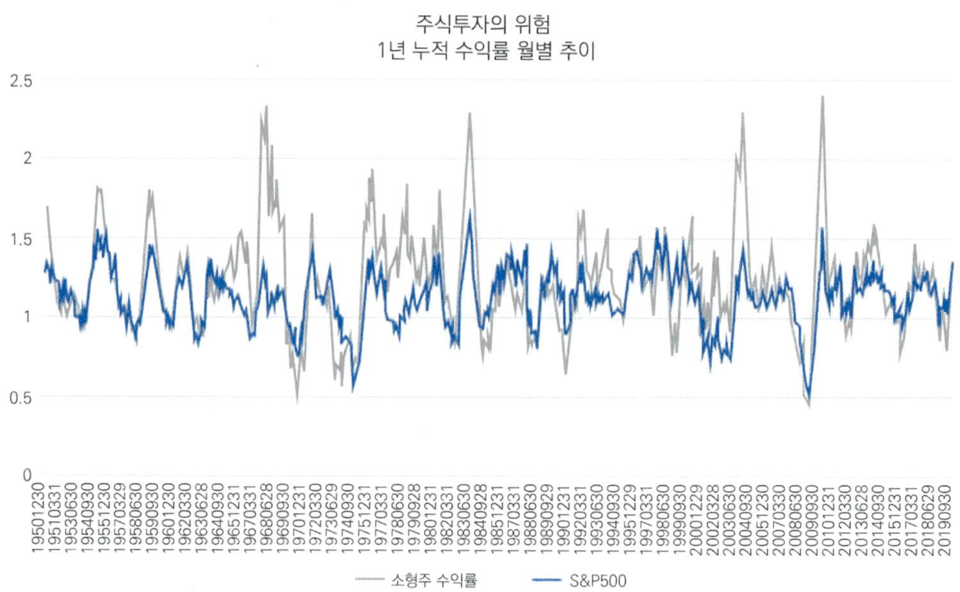

그림 Ⅴ-7 10년 누적 수익률(월별) 추이

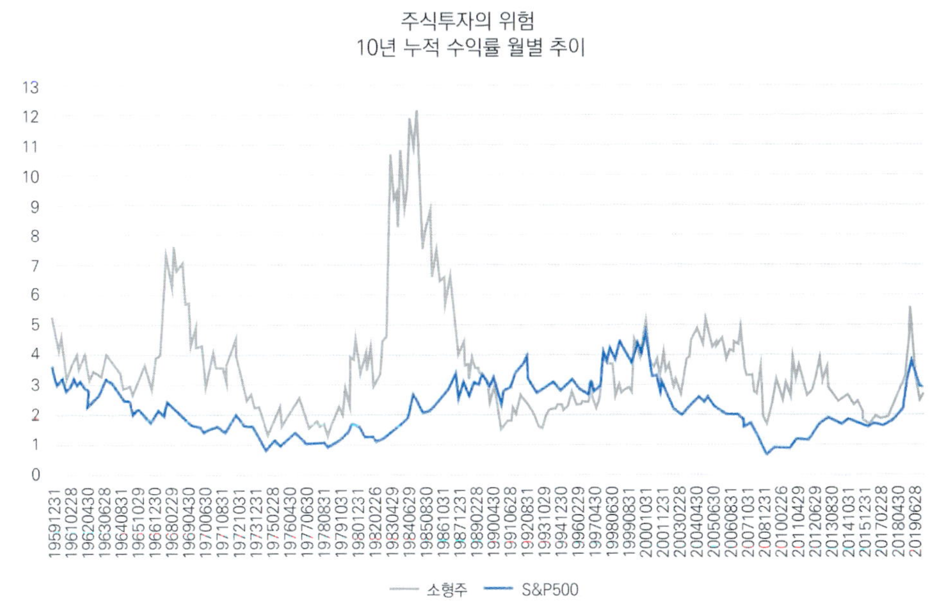

[그림 Ⅴ–5]는 평균과 표준편차만으로 위험–수익 상충관계가 어떻게 나타나는지를 나타내고 있다. 소형주와 S&P500, 국채, T–Bill 순으로 위험–수익 상충관계가 차례대로 나타나고 있음을 확인할 수 있다. 즉, 높은 수익은 그만큼 높은 위험을 수반한다는 사실을 확인할 수 있다.

[그림 Ⅴ–6]은 투자자들이 주식투자의 기간에 따라서 어느 정도의 위험을 부담하게 될 것인지를 보여주고 있다. 투자기간을 1년으로 설정한 경우 이래 그림에서는 원금의 안성성이 보장되지 않는다는 것을 보여주고 있다. 특히 글로벌 금융위기 시기를 살펴보면 1년 투자수익률이 원금의 절반에도 미치지 못하는 경우가 있음을 확인할 수 있다. 이처럼 상대적으로 투자기간을 짧게 잡으면 주식투자에서 투자자들이 체감하는 위험이 매우 크다는 사실에 주의할 필요가 있다.

반면 [그림 Ⅴ–7]에서 확인되듯이 주식투자기간을 10년으로 설정한 경우 소형주 지수는 누적수익률이 원금 이하로 떨어지는 경우는 없었다. 소형주 지수에 투자하는 경우와 달리 개별적인 소형주에 투자하는 경우에는 앞서 지적한 바와 같이 생존편향 문제를 주의해야 할 필요가 있다. 즉, 개별적인 소형주에 투자하는 경우 투자한 기업이 도산할 경우에 항상 대비할 필요가 있다. S&P500지수는 1970년대 초반의 오일쇼크와 2008년 글로벌 금융위기 시에 누적 수익률이 원금이하로 떨어지는 것을 제외하면 대체적으로 안정적인 수익률을 보여주고 있다. 이처럼 주식투자를 장기로 수행하는 경우에는 단기투자에서 나타나는 위험이 대부분 방어가능하다는 사실을 확인할 수 있다.

3. 수익률 분포

1) 단변량(univariate) 수익률 분포

주식투자 수익률의 위험은 주가수익률 분포의 표준편차 및 VaR(Value−at−Risk) 등으로 측정할 수 있다. 그런데 일반적으로 효용함수가 어떤 형태로 나타나는가에 따라 이러한 위험측도들의 용도가 달라진다는 점에 주의할 필요가 있다. 참고로 이론적 측면에서 보면 수익률 분포가 정규분포를 따르는 경우 효용함수의 형태가 무엇인가에 상관없이 표준편차가 위험측도가 된다는 것이 알려져 있다. 본 장에서는 이와 같은 맥락에서 당분간 표준편차(혹은 분산)를 위험측도로 사용할 것이나 향후 주식의 위험측도인 β와 표준편차 위험측도가 어떤 점에서 차이가 나는지를 중점적으로 검토할 필요가 있다. 본 장에서 살펴보는 평균−분산 분석 과정은 사실상 평균수익률과 표준편차(혹은 분산) 위험 측도를 논의의 출발점으로 하여 시장위험 혹은 β를 도출해가는 과정이라고 할 수 있다. 즉 이 두 위험측도(즉 표준편차와 β)의 밀접한 관계와 그 차이점을 정확하게 파악하는 것이 본 장을 공부하는 독자들에게 부여된 주요 과제이다.

그렇지만 본장에서 위험−수익 상충관계를 논의할 때 고려하는 위험은 주로 표준편차(σ)를 의미하며, 수익은 평균수익률을 나타낸다. 주가수익률의 모분포(population)를 알고 있으며, 그 모분포가 다음과 같은 형태를 갖는다고 가정하면, 기대수익률($\mu_{i,t}$)은 발생가능한 각 상태의 확률과 각 상태의 가능한 수익을 곱한 것을 합친(확률 가중합) 평균수익률로 정의된다. 또한 수익률 분산($\sigma_{i,t}^2$)은 각 상태에서 실현된 수익률의 기대수익률로부터의 편차의 제곱(second norm)을 각 상태의 확률 가중치로 구한 가중평균치이다.

표 V-2 투자수익률 및 분산 예: 모분포를 아는 경우

상황 S	확률 $h(S)$	수익 $R_{it}(S)$	$R(S)\times h(S)$	$R_{it}(S)-\mu_{it}$	$(R_{it}(S)-\mu_{it})^2\times h(S)$
1	0.1	-0.05	-0.005	-0.2	0.004
2	0.2	0.05	0.01	-0.1	0.002
3	0.4	0.15	0.06	0.0	0.000
4	0.2	0.25	0.05	0.1	0.002
5	0.1	0.35	0.035	0.2	0.004
합계	1		μ_{it} =0.15		σ^2 =0.012 $\sigma=(0.012)^{1/2}=0.109545$

$$\text{기대수익률 } \mu_{it}=E(R_{it})=\sum_{S=1}^{S}R_{it}(S)\times h(S)$$
$$\text{수익률 분산 } \sigma_{it}^2=E[(R_{it}-\mu_{it})^2]=\sum_{s=1}^{S}[R_{it}(s)-\mu_{it}]^2\cdot h(S)$$

특히 수익률 분산은 유클리드 공간(Euclidean space)에서 실현수익률이 기대수익률로부터 평균적으로 얼마나 떨어졌는가의 거리를 측정하는 일종의 가중평균 거리(distance)로 해석할 수 있다. [표 V−2]의 예와 같이 투자수익률의 모분포를 사전에 알고 있다면 기대수익률과 분산은 쉽게 계산할 수 있다.

만약 이러한 모분포를 사전에 알 수 없다면 역사적 데이터를 이용하여 기대수익률과 분산을 계산한다. 역사적 데이터를 이용할 때 전제되는 중요한 가정은 과거에 반복되어온 패턴이 미래에도 동일하게 반복된다는 것이다. 즉 수익률이 정상분포(stationary distribution)를 따른다는 가정이 전제되어 있다. 수익률이 정상분포를 따르는 경우, 크기가 T개인 표본집합의 모든 수익률 원소들은 각각 $1/T$의 확률을 갖는다.

표본 평균은 각 상태의 수익률과 상태별 발생 확률을 곱하여 더하면 구할 수 있다. 단, 표본 분산은 편차의 제곱을 T로 나누는 것이 아니라 $(T-1)$로 나누어야 한다는 점을 기억할 필요가 있다. 이는 표본 평균을 계산하는 과정에서 자유도를 1만큼 상실하기 때문이다. 다만 표본의 개수가 100정도로 충분히 커지면 자유도 상실을 고려하든 안하든 분산값에 큰 차이를 나타내지 않는다. 그런데 실무에서 특정 종목이 동종 산업에 머무르는 경우라고 하더라도 표본분산은 큰 변동을 보이지 않으나 표본평균을 이용하여 기대수익률을 예측함에 있어 정확도가 떨어지는 경우가 종종 발생하고 있다. 최근에는

표 V-3 투자수익률 및 분산 예: 모분포를 모르는 경우

시점 t	확률 $h(S)=\frac{1}{T}$	수익률 R_{it}	$R(S)\times h(S)$ $=R(S)\times\frac{1}{T}$	$R_{it}(S)-\mu_{it}$	$(R(S)-\mu)^2\times\frac{1}{(T-1)}$
1	1/5	-0.05	-0.01	-0.2	0.0100
2	1/5	0.05	0.01	-0.1	0.0025
3	1/5	0.15	0.03	0.0	0.0000
4	1/5	0.25	0.05	0.1	0.0025
5	1/5	0.35	0.07	0.2	0.0100
합계	1		$\mu_{it}=0.15$		$\sigma^2=0.0250$ $\sigma=0.1581$

역사적 데이터를 이용한 기대수익률 예측의 효과성을 높이기 위하여 골드만–삭스 모형 등과 같은 별도의 보완책이 제시되고 있다. 참고로 위의 표에서는 역사적 수익률 표본을 이용하여 수익률 평균을 산술평균으로 구하고 있다. 그러나 투자수익의 성과를 평가하기 위해서는 산술평균 이외에도 기하평균 방법을 사용할 수도 있다. [그림 V –8]의 수익률 예시를 살펴보자.

이 경우 산술평균은 다음과 같이 계산된다.

$$\overline{r_A}=\frac{0.1+0.25-0.2+0.25}{4}=0.10$$

한편 기하평균수익률은 시간가중 평균수익률이라고도 부르는데, 다음과 같이 계산된다.

그림 V-8 기간별 수익률 예시

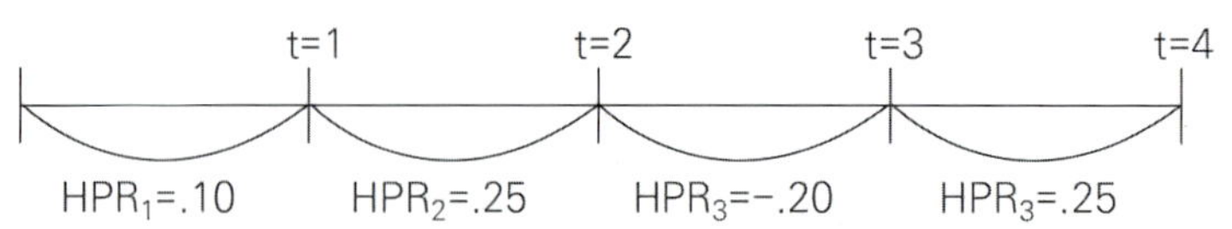

$$(1+0.1)\times(1+0.25)\times(1-0.2)\times(1+0.25)=(1+\overline{r_A})^4$$
$$\overline{r_A}=\sqrt[4]{(1+0.1)\times(1+0.25)\times(1-0.2)\times(1+0.25)}-1=0.0829$$

산술평균이 기하평균보다는 크거나 같다는 사실은 잘 알려져 있다. 그러나 투자자의 입장에서 투자성과를 적절하게 평가하기 위해서는 산술평균보다는 기하평균으로 평가하는 것이 보다 적절한 방법이다. 왜 그런지 간단한 예를 들어보자. 100만원을 투자하여 첫 해 말에는 200만원이 되고, 둘째 해 말에는 첫 해 말의 200만원이 다시 100만원이 된 경우를 생각해보자. 이 경우 위의 계산법에 따르면 투자기간 당 산술평균수익률은 $\left(\frac{100+100}{100}+\frac{200-100}{200}\right)/2=125\%$ 이 되며, 기하평균수익률은 $\left(\frac{100+100}{100}\times\frac{200-100}{200}\right)^{1/2}=100\%$ 가 된다. 이로써 후자가 더 정확한 계산법임을 이해할 수 있다.

2) 다변량(multi-variate) 수익률 분포

앞서 단일주식의 수익률 분포를 이용하여 평균과 분산 등과 같은 적률을 계산하는 방법을 살펴보았다. 이제 두 수익률 변수 사이에 나타나는 움직임의 공조 방향에 대해서 살펴보기로 하자.

통상적으로 i 주식의 한계적 확률분포(marginal density)가 2차원 평면에서 그려지고 j 주식의 한계적 확률분포(marginal density)도 2차원 평면에서 그려진다. 만약 이들 두 주식이 확률적 독립이 아니라면 이들 두 주식의 확률분포가 별개로 존재하는 것이 아니라 3차원 공간에서 결합확률분포(joint density)가 그려질 수 있고, i와 j의 관계성에 대한 정보를 추가로 얻을 수 있다. 이러한 두 확률변수의 관계성에 대한 측도 중에서 일반적으로 가장 많이 이용되는 적률값이 바로 공분산(covariance) 측도이다. [표 V-4]의 예시를 통해 공분산 적률의 계산방법을 살펴보자.

공분산은 각 변수들의 평균으로부터의 편차를 곱한 값들의 평균으로 정의된다. 표에서 두 변수의 편차를 보면, 두 변수의 편차의 부호가 같을 때 상태확률값이 0.3으로 상대적으로 크게 나타났으며, 편차의 부호가 서로 반대로 나타났을 때 상태 확률값이 0.2로 상대적으로 작게 나타났다. 즉 두 변수의 편차의 곱이 양(+)의 값을 가질 경우의 상태확률값이 두 변수의 편차곱이 음(−)의 값을 가질 경우의 상태확률값보다 전반적으로 크게 나타나고 있어서 편차곱의 상태확률 값을 이용한 가중평균값이 양의 값을 갖는

표 V-4 공분산 산출 예시

S	$h(S)$	R_{it} (%)	R_{jt} (%)	$R_{it}-\mu_{it}$ (%)	$R_{jt}-\mu_{jt}$ (%)	$(R_{it}-\mu_{it})(R_{jt}-\mu_{jt})$	$h(S)(R-\mu)(R_{jt}-\mu_{jt})$
1	0.3	-5	-5	-10	-10	100	30
2	0.2	-5	15	-10	10	-100	-20
3	0.2	15	-5	10	-10	-100	-20
4	0.3	15	15	10	10	100	30
합계							$\sigma_{ijt}=20$
$\mu_{it}=5\%$, $\mu_{jt}=5\%$, $\sigma_{it}=10\%$, $\sigma_{jt}=10\%$							

다. 따라서 두 변수는 항상은 아니지만, 평균적으로 같은 방향으로 움직인다고 볼 수 있다. 그런데 위의 표를 보면 $\sigma_{ijt}=20$은 % 단위 없이 표시되는데, 이 절댓값에 어떤 의미를 부여하기가 곤란하다. 예를 들어 한국과 미국의 GDP의 공분산 값은 삼성전자와 현대차 주가의 공분산 값보다 절대치가 훨씬 큰 값으로 나타날 것이지만 두 나라의 GDP가 같은 방향으로 움직이는 힘이 두 회사의 주가가 같은 방향으로 움직이는 힘보다 크다고 말할 수 없다. 이처럼 공분산은 확률변수 측정단위의 스케일에 영향을 받기 때문에 그 절댓값을 바로 해석하기는 곤란하며 일단 부호 자체에 중요한 의미를 갖는다고 볼 수 있다.

공분산이 갖는 이와 같은 해석상의 문제점을 해결하고 두 확률변수가 같이 움직이는 강도를 수치로 측정할 수 있도록 만들어낸 측도가 바로 상관계수(correlation coefficient)이다. 상관계수는 공분산과 관계없는 새로운 적률값은 아니며 상관계수를 두 확률변수 각각의 표준편차로 나누어서 표준화한 개념으로 아래와 같이 정의된다.

$$-1 \le \rho_{ijt} = \frac{\sigma_{ijt}}{\sigma_{it}\sigma_{jt}} \le 1$$

상관계수의 범위가 이처럼 -1과 1 사이에 있는 것은 분산을 공분산의 특수한 케이스로 생각해보면 이해하기 쉽다. 어떤 확률변수의 분산이 무슨 값을 갖는가에 상관없이 그 자신과의 공분산은 분산 그 자체가 될 것이며, 분산값을 표준편차의 곱으로 나눈 상관계수의 값은 정확하게 1이 될 것이다. 이러한 경우를 완전상관이라고 부르며, 상관계수 값이 -1이 되는 경우를 완전 음의 상관이라고 부른다. 이처럼 두 확률변수 사이의 동조적인 움직임의 방향은 상관계수의 부호로 측정할 수 있으며, 강도는 상관계수의 절댓값으로 측정할 수 있다. 위의 표의 예에서 상관계수 값은 다음과 같다.

$$\rho_{ijt} = \frac{20}{10 \times 10} = 0.20$$

역사적 수익률 표본을 이용하여 공분산을 구할 때는 위에서 살펴본 바와 같이 각각의 확률변수의 편차의 곱을 모두 더한 다음 $T-1$로 나누어 주면 된다. 상관계수 또한 이렇게 구한 표본 공분산을 각각의 표본 표준편차의 곱으로 나누어 구하게 된다. 이를 식으로 표현하면 다음과 같다.

$$\hat{\sigma}_{ij} = \frac{1}{T-1}\sum_{t=1}^{T}(R - \overline{R}_i)(R_{jt} - \overline{R}_j)$$

$$\hat{\rho}_{ij} = \frac{\hat{\sigma}_{ij}}{\hat{\sigma}_j \hat{\sigma}_j}$$

그런데, 상관계수를 제곱한 값, 즉 ρ_{ijt}^2은 통상적으로 선형회귀분석에서 R^2라 명명되고 있다. R^2는 X와 Y의 관계를 $\hat{Y} = aX + b$와 같은 방식으로 설정했을 때, X의 선형함수로 계산한 $\hat{Y}$ 값과 실제 Y값을 비교해 본 결과 X의 선형함수로 추정한 $\hat{Y}$가 실제 Y를 얼마나 설명하는가를 나타낸다. 상관계수가 음수를 갖는 경우에도 제곱하게 되면 양의 값을 갖게 되어 양 변수가 선형적으로 설명되는 비중을 나타내는 R^2는 0과 1 사이의 값을 갖게 된다. 주의할 것은 R^2값이 0에 가깝게 나타난다고 하여 X와 Y가 아무 관계가 없다는 판단을 내리는 것은 성급한 결론이다. 양자 간 관계가 선형적 관계가 아니라 비선형적 관계일 수 있기 때문이다. 비선형적 관계를 가지는 경우에는 R^2값이 낮더라도 두 변수간의 설명력이 여전히 유효할 수 있다. [그림 V-9] 좌측의 위와 아래 두 그림은 양의 상관관계가 나타나 있는데, 아래 그림의 상관계수 값이 위의 것보다 더 클 것임을 알 수 있다. 또한 중간이 위, 아래 두 그림은 음의 상관관계를 나타내는데, 아래 그림의 상관계수가 -1에 더 가까울 것이다. 우측의 그림은 상관계수 값이 0의 값을 나타내고 있는 경우이나 두 변수 간에 비선형 관계가 나타날 수 있으므로 주의할 필요가 있다.

그림 V-9 상관관계와 부호의 도식적 묘사

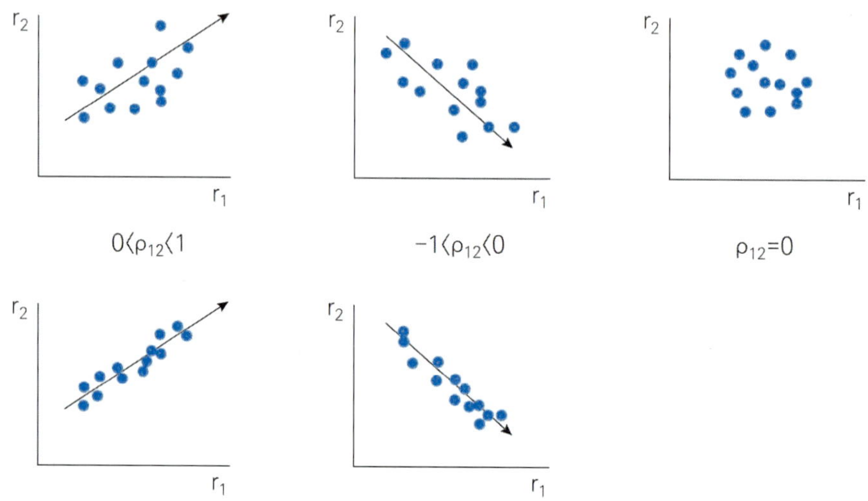

[표 V-5]는 소형주와 S&P500, 장기국채, T-Bill 및 인플레이션의 연별 수익률의 산술평균과 표준편차 및 기하평균을 제시하고 있다. 소형주에서 CPI까지 순차적으로 수익률이 낮아지고 있으며, 표준편차 또한 낮아지고 있음을 확인할 수 있다. 위험-수익 상충관계가 잘 나타나고 있으며, 산술평균보다는 기하평균의 값이 더 낮게 나타나고 있음도 확인된다.

[표 V-6]은 각 자산들의 연별 수익률 간의 상관계수를 표로 정리한 것인데, 흔히 상관계수 행렬이라고 부른다. 소형주와 S&P500의 상관계수값이 약 0.6877이며, 이를 제곱하면, R^2값이 0.4729로 나타난다. 즉, 소형주와 S&P500은 서로에 대해서 선형적으

표 V-5 산술평균 vs. 기하평균

	소형주	S&P500	국채	T-Bill	CPI
산술평균	1.167427	1.091376	1.065234	1.041639	1.03507
표준편차	0.316658	0.165195	0.130404	0.031407	0.028311
기하평균	1.125454	1.078061	1.057606	1.04118	1.034699

표 V-6 자산 간 상관계수

	소형주	S&P500	국채	T-Bill	CPI
소형주	1				
S&P500	0.687719	1			
국채	−0.24361	−0.05971	1		
T-Bill	−0.11416	−0.10272	0.117322	1	
CPI	−0.05517	−0.19533	−0.16653	0.69627	1

로 47.29%만큼을 설명한다는 의미가 된다. 소형주와 국채의 상관계수를 제곱하면, 0.0593이 되는데, 이는 변수들이 서로에 대해서 선형적으로 5.93% 설명해준다는 의미이다. 양 변수간의 설명력이 별로 없다고 볼 수 있다. 또한 소형주와 CPI, S&P500과 CPI의 상관계수를 보면 전자의 경우에는 R^2값이 0.0030이고, 후자의 경우에는 0.0381로 나타나 과거 70년 동안 주식의 인플레이션 헤지 역할이 거의 없었다는 것을 확인할 수 있다.

지금까지 학습한 확률변수들의 적률값을 간편하게 계산하기 위하여 몇 가지 필요한 속성을 살펴보기로 한다. 기댓값은 1차 적률로서 일종의 적분함수로 해석할 수 있는데, 적분이 선형함수의 성질을 가지므로 기대치도 1차 선형함수의 성질을 갖는다. 그리고 분산과 공분산은 2차 적률이므로, 확률변수의 상수배의 분산은 상수를 제곱한 것과 그 확률변수 분산의 곱으로 정의된다. 이러한 특성을 고려하여 아래에 제시된 바와 같이 기대치와 분산 및 공분산의 연산규칙을 잘 기억해 둘 필요가 있다. 이들 연산규칙은 이후 포트폴리오의 기대수익률과 분산 및 공분산을 계산할 때 유용하게 사용된다.

$$E(aR_i) = aE(R_i)$$

$$Var(aR_i) = a^2\,Var(R_i)$$

$$Cov(aR_i, bR_j) = ab \times Cov(R_i, R_j)$$

$$E(aR_i + bR_j) = aE(R_i) + bE(R_j)$$

$$Var(aR_i + bR_j) = a^2\,Var(R_i) + b^2\,Var(R_j) + 2abCov(R_i, R_j)$$

$$Cov(aR_i + bR_j,\ R_k) = aCov(R_i, R_k) + bCov(R_j, R_k)$$

VI. 주식 평가 - 포트폴리오 접근법 2(MV Approach)

투자자는 한정된 재원으로 투자자가 사전에 설정한 목표를 달성하도록 자금을 각 자산군에 가장 효율적으로 배치해야 한다. 즉, 기대수익과 위험의 수준이 서로 다른 여러 자산군을 대상으로 투자자금을 배분하여 포트폴리오를 구성함으로써 일정한 투자목적을 달성하도록 자산배분(asset allocation)을 수행하게 된다. 투자의 관점에서 투자목적은 허용위험 내에서 장기적으로 높은 수익률을 달성하는 것으로, 결국 자산배분은 자산의 선택, 자산별 투자금액의 결정, 배분비율의 유지 또는 리밸런싱의 결정이라는 제반 프로세스로 정의내릴 수 있다.

이러한 자산배분은 거시적 관점에서 자산군별로 일정한 비율의 포트폴리오를 형성하는 전략적 자산배분(SAA; Strategic Asset Allocation)과 SAA로부터 주어진 범위 안에서 자산배분을 조정하는 미시적 관점의 전술적 자산배분(TAA; Tactical Asset Allocation)으로 구분할 수 있다. 이 중 SAA는 중장기 자금운용의 기초로 투자자가 지향하는 가장 상위의 투자방향을 기술한 투자정책서 등에 구체적으로 기술되며 다수의 연구[1]들에서 운용성과를 결정짓는 핵심요인으로 나타나고 있다.

본 장에서 살펴볼 MV approach는 SAA를 위한 대표적인 방법론으로 활용되어 왔으며 내재되어 있는 한계점에도 불구하고 여전히 많은 투자자 및 투자기관에서 사용되고 있다. MV 접근법을 살펴보기에 앞서 SAA와 TAA에 대한 정의와 구분을 간단히 살펴보고 시작하자.

1 Brinson, G. P., Hood, L. R., & Beebower, G. L. (1986). "Determinants of portfolio performance". *Financial Analysts Journal*, 42(4), 39-44.

Brinson, G. P., Singer, B. D., & Beebower, G. L. (1991). "Determinants of portfolio performance II: An update", *Financial Analysts Journal*, 47(3), 40-48.

Ibbotson, R. G., & Kaplan, P. D. (2000). "Does asset allocation policy explain 40, 90, or 100 percent of performance?". *Financial Analysts Journal*, 56(1), 26-33.

1. 전략적 자산배분(SAA) vs. 전술적 자산배분(TAA)

1) 전략적 자산배분

전략적 자산배분(SAA)은 시장분석을 근거로 하여 가장 상위의 자산배분 목표를 설정하는 과정으로 투자자가 지향하는 목표수익률과 위험한도를 반영하여 자산군의 상대적 비율을 결정하게 된다.

일반적으로 SAA는 장기적인(통상 3년 이상) 최적 자산배분비중을 의미하며 경제상황, 자본시장 상황, 필요수익률 등을 동시에 고려하여 의사결정하게 된다. SAA를 수행하기 위한 기본 절차로 우선 투자자의 구체적 목표와 제약사항을 확인할 필요가 있다. 이어서 벤치마크를 결정한다. 이는 포트폴리오의 성과 측정을 위한 목적을 갖기도 하는 동시에 투자시 허용가능한 자산군의 투자 유니버스(universe) 범주를 설정하는 이중적 의미를 갖는다. 그 다음 절차로 투자 유니버스에 해당하는 자산군의 위험–수익 프로파일을 추정한다.

이러한 기본적 사항이 정의되면, 포트폴리오를 형성하려는 투자자는 다양한 자산군 조합을 통해 기대수익률을 산출하고 민감도까지 살펴볼 필요가 있다. 여기서 시도하는 자산군 조합은 단순히 목표 수익률의 달성 외에 위험한도가 동시에 고려되어야 하며, 나아가 투자자가 당면한 제약사항(내부적 제약 및 인플레이션이나 경제상황과 같은 외부적 제약)이나 요구사항도 자산배분과정에 고려될 필요가 있다. 따라서 자산배분의 과정은 사실상 정량적인 방법과 정성적인 방법의 조합을 사용한 최적배분의 결정과정으로 간주할 수 있다. 특히 더욱 복잡해지는 투자대상들의 등장은 단순히 계량적으로만 접근할 경우 적절한 투자배분을 제공하지 못한다. 예를 들어 최근 고수익, 중위험 속성으로 각광받는 대체투자의 경우, 투자규모가 그고 시장처분이 용이하지 않은 비유동성을 가지며, 투자의 시행이나 처분 모두 상당한 시간이 소요된다는 점에서 전통적 자산군과 전혀 다른 속성을 갖고있기 때문에 단순한 계량적 접근은 부적합한 배분치를 산출할 우려가 있다. SAA은 분기와 같은 단기 단위의 리밸런싱과 함께 3년 혹은 5년 이상의 장기 기준으로 행해지며, 이외에도 만일 투자자의 재정 상황이나 경제 환경에 주요한 변화가 있다면 즉각적으로 SAA 배분안을 재검토하게 된다.

2) 전술적 자산배분

전술적 자산배분(TAA)은 전략적 자산배분이 수행된 후 다시 자산군 이하 단위의 미시적 접근으로, 경제 환경의 단기적 변화에 대응하여 주어진 범위 내에서 자산 조합을 액티브하게 조정하는 것을 뜻한다. 그 목적은 시장 내에 일시적인 비효율성이 존재할 것으로 추정될 경우 이를 활용하도록 배분의 하위단계를 미세조정하는 의사결정으로 정의할 수 있다. 예를 들어 경기순환에 맞추어 투자대상 산업군을 변경하거나 시장의 장세변화에 대응하여 위험자산과 무위험자산 간 비중을 조정하는 것으로 보다 경제지표나 기술적 지표 분석 등 보다 정량적이고 계량적인 분석이 주가 되어 수행된다.

특히 TAA는 SAA에 의해 일차적으로 형성된 포트폴리오를 투자전망에 따라 중·단기적으로 변경하는 실행과정이다. 예를 들어 SAA 단계에서 적용한 자본시장 가정들이 변화하고, 자산군별로 각각의 상대적 가치가 변화하는 경우, 그 변화방향을 예측하여 일정 주기(연단위 또는 월단위 등 투자자가 목표하는 리밸런싱 주기를 적용)마다 자산구성을 변경하여 초과이익을 추구하게 된다. 특히 투자자의 자산가격에 대한 예측과 시장가격 간의 중단기적인 가격착오(mispricing)를 적극적으로 활용하여 초과수익을 지향하게 된다.

물론 TAA가 초과이익을 반드시 보장하는 것은 아니다. SAA뿐만 아니라 TAA 역시 과거의 분석이나 전망을 반영한 배분과 조정이 이루어졌다 하더라도 미래의 방향성을 100% 담보하는 것은 아니기 때문이다. 따라서 투자자는 지속적인 모니터링을 통해 큰 상위 범주의 SAA 하에서 TAA의 가능한 조합변경이 가능하도록 배분의 유연성을 확보할 필요가 있다. 그러나 이 경우 일임투자와 같이 투자가 대리인에 의해서 이루어지는 경우 단기의 실적저하를 우려하여 불필요하거나 부적합한 TAA가 이루어질 경우 오히려 장기 실적을 저해하는 결과가 나타날 수 있음에 유의해야 한다.

추가로 동적자산배분(DAA; Dynamic Asset Allocation)을 살펴보자. DAA는 시장 동향에 따라 적극적으로 포트폴리오의 자산 조합을 조정하여 시장 이상의 수익창출을 목표로 한다. 예를 들어 주가가 상승하면 향후 이익을 활용하기 위해 추가 주식을 매수한다. 반면 주가가 하락하면 손실을 피하기 위해 주식을 매도한다. 그런 의미에서 DAA는 시장 타이밍에 중점을 둔 투자전략으로 간주할 수 있다. 특히 DAA는 특정자산조합을 유지하기 보다는 수익 잠재력을 극대화하는 쪽에 더욱 중점을 둔다. 즉, SAA에서 부여된 자산군별 비중에 과다하게 묶이지 않으며 보다 광범위하게 모멘텀이나 역행투자전략 등 시장상황에 부합하도록 적극적인 투자자산믹스를 구성해 나간다. 이러한 점에서 SAA 단계에서 부여된 자산군별 비중을 준수하면서 투자조합을 결정하는 TAA와 차이점이 존재한다.

2. 평균 – 분산 분석(MV approach)

포트폴리오 접근법의 핵심인 평균–분산 분석은 궁극적으로 '자산에 대한 수요함수'를 도출하는 과정이다. 개별 자산들의 수요함수의 도출은 궁극적으로 위험자산 n개와 무위험자산 1개가 있는 경우와 같이 매우 일반적인 분석틀에 기초해 있다. 그러나 이와 같은 일반적인 경우에 대한 분석은 상당히 복잡하므로 가장 단순한 케이스에 대한 분석으로부터 논의를 전개해 나가고자 한다.

본 절에서는 먼저 위험자산(주식) 1개와 무위험 자산 1개가 존재하는 경우에 이들 위험자산과 무위험자산에 대한 수요가 어떻게 결정되는지를 분석한다. 그 다음으로 위험자산이 2개만 있고 무위험자산이 존재하지 않는 경우에 각각의 위험자산에 대한 수요가 어떻게 결정되는지를 분석한다. 그리고 세 번째로 위험자산 2개와 무위험자산 1개가 있는 경우에 이들 각각의 위험자산들과 무위험자산에 대한 수요가 어떻게 결정되는지를 분석한다. 이처럼 문제를 단순화하여 3단계로 분석을 진행하면 일반적인 경우 즉, n개의 위험자산과 1개의 무위험자산이 존재하는 경우에 자산수요가 어떻게 결정되는지에 대한 직관을 온전한 형태로 얻을 수 있게 된다. 이러한 분석에서 얻은 직관을 토대로 n개의 위험자산이 존재하는 경우, 마지막으로 n개의 위험자산과 1개의 무위험자산이 존재하는 일반적이고 복잡한 경우의 자산수요함수를 도출한다.

1) 자산배분: 위험자산 1개 + 무위험자산 1개

통상적으로 위험자산은 개별주식이나 주식으로 구성된 포트폴리오를 의미하며, 무위험자산의 한 가지 사례로 투자기간 동안 확실한 수익을 보장해주는, 국가가 발행하는 순할인채를 생각해볼 수 있다. 국가가 발행하는 채권의 경우 부도위험이 거의 없는데,

위험자산 1 + 무위험자산 1

⇓

위험자산 2

⇓

위험자산 2 + 무위험자산 1

⇓

위험자산 n

⇓

위험자산 n + 무위험자산 1

이는 국가가 화폐발행권 및 조세부과권을 갖고 있기 때문이다. 그러나 시장에서 순할인채의 종류가 많지 않고 만기가 투자기간과 일치하는 순할인채를 찾아보기 힘들기 때문에 그에 대한 대안으로 투자기간과 일치하는 듀레이션을 갖도록 만들어진 국채 포트폴리오도 생각해볼 수 있다. 일반적으로 국채 투자기간과 듀레이션이 일치하는 경우에 투자 기간 만료시 시장금리가 상당 수준 변하더라도 투자시점에서 기대한 기대수익률이 실현되는 경우가 대부분이다.

이제 구체적으로 위험자산 1개와 무위험자산 1개가 존재하는 경우에 자산수요가 어떻게 결정되는지를 생각해보자. [표 Ⅵ-1]에 예로 제시한 위험자산과 무위험자산의 수익률 평균은 각각 15%, 7%로 나타나 있으며, 수익률의 표준편차는 각각 22%, 0%로 나타나 있다. 무위험자산 수익률의 표준편차가 0이라는 것은 무위험자산 수익률에 변동이 나타나지 않음을 의미하므로, 위험자산과의 공분산도 0으로 나타나며 위험자산과의 상관계수 또한 0으로 나타난다는 것을 의미한다. 통상적으로 위험의 측도로서 수익률의 분산을 사용하는 경우도 있으나 수익률의 분산의 경우 단위가 $\%^2$으로 의미 없는 형태로 나타난다. 표준편차의 단위는 수익률, 즉 % 단위로 쓸 수 있기 때문에 일반적으로

표 Ⅵ-1 예시적 자산별 속성

자산의 종류	평균수익률	표준편차	투자비중(가중치)
위험자산	$E(r_P) = 15\%$	$\sigma_P = 22\%$	W
무위험자산	$r_f = 7\%$	$\sigma_f = 0\%$	$1 - W$

위험의 측도로 표준편차가 더 많이 사용된다. 본 장에서도 위험의 측도로 표준편차를 사용하기로 한다.

위 표에 나타난 바와 같이 위험자산(r_p)에 대해서 W의 비중으로 투자하고, 무위험자산(r_f)에 $1-W$를 투자하는 포트폴리오를 만드는 경우를 생각해보자. 평균–분산 분석에서는 이 포트폴리오의 1차모멘트(기대수익률)와 2차모멘트(표준편차)에 초점을 맞추고 있다. 이 포트폴리오의 수익률은 r_c로 표시하자. 여기서 하첨자 c는 무위험자산과 위험자산을 섞은 composite portfolio의 약자이다. 위험자산에 W만큼의 가중치로 투자하고 무위험자산에 $(1-W)$의 가중치로 투자한 이 포트폴리오 수익률의 기대치와 분산은 다음과 같다.

$$
\begin{aligned}
E(r_c) &= E[Wr_p + (1-W)r_f] = WE(r_p) + (1-W)r_f \\
Var(r_c) &= Var[Wr_p + (1-W)r_f] = W^2\,Var(r_p) \\
\sigma_c &= |W|\sigma_P
\end{aligned}
$$

위의 표의 사례에서 $W=0.75$를 가정하면, 포트폴리오의 기대수익률과 표준편차는 다음과 같이 계산된다.

그림 VI-1 투자기회선

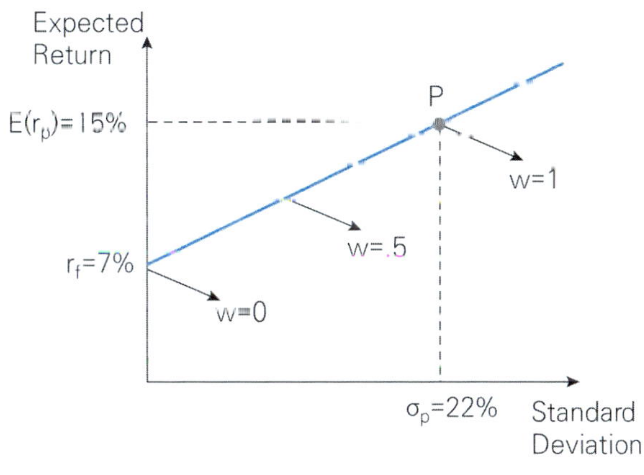

$$E(r_c) = 0.75 \times 15 + (1 - 0.75) \times 7 = 13\%$$
$$\sigma_c = 0.75 \times 22 = 16.5\%$$

위의 결과를 이용하여 수평축은 포트폴리오의 표준편차로, 수직축은 포트폴리오의 기대수익률로 표시되는 평면에 [그림 Ⅵ-1]과 같은 선형의 투자기회선을 그릴 수 있다.

이 투자기회선의 방정식은 $\mu_c = WE(r_p) + (1 - W)r_f$를 W에 대해서 정리한 후 $W = \frac{\mu_c - r_f}{E(r_p) - r_f}$를 $\sigma_c = |W|\sigma_p$에 대입하여 포트폴리오 기대수익률과 포트폴리오 표준편차의 관계식으로 나타낼 수 있다. 이처럼 매개변수인 W를 소거함으로써 도출된 포트폴리오 기대수익률과 포트폴리오 수익률의 표준편차의 관계식이 바로 투자기회선의 방정식이 된다. 이 경우, 표준편차는 음수가 될 수 없기 때문에 $W > 0$인 경우와 $W < 0$인 경우를 별도로 고려해야 한다.

가. $W > 0$

먼저 위험자산에 대한 투자비중이 양인 경우, 즉 $W > 0$인 경우의 투자기회선 방정식은 다음과 같다.

$$\mu_c = r_{r_f} + \frac{E(r_p) - r_f}{\sigma_p}\sigma_c$$

여기서 $W = \frac{\mu_c - r_f}{E(r_p) - r_f} > 0$이라는 것은 $\mu_c - r_f$와 $E(r_p) - r_f$의 부호가 동일함을 의미한다. 무위험수익률 r_f는 무위험자산의 명목이자율을 나타내는데, 통상적으로 양의 값을 갖는다. 위험자산의 기대수익률 $E(r_p)$가 무위험자산 수익률 보다 큰 값을 갖는다면 W의 정의식의 분모, 즉 $E(r_p) - r_f$는 양의 값을 갖는다. 따라서 $W = \frac{\mu_c - r_f}{E(r_p) - r_f} > 0$는 $\mu_c - r_f$가 양의 값이라는 것을 의미한다. 즉, $W > 0$이라는 것은 위험자산과 무위험자산을 적절히 섞은 최적선택 포트폴리오의 기대수익률이 무위험자산 수익률보다 더 높은 값을 갖는다는 것을 의미한다.

[그림 Ⅵ-1]에서는 $W = 0$인 경우와 $W = 1$인 경우도 표시하고 있는데, $W = 0$인 경우에는 위험자산에 대한 가중치가 0이어서 전액을 무위험자산에 투자하는 경우를 나타내고, $W = 1$인 경우에는 전액을 위험자산에 투자하는 경우를 나타낸다. 일반적으로

W는 0과 1 사이에 있는데, $W>1$인 경우를 특별히 신용투자(buying on margin)라고 한다. 위험자산에 대한 가중치(W)와 무위험자산에 대한 가중치($1-W$)의 합은 1이 되어야 하므로, 위험자산에 대한 가중치가 1보다 크다면, 즉 $W>1$이라면 무위험자산에 대한 가중치는 음수가 된다. 무위험자산에 대한 가중치가 마이너스라는 것은, 국채를 예로 든다면 국가로부터 돈을 빌려서 위험자산투자를 수행한 경우를 의미한다. 여기에는 투자자의 신용도가 국채와 동일하다는 가정이 암묵적으로 깔려 있다. 이 경우는 국채에 대한 가중치가 마이너스이므로 국채를 매도(short position)하고 위험자산을 매수(long position)하는 경우를 나타낸다.

나. $W<0$

반면 위험자산에 대한 가중치가 음수인 경우($W<0$)는 위험자산의 기대수익률이 무위험수익률보다 낮은 매우 특별한 경우에 발생하는데, 위험자산에 대해서 공매(매도포지션, short position)를 수행하고 무위험자산을 매수(long position)한 경우로서 신용투자와 정 반대의 포지션이 된다. $W=\dfrac{\mu_c-r_f}{E(r_p)-r_f}<0$이라는 것은 μ_c-r_f와 $E(r_p)-r_f$의 부호가 반대라는 것이다. 위험자산의 기대수익률 $E(r_P)$가 무위험수익률보다 낮은 경우에는 $E(r_P)-r_f$가 음수가 되고 이 경우 μ_c-r_f가 양수가 된다. 무위험자산수익률보다 낮은 기대수익률을 갖는 위험자산을 최적 포트폴리오에 포함시킬 때는 이 위험자산에 대한 가중치를 마이너스로 가져가서 공매(short sale)를 취하게 된다. 기대수익률이 낮은 위험자산에 대한 공매포지션을 취하게 되면 최적 포트폴리오의 기대수익률이 무위험자산 수익률보다 높은 값을 가질 수 있게 된다. 위험자산에 대해서 공매포지션을 취하는 경우의 투자기회선 방정식은 다음과 같다.

$$\mu_c = r_{r_f} \quad \frac{E(r_p)-r_f}{\sigma_p}\sigma_c$$

주식에 대한 공매 개념에 대한 이해를 돕기 위해서 간단한 사례를 통해서 살펴보자. 투자자 A가 생각하기에 투자자 B가 가지고 있는 주식의 가격이 반드시 떨어질 것으로 예상되는 상황이다. 즉, B가 가진 주식의 기대수익률 $E(r_p)$가 무위험수익률보다 낮은 상황이다. 그럼에도 불구하고 B는 그 주식을 팔 생각이 없다. A는 이 경우 B가 가진 주식에 대해서 공매 포지션을 취하면 이득을 볼 수 있을 것으로 판단한다. 이 판단에 따라 A는 B에게 그 주식을 빌려서 즉시 그 주식을 매도하여 그 가격인 100을 받았고, 이 돈을 무위험자산에 투자하였다. 시간이 경과한 후 실제로 그 주식의 가격이 90으로 하락하였다. A는 90을 주고 그 주식을 사서 B에게 돌려주고 공매를 통한 이익 10을 확보한다. 이와 같은 거래 방식을 공매(short sale)라고 한다. 우리나라에서는 고객의 주식을 빌려주는 업무를 증권회사가 수행하고 있으며, 증권회사는 이러한 대주업무를 통해서 수수료 수입을 얻고 있다.

다. 투자기회선의 실질적 의미

위에서 살펴본 바와 같이 투자기회선은 μ_c와 σ_c의 관계를 나타내고 있다. 이 선의 기울기 $\frac{E(r_p)-r_f}{\sigma_p}$를 샤프비율(sharpe ratio)이라고 한다. 이 비율은 위험자산에 대한 투자에 대해서 위험, 즉 표준편차를 1% 부담하는 대신 그 위험자산이 주는 초과수익률을 몇 %를 보상받기를 원하는가 하는 위험－보상 비율(risk compensation ratio) 혹은 위험의 시장가격(market price of risk)을 나타낸다. 샤프비율은 1보다 크면 부담하는 위험(분모) 대비 초과수익률(분자)이 높음을 의미하므로 일반적으로 좋은 투자대상으로 평가된다. 통상적으로 위험자산 포트폴리오의 경우 샤프비율은 0.2~0.4 사이에 존재하지만 우리나라에서 개별주식의 경우에는 －3부터 ＋3까지 샤프비율이 비교적 넓게 분포한다. 샤프비율이 1보다 큰 경우에 좋은 투자로 평가된다. 투자기회선 상의 각 점들은 W의 값에 대응하고 있는데, $0 < W < 1$인 경우에는 r_f점과 P점 사이에 포트폴리오가 위치하며, $W > 1$인 경우에는 P점 우상방의 투자기회선 상의 점들을 나타낸다.

그렇다면 이러한 평균－표준편차 경계선(mean－standard deviation frontier)을 왜 투자기회선(investment opportunity line)이라고 부르는가? 이 선은 무위험자산과 위험자산을 결합하여 실현 가능한 투자포트폴리오 중에서, 동일한 기대수익률을 제공하는 모든 포트폴리오 중에서 가장 낮은 위험을 대변하는 점들의 집합임과 동시에, 동일한 위험을 제공하는 모든 포트폴리오들 중에서 가장 높은 기대수익률을 대변하는 투자포트폴리오들의 집합이기 때문이다. 그러한 이유로 이 선을 효율적 경계(efficient frontier)라고도 부른다.

무위험자산과 위험자산의 수익률 분포가 주어진 경우 효율적 경계가 만들어지게 된다. 이 경우 투자자들은 주어진 효율적 경계선 상의 한 점에서 최적 포트폴리오를 선택하게 되며 이 과정에서 위험자산에 대한 투자비중 W가 결정된다. 이 과정을 좀 더

그림 VI-2 투자기회선

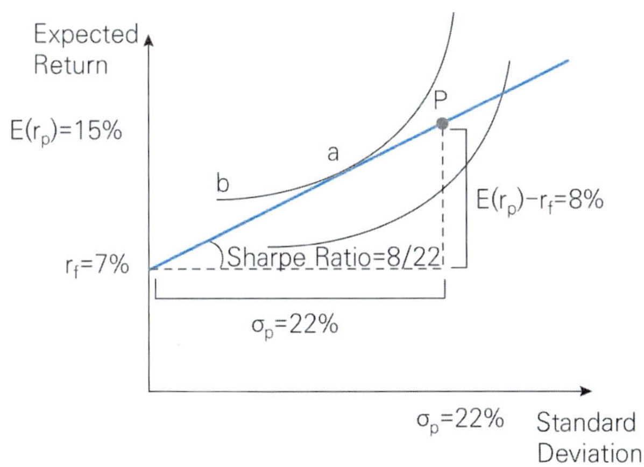

자세히 살펴보자. 투자자들은 위험과 수익률에 대한 고유의 선호체계를 갖는데, 각 투자자들이 갖고 있는 무차별곡선은 [그림 VI−2]에서 북서쪽으로 갈수록 효용수준이 증가한다. 즉, 일반적인 투자자의 입장에서는 위험(즉 표준편차)은 낮으면 낮을수록 좋고, 기대수익률은 높으면 높을수록 좋기 때문에 위험이 낮고 기대수익률이 높으면 효용수준이 증가한다. 그러나 위험이 낮은 동시에 기대수익률이 낮은 포트폴리오 수익률과 위험이 높은 동시에 기대수익률이 높은 포트폴리오 수익률에 대한 직접적인 비교 결과는 개별 투자자의 선호체계에 따라서 달라진다. 그러나 확실한 것은 각 투자자들의 무차별곡선은 위의 투자기회선과 반드시 한 점에서 접하게 되며, 바로 그 최적선택점에서 투자자들의 최적 포트폴리오가 결정된다는 점이다. 그리고 이 과정에서 각 투자자들의 위험자산에 대한 투자비중 W도 결정되고 자산에 대한 수요가 결정됨을 알 수 있다.

개별적 투자자 입장에서 본다면 전체 투자기회선 상의 한 점 즉, 자신의 무차별곡선과 투자기회선의 접점이 그에게 있어서 최적선택점으로 나타나고 최고의 효용수준을 제공해주는 점으로 나타난다. 최적선택점을 선택한 투자자에게 있어서는 이 한 점을 제외한 투자기회선 상의 모든 점과 투자기회선 아래의 모든 면적에 속하는 점들은 그 한 점에 의해서 지배되었음(dominated)을 알 수 있다. 여기서 지배되었다는 표현은 최적선택점을 제외한 투자기회선상의 모든 점과 그 아래의 모든 점의 효용수준이 최적선택점보다 낮다는 것을 의미한다. 즉, 주어진 무위험자산과 위험자산을 결합하여 만들어 낼 수 있는, 선택 가능한 포트폴리오 중에서 투자기회선 상의 최적선택점이 가장 높은 효용수준을 제공해준다는 것을 알 수 있다. [그림 Ⅵ-2]에서 투자자 A는 자신의 무차별 곡선이 투자기회선과 접하는 접점인 a점을 최적점으로 선택하고 있다.

다만 주의할 점은 각 개인들의 최적 선택점들 사이에 우열관계를 평가하기는 곤란하다는 점이다. 투자자 A 입장에서는 a점이 투자기회선 상에 존재하는 b점을 지배한다. 투자자 B의 입장에서는 b점이 투자기회선 상에 존재하는 a점을 지배한다. 투자자 A와 투자자 B 각 개인의 입장에서는 a점과 b점 중에서 어떤 점이 더 우월한 점인지는 명확하지만, 사회적으로는 a점과 b점 중에서 어떤 점이 더 우월한 선택점인지는 판단할 수 없다. A는 자신의 위험자산에 대한 투자비중을 자신의 선호체계에 따라 W_A로 결정하고 B는 위험자산에 대한 투자비중을 자신의 선호체계에 따라 W_B로 결정하게 되는데 일반적으로 이는 같지 않다. 그렇지만 사회 전체적으로 위험자산에 대한 투자비중(및 무위험자산에 대한 투자비중)은 사회구성원들 각자의 효용을 극대화하는 과정에서 결정되며, 위험자산 및 무위험자산에 대한 수요도 마찬가지로 사회구성원들 각자의 효용수준을 극대화하는 과정에서 결정된다.

2) 자산배분: 위험자산 2개

이제 무위험 자산 없이 서로 다른 위험자산 2개만이 존재하는 경우를 고려해보자. 이 경우의 포트폴리오 수익률은 $r_p = W_1 r_1 + W_2 r_2$의 형태를 취하게 되는데, $W_1 + W_2 = 1$을 만족한다. 이 경우에도 평균-분산 분석은 이 포트폴리오 수익률의 1차모멘트(기대수익률)와 2차모멘트(분산 혹은 표준편차)에 주로 관심을 가진다. 이 포트폴리오 수익률의 평균과 분산은 다음과 같이 결정된다.

$$
\begin{aligned}
E[r_p] &= W_1 E[r_1] + W_2 E[r_2] \\
\sigma_p^2 &= W_1^2 \sigma_1^2 + W_2^2 \sigma_2^2 + 2 W_1 W_2 Cov(r_1, r_2) \\
&= W_1^2 \sigma_1^2 + W_2^2 \sigma_2^2 + 2 W_1 W_2 \rho_{12} \sigma_1 \sigma_2
\end{aligned}
$$

이때 ρ_{12}는 위험자산1과 위험자산2의 상관계수를 나타낸다. 논의를 구체화하기 위하여 다음과 같은 두 자산의 사례를 살펴보자.

$\rho_{12}=0.2$	μ_{it}	σ_{it}
증권 1	0.10	0.15
증권 2	0.14	0.20

이로부터 산출한 평균과 분산은 각각 다음과 같다.

$$
\begin{aligned}
E[r_p] &= W(0.10)+(1-W)(0.14) \\
&= -0.04W+0.14 \\
\sigma_p^2 &= W^2(0.15^2)+(1-W)^2(0.2^2)+2W(1-W)(0.2)(0.15)(0.20)
\end{aligned}
$$

이제 W를 0에서 1까지 변화시키면서 결합포트폴리오 수익률의 평균과 분산이 어떻게 달라지는지를 살펴보면 [그림 VI−3]과 같이 나타난다.

[그림 VI−3]에 나타난 자주색 선을 '투자기회선'이라고 부른다. $W=1$인 경우에는 첫 번째 자산을 100% 보유하는 상황이고, $1-W=1$인 경우는 두 번째 자산을

그림 VI-3 위험자산 2개 하의 투자기회선

w1	w2	E(rp)	Var(rp)	std dev(rp)
1.00	0.00	0.100	0.02250	0.150
0.80	0.20	0.108	0.01792	0.134
0.60	0.40	0.116	0.01738	0.132
0.40	0.60	0.124	0.02088	0.144
0.20	0.80	0.132	0.02842	0.169
0.00	1.00	0.140	0.04000	0.200

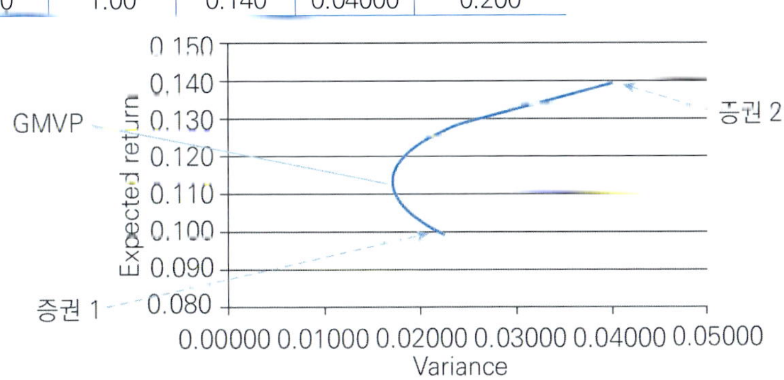

100% 보유하는 상황이다. 첫 번째 자산의 비중을 줄이고 두 번째 자산의 비중을 늘려 나가는 경우 포트폴리오의 기대수익률은 10%에서 14%로 선형적으로 상승하는데, 그 이유는 $E(r_p)$가 W에 대해서 음(−)의 선형함수이기 때문이다.

그런데 σ_p^2 산출식을 보면 W의 2차함수로 나타나는데, W^2의 계수를 계산해보면 0.0505임을 알 수 있다. 따라서 σ_p^2은 W에 대한 양(+)의 2차함수가 되기 때문에 특정한 W에 대해서 σ_p^2이 최소값을 갖는다는 것을 확인할 수 있다. W가 $W=1$에서 $W=0$으로 점차 감소함에 따라 $E(r_p)$와 σ_p^2이 어떤 식으로 변화하는가의 궤적을 그려보면 위의 그림에서와 같이 $E(r_p)$는 선형적으로 증가하는 양상을 보이지만, σ_p^2은 0.0225에서 점차 감소하여 0.01738 부근으로 감소했다가 다시 증가하여 0.040까지 증가하는 것을 확인할 수 있다.

한편 투자기회선은 증권 2를 지나서 연장될 수 있는데, 이 경우는 $W_2 > 1$인 경우로서, 증권 1을 공매를 취해서 현금을 확보하고 투자자가 가진 돈을 합쳐서 증권 2에 투자한 경우를 나타낸다. 그리고 투자기회선을 증권 1을 지나서도 연장될 수 있는데, 이는 $W_1 > 1$인 경우로서, 증권 2를 공매를 취해서 현금을 확보하고 투자자가 가진 돈을 합쳐서 증권 1에 투자한 경우를 나타낸다. 이처럼 그림으로 나타난 바와 같이 가중치 W가 변화할 때 나타나는 포트폴리오 수익률의 기대치와 분산의 관계를 좀 더 분석적으로 살펴보기 위해서는 앞에서와 같이 매개변수인 W를 소거하고 포트폴리오 수익률의 기대치와 분산간의 관계로 직접 나타내보자. 먼저 포트폴리오 기대수익률의 정의식을 이용하여 매개변수 W를 다음과 같이 나타낼 수 있다.

$$\mu_p = W\mu_1 + (1-W)\mu_2 \Rightarrow W = \frac{\mu_p - \mu_2}{\mu_1 - \mu_2}$$

다른 한편 포트폴리오 수익률의 분산의 정의식을 이용하여 매개 변수의 해를 다음과 같이 찾을 수 있다.

$$\sigma_p^2 = W^2\sigma_1^2 + (1-W)^2\sigma_2^2 + 2W(1-W)\sigma_{12}$$
$$\Rightarrow W = \frac{\sigma_2^2 - \sigma_{12} \pm \sqrt{\sigma_{12}^2 - \sigma_1^2\sigma_2^2 + \sigma_p^2(\sigma_1^2 + \sigma_2^2 - 2\sigma_{12})}}{\sigma_1^2 + \sigma_2^2 - 2\sigma_{12}}$$

따라서 포트폴리오 수익률의 기대치와 분산의 관계식은 다음과 같이 나타낼 수 있다.

$$\frac{\mu_p-\mu_2}{\mu_1-\mu_2}=\frac{\sigma_2^2-\sigma_{12}\pm\sqrt{\sigma_{12}^2-\sigma_1^2\sigma_2^2+\sigma_p^2(\sigma_1^2+\sigma_2^2-2\sigma_{12})}}{\sigma_1^2+\sigma_2^2-2\sigma_{12}}$$

$$\Rightarrow\left[\frac{\mu_p-\mu_2}{\mu_1-\mu_2}(\sigma_1^2+\sigma_2^2-2\sigma_{12})+\sigma_2^2-\sigma_{12}\right]^2=\sigma_{12}^2-\sigma_1^2\sigma_2^2+\sigma_p^2(\sigma_1^2+\sigma_2^2-2\sigma_{12})$$

결과적으로 이 관계식에서 μ_p와 σ_p^2의 관계는 포물선(Parabolic)이며, μ_p와 σ_p의 관계는 쌍곡선(Hyperbolic)임을 확인할 수 있다. 한편 위에서 W가 정의되기 위해서는 근의 공식의 판별식이 0보다 크거나 같아야 한다는 제약조건을 고려해야 한다. 즉,

$$\sigma_{12}^2-\sigma_1^2\sigma_2^2+\sigma_p^2(\sigma_1^2+\sigma_2^2-2\sigma_{12})\geq 0$$

이 조건들로부터 포트폴리오의 최소 분산값을 다음과 같이 찾아낼 수 있다.

$$\sigma_p^2\geq\frac{\sigma_1^2\sigma_2^2-\sigma_{12}^2}{\sigma_1^2+\sigma_2^2-2\sigma_{12}}\Rightarrow \mathrm{Min}(\sigma_p^2)=\frac{\sigma_1^2\sigma_2^2-\sigma_{12}^2}{\sigma_1^2+\sigma_2^2-2\sigma_{12}}$$

이 값이 최소 분산값인지를 확인해보기 위해서 분산이 최소값이 되는 경우에 W를 구하고 그것을 분산에 대입하여 최소분산값을 직접 구하면 다음과 같다.

$$Min\ \sigma_p^2=W^2\sigma_1^2+(1-W)^2\sigma_2^2+2W(1-W)\sigma_{12}$$

$$\Rightarrow \text{FOC:}\ 2W\sigma_1^2-2(1-W)\sigma_2^2+2(1-2W)\sigma_{12}=0$$

$$\Rightarrow W^*=\frac{\sigma_2^2-\sigma_{12}}{\sigma_1^2+\sigma_2^2-2\sigma_{12}}$$

이처럼 최소분산 포트폴리오를 만들어주는 증권 1에 대한 가중치를 구하고 난 이후에 이를 위의 분산의 정의식에 대입하면 최소화된 분산값은 다음과 같음을 확인할 수 있다.

$$\mathrm{Min}(\sigma_p^2)=\frac{\sigma_1^2\sigma_2^2-\sigma_{12}^2}{\sigma_1^2+\sigma_2^2-2\sigma_{12}}$$

이와 같은 최소분산포트폴리오(Minimum Variance Portfolio, MVP)는 광역적인 범위

에서 최소값을 가지기 때문에 광역적 최소분산포트폴리오(Global Minimum Variance Portfolio, G MVP)라고 부르기도 한다. 이 경우 위의 수치사례를 통해서 최소분산포트폴리오 가중치(W^*)와 최소분산값(σ_{GMVP})을 계산해보자.

[GMVP]

$$W^* = \frac{\sigma_2^2 - \sigma_{12}}{\sigma_1^2 + \sigma_2^2 - 2\sigma_{12}} = \frac{\sigma_2^2 - \rho_{12}\sigma_1\sigma_2}{\sigma_1^2 + \sigma_2^2 - 2\rho_{12}\sigma_1\sigma_2} = \frac{0.2^2 - 0.2 \times 0.15 \times 0.2}{0.14^2 + 0.2^2 - 2 \times 0.2 \times 0.15 \times 0.2} = 0.6733$$

즉, 증권 1에 대한 가중치가 0.6733으로 계산되었으므로, 증권 2에 대한 가중치는 $1 - W^* = 0.3267$로 계산된다. 이에 따라 최소분산포트폴리오의 기대수익률과 수익률 분산 및 표준편차는 다음과 같이 계산된다.

$$E(r_{GMVP}) = 0.6733 \times 0.1 + 0.3276 \times 0.14 = 0.1131$$
$$\sigma_{GMVP}^2 = 0.6733 \times 0.15^2 + 0.3276 \times 0.2^2 + 2 \times 0.6733 \times 0.3276 \times 0.2 \times 0.15 \times 0.2 = 0.0171$$
$$\sigma_{GMVP=} \sqrt{0.0171} = 0.1308$$

기대수익률과 분산이 그리는 포물선이든 아니면 기대수익률과 표준편차가 그리는 쌍곡선이든 간에 $GMVP$는 위험이 가장 작은 포인트를 나타낸다. [그림 Ⅵ-4]는 기대수익률과 표준편차가 그리는 쌍곡선을 나타내고 있는데, $GMVP$ 아래는 $GMVP$ 위에 의해서 지배되고 있다. 왜냐하면 이 쌍곡선은 $GMVP$를 중심으로 정확하게 아래위로 대칭적이어서 위험은 동일하지만 $GMVP$ 위의 영역에서 기대수익률이 더 높기 때문이다. 따라서 쌍곡선의 $GMVP$ 윗부분만을 효율적 경계라고 부른다. 아래 그림에서 확인할 수 있는 바와 같이 분산투자를 통해서 효율적 경계선 상에 존재하는 포트폴리오를 선택하기 위해서는 증권 1에 67.33% 이하를 투자해야 하고, 증권 2에 32.67% 이상을 투자해야 함을 알 수 있다.

참고로 상기 GMVP 도식에서 포트폴리오 P를 구성하기 위해서 증권 1에 얼마의 가중치를 부여해야 할 것인지를 생각해보자. 이 포트폴리오는 증권 1을 지배한다. 그 이유는 동일한 표준편차에도 불구하고 더 높은 기대수익률을 갖고 있기 때문이다. 그러면 구체적으로 포트폴리오 P를 어떻게 찾아낼 것인가? 한 가지 힌트는 P가 증권 1과 동일한 표준편차 0.15를 갖는다는 점이다. 이를 이용하여 포트폴리오 P의 증권 1에 대한 가

그림 VI-4 GMVP

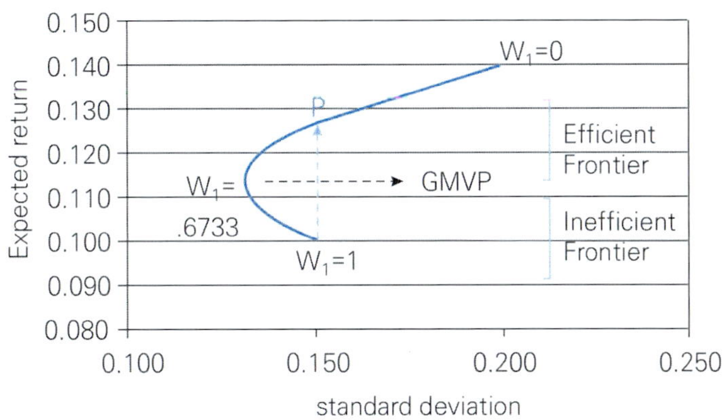

중치를 다음 식을 이용하여 구할 수 있다.

$$\sigma_P^2 = W^2 \times 0.15^2 + (1-W)^2 \times 0.2^2 + 2 \times W \times (1-W) \times 0.2 \times 0.15 \times 0.2 = 0.15^2$$

이 식을 풀면 $W=1$(증권 1)과 $W=0.3465$(포트폴리오 P)가 나타난다. 증권 1에 대한 가중치가 0.3465임을 알 수 있으며, 이 경우 포트폴리오 P의 기대수익률 $E(r_P)$은 다음과 같다.

$$E(r_P) = 0.3465 \times 0.1 + 0.6535 \times 0.14 = 0.1261$$

위험자산 2개로 포트폴리오를 구성하는 경우 위험을 감소시킬 수 있는데, 이를 분산투자효과라고 부른다. 이 분산투자효과가 존재하기 위해서는 위험자산 간의 상관계수가 매우 중요하다. [그림 VI-5]는 위험자산 2개 간의 상관계수값이 1, 0.5, 0, 0.5, 1의 값을 가질 때 분산투자효과가 어떻게 달라지는가를 보여주고 있다. 상관계수값이 1인 경우에는 위험자산 2개를 결합시키더라도 위험이 감소하는 효과가 전혀 발생하지 않음을 확인할 수 있다. 그러나 상관계수 값이 점차 작아짐에 따라서 위험이 감소하는 효과가 점점 크게 나타나다가 상관계수 값이 -1이 되면 위험이 0까지 감소하는 것을 확인할 수 있다. 이처럼 상관계수가 -1인 경우에는 이들 위험자산을 이용하여 일종의

그림 VI-5 두 위험자산 간 상관계수별 위험분산효과

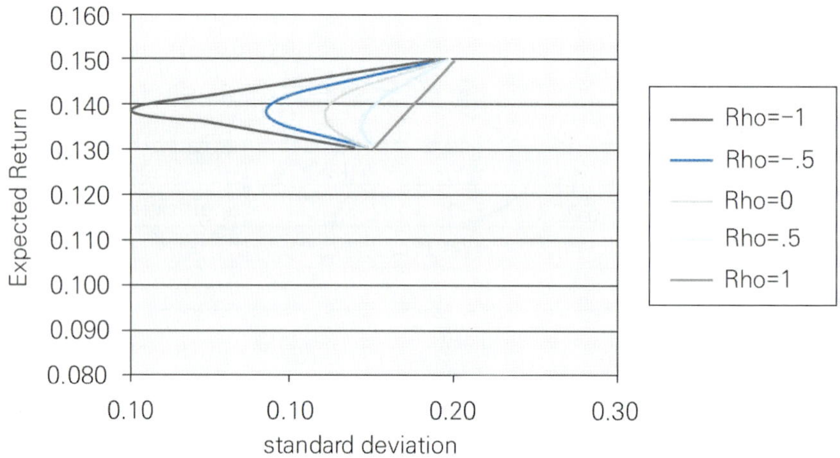

무위험자산을 합성해 낼 수 있다.

결과적으로 두 위험자산 간의 상관계수값이 작을수록 분산투자효과가 크게 나타남을 알 수 있다. [그림 VI−5]는 공매를 허용하지 않은 경우에 투자기회선을 보여주고 있는데, 만약 공매를 허용한다면 투자기회선이 자산 1과 자산 2의 점을 통과하여 연장선을 그릴 수 있다.

3) 자산배분: 위험자산 2개+무위험자산 1개

기대수익률이 5%인 무위험자산을 포트폴리오에 포함함으로써 위험자산 2개만 존재하는 경우 효율적 투자기회선이 [그림 VI−6]과 같이 확장될 수 있다. 무위험자산과 위험자산 2개로 만들어낸 포트폴리오를 연결한 선을 투자기회선이라고 부를 수 있는데, 이 투자기회선의 기울기가 sharpe ratio이다. 무위험자산과 위험자산 2개로 만들어낸 포트폴리오를 연결해서 아래 그림과 같이 sharpe ratio를 극대화하는 투자기회선을 만들 수 있다.

이 경우 무위험자산이 없었더라면 사람들의 선택점이 위험자산 2개만 존재하는 경

그림 VI-6 '위험자산 2개 + 무위험자산 1개'의 투자기회선

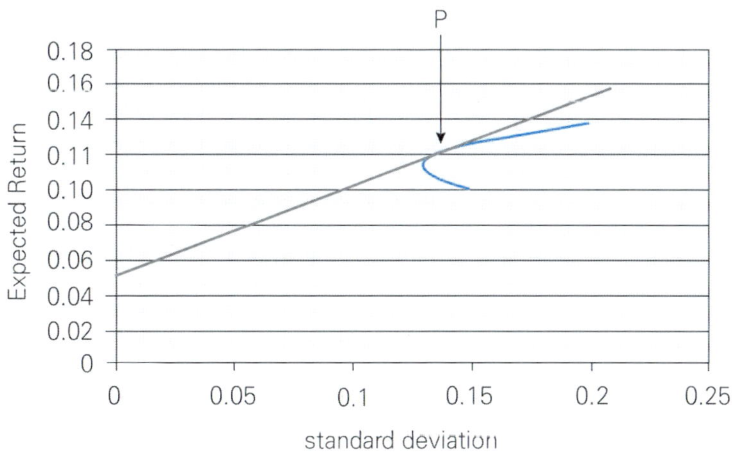

우의 효율적 투자 경계선 상에서 결정될 것이다. 매우 위험기피적인 사람은 안전자산을 선호해 표준편차가 낮은 영역에서 선택을 할 것이며 이를테면 GMVP를 선택할 것이다. 반면 위험을 선호하는 사람은 표준편차가 높은 영역 즉 자산 2의 연장선상에서 선택할 것이다. 그런데 위의 그림에서 확인할 수 있는 바와 같이 GMVP나 위험자산 2의 영역은 무위험자산이 존재하는 경우의 투자기회선 내부에 존재한다. 위의 그림에서 위험자산 2개를 섞어서 만들어내는 효율적 경계와의 접점을 접점 포트폴리오(tangent portfolio)라고 부른다. 일단 이 접점포트폴리오를 찾아내면 위험자산 1개와 무위험자산 1개가 존재하는 경우의 자산배분 문제로 바뀌게 되며 선형의 투자기회선 상에서 투자자들의 최종적인 선택점이 이루어지게 된다. 여기서 중요한 사실은 무위험자산이 존재하는 경우에 이제 모든 사람들은 자신의 위험선호도에 관계없이 모든 사람이 접점포트폴리오와 무위험자산에 대한 투자비중을 얼마로 할 것인지만을 결정하는 투자행위를 수행하게 된다는 사실이다. 모든 사람들은 자신의 위험선호도에 관계없이 접점포트폴리오를 자신의 최종적인 선택점 내에 포함시켜야 하며, 다만 차이는 접점포트폴리오에 대한 투자비중을 얼마로 하는가의 차이만 있을 뿐이다. 이를 Tobin의 '2개 자산 분리정리'(Two Fund Separation Theorem)라 부른다. Two Fund Separation Theorem에 따르면 접점포

트폴리오의 선택은 투자자들 각 개인의 위험선호도와 무관하게 결정된다. 만약 시장에 위험자산 2개 그리고 무위험자산 1개 존재하는 경우에 위험자산 2개로 시장포트폴리오 즉 접점포트폴리오 1개를 만들고 무위험자산 1개와 연결하면 그것이 투자기회선이 된다는 것이고 투자자들의 선택은 이 투자기회선상에서 이루어진다는 것이다. 이 경우에 개별투자자들의 효용이 가장 극대화되고 사회적인 효용도 극대화된다. 그런데 Two Fund Separation Theorem이 말하는 바와 같이 위험선호도에 관계없이 모든 사람들이 동일한 접점포트폴리오를 자신들의 최종적인 포트폴리오에 포함시키기 위해서 전제되는 가정은 모든 투자자들이 자산수익률의 분포에 대해서 동질적인 기대를 갖고 있어야 한다는 가정이다.

이 경우에 접점포트폴리오를 어떻게 찾을 것인가를 생각해보자. 무위험자산과 위험자산 2개로 이루어진 포트폴리오를 연결했을 때 샤프비율을 극대화해주는 위험자산 포트폴리오가 접점 포트폴리오이다. 따라서 다음 식과 같이 투자기회선의 샤프비율을 극대화하는 과정에서 접점 포트폴리오를 찾을 수 있다.

$$\mathrm{Max}_W \frac{WE(r_1)+(1-W)E(r_2)-r_f}{\sqrt{W^2\sigma_1^2+(1-W)^2\sigma_2^2+2W(1-W)\sigma_{12}}}$$

계산과정을 단순화하기 위해서 목표함수에 로그를 취하면 다음과 같이 쓸 수 있다.

$$y=\ln[W\mu_1+(1-W)\mu_2-r_f]-\frac{1}{2}ln[W^2\sigma_1^2+(1-W)^2\sigma_2^2+2W(1-W)\sigma_{12}]$$

목표함수를 W에 대해서 미분한 1계 조건(FOC)은 다음과 같다.

$$\frac{dy}{dW}=\frac{\mu_1-\mu_2}{(\mu-\mu_2)W+\mu_2-r_f}-\frac{(\sigma_1^2+\sigma_2^2-2\sigma_{12})W+\sigma_{12}-\sigma_2^2}{(\sigma_1^2+\sigma_2^2-2\sigma_{12})W^2+2(\sigma_{12}-\sigma_2^2)W+\sigma_2^2}=0$$

이 식을 통분하여 분자를 구성하는 식을 구하고, 그 식을 W에 대해 정리하면 다음과 같다.

$$W=\frac{(\mu_1-r_f)\sigma_2^2-(\mu_2-r_f)\sigma_1\sigma_2\rho_{12}}{(\mu_2-r_f)\sigma_1^2+(\mu_1-r_f)\sigma_2^2-(\mu_1+\mu_2-2r_f)\sigma_1\sigma_2\rho_{12}}$$

앞서 예시로 제시한 위험자산의 기대수익률과 분산 및 공분산 값에 더불어 무위험자산 수익률 5%가 추가적으로 고려되는 경우를 살펴보자.

$\rho_{12}=0.2$	μ_{it}	σ_{it}
증권 1	0.10	0.15
증권 2	0.14	0.20
무위험자산	0.05	

이로부터 접점포트폴리오의 증권 1에 대한 가중치 W를 구해보면 다음과 같다.

$$W=\frac{(0.1-0.05)\times 0.2^2-(0.14-0.05)\times 0.15\times 0.20\times 0.2}{(0.14-0.05)\times 0.15^2+(0.1-0.05)\times 0.2^2-(0.1+0.14-2\times 0.05)\times 0.15\times 0.2\times 0.2}$$
$$=0.458399$$

이 접점포트폴리오가 가지는 증권 1에 대한 가중치를 이용하여 접점포트폴리오의 기대수익률을 구해보면, $E(r_p)=0.121664$이고, 접점포트폴리오의 표준편차는 $\sigma(r_p)=0.139429$이므로, 투자기회선의 샤프비율은 다음과 같다.

$$\frac{E(r_p)-r_f}{\sigma_p}=\frac{0.121664-0.05}{0.139429}=0.513983$$

이 접점포트폴리오가 가지는 증권 1에 대한 가중치 W가 바로 증권 1에 대한 수요함수와 관련된다. 예를 들어 어떤 투자자의 부가 100이고 이 총 부의 70%를 접점포트폴리오에 투자하고 나머지 30%는 무위험자산에 투자한다고 해보자. 이 경우 이 투자자의 증권 1에 대한 투자금액은 $32.08791(=70\times 0.458399)$이 될 것이고, 증권 2에 대한 투자금액은 $37.91209(=70\times(1-0.458399))$가 될 것이다. 이러한 방식으로 모든 투자자의 증권 1과 증권 2에 대한 투자금액을 알아낼 수가 있고 각 자산에 대한 수요함수를 구할 수 있다.

4) 자산배분: 위험자산 n개

2개 이상의 위험자산이 존재하는 경우의 자산배분은 벡터 및 행렬연산을 이용하여 논의를 전개한다. 본격적인 논의에 앞서 간단한 벡터 및 행렬연산을 먼저 정의해보자. 자산별 수익률 μ 벡터와 투자가중치 W 벡터는 다음과 같이 정의한다.

$$\mu_{3\times 1} = \begin{pmatrix} a \\ b \\ c \end{pmatrix},\ \ {\mu_{1\times 3}}' = (a\ \ b\ \ c)$$

$$W_{3\times 1} = \begin{pmatrix} W_1 \\ W_2 \\ W_3 \end{pmatrix}$$

벡터에 프라임을 붙인 것은 전치(transpose) 벡터를 나타낸다. 일반적으로 벡터는 행벡터(column vector)를 지칭한다. 행벡터를 전치하면 열벡터가 된다. 벡터들의 곱은 다음과 같이 내적(inner product)으로 정의한다.

$${W_{1\times n}}' \mu_{n\times 1} = {\mu_{1\times n}}' W_{n\times 1} = \sum_{i=1}^{n} W_i \mu_i$$

다음으로 W와 μ의 내적을 $W_{n\times 1}$ 벡터에 대해서 미분하면 $\mu_{n\times 1}$ 벡터가 된다는 사실을 다음 식을 통해서 알 수 있다.

$$\frac{\partial W'\mu}{\partial W_{n\times 1}} = \begin{pmatrix} \dfrac{\partial \sum_{i=1}^{n} W_i\mu_i}{\partial W_1} \\ \dfrac{\partial \sum_{i=1}^{n} W_i\mu_i}{\partial W_2} \\ \cdots\cdots \\ \dfrac{\partial \sum_{i=1}^{n} W_i\mu_i}{\partial W_n} \end{pmatrix} = \begin{pmatrix} \mu_1 \\ \mu_2 \\ \cdots \\ \mu_n \end{pmatrix} = \mu$$

다음으로 분산공분산 행렬을 이용하여 행렬 연산을 사례를 살펴보자. 3×3분산－공분산 행렬은 다음과 같다.

$$\Omega_{3\times 3} = \begin{pmatrix} \sigma_1^2 & \sigma_{12} & \sigma_{13} \\ \sigma_{12} & \sigma_2^2 & \sigma_{23} \\ \sigma_{13} & \sigma_{23} & \sigma_3^2 \end{pmatrix}$$

분산–공분산행렬은 행과 열의 숫자가 같으므로 정방행렬(square matrix)이며 이와 동시에 대각원소를 중심으로 아래 위 삼각형이 대칭이므로 대칭행렬(symmetric matrix)이다. 이러한 분산–공분산행렬에 앞뒤로 가중치 벡터를 곱하면 하나(scalar)의 내적으로 나타나는데 이것은 투자자가 선택한 위험자산으로 구성된 포트폴리오 수익률의 분산이 된다.

$$W_{1\times 3}{}'\Omega_{3\times 3}W_{3\times 1} = (W_1\ W_2\ W_3)\begin{pmatrix}\sigma_1^2 & \sigma_{12} & \sigma_{13}\\ \sigma_{12} & \sigma_2^2 & \sigma_{23}\\ \sigma_{13} & \sigma_{23} & \sigma_3^2\end{pmatrix}\begin{pmatrix}W_1\\W_2\\W_3\end{pmatrix}$$

$$= \sum_{i=1}^{3}\sum_{j=1}^{3} w_i w_j \sigma_{ij} \text{ 이 때, } \sigma_{ii} = \sigma_i^2$$

$$= w_1^2\sigma_1^2 + w_2^2\sigma_2^2 + w_3^2\sigma_3^2 + 2w_1w_2\sigma_{12} + 2w_1w_3\sigma_{13} + 2w_2w_3\sigma_{23}$$

이 식과 같이 분산–공분산행렬에 앞뒤로 가중치 벡터를 곱한 것은 scalar 즉 하나의 내적으로 나타나는데 이것은 투자자가 선택한 위험자산으로 구성된 포트폴리오 수익률의 분산이다. 이 포트폴리오 분산을 가중치 벡터에 대해서 미분하면 다음과 같다.

$$\frac{\partial W'\Omega W}{\partial W} = 2\Omega W$$

이제 이와 같은 행렬연산의 기초지식을 이용하여 3가지 위험자산이 존재하는 경우의 포트폴리오 수익률의 평균과 분산을 행렬로 표현하면 다음과 같다.

[포트폴리오 기대수익률 및 분산]

$r_p = W_1 r_1 + W_2 r_2 + W_3 r_3$. 단, $W_1 + W_2 + W_3 = 1$

$E[r_p] = W_1 E[r_1] + W_2 E[r_2] + W_3 E[r_3] = W\mu$

$$\sigma_p^2 = W_1^2\sigma_1^2 + W_2^2\sigma_2^2 + W_3^2\sigma_3^2 + 2W_1W_2Cov(r_1,r_2) + 2W_1W_3Cov(r_1,r_3) + 2W_2W_3Cov(r_2,r_3)$$

$$= (W_1\ \ W_2\ \ W_3)\begin{bmatrix}\sigma_1^2 & \sigma_{12} & \sigma_{13}\\ \sigma_{12} & \sigma_2^2 & \sigma_{23}\\ \sigma_{13} & \sigma_{23} & \sigma_3^2\end{bmatrix}\begin{pmatrix}W_1\\W_2\\W_3\end{pmatrix}$$

$$= W'\Omega W$$

그림 VI-7 위험자산 3개 경우의 투자경계선

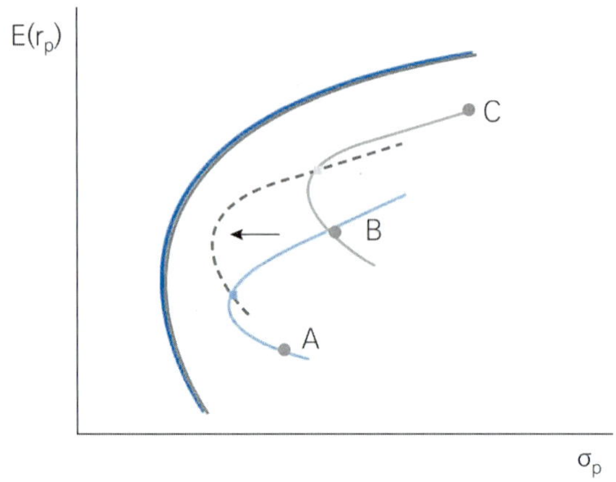

이제 위험자산이 3개가 존재할 때 평균−표준편차 투자 경계선은 다음과 같이 도식할 수 있다. 위험자산이 2개만 존재할 때와의 차이점을 생각해보면 위험자산이 2개만 존재하는 경우에는 위험자산이 효율적 투자경계선 상에 존재하였는데, 위험자산이 3개 이상 존재하게 되면 이제 개별 위험자산의 위치는 효율적 투자경계선 내부로 위치하게 된다는 점이다. 서로 다른 2개의 위험자산들로 만들어진 효율적 투자경계선 상의 임의의 점들을 연결하여 추가적인 새로운 효율적 투자경계선을 만들어낼 수 있고 그 모든 효율적 투자경계를 포괄하는 효율적 투자경계의 포락선을 최종적으로 그려낼 수 있게 되는데 이는 [그림 Ⅵ−7]의 빨간 선으로 표시되어 있다.

이제 위험자산이 3개 존재하는 상황에서 효율적 투자경계를 구하는 문제를 수학적으로 접근해보자. 먼저 효율적 투자경계에서는 포트폴리오의 주어진 임의의 기대수익률 하에서 포트폴리오의 분산, 즉 위험을 최소화해야 한다. 그리고 추가적으로 고려해야 할 사항은 위험자산에 대한 가중치의 합이 1이 되어야 한다는 조건이다. 이를 수식으로 표현하면 다음과 같다.

$$
\begin{aligned}
\text{Min } \frac{1}{2}\sigma_p^2 \ &= \ \frac{1}{2}W'\Omega W, \\
\text{s.t. } \ W'\mu &= E(r_P) \\
W'l &= 1
\end{aligned}
$$

제약조건 하에서 상기 최적화 문제는 라그랑지 함수를 이용하여 다음과 같이 풀 수 있다.

$$
\text{Min}_{W,\gamma,\lambda} \ L = \frac{1}{2}W'\Omega W + \gamma[E(r_P) - W'\mu] + \lambda[1 - W'l]
$$

이 최적화 문제의 1계 조건(FOC)은 다음과 같다.

$$
\begin{aligned}
\frac{\partial L}{\partial W} &= \Omega W - \gamma\mu - \lambda = 0 \quad \rightarrow \quad W - \Omega^{-1}(\gamma\mu + \lambda l) \\
\frac{\partial L}{\partial \gamma} &= E(r_P) - W'\mu = 0 \quad \Rightarrow \quad \gamma\mu'\Omega^{-1}\mu + \lambda l'\Omega^{-1}\mu = E(r_P) \\
\frac{\partial L}{\partial \lambda} &= 1 - W'l = 0 \quad \Rightarrow \quad \gamma\mu'\Omega^{-1}l + \lambda l'\Omega^{-1}l = 1
\end{aligned}
$$

이 1계 조건에서 방정식은 모두 $n+2$개가 존재하고 미지수도 W의 구성원소 n개와 γ 및 λ의 2개로 모두 $n+2$의 미지수가 존재한다. 그리고 첫 번째 1계 조건에서 분산−공분산 행렬 Ω이 양의 정부호(positive definite) 행렬이어서 역행렬을 갖기 때문에 W를 구할 수 있다. 여기에서 구한 W를 두 번째 1계조건과 세 번째 1계 조건에 대입하면 각각 위와 같은 식을 얻을 수 있다. 이제 정리의 간략화를 위해 위의 식에서 다음의 기호로 치환한다.

$$
\begin{aligned}
A &= l'\Omega^{-1}l, \\
B &= \mu'\Omega^{-1}l, \\
C &= \mu'\Omega^{-1}\mu
\end{aligned}
$$

이로부터 두 번째 1계 조건은 $C\gamma + B\lambda = E(r_P)$이 되고, 세 번째 1계 조건은 $B\gamma + A\lambda = 1$가 된다. 이렇게 축약된 식을 이용하여 λ 및 γ를 구하면 다음과 같이 간략화된다.

$$\lambda = \frac{C - E(r_P)B}{AC - B^2}, \ \gamma = \frac{E(r_P)A - B}{AC - B^2}$$

이 식을 이용하여 포트폴리오의 분산을 구해보면 다음과 같다.

$$\begin{aligned}\sigma_p^2 &= W'\Omega W \\ &= W'\Omega(\gamma\Omega^{-1}\mu + \lambda\Omega^{-1}l) \\ &= \gamma W'\mu + \lambda W'l \\ &= \gamma E(r_P) + \lambda \\ &= \frac{E(r_P)A - B}{AC - B^2}E(r_P) + \frac{C - E(r_P)B}{AC - B^2} \\ &= \frac{AE(r_P)^2 - 2BE(r_P) + C}{AC - B^2}\end{aligned}$$

이렇게 산출된 분산식을 보면, 포트폴리오 기대수익률의 제곱이 분산의 1차 함수로 표시되어 포트폴리오 기대수익률과 분산의 관계는 포물선 형태로 나타남을 알 수 있다. 또한 기대수익률의 제곱은 표준편차의 제곱의 함수로 나타나므로, 포트폴리오 기대수익률과 표준편차의 관계는 쌍곡선의 형태를 나타낸다. 이는 위험자산이 2개인 경우와 동일한 결과이다.

상기 식으로부터 광역적 최소분산 포트폴리오(global minimum variance portfolio)를 찾기 위해서는 포트폴리오 분산을 포트폴리오의 기대수익률로 미분해서 1계 조건을 구할 수 있다. 효율적 투자경계의 수직축에는 포트폴리오의 기대수익률이, 수평축에는 포트폴리오의 위험(분산 혹은 표준편차)이 표시되기 때문에 분산을 기대수익률로 미분한 1계 조건에서 GMVP를 찾을 수 있다.

$$\begin{aligned}\text{Min}\,\sigma_p^2 &= \frac{AE(r_P)^2 - 2BE(r_P) + C}{AC - B^2} \\ &\Rightarrow \frac{d\sigma_p^2}{dE(r_P)} = \frac{2AE(r_P) - 2B}{AC - B^2} = 0 \\ &\Rightarrow E(r_P) = B/A \\ &\Rightarrow \gamma = \frac{(B/A)A - B}{AC - B^2} = 0,\ \lambda = \frac{C - (B/A)B}{AC - B^2} = \frac{1}{A} \\ &\Rightarrow W^* = \gamma\Omega^{-1}E(r_P) + \lambda\Omega^{-1}l = \frac{\Omega^{-1}l}{A}\end{aligned}$$

즉, 1계 조건에서 $E(r_P)$가 B/A의 간단 형태로 정리됨에 따라 GMVP의 위험자산인 증권 1에 대한 가중치도 $\frac{\Omega^{-1}l}{A}$의 형태로 도출된다.

이제 위험자산이 n개인 경우의 일반적 평균－분산 경계 즉 효율적 투자경계를 어떻게 해석할 수 있을 것인지에 대해서 다시 생각해보자. 먼저 애초에 평균－분산 경계를 도출하기 위한 1계 조건에서 증권 1에 대한 가중치는 다음과 같이 주어졌는데, 배분법칙 등을 이용하여 변형하면 아래와 같이 변형할 수 있다.

$$
\begin{aligned}
W &= \Omega^{-1}(\gamma\mu + \lambda l) \\
&= \lambda\Omega^{-1}l + \gamma\Omega^{-1}\mu \\
&= \lambda A\frac{\Omega^{-1}l}{A} + \gamma B\frac{\Omega^{-1}\mu}{B} \\
&= \lambda A \quad W_{GMVP} + \gamma B W_d
\end{aligned}
$$

이때, $W_{GMVP} = \left(\frac{\Omega^{-1}l}{A}\right)$

$$W_d = \left(\frac{\Omega^{-1}\mu}{B}\right)$$

그런데 이 식에서 첫 번째 항의 가중치인 W_{GMVP}는 이 벡터 안에 들어 있는 가중치를 모두 합하면 1이 된다는 것을 다음 식으로 알 수 있다.

$$\left(\frac{\Omega^{-1}l}{A}\right)'l = \frac{l'\Omega^{-1}l}{A} = 1$$

그리고 위 식의 두 번째 항인 W_d의 경우도 이 벡터 안에 들어 있는 가중치를 모두 합하면 1이 된다는 사실도 다음과 같이 분명하다.

$$\left(\frac{\Omega^{-1}\mu}{B}\right)'l - \frac{\mu'\Omega^{-1}l}{B} = 1$$

따라서 W_{GMVP} 뿐만 아니라 W_d도 평균－분산 경계 선 상에 존재하는 어떤 포트폴리오라는 것을 알 수 있다. 또한 이 경우 위 식에서 W_{GMVP}의 계수인 λA와 W_d의 계수인 γB의 합이 1이 되어 W는 W_{GMVP}와 W_d의 가중평균이 된다는 사실도 원래 평균－분산 경계선을 도출하기 위한 1계 조건에 이미 나타나고 있음을 확인할 수 있다. 즉,

$$\gamma B+\lambda A=\gamma\mu'\Omega^{-1}l+\lambda l'\Omega^{-1}l$$
$$=1$$

이 조건을 이용하면 임의의 포트폴리오 가중치를 모두 합치면 1이 된다는 것을 다음과 같이 재확인할 수 있다.

$$W'l=(\lambda A\ \ w_{GMVP}+\gamma Bw_d)'l$$
$$=\lambda A+\gamma B$$
$$=1$$

따라서 평균－분산 경계 선 상에 W_{GMVP}가 존재하고 또 다른 어떤 포트폴리오 W_d가 존재하는 경우에 평균－분산 경계 선 상의 임의의 포트폴리오를 표시하는 W, 즉 평균－분산 경계 선 상의 임의의 모든 점은 이제 W_{GMVP} 포트폴리오와 W_d 포트폴리오의 선형결합으로 만들어진다는 것을 알 수 있다. 이제 이러한 결합관계에 대한 해석을 살펴보자.

원래 평균－분산 경계는 n개의 위험자산을 이용하여 가장 효율적인 즉, 주어진 기대수익률 하에서 가장 위험이 작은 포트폴리오를 연결한 선이었다. 그런데 위의 식에 의하면 이제 n개의 위험자산이 필요가 없고 W_{GMVP}와 W_d 두 개의 포트폴리오만 이용하면 n개의 위험자산이 존재하는 경우와 동일한 효율적 투자경계를 만들어 낼 수가 있다. 그리고 이론적으로는 효율적 투자경계선 상에 존재하는 임의의 두 개의 포트폴리오만 존재하면 W_{GMVP}와 W_d를 복제해 낼 수 있기 때문에 반드시 W_{GMVP}와 W_d 두 개의 포트폴리오를 고집할 필요가 없다. 이와 관련된 예를 살펴보자.

먼저 W_{GMVP}와 W_d를 각각 30%와 70%씩 섞은 포트폴리오 W^a가 존재한다. 그리고 W_{GMVP}와 W_d를 각각 20%와 80%씩 섞은 포트폴리오 W_1과 60%와 40%씩 섞은 포트폴리오 W_2가 존재한다.

$$W^a=0.30\,W_{GMVP}+0.70\,W_d$$
$$W_1=0.20\,W_{GMVP}+0.80\,W_d$$
$$W_2=0.60\,W_{GMVP}+0.40\,W_d$$

이 경우에 W_1과 W_2를 적절히 조합하여 W^a를 만들어 낼 수 있을 것인가? 즉, 다음 조건을 만족하는 ϕ가 존재하는가이다.

$$W^a = \phi W_1 + (1-\phi) W_2$$

W_1과 W_2를 투입하여 ϕ에 대해 풀어내면 다음과 같이 $\phi = 0.75$를 산출할 수 있다.

$$\begin{aligned} W^a &= \phi(0.20 W_{GMVP} + 0.80 W_d) + (1-\phi)(0.60 W_{GMVP} + 0.40 W_d) \\ &= W_{GMVP}[0.20\phi + 0.60(1-\phi)] + W_d[0.80\phi + 0.40(1-\phi)] \\ &\Rightarrow 0.20\phi + 0.60(1-\phi) = 0.30,\ 0.80\phi + 0.40(1-\phi) = 0.70 \\ &\Rightarrow \phi = 3/4 = 0.75 \end{aligned}$$

결론적으로 W_1에 75% 투자하고 W_2에 25% 투자하면 W^a를 복제할 수 있다. 이러한 예시에서 중요한 결론은 평균–분산 경계 상에 존재하는 모든 포트폴리오는 동일한 평균–분산 경계상에 존재하는 임의의 두 개의 포트폴리오만 찾아낸다면 모두 만들어 낼 수 있다는 점이다. 임의의 두 개의 포트폴리오만 설정하면 모든 포트폴리오를 만들어 낼 수 있게 된다. 마치 위험자산 2개만 존재하는 경우에 대한 분석과 유사한 결론이다.

5) 자산배분: 위험자산 n개 + 무위험자산 1개

최종 확장단계인 n개의 위험자산과 1개의 무위험자산이 존재하는 경우, 위험자산에 대한 투자 가중치는 W이고, 무위험자산에 대한 투자 가중치는 $1 - W'l$이 된다. 위험자산만 존재하는 경우의 최적화에서는 $W'l = 1$을 가정하였으나 이제 더 이상 $W'l$은 1이 아니다. 왜냐하면 위험자산에 대한 투자를 수행하고 나머지는 무위험자산에 투자하기 때문이다. 따라서 위험자산과 무위험자산에 투자한 포트폴리오의 기대수익률은 $E(r_c) = W'\mu + (1 - W'l)r_f$와 같이 쓸 수 있다. 이 식을 이항하여 정리하면 다음과 같이 쓸 수 있다. 단, $e = \mu - r_f l$로 정의하고, $e_c = E(r_c) - r_f$로 정의한다.

$$W'e = W'(\mu - r_f l) = E(r_c) - r_f = e_c$$

여기서 e는 위험자산의 초과수익률의 벡터이므로 주어진 값이라고 볼 수 있고, e_c는 극대화를 위해서 임의의 값을 대입할 수 있다. 이 식은 위험자산과 무위험자산이 존재하는 경우에 포트폴리오의 주어진 기대수익률 하에서 분산을 극소화하기 위한 제약식이다. 이 제약식의 의미는 개별적인 위험자산의 초과수익률 가중합은 포트폴리오의 초과수익률과 동일하다는 것이다. 제약조건을 이와 같이 정의하고 난 이후에 극대화문제를 정리하면 다음과 같다.

$$\text{Min}_W \left[\frac{1}{2} W'\Omega W\right]$$
$$W'e = e_c$$

위험자산만 n개 존재하는 경우와는 달리 제약식이 하나로 축약되었고, 극대화문제가 상대적으로 간소화되었다. 이 극대화 문제를 라그랑지 함수의 형태로 바꾸어서 1계조건을 구하면 다음과 같이 W를 산출할 수 있다.

$$\text{Min}_{W,\theta} \left[L = \frac{1}{2} W'\Omega W + \theta(e_c - W'e)\right]$$

FOC:

$$\frac{\partial L}{\partial W} = \Omega W - \theta e = 0 \Rightarrow W = \theta\Omega^{-1}e$$
$$\frac{\partial L}{\partial \theta} = e_c - W'e = 0 \Rightarrow (\theta\Omega^{-1}e)'e = e_c \Rightarrow \theta = \frac{e_c}{e'\Omega^{-1}e}$$

이로부터 $W = \dfrac{e_c}{e'\Omega^{-1}e}\Omega^{-1}e = e_c\dfrac{\Omega^{-1}e}{e'\Omega^{-1}e}$

참고로 위 식에서 $W'\Omega W$를 W에 대해서 미분하면 $2\times\Omega W$가 되는데, 라그랑지 함수의 앞부분의 1/2와 약분되어 ΩW만 남는다. 그리고 $e'\Omega^{-1}e$의 차수는 $1\times n$ $n\times n$ $n\times 1$이 되어 결국 1×1인 상수(scalar)가 되므로, 상수로 취급하여 양변에서 나누어 줄 수 있다. 마지막으로 W의 차수는 $n\times 1$인데, e_c와 $e'\Omega^{-1}e$는 상수이며, $\Omega^{-1}e$의 차수는 $n\times n$ $n\times 1$으로 결국 $n\times 1$이 되어 차수가 올바르게 구해졌음을 알 수 있다. 결국 최적포트폴리오의 위험자산 가중치는 위와 같이 주어진 e_c에 따라서 달라진다.

이 경우의 접점포트폴리오 p를 어떻게 찾을 것인가? 접점포트폴리오의 특성을 생각해보면 접점포트폴리오는 무위험자산에 대해서 투자를 하지 않고 위험자산으로만 구성되어 있는 포트폴리오라는 특성을 갖는다. 따라서 위험자산 n개와 무위험자산 1개가 존재하는 경우에 주어진 e_c에 대한 일반적인 최적 포트폴리오의 위험자산 가중치의 합은 1보다 작지만 주어진 e_p에 대한 최적 포트폴리오 즉, 접점 포트폴리오의 위험자산 가중치의 합은 1이 되어야 한다. 따라서 다음 성질이 만족된다.

$$W_p{}'l = \left(e_p \frac{\Omega^{-1}e}{e'\Omega^{-1}e}\right)'l = e_p \frac{e'\Omega^{-1}l}{e'\Omega^{-1}e} = 1$$

따라서 접점포트폴리오의 초과수익률 e_p의 값은 다음과 같이 구할 수 있다.

$$e_p = \frac{e'\Omega^{-1}e}{e'\Omega^{-1}l}$$

그리고 이 경우 접점포트폴리오의 위험자산가중치는 다음과 같이 구할 수 있다.

$$\begin{aligned} W_p &= \frac{e'\Omega^{-1}e}{e'\Omega^{-1}l} \times \frac{\Omega^{-1}e}{e'\Omega^{-1}e} = \frac{\Omega^{-1}e}{e'\Omega^{-1}l} \\ &= \frac{\Omega^{-1}(\mu - r_f l)}{(\mu - r_f l)'\Omega^{-1}l} = \frac{\Omega^{-1}(\mu - r_f l)}{\mu'\Omega^{-1}l - r_f(l'\Omega^{-1}l)} \\ &= \frac{\Omega^{-1}(\mu - r_f l)}{B - Ar_f} \quad (A = l'\Omega^{-1}l,\ B = \mu'\Omega^{-1}l\ ) \end{aligned}$$

앞서 위험자산 2개와 무위험자산이 존재할 경우 접점 포트폴리오를 구한 것을 다시 기억하자. 이제 위에서 구한 n개의 위험자산이 존재하는 경우의 일반적인 결과를 위험자산이 2개인 경우에 적용하여 동일한 접점포트폴리오가 도출되는지를 확인해보자. $n=2$인 경우에 초과수익률 벡터와 분산공분산 행렬은 다음과 같다.

$$e = \begin{pmatrix} e_1 \\ e_2 \end{pmatrix}, \quad \Omega = \begin{pmatrix} \sigma_1^2 & \sigma_{12} \\ \sigma_{12} & \sigma_2^2 \end{pmatrix} \rightarrow \Omega^{-1} = \frac{1}{\sigma_1^2\sigma_2^2 - \sigma_{12}^2} \begin{pmatrix} \sigma_2^2 & \sigma_{12} \\ -\sigma_{12} & \sigma_1^2 \end{pmatrix}$$

이를 이용하여 접점포트폴리오를 구하면 다음과 같다.

$$W_p = \begin{pmatrix} W_1 \\ W_2 \end{pmatrix} = \frac{\Omega^{-1}e}{e'\Omega^{-1}l} = \frac{\frac{1}{\sigma_1^2\sigma_2^2 - \sigma_{12}^2}\begin{pmatrix} \sigma_2^2 e_1 & \sigma_{12}e_2 \\ -\sigma_{12}e_1 + \sigma_1^2 e_2 \end{pmatrix}}{\frac{1}{\sigma_1^2\sigma_2^2 - \sigma_{12}^2}(\sigma_2^2 e_1 - \sigma_{12}e_2 - \sigma_{12}e_1 + \sigma_1^2 e_2)}$$

$$= \frac{\begin{pmatrix} \sigma_2^2 e_1 - \sigma_{12} e_2 \\ \sigma_1^2 e_2 - \sigma_{12} e_1 \end{pmatrix}}{\sigma_2^2 e_1 + \sigma_1^2 e_2 - \sigma_{12}(e_1 + e_2)}$$

이 결과를 앞의 위험자산이 2개 존재할 때 구한 위험자산 1에 대한 접점포트폴리오의 가중치와 비교해보면 동일함을 확인할 수 있다.

이제 무위험자산이 있는 경우와 없는 경우의 평균-분산 경계를 비교해보자. n개의 위험자산만 존재하는 경우에 평균-분산 경계는 다음의 형태임을 앞서 살펴왔다.

$$\sigma_p^2 = \frac{AE(r_P)^2 - 2BE(r_P) + C}{AC - B^2}$$

수평축이 표준편차인 경우에는 제곱근을 취한다. 이 경우 GMVP 위쪽만 효율적 투자경계로 볼 수 있다. 왜냐하면 아래쪽은 위험(표준편차)은 동일하지만 기대수익률이 위쪽보다 더 낮기 때문이다. 한편 무위험자산이 존재하는 경우에는 접점포트폴리오와 무위험자산을 연결한 직선을 효율적 투자경계로 볼 수 있다. 이 직선의 기울기가 샤프비율이다. 이 직선은 n개의 위험자산만 존재하는 경우의 평균-분산 경계를 지배하고 있

그림 VI-8 무위험자산 여부에 따른 투자경계선

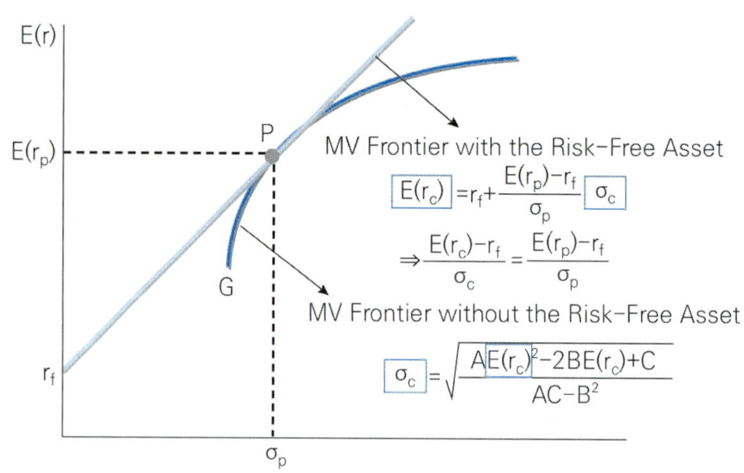

음을 확인할 수 있다. 이 직선을 자본시장선(Capital Market Line(CML))이라고 부른다. 이 자본시장선은 최적 포트폴리오 선택점의 집합으로 효율적 투자경계이며, 자산에 대한 최적 수요와 관련된다. 분리정리(Two Fund Separation Theorem)는 접점포트폴리오와 무위험자산 2개만 있으면 n개의 위험자산과 1개의 무위험자산이 존재하는 경우와 동일한 최적선택 결과를 만들어 낼 수 있다. 결국 자산의 가격정보가 주어진 상태에서 자산의 수요함수를 도출하는 과정의 결과물이 분리정리로 종합된다고 볼 수 있다.

VII. 주식 평가 - 포트폴리오 접근법 3(CAPM)

앞 장에서는 최적 포트폴리오 선택 문제를 학습하였으며 이러한 이슈는 자산의 수요함수를 도출하는 과정임을 살펴보았다. 즉, 포트폴리오 선택을 어떻게 하는지 효율적인 포트폴리오를 어떻게 선택하는지 등을 학습하였고 효율적 투자경계선을 만드는 것은 경제학적으로 보면 결국 자산에 대한 수요함수를 만드는 과정임을 이해하였다.

즉, 수요곡선이 어떻게 결정되는지를 학습하였다. 수요곡선은 가격의 함수이며 가격은 자산의 기대수익률에 해당한다. 기대수익률이 주어진 상태에서 자산의 최적 포트폴리오 및 수요곡선을 구축하는 것을 공부하였는데, 그것은 자본시장선(CML; Capital Market Line)으로 요약된다. 자산에 대한 시장 수요는 n개의 위험자산에 대한 최적 가중치로 결정되는데 그것이 바로 접점 포트폴리오이다. 이때 자산의 공급은 시장 전체에서 공급이 정해져 있으며 시가총액으로 주어진다. 시가총액으로 보면 자산 시장 전체의 공급 가중치는 이미 정해져 있다. 예를 들어 주식시장에 3가지 주식이 존재하는 경우를 생각해보자. 각각의 주식의 시가총액이 100억, 200억, 700억으로 시장 전체의 시가총액이 1,000억이면 첫 번째 주식의 공급 가중치는 10%, 두 번째 주식의 공급 가중치는 20%, 세 번째 주식의 공급 가중치는 70%로 정해지게 된다. 시장 전체의 시가총액 가중치와 시장전체에서 수요되는 접점 포트폴리오의 가중치가 동일해야 하는 것은 당연하다. 결과적으로 접점 포트폴리오는 시장 포트폴리오가 된다. 접점 포트폴리오가 자산에 대한 수요를 결정하며, 공급은 시장 포트폴리오가 되는데 균형에서 접점 포트폴리오가 시장포트폴리오가 되어 수요와 공급이 일치하게 된다.

이렇게 결정된 자산의 수요와 공급의 균형 하에서 이제 자산 가격이 어떻게 결정되는지를 역으로 고려해 보자. 가장 일반적인 n개의 위험자산과 1개의 무위험자산이 주어질 때 효율적 투자경계가 만들어지고 모든 사람이 자산 수요곡선을 동일한 접점포트폴리오로 구성할 경우 이는 기대수익률이 어떻게 결정될 것인가의 문제, 즉 자산가격 결정(asset pricing)과 관련된다. 자산가격결정의 목적을 생각해보면 지금까지 외생적으로 주어졌다고 가정했던 μ를 이제 시장 균형에서 어떻게 결정되는지를 찾는 것이다. 다시 말해, 자산가격결정의 목적은 기대수익률이 어떻게 결정되는지를 설명하는 것이며 이와 관련된 대표적 이론이 Capital Asset Pricing Model, 일명 'CAPM 모형'이다. 접점포트폴리오가 시장포트폴리오라는 사실에 기초해서 모든 자산의 기대수익률이 어떻게 결정되는지를 다시 돌아가서 설명하는 이론이 CAPM 모형이며, 그 관계가 증권시장선(SML; Security Market Line)을 통해서 나타난다.

투자자의 입장에서 자산가격결정은 투자수익의 관점에서 매우 중요하다. SML이 제시하는 특정 자산의 요구수익률이 시장수익률보다 너무 낮다면 시장가격이 과소평가되어 있고 이론가격이 시장가격보다 높은 상태이다. 이 경우에는 매수(long) 포지션을 견지한다. 반대로 특정 자산의 요구수익률이 시장수익률보다 너무 높다면 시장가격이 과대평가되어 있고 이론가격이 시장가격보다 낮은 상태이다. 이 경우에는 매도(short) 포지션을 견지해야 한다.

CAPM 모형은 다음의 몇 가지 가정을 전제한다.

첫째, 모든 투자자들은 가격수용자이며 가격에 영향을 주지 않는다. 즉, 모든 투자자들은 시장지배력을 갖고 있지 않으며 가격결정자로서 기능하지 않는다.

둘째, 모든 투자자는 동질적인 기대를 갖고 있다. 자산수익률의 평균이나 분산–공분산 행렬과 같은 적률에 대해서 동일한 기대를 갖고 있다. 투자자들은 정보 비대칭성

그림 Ⅶ-1 CAPM 전체 조감

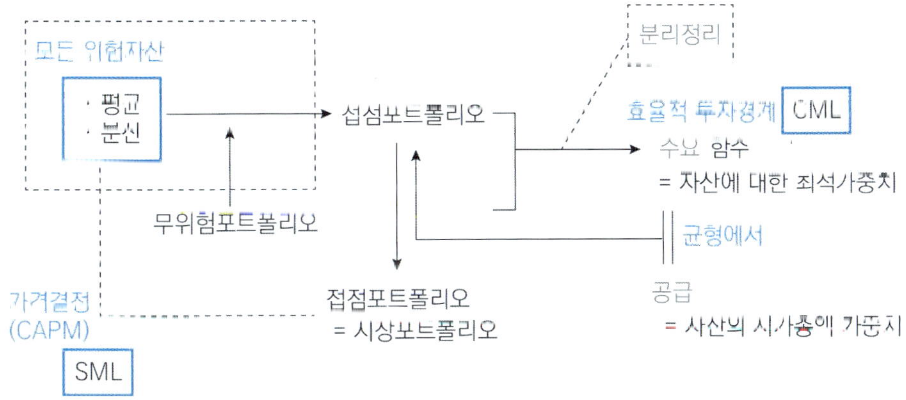

이나 기대에 있어서의 이질성을 갖지 않는다.

셋째, CAPM은 단일 투자기간을 가정하고 있으며 세금이나 거래비용이 없는 완전시장(perfect market)을 가정한다.

이러한 가정들은 상당히 비현실적이지만 이들 가정을 완화하더라도 CAPM의 결과는 약간 조정되지만 여전히 유효하다는 것을 많은 연구들이 보여주고 있다.

CAPM에서 궁극적으로 결정하는 것은 기대수익률인 μ 벡터이다. 그런데 왜 가격결정(pricing)이라는 용어를 사용하는가? i라는 증권의 현재시점(0시점)에서의 가격을 결정하는 것이 가격결정(pricing 혹은 valuation)이다. 1기간 이후에 기대하는 가격을 $E(P_{i1})$이라고 하자. 이 가격은 중간에 받는 배당과 같은 현금흐름을 포함한 가격이다. $E(P_{i1})$을 현재가치로 할인한 것이 이론가격인 P_{i0}인데 이 경우 사용되는 할인율이 바로 $E(r_i)$ 즉, 요구수익률이다.

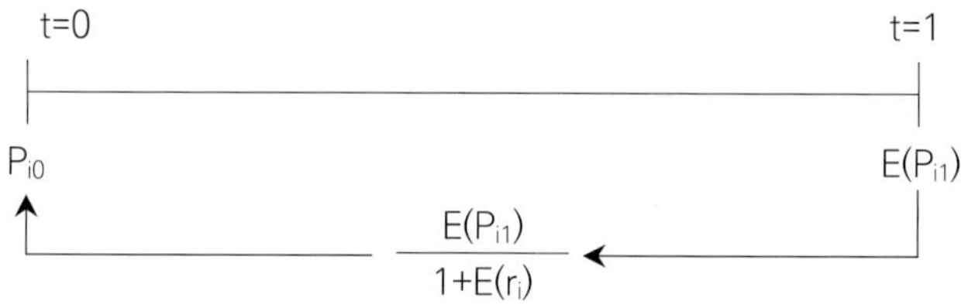

1기간 이후에 기대하는 가격을 $E(P_{i1})$이 주어져 있을 때 요구수익률 $E(r_i)$를 결정하면 자연스럽게 이론가격 P_{i0}가 결정된다. 여기서 요구수익률은 시장이 균형상태에 있을 때 i라는 증권의 위험을 감안했을 때 이 증권의 적정 기대수익률 혹은 최소 요구수익률이 8%라고 가정하면 그 8%를 할인율로 사용해서 현재가치를 계산한 것이 이론가격이 된다. 만약 이론가격이 시장가격보다 높다면 시장가격이 저평가되어 있다는 것을 의미하기 때문에 그러한 주식을 매수할 필요가 있다. CAPM 하에서는 미래의 기대현금흐름을 알 수 있다고 가정하고 각 주식별로 요구수익률을 결정하면 현재의 적정주가 혹은 이론적 가격이 결정된다는 것이다. 주식의 이론적 가격이 결정되면 주식의 시장가격과 비교하여 그 주식이 현재 시장에서 상대적으로 저평가되어 있는지 고평가되어 있는지를 알 수 있다. CAPM을 이용하여 주식의 현재가격을 평가하는 작업은 안정적인 수익을 확보하기를 원하는 헤지펀드 등의 투자자들이 다양한 전략을 구축하는데 도움을 준다. 예를 들면 미래 기대현금흐름과 요구수익률이 유사하여 이론가는 비슷한 수준이지만 시장가에 있어서 차이가 날 때 저평가된 주식은 매수하고 고평가된 주식을 매도하는 전략을 취하면 주식시장의 전반적인 장세와 상관없이 안정적 수익을 얻을 수 있다.

1 사례분석 – 3가지 위험자산이 존재하는 경우

본 절에서는 3가지 위험자산의 사례를 이용하여 자산에 대한 수요함수를 도출하고 그 이후 역으로 각각의 자산의 가격결정을 시도한다. 구체적으로 3가지 위험자산(x, y, z)의 적률은 다음과 같이 주어져 있다.

이로부터 표준편차와 상관계수 행렬을 이용하여 공분산을 계산할 수 있다. 예를 들어 $\rho_{12} = \dfrac{\sigma_{12}}{\sigma_1\sigma_2}$의 관계에서, $\sigma_{12} = \rho_{12}\sigma_1\sigma_2 = 0.4 \times 0.16 \times 0.15 = 0.0096$이 된다. [표 VII-1]에 주어진 기대수익률 벡터 μ와 계산 결과 주어진 분산–공분산 행렬 Ω은 다음과 같다.

$$\mu = \begin{pmatrix} 0.12 \\ 0.10 \\ 0.08 \end{pmatrix}, \quad \Omega = \begin{pmatrix} 0.0256 & 0.0096 & 0.00448 \\ 0.0096 & 0.0225 & 0.0063 \\ 0.00448 & 0.0063 & 0.0196 \end{pmatrix}$$

두 투입요소를 이용하여 무위험자산 r_f가 없는 경우에 최적 포트폴리오를 구하는 문제를 먼저 살펴보자. 이 문제를 풀기 위하여 먼저 주어진 분산–공분산 행렬의 역행렬을 계산하면 다음과 같다.[1]

표 VII-1 3개 위험자산의 모멘트

종류	μ	σ	상관계수행렬		
			주식 x	주식 y	주식 z
주식 x	0.12	0.16	1	0.4	0.2
주식 y	0.10	0.15	0.4	1	0.3
주식 z	0.08	0.14	0.2	0.3	1

1 분산-공분산 행렬은 엑셀을 이용하면 편리하게 구할 수 있다.

$$\Omega^{-1} = \begin{pmatrix} 46.89 & -18.69 & -4.71 \\ -18.69 & 56.29 & -13.82 \\ -4.71 & -13.82 & 56.54 \end{pmatrix}$$

그리고 A, B, C는 다음과 같이 구할 수 있다.

$$A = l'\Omega^{-1}l = (1\ \ 1\ \ 1)\Omega^{-1}\begin{pmatrix} 1 \\ 1 \\ 1 \end{pmatrix} = 85.2798$$

$$B = \mu'\Omega^{-1}l = (1\ \ 1\ \ 1)\Omega^{-1}\begin{pmatrix} 0.12 \\ 0.10 \\ 0.14 \end{pmatrix} = 8.2377$$

$$C = \mu'\Omega^{-1}\mu = (0.12\ \ 0.10\ \ 0.14)\Omega^{-1}\begin{pmatrix} 0.12 \\ 0.10 \\ 0.14 \end{pmatrix} = 0.8399$$

그리고 λ와 γ는 다음과 같이 구할 수 있다.

$$\lambda = \frac{C - E(r_c)B}{AC - B^2} = 0.223 - 2.2187E(r_c)$$

$$\gamma = \frac{E(r_c)A - B}{AC - B^2} = -2.187 + 22.640E(r_c)$$

이 경우 최적포트폴리오 가중치는 다음과 같이 구할 수 있다.

$$W_c = \Omega^{-1}(\gamma\mu + \lambda l) = \Omega^{-1}\left[\{0.223 - 2.188E(r_c)\}\begin{pmatrix} 1 \\ 1 \\ 1 \end{pmatrix} + \{-2.187 + 22.640E(r_c)\}\begin{pmatrix} 0.12 \\ 0.10 \\ 0.08 \end{pmatrix}\right]$$

그리고 최적포트폴리오 분산은 다음과 같이 주어진다.

$$\sigma_c^2 = \frac{A\,E(r_c)^2 - 2BE(r_c) + C}{AC - B^2} = 0.223 - 4.376E(r_c) + 22.651E(r_c)^2$$

이 식에 나타난 기대수익률과 표준편차의 관계를 그림으로 나타내면 [그림 Ⅶ-2]와 같다.

이제 이렇게 그려진 그림을 기초로 무위험자산이 존재하는 경우($r_f = 5\%$)에 접점 포트폴리오를 구하는 문제를 살펴보자. 접점 포트폴리오 P의 위험자산 가중치는 다음과 같다.

그림 Ⅶ-2 예시 M-V 프런티어

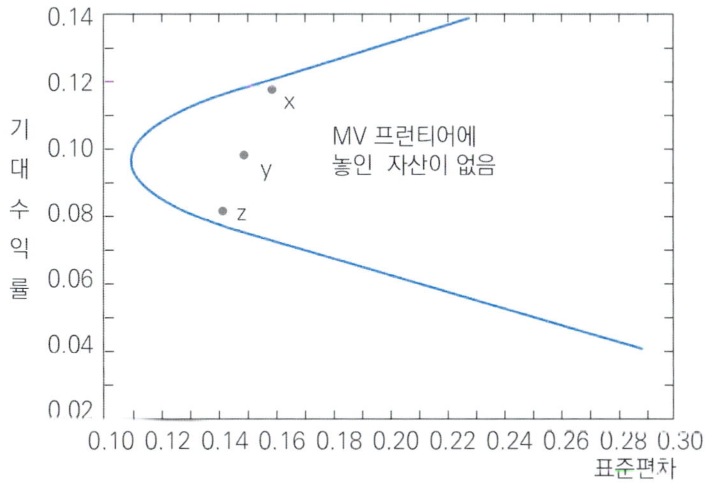

$$W_p = \Omega^{-1}\frac{\mu - r_f l}{B - Ar_f} = \begin{pmatrix} 46.89 & -18.69 & -4.71 \\ -18.69 & 56.29 & -13.82 \\ -4.71 & -13.82 & 56.54 \end{pmatrix} \frac{\begin{pmatrix} 0.12 \\ 0.10 \\ 0.08 \end{pmatrix} - 0.05\begin{pmatrix} 1 \\ 1 \\ 1 \end{pmatrix}}{8.237 - 85.2798(0.05)} = \begin{pmatrix} 0.555 \\ 0.275 \\ 0.170 \end{pmatrix}$$

이렇게 구해진 접점포트폴리오의 위험자산 가중치의 합은 1이 된다는 것을 확인할 수 있다. 접점 포트폴리오는 매우 특수한 포트폴리오로서 [그림 Ⅶ-3]에서도 확인할 수 있지만 무위험자산이 존재하지 않는 경우의 효율적 투자경계선 상에서도 존재하는 동시에 무위험자산이 존재하는 경우의 효율적 투자경계선 상에서도 존재한다. 따라서 위험자산 가중치의 합은 1이 되어야 한다. 그리고 이를 이용하여 접점 포트폴리오의 기대수익률과 수익률 표준편차를 구하면 다음과 같이 구할 수 있다.

$$E(r_p) = W_p{}'\mu = (0.555 \ \ 0.275 \ \ 0.170)\begin{pmatrix} 0.12 \\ 0.10 \\ 0.08 \end{pmatrix} = 0.1077$$

$$\sigma_p = \sqrt{W_p{}'\Omega W_p} = \sqrt{(0.555 \ \ 0.275 \ \ 0.170)\begin{pmatrix} 46.89 & -18.69 & -4.71 \\ -18.69 & 56.29 & -13.82 \\ -4.71 & -13.82 & 56.54 \end{pmatrix}\begin{pmatrix} 0.555 \\ 0.275 \\ 0.170 \end{pmatrix}} = 0.1205$$

그림 Ⅶ-3 무위험자산 존재시의 최적투자기회선

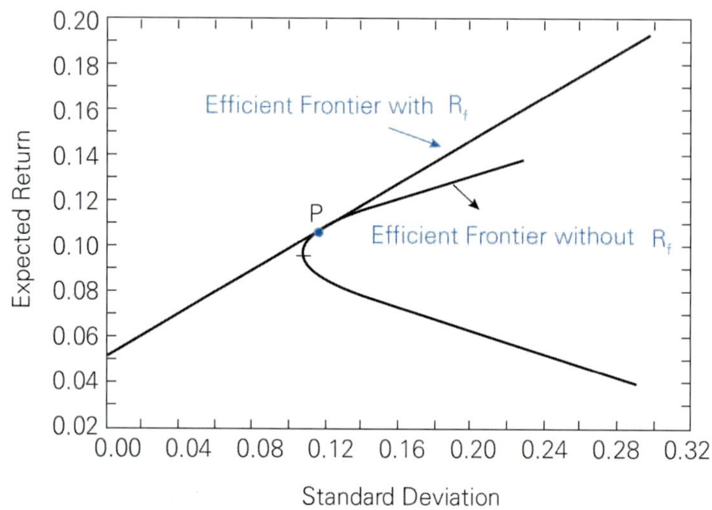

이렇게 구한 접점포트폴리오의 초과수익률을 접점포트폴리오의 수익률 표준편차로 나누어주면 효율적 투자경계선의 샤프비율을 구할 수 있는데, 0.4789로 계산되었다. 즉, [그림 Ⅶ-3]에서 무위험자산이 존재하는 경우에 최적 투자기회선의 기울기 즉 샤프비율이 0.4789임을 확인할 수 있다. 이를 식으로 표현하면 다음과 같다.

$$\mu_c = r_f + \frac{E(r_p) - r_f}{\sigma_p}\sigma_c = 0.05 + \frac{0.1077 - 0.05}{0.1205}\sigma_c = 0.05 + 0.4789\sigma_c$$

2. 토빈의 분리정리-사례분석

여기서 토빈(James Tobin)의 분리정리(Two Fund Separation Theorem)의 한 가지 사례를 살펴보자. 분리정리에 따르면 일반적으로 투자자들은 위험에 대한 태도, 즉 위험을 기피하는 정도에 있어서 차이를 나타낸다. 어떤 사람은 위험을 극도로 싫어하고 어떤 사람은 덜 회피하는데 그 사람들의 위험을 기피하는 정도의 차이와 최적 위험 포트폴리오 선택과는 전혀 관계가 없다. 예를 들어 A라는 투자자가 위험을 기피하는 정도가 크다고 하면 이 사람은 무위험자산에 상대적으로 많이 투자하고 접점 포트폴리오에 조금만 투자할 것이다. 그리고 B라는 투자자가 위험을 기피하는 정도가 작다고 하면 이 사람은 무위험자산에 상대적으로 적게 투자하고 접점 포트폴리오에 많이 투자할 것이다. 그렇지만 A 투자자와 B 투자자의 포트폴리오의 구성자산을 보면 무위험자산과 접점포트폴리오 P로만 이루어져 있어서 이 두 투자자는 이 점에서 완전히 일치한다. 이 두 투자자는 무위험자산과 접점포트폴리오 P에 대한 가중치에 있어서 차이를 가질 뿐이다. 이처럼 투자자들이 자신들의 최적 선택 포트폴리오에 무위험자산과 접점포트폴리오 P의 두 개 자산만 포함한다는 사실은 그들이 위험을 기피하는 정도와는 전혀 상관이 없다.

이러한 분리정리를 다른 관점에서 보면 투자자들이 위험자산인 A, B, C와 무위험자산인 F를 사용해서 자신의 최적 포트폴리오를 구성하는 경우와 위험자산 P와 무위험자산 F를 사용해서 자신의 최적 포트폴리오를 구성하는 경우가 시장의 효율성 측면, 즉 후생학적인 측면에서 동등한 것으로 해석할 수 있다. 어떤 경우이든 투자자들이 결국 A, B, C 세 개의 위험자산을 섞어서 접점포트폴리오인 P를 만들어내기 때문이다.

이렇게 구성된 수요측면에서의 접점 포트폴리오가 궁극적으로 공급 측면에서의 시

표 VII-2 예시: 투자자별 위험자산 구성내역

	자산 A	자산 B	자산 C	계	기초부	대여	접점PF 가중치	무위험자산 가중치
주가(1주)	₩5	₩12.5	₩100					
발행주식수	11,100	2,200	170					
시가총액	₩55,500	₩27,500	₩17,000	₩100,000				
투자자 1	W27,750	₩13,750	₩8,500	₩50,000	₩40,000	-₩10,000	1.25	-0.25
투자주식수	5,550	1,100	85					
	55.5%	27.5%	17.0%					
투자자 2	₩19,425	₩9,625	₩5,950	₩35,000	₩40,000	₩5,000	0.875	0.125
투자주식수	3,885	770	59.5					
투자자 3	₩8,325	₩4,125	₩2,550	₩15,000	₩20,000	₩5,000	0.75	0.25
투자주식수	1,665	330	25.5					

장 포트폴리오와 같다는 사실을 이해하기 위해서 다음 간단한 사례를 살펴보도록 하자. 3개 위험자산 A, B, C가 존재하고 투자자 1, 2, 3이 존재하는 간단한 경제모형을 가정하고 각 투자자별 위험자산에 대한 자산구성 내역을 [표 Ⅶ-2]에 정리하였다.

접점 포트폴리오 *P*는 A에 55.5%, B에 27.5%, C에 17% 투자하는 것으로 나타나 있다. 공급측면을 먼저 보면 A, B, C 주식의 주당 가격은 각각 ₩5, ₩12.5, ₩100으로 나타나 있다. 그리고 A, B, C 주식의 총 주식 발행수는 각각 11,100주, 2,200주, 170주로 나타나 있다. 따라서 A, B, C 주식의 시가총액을 계산하면 각각 ₩55,500, ₩27,500, ₩17,000으로 나타나 있다. 이 주식들의 시가총액을 모두 합치면 주식시장 전체의 시가총액인 ₩100,000이 된다. 각 주식들의 시가총액을 시장 전체 시가총액으로 나누어주면 각 주식의 시장포트폴리오 가중치가 된다.

금융자산의 경우 주식 발행수가 고정되어 있는 경우가 일반적이며 그에 따라 공급곡선이 수직선 형태로 주어진다. 만약 유상증자가 이루어져 발행주식수가 2개로 늘더라도 주가가 절반으로 떨어져서 시장의 시가총액은 이론적으로 불변으로 유지된다. 따라서 주식의 공급측면에서 보면 시장포트폴리오에 대한 시가총액 가중치가 각각의 주식별로 고유한 값을 갖게 되는 것이다. 이렇게 결정된 고유한 시가총액 가중치를 시장포트폴리오(가중치)라고 부른다.

다음으로 [표 Ⅶ-2]에서 주식에 대한 수요측면을 살펴보자. 이 경제에는 투자자가 3명이 존재하는데, 이들이 가진 기초부를 모두 합치면 ₩100,000(=40,000+40,000+20,000)이다. 각 개별 투자자들이 가진 투자액의 합계는 주식시장의 시가총액 합계와 동일하다. 이 경우 분리정리(Two Fund Separation Theorem)에 의하면 각 투자자들은 접점포트폴리오의 가중치로 위험자산에 대한 투자를 수행한다. 각 투자자의 경우를 살펴보자. 먼저 투자자 1은 위험기피도가 상대적으로 낮은 사람으로 투자자 2와 투자자 3으로부터 각각 ₩5,000을 차입하여 자신이 원래 갖고 있던 돈 ₩40,000과 합쳐서 ₩50,000을 접점포트폴리오에 투자한다. 즉, 투자자 1은 위험자산에 대한 투자액 ₩50,000의 55.5%는 A 주식에 투자하고, 27.5%는 B 주식에, 그리고 나머지 17%는 C 주식에 투자한다. 그리고 최종적으로 투자자 1의 접점포트폴리오에 대한 가중치는 1.25가 되고, 무위험 자산에 대한 투자 가중치는 −0.25가 된다.

투자자 2는 기초부 ₩40,000 중 ₩5,000을 투자자 1에게 빌려주고 나머지 ₩35,000으로 접점 포트폴리오에 투자하였다. 최종적으로 투자자 2의 접점포트폴리오

가중치는 0.875가 되고 무위험자산 가중치는 0.125가 된다. 투자자 3의 경우도 보면 기초부 ₩20,000 중 ₩5,000을 투자자 1에게 빌려주고 나머지 ₩15,000으로 접점 포트폴리오에 투자하였다. 최종적으로 투자자 3의 접점 포트폴리오 가중치는 0.75가 되고 무위험자산 가중치는 0.25가 된다.

이러한 경제에서 균형이 어떻게 형성되는지를 살펴보자. 각각의 투자자들이 분리정리에 의해서 자신이 가진 부를 나누어서 두 군데, 즉 접점포트폴리오와 무위험자산에 투자한다. 투자자마다 각기 다른 위험기피도에 따라서 접점 포트폴리오와 무위험자산에 대한 가중치가 다르게 나타나고 있다. 그렇지만 위험자산 포트폴리오에 대한 선택은 모두 동일하게 나타나고 있는데, 접점포트폴리오 가중치를 모두 동일하게 사용하고 있다. 이 경우 시장의 균형이 성립하고 청산되기 위해서는 이 세 명의 투자자의 A 주식에 대한 수요량의 합계가 시장전체의 A 주식의 발행량과 정확하게 일치해야 한다. [표 Ⅶ-2]에서 시장이 정확하게 청산되고 있음을 알 수 있다.

구체적으로 [표 Ⅶ-3]에서 보면 투자자 1이 접점포트폴리오에 투자하기 때문에 A, B, C 주식에 각각 투자한 금액 비중은 접점포트폴리오 비중과 동일하다. 그리고 투자자 2와 투자자 3도 마찬가지로 접점 포트폴리오에 투자하였으므로 A, B, C 주식에 대한 투자비중이 접점포트폴리오와 동일하다.

그리고 투자자 1은 시장포트폴리오의 50%를 보유하고 있고, 투자자 2는 시장포트폴리오의 35%를 보유하고 있으며, 투자자 3은 시장포트폴리오의 15%를 보유하고 있다. [표 Ⅶ-3]의 6열은 각 투자자의 투자비중이 시장포트폴리오 전체에서 차지하는 비중을 나타내며 6행은 접점 포트폴리오의 투자가중치를 나타내고 있다. 표에서 의미하는 것은 각 투자자의 접점포트폴리오에 대한 수요를 모두 합치면 그 자체가 시장 포트폴리

표 Ⅶ-3 투자자별 투자비중과 균형

	자산 A	자산 B	자산 C	접점PF에 대한 투자금액	비중
투자자1	27,750	13,750	8,500	50,000	50%
투자자2	19,425	9,625	5,950	35,000	35%
투자자3	8,325	4,125	2,550	15,000	15%
시장전체	55,500	27,500	17,000	100,000	100%
가중치	55.5%	27.5%	17.0%	100%	

오가 된다는 것을 나타내고 있다. 그래서 균형에서는 접점포트폴리오가 바로 시장포트폴리오와 같아진다. 수요 측면에서 나타난 접점포트폴리오가 공급 측면에서 나타난 시장포트폴리오와 동일하게 되어야 시장이 청산되고 균형이 성립된다.

3. CAPM: 자산시장 균형을 통한 자산가격 결정

자산시장의 균형은 개별 주식의 요구수익률 및 자산의 가격을 결정하는 자산가격결정(asset pricing)에서 핵심적인 역할을 한다. 앞에서 미래의 기대현금흐름이 주어진 경우 그것을 요구수익률로 할인하면 현재의 자산가격이 결정된다는 사실을 언급한 바 있다. 따라서 미래의 기대현금흐름이 주어진 경우 요구수익률을 구하면 자산가격을 바로 알 수 있다.

그렇다면 모든 자산의 요구수익률을 자산의 수요와 공급이 동일하다는 균형조건을 이용하여 어떻게 도출해 낼 수 있을 것인가? 무위험자산 수익률 r_f가 주어진 상태에서 자산에 대한 수요는 접점포트폴리오의 위험자산에 대한 가중치와 동일하다. 무위험자산에 대한 수요는 각 투자자별로 상쇄되어 경제전체적으로는 0이 된다는 점에 주의하자. 이 경우 앞서 학습한 접점포트폴리오는 시장 전체의 위험자산에 대한 수요가 된다는 사실을 강조할 필요가 있다. 앞서 도출한 접점포트폴리오 가중치를 다시 써보자.

$$W_p = \Omega^{-1}\frac{\mu - r_f l}{B - Ar_f}$$

동시에 모든 위험자산에 대한 공급은 시장포트폴리오인 W_m으로 이미 주어져 있으므로 수요-공급의 균형조건에서 개별 자산의 요구수익률은 다음과 같이 쓸 수 있다.

$$\mu - r_f l = (B - Ar_f)\Omega W_m$$

이 식에서 A, B, r_f 등은 모두 상수로서 주어져 있고, Ω 또한 외생적으로 주어져 있으며, W_m도 시장포트폴리오로서 외생적으로 주어져 있다. 따라서 수요-공급 균형조건에서 개별 자산의 초과요구수익률이 자동적으로 결정된다. 이처럼 요구수익률이 결정된다는 것이 자산가격결정(asset pricing)의 핵심적인 내용이며, 여기에 약간의 해석을 가미한 것이 CAPM(Capital Asset Pricing Model)이라고 할 수 있다.

이로부터 개별 자산의 초과 요구수익률에 대한 해석을 위해 전개해보면, $B-Ar_f$에 대한 표현식을 얻을 수 있다.

$$\mu_m - r_f = W_m'(\mu - r_f l) = (B - Ar_f)W_m'\Omega W_m = (B - Ar_f)\sigma_m^2$$

즉, 시장포트폴리오의 초과요구수익률 $\mu_m - r_f$는 개별자산의 초과요구수익률 $\mu - r_f l$에 시장포트폴리오의 투자 가중치 W_m'를 곱해서 더해 준 것으로 해석할 수 있다. 여기에서 $\mu - r_f l$를 대체하고 $W_m'\Omega W_m = \sigma_m^2$ 임을 이용하여 정리하면 상기 식이 도출된다. 이제 $B-Ar_f$에 대한 다른 표현은 다음과 같이 얻어진다.

$$B - Ar_f = \frac{\mu_m - r_f}{\sigma_m^2}$$

다음으로 ΩW_m에서 Ω는 $n \times n$ 정방행렬이고 W_m은 $n \times 1$ 벡터이므로 ΩW_m은 $n \times 1$ 벡터임을 알 수 있다. ΩW_m에 대한 다른 표현을 얻기 위해서 다음 사실을 고려할 수 있다.

$$Cov(r, r_m) = Cov(r, r'w_m) = Cov(r, r')w_m = \Omega w_m$$

이와 같은 $B-Ar_f$에 대한 표현과 ΩW_m에 대한 표현을 이용하면 $B-Ar_f$에 대한 표현식은 다음과 같이 다시 쓸 수 있다.

$$\mu - r_f l = \frac{\mu_m - r_f}{\sigma_m^2}\Omega w_m = \frac{\mu_m - r_f}{\sigma_m^2}Cov(r, r_m) = (\mu_m - r_f)\frac{Cov(r, r_m)}{\sigma_m^2}$$
$$= \beta(\mu_m - r_f)$$
$$\text{이때 } \beta = \frac{Cov(r, r_m)}{\sigma_m^2}$$

이 결과식이 CAPM 모형을 위한 관계식이 되며 개별 자산의 요구수익률을 최종적으로 다시 정리하면 다음과 같이 최종적인 CAPM 식이 도출된다.

$$\mu = r_f l + \beta(\mu_m - r_f)$$
$$\text{이때 } \beta = \frac{Cov(r, r_m)}{\sigma_m^2}$$

이제 CAPM을 이용하여 σ_m^2 및 ΩW_p 등이 주어진 경우에 원래 최적 포트폴리오를 선택하기 위해서 주어졌던 μ값을 구할 수 있는지를 실제 사례를 통해서 살펴보자. 위의 CAPM 식에 따르면 개별자산의 요구수익률은 다음과 같이 주어진다.

$$\mu = r_f l + \beta(\mu_m - r_f) = 0.05l + \beta(0.1077 - 0.05) = 0.05l + 0.0577\beta$$

그리고 주어진 σ_m^2 및 ΩW_p 등을 이용하여 얻을 수 있는 β값은 다음과 같다.

$$\beta = \frac{\Omega w_p}{\sigma_m^2} = \frac{\begin{pmatrix} 0.0256 & 0.0096 & 0.00448 \\ 0.0096 & 0.0225 & 0.0063 \\ 0.00448 & 0.0063 & 0.0196 \end{pmatrix}\begin{pmatrix} 0.555 \\ 0.275 \\ 0.170 \end{pmatrix}}{0.1205^2} = \begin{pmatrix} 1.21 \\ 0.86 \\ 0.52 \end{pmatrix}$$

따라서 요구수익률 μ는 다음과 같이 주어진다.

$$\begin{pmatrix} \mu_1 \\ \mu_2 \\ \mu_3 \end{pmatrix} = \begin{pmatrix} 0.05 \\ 0.05 \\ 0.05 \end{pmatrix} + \begin{pmatrix} 1.21 \\ 0.86 \\ 0.52 \end{pmatrix}(0.1077 - 0.05) = \begin{pmatrix} 0.12 \\ 0.10 \\ 0.08 \end{pmatrix}$$

이 결과를 보면 μ값이 앞서 최적포트폴리오 선택의 사례분석에서 주어졌던 μ값과 동일한 값임을 확인할 수 있다. μ를 구하는 자산가격결정(asset pricing) 문제에서 투입요소는 위험자산의 공분산 행렬인 Ω 및 시장포트폴리오 가중치 W_m가 있다. 이 경우 W_m은 접점포트폴리오의 가중치인 W_p와 동일하다. 그리고 시장포트폴리오의 기대수익률 μ_m과 무위험수익률 r_f 등을 알고 있으면 개별자산의 요구수익률을 정확하게 계산할 수 있는데, 모든 자산의 요구수익률 값은 각각의 β값이 다르게 나타나기 때문에 차별적으로 나타난다.

이때 주의해야 할 것은 포트폴리오 선택 문제와 자산가격결정(asset pricing)의 문제들을 잘 구분해야 할 필요가 있다는 점이다. 포트폴리오 선택문제에서 애초에 주어졌던 μ를 자산가격결정에서 다시 구하기 때문에 자산가격결정을 동어반복적인 것으로 이해하게 될 위험이 존재하기 때문이다. 애초 포트폴리오 선택 문제에서 투입요소는 크게 3가지로 각각의 위험자산의 기대수익률과 분산–공분산 행렬 및 무위험자산 수익률이 그것이다. 이 세 가지 투입요소를 이용하여 접점포트폴리오 가중치가 결정된다. 접점포트폴리오 가중치가 포트폴리오 선택문제의 산출물이다. 이처럼 최적포트폴리오 선택 문제에서는 투입요소로서 위험자산의 기대수익률 혹은 가격이 외생적으로 주어져서 산출요소로서 접점포트폴리오의 가중치가 도출된다.

한편 자산가격결정(asset pricing)의 문제에서 투입요소는 포트폴리오 선택문제와 공통적으로 분산–공분산 행렬 및 무위험자산 수익률이 투입된다. 그리고 추가적으로 시장포트폴리오의 기대수익률이 투입요소로 사용된다. 이 세 가지 투입요소를 이용해서 산출되는 산출요소는 위험자산의 요구수익률이다. 모든 자산가격결정(asset pricing) 이론은 금융자산뿐만 아니라 실물자산의 경우에도 수요와 공급이 만나는 점에서 균형이 형성되고 균형상태에서 가격결정을 수행한다는 점에서 경제학적인 일관성을 가지며 이를 경제학적으로는 합리성 조건(rationality condition)이라고 부를 수 있다.

이처럼 포트폴리오 선택문제와 자산가격 문제는 투입요소와 산출요소가 서로 다를 뿐만 아니라 자산운용 전략에 있어서 근본적 차이를 갖는다. 먼저 포트폴리오 선택문제의 경우에는 접점포트폴리오를 산출요소로 제공한다. 그런데 현실에서는 거래비용으로 인해서 시장에 상장되어 있는 모든 주식을 이용하여 접점포트폴리오를 구성하는 것은 거래비용을 너무 높게 만드는 경향이 있다. 거래비용을 절감하기 위해서 주어진 몇 가지 한정된 자산을 이용하여 최대한 시장포트폴리오와 유사한 움직임을 갖는 포트폴리오를 구성할 필요가 있다. 최적포트폴리오의 β값이 1에 가까운 값을 가질수록 최적포트폴리오와 시장포트폴리오의 움직임이 유사하게 될 것이다. 이러한 자산운용 방식은 수동적 자산운용 전략(passive management)이라고 부를 수 있다. 수동적 자산운용 전략은 시장포트폴리오의 성과와 유사한 수준의 성과를 목표로 삼고 있다. 포트폴리오 선택 문제들은 수동적 자산운용 전략과 친화성을 갖고 있음을 확인할 수 있다.

반면 자산가격결정 문제들을 대표하는 CAPM의 입장에서 보면 β가 동일한 자산들은 요구수익률도 동일하게 결정된다. 그런데 요구수익률은 동일하지만 애널리스트가 예측한 기대수익률은 요구수익률보다 높을 수도 있고 낮을 수도 있다. 만약 A 주식의 요구수익률보다 애널리스트가 분석한 A 주식의 기대수익률이 높다고 해보자. 이 경우 A 주식의 미래 기대현금흐름을 요구수익률로 할인한 가격은 A 주식의 이론가격이 될 것이다. 그리고 A 주식의 미래 기대현금흐름을 기대수익률로 할인한 가격은 A 주식의 시장가격이 될 것이다. 이 경우 A 주식의 시장가격은 A 주식의 이론가격보다 낮아서 주가가 저평가된 상황에서 향후 주가가 상승할 것이 예상되므로 이러한 주식에 대해서는 매수 포지션을 취한다. 이처럼 주식의 시장가격이 이론가격보다 저평가되어 있는지 고평가되어 있는지를 판단하고 고평가된 주식은 매도 포지션을 취하고 저평가된 주식은 매수 포지션을 취하는 것은 적극적 자산운용 전략이다. 이러한 적극적 자산운용 전략의 목적은 시장보다 더 높은 초과수익을 획득하는 것이다. 자산가격결정 문제들은 적극적 자산운용과 친화성을 갖고 있음을 확인할 수 있다.

4. β란 무엇인가?

앞서 도출한 CAPM 모형의 β에 대해서 좀 더 자세히 살펴보기로 한다. 다음과 같이 증권시장선(SML)이 주어져 있다. 여기서 증권의 요구수익률 혹은 공정기대수익률 μ는 ① 무위험자산의 수익률(예를 들면 국채 이자율)과 ② 위험프리미엄($\beta(\mu_m - r_f)$)의 합계로 표현된다.

$$\mu = \underbrace{r_f l}_{①} + \underbrace{\beta(\mu_m - r_f)}_{②}, \quad \text{이때} \quad \beta = \frac{Cov(r, r_m)}{\sigma_m^2}$$

②의 위험프리미엄 중 $(\mu_m - r_f)$를 보통 위험의 시장가격(market price of risk)라고 부른다. 그리고 β는 위험의 크기를 측정하는 척도이다. 예를 들어 어떤 특정한 기간 동안 시장 포트폴리오의 초과수익률이 +10%로 주어졌다고 하자. 이 경우 만약 $\beta = 1.5$인 증권의 위험프리미엄은 +15%가 될 것이다. 만약 $\beta = 1$인 증권이라면 위험프리미엄은 +10%가 될 것이다. 만약 $\beta = 0.5$인 경우라면 그 증권의 위험프리미엄은 +5%가 될 것이다. 만약 $\beta = -0.5$인 경우라면 그 증권의 위험프리미엄은 −5%가 될 것이다. 참고로 β가 음수 값을 갖는 증권의 경우 요구수익률이 낮아서 그 증권의 가격이 높게 책정된다. 그 이유는 전반적으로 주가가 하락할 때 β가 음수인 증권은 수익률이 반대로 상승하여 시장위험을 헤지(hedge)할 수 있는 수단으로 사용된다. 결론적으로 β값이 크면

클수록 위험프리미엄이 커지고 증권의 요구수익률이 커진다는 것을 알 수 있다. 이러한 맥락에서 β는 증권이 얼마나 위험한지를 측정해주는 위험측도임을 이해할 수 있다.

[그림 Ⅶ–4]는 β의 이러한 의미를 설명하고 있다. 그림의 수평축은 시장포트폴리오의 수익률이고 수직축은 i 증권과 j 증권의 수익률을 표시한다. 그림의 각 점들은 시장포트폴리오와 증권들의 수익률을 동시에 표시한 점들의 산포도를 보여주고 있다. 각 그림에서 직선은 산포도 점들을 가장 잘 설명하는 회귀선이다. 이 회귀선의 기울기가 바로 β이다.

그림 Ⅶ-4 i 증권의 β

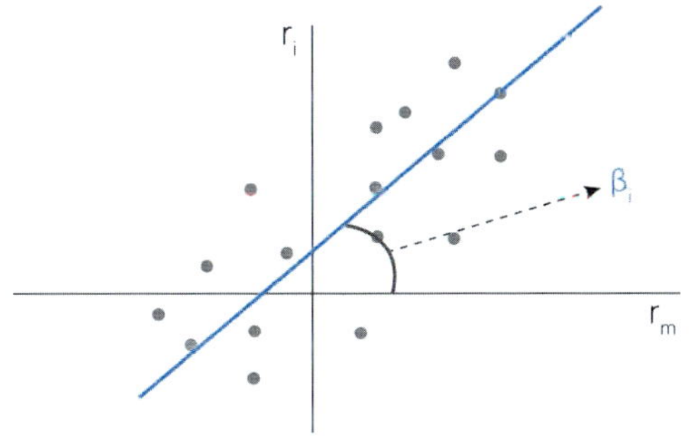

그림 Ⅶ-5 j 증권의 β

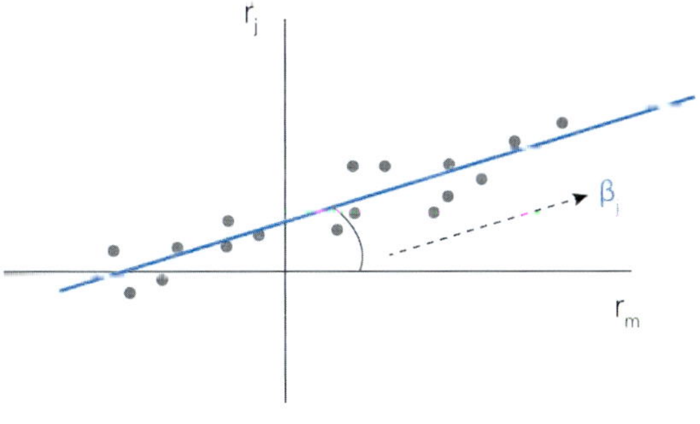

이 회귀선의 기울기는 무엇을 의미하는가? 이 회귀선의 기울기는 시장포트폴리오 수익률이 1% 상승하였을 때 증권의 수익률이 평균적으로 몇 % 상승하는가를 나타낸다. 예를 들어 i 증권의 $\beta_i = 1$이라고 했을 때, 시장포트폴리오의 초과수익률이 1% 상승하면 i증권의 수익률도 평균적으로 1% 상승한다. 항상 그렇다는 것이 아니고 평균적으로 그렇다는 것에 주의하자. 이러한 맥락에서 β를 증권수익률의 시장포트폴리오 수익률에 대한 민감도(sensitivity)라고 부른다.

한편 위 그림에서 회귀선을 중심으로 찍혀 있는 점들의 산포도를 보면 i 증권의 경우 회귀선을 중심으로 점들이 넓게 산포하고 있고, j 증권의 경우 점들이 회귀선에 가까이 모여 있음을 확인할 수 있다. 시장포트폴리오 수익률의 변화가 j 증권의 수익률 변화를 설명하는 설명력이 i증권의 수익률 변화를 설명하는 설명력보다 더 크다는 것을 알 수 있다. 이는 j 증권 수익률의 시장포트폴리오 수익률과의 상관계수가 i 증권의 그것보다 더 크다고 표현할 수도 있다. 이 상관계수값을 제곱하면 증권의 수익률을 시장포트폴리오 수익률에 회귀분석하였을 때 나타나는 R^2값이 된다. 만약 R^2값이 1이라면 시장포트폴리오 수익률의 변화가 증권 수익률을 1:1로 100% 설명한다는 것을 의미한다. 이 경우 상관계수값도 1이 될 것이며, 위 그림과는 달리 산포한 모든 점들이 회귀선상에 존재하게 될 것이다. 위 그림에서 i 증권의 경우 β값은 j 증권에 비해 크지만 R^2값은 j 증권에 비해 작을 것임을 알 수 있다. β는 평균적인 관계를 설명하고 있으며, R^2는 그 평균이 얼마만큼의 확률로 발생하겠는가를 나타낸다. 한편 β와 상관계수의 연관성을 살펴보자. 먼저 β의 정의를 보면 상관계수와 β의 관계를 알 수 있다.

$$\beta_i = \frac{Cov(r_i, r_m)}{\sigma_m^2} \qquad \Rightarrow \qquad \beta_i = \frac{\rho_{im}\sigma_i\sigma_m}{\sigma_m^2} = \frac{\rho_{im}\sigma_i}{\sigma_m}$$

i라는 증권의 β는 시장포트폴리오 수익률과 증권 i의 수익률의 공분산을 시장포트폴리오 수익률의 분산으로 나누어준 것이다. 그런데 공분산 $Cov(r_i, r_m)$은 상관계수와 표준편차의 곱 즉, $\rho_{im}\sigma_i\sigma_m$으로 바꾸어 쓸 수 있다. 그래서 최종적으로 i 증권의 β_i는 $\rho_{im}\sigma_i/\sigma_m$으로 쓸 수 있는 것이다. 이 식에서 β_i는 상관계수 ρ_{im}에 표준편차의 비율 σ_i/σ_m을 곱하면 된다는 것을 알 수 있다. 그리고 β_i와 ρ_{im}의 관계를 보면 σ_i/σ_m이 곱해져 있어서 양자간에 1:1 대응관계는 성립하지 않지만 β_i와 ρ_{im}의 부호는 항상 동일하다는 것을 알 수 있다.

앞서 살펴본 평균–분산 분석에서는 증권의 위험을 표준편차로 측정하였는데 CAPM 가격결정 이론에서는 증권의 위험을 β로 측정한다. 표준편차와 β는 위 식과 같은 연관성을 갖고 있으며, 상관계수를 매개로 차이를 갖는다는 점도 이해할 필요가 있다.

예시를 위해 앞서 주어진 사례에서, 증권 A, B, C 수익률의 시장포트폴리오 수익률과의 공분산을 구해보자. 위의 식에서 각 증권의 공분산은 다음과 같이 결정된다.

$$\rho_{im} = \beta_i \frac{\sigma_m}{\sigma_i}$$

위의 사례에서 우리는 β_i 및 σ_i, σ_m의 값을 다음과 같이 구한 바 있다.

$$\begin{pmatrix}\beta_A \\ \beta_B \\ \beta_C\end{pmatrix} = \begin{pmatrix}1.21 \\ 0.86 \\ 0.52\end{pmatrix}, \quad \begin{pmatrix}\sigma_A \\ \sigma_B \\ \sigma_C\end{pmatrix} = \begin{pmatrix}0.16 \\ 0.15 \\ 0.14\end{pmatrix}, \quad \sigma_m = 0.1205$$

이 값을 적용하면 ρ_{im}을 다음과 같이 구할 수 있다.

$$\rho_{im} = \begin{pmatrix}1.21 \\ 0.86 \\ 0.52\end{pmatrix} \cdot \frac{0.1205}{\begin{pmatrix}0.16 \\ 0.15 \\ 0.14\end{pmatrix}} = 0.1205 \frac{\begin{pmatrix}1.21 \\ 0.86 \\ 0.52\end{pmatrix}}{\begin{pmatrix}0.16 \\ 0.15 \\ 0.14\end{pmatrix}} = \begin{pmatrix}0.91 \\ 0.69 \\ 0.45\end{pmatrix}$$

이 사례에서는 β값이 클수록 상관계수 값이 크게 나타났다. 항상 이러한 결과가 나타나는 것은 아니라는 것, 즉 β와 상관계수가 1 : 1 대응관계에 있지 않다는 것은 위에서 설명한 바 있다.

[그림 Ⅶ–6]에서 i 증권과 j 증권이 β 값을 비교해보면 $\beta_i > \beta_j$로 나타나고 있다. 즉, i 증권의 수익률이 j 증권의 수익률에 비해서 시장포트폴리오 수익률 변화에 더욱 민감하게 반응한다는 것을 알 수 있다. i 증권이 j 증권에 비해서 high β 증권이다.

일반적으로 사람들은 high β 증권에 대해서 낮은 가격을 지불하려고 한다. 시장의 움직임에 대해서 high β 증권은 가격이 올라갈 때는 큰 폭으로 올라가고 가격이 떨어질 때는 큰 폭으로 떨어지는 특징을 보인다. 특히 문제가 되는 경우는 시장이 전반적인 하락추세에 있을 때 high β 증권은 시장보다 더 큰 폭으로 하락하는 특성을 보여서 일

그림 VII-6 high β 증권과 low β 증권의 가격 움직임

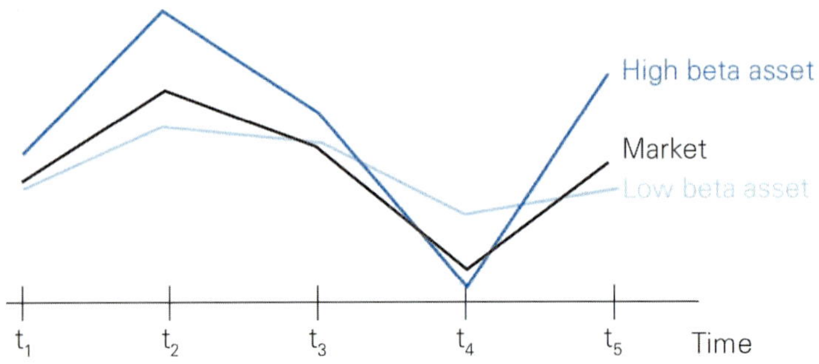

반적으로 투자자들이 기피하는 종목이 된다. 이처럼 사람들이 high β 증권을 기피하다 보니 이들 증권의 가격이 낮게 형성되고 요구수익률이 높게 형성되는 것이다.

[표 VII-4]는 몇 개 회사의 β값을 보여주고 있다. Alex Brown은 자산운용회사이다. 자산운용회사의 β값이 제일 크게 나타나는데 시장이 전반적으로 상승하면 자산운용사에 투자자금이 몰려서 매출이 증대되고 수익이 커지지만 시장이 전반적으로 하락하면 자산운용사에서 투자자금이 빠져나가고 수익률이 하락하게 된다. 자산운용사의 주가 수익률은 시장 포트폴리오 수익률에 매우 민감하게 반응하기 때문에 β값이 가장 크

표 VII-4 기업별 베타

Common Stock	Beta
Alex Brown	1.90
Nike Inc.	1.50
Microsoft	1.40
PepsiCo. Inc.	1.10
McDonald's Corporation	1.05
Boeing Co.	1.00
AT&T Corp.	0.85
Exxon Corp.	0.60

게 나타나고 있다.

다음으로 Nike가 생산하는 제품은 사치재적 성격을 갖고 있고 Microsoft는 내구재의 속성을 가지고 있으므로 매출이 경기에 민감하게 반응하고, 시장포트폴리오 수익률에 민감하게 영향을 받아서 β값이 상대적으로 크게 나타나고 있다. 반면 음식료품이나 통신, 연료를 생산하는 기업들의 매출은 경기에 민감하게 반응하지 않으며 시장포트폴리오 수익률에 덜 민감한 영향을 받게 되고 β값이 상대적으로 작게 나타나고 있다. Boeing Co.의 경우에도 비행기제조 수주 자체가 5년 전에 주문을 받기 때문에 경기변동에 상대적으로 덜 민감한 양태를 보이고 있다. 위의 사례를 놓고 생각해보면 Microsoft 사와 같은 내구소비재 생산업체가 분기별 영업이익을 예를 들어 1조를 달성했다면 β가 높기 때문에 Microsoft 사의 주가는 저평가되는 구조를 갖고 있다. 반면에 Boeing 사의 분기별 영업이익이 동일하게 1조를 달성했다고 하더라도 β가 상대적으로 작기 때문에 Boeing 사의 주가는 고평가되는 구조를 갖고 있다.

참고로 β는 기업이 생산하는 제품소비의 소득탄력성과 관련성이 높게 나타날 것임을 예상할 수 있다. 소비의 소득탄력성이 높게 나타나는 소비재는 내구소비재로서, 자동차, 부동산 등이 전체적인 경기변동 사이클과 공조적인 움직임을 나타내기 때문에 내구소비재 산업에 속하는 기업의 매출은 경기변동 사이클에 매우 민감한 영향을 받는다. 따라서 내구소비재 산업에 속한 기업들의 β는 일반적으로 높은 값을 갖고 주가가 저평가되는 특성을 갖는다. 반면 음식료품 등 비내구 소비재의 경우에는 상대적으로 경기변동에 덜 민감하기 때문에 이들 산업에 속한 기업들의 β값은 상대적으로 작게 나타나고 주가는 상대적으로 고평가되는 특성을 갖는다.

5. 주가 수익률 위험의 분석

이제 주가 수익률을 구체적으로 분석해 보자. 사후적으로 실현된 주식의 초과수익률은 일반적으로 다음과 같이 쓸 수 있다.

$$r_i - r_f = \beta_i(r_m - r_f) + e_i$$

이 사후적 초과수익률 $r_i - r_f$를 $r_m - r_f$에 회귀분석 하였을 경우에 β_i는 회귀선의 기울기가 되며, e_i는 잔차항이 된다. 회귀분석 결과 $r_m - r_f$와 e_i는 공분산이 0이 되도록 β_i가 결정된다. 따라서 사후적 초과수익률 구성부분에서 $\beta_i(r_m - r_f)$는 시장지수의 변동에 영향을 받는 주가수익률 구성부분이라고 해석할 수 있고, e_i는 시장지수의 변동과는 무관한 기업 특수적인 정보에 기인한 주가수익률 구성부분이라고 해석할 수 있다. 이러한 구조를 전제로 사후적 초과수익률 $r_i - r_f$의 분산을 구해보면 다음과 같다.

$$\begin{aligned} Var(r_i - r_f) &= Var(\beta_i(r_m - r_f) + e_i) \\ &= \beta_i^2\sigma_m^2 + \sigma^2(e_i) + 2\beta_i Cov(r_m, e_i) \\ &= \beta_i^2\sigma_m^2 + \sigma^2(e_i) \end{aligned}$$

결과적으로 주식의 사후적 실현수익률의 총분산(total variance)은 다음과 같이 시장포트폴리오의 수익률 변동과 관련된 체계적 위험 부분(systematic variance)과 시장포트폴리오 수익률 변동과 관련 없는 비체계적 위험 부분(unsystematic variance)으로 분해됨을 알 수 있다.

$$\sigma_i^2 = \beta_i^2\sigma_m^2 + \sigma^2(e_i)$$

그런데 우리는 상관계수의 제곱 값 즉 R^2를 다음과 같이 쓸 수 있음을 알고 있다.

$$R^2 = \rho_{im}^2 = \frac{\beta_i^2\sigma_m^2}{\sigma_i^2}$$

이 식으로부터 R^2는 전체 주식의 위험 중에서 체계적 위험이 차지하는 비중을 의미한다는 것을 이해할 수 있다. R^2가 높은 주식의 경우 주가의 변동이 대부분 체계적 위험의 변동으로 인해 나타난다는 것을 의미한다. 반면 R^2가 낮은 주식의 경우에는 주가의 변동이 체계적 위험으로 설명되는 비중이 낮으며 시장포트폴리오의 수익률변동과는 무관한 기업특수적인 요인에 의해 주가 변동이 설명되는 비중이 상대적으로 높다는 것을 나타낸다.

체계적 위험(systematic risk)은 시장포트폴리오 수익률 변동 및 거시경제변수의 움직임과 연관된다. 체계적 위험은 결국 시장에 의해 설명되는 주가수익률의 변동성(분산) 부분으로서, 시장포트폴리오 지수가 등락함에 따라서 주가가 거기에 영향을 받아서 등락이 이루어진 부분이다. 그런데 모든 자산들의 수익률이 동일한 체계적 위험 구성부분

표 Ⅶ-5 주식별 위험의 분해

	σ_i^2	$\beta_i^2\sigma_m^2$	$\sigma^2(e_i)$	$R^2(=\rho_{im}^2)$
A	$0.16^2=0.0256$	$(1.21^2)0.1205^2=0.0214$	0.0042	83.5%
B	$0.15^2=0.0225$	$(0.86^2)0.1205^2=0.0109$	0.0116	48.5%
C	$0.14^2=0.0196$	$(0.52^2)0.1205^2=0.0039$	0.0157	20.0%

을 갖고 있기 때문에 분산투자를 통해서 제거할 수 없는 위험이다. 따라서 체계적 위험을 분산불가능 위험(nondiversifiable risk) 혹은 시장위험(market risk)이라고 부른다. 반면 비체계적 위험(unsystematic risk)의 경우에는 시장포트폴리오 수익률 변동과 무관한 기업특수적 요인을 반영하기 때문에 분산투자를 통해서 제거할 수 있다. 따라서 이를 분산가능위험(diversifiable risk), 기업 특수적 위험(firm-specific risk) 혹은 기업 고유위험(idiosyncratic risk) 등으로 부른다.[2]

앞서 살펴본 우리의 사례에서 A, B, C 주식의 체계적 위험과 비체계적 위험 및 R^2 $(=\rho_{im}^2)$ 등을 구하고 [표 Ⅶ-5]에 과정을 제시하였다. 총위험은 체계적 위험과 비체계적 위험의 합으로 구성되기 때문에, 비체계적 위험은 총위험에서 체계적 위험 부분을 차감하여 구할 수 있다. A 주식의 경우 전체 주가수익률 변동위험에서 체계적 위험 부분이 차지하는 비중이 83.5%이다. 반면에 C 주식의 경우 전체 주가수익률 변동위험에서 체계적 위험이 차지하는 비중이 20%이다. 나머지는 비체계적위험이 주가수익률 변동을 설명해주고 있다. 이처럼 주식에 따라서 주가수익률 변동을 체계적 위험이 설명하는 비중에 현격한 차이가 나타나고 있음을 알 수 있다.

이처럼 상관계수의 제곱값 혹은 R^2값에서 기업마다 현격한 차이가 나타나는 이유는 규모의 차이에 기인하는 부분이 크다. 일반적으로 대기업들의 R^2값이 높다. 그 이유는 먼저 대기업 주가 자체가 거시적 변수들의 움직임에 민감한 특성을 갖고 있다. 다음으로 대기업이 갖고 있는 시장포트폴리오에서의 가중치가 크기 때문에 다른 기업들과 다른 조건(예를 들면 분산과 다른 자산과의 공분산 등)이 같을 때에도 대기업 주가수익률의 시장포트폴리오 지수 수익률과의 공분산이 더 크게 나타난다. 위의 사례에서도 A 기업의 시장포트폴리오 가중치가 55.5%로 크게 나타나기 때문에 공분산 값이 큰 값을 갖고

2 고유위험 또는 고유변동성에 대해서는 Ⅷ. 요인모형(Factor based Approach)의 투자전략 부분에서 다시 한 번 상세히 다룬다.

그림 Ⅶ-7 효율적 투자기회선과 위험분해

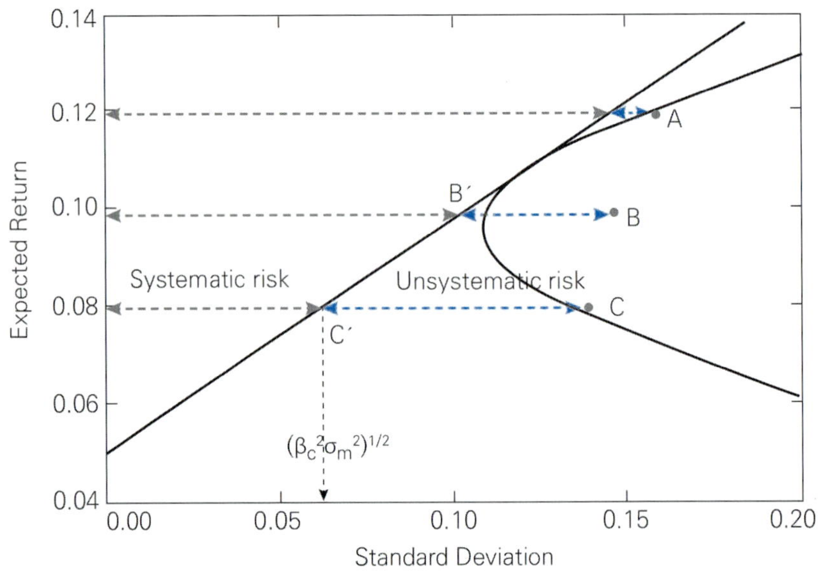

상관계수 값도 큰 값을 갖는다는 것을 확인할 수 있다.

한편, 임의의 자산 혹은 포트폴리오가 존재할 때 총위험은 체계적 위험과 비체계적 위험의 합으로 구성된다는 점은 위에서 강조하였다. 그런데 효율적 투자기회선 상에 존재하는 포트폴리오들은 순전히 체계적 위험만 부담하고 있다. 여기에서 효율적 포트폴리오란 주어진 위험 하에서 기대수익률이 가장 높은 자산들의 집합이고 그것이 효율적 투자기회선을 나타낸다. 효율적 투자기회선 상의 포트폴리오는 체계적 위험만 부담하는 포트폴리오의 집합으로서 비체계적 위험을 전혀 부담하지 않는 자산들의 집합이라고 정의할 수 있다. 왜 이렇게 되는지를 살펴보자.

[그림 Ⅶ−7]에서 쌍곡선은 무위험자산이 존재하지 않는 경우의 평균−분산 경계(mean−variance frontier without risk free asset)이다. 그리고 쌍곡선 상의 접점포트폴리오와 무위험자산을 지나는 직선은 무위험자산이 존재하는 경우의 효율적 투자기회선(efficient frontier with risk free asset) 혹은 자본시장선(Capital Market Line, CML)이다. 효율적 투자기회선 상의 어떤 포트폴리오를 선택하더라도 체계적 위험만을 부담한다.

위 그림에서 C점과 C'점을 비교해 보자. C'점은 CML 선 상에 존재하는 점으로 체계적 위험만 갖고 있고, C점은 체계적 위험 이외에 비체계적 위험도 갖고 있다. 그런데 C'점과 C'점은 공통점이 있다. 그것은 바로 같은 수평선 상에 존재한다는 점이며, 따라서 기대수익률 혹은 공정수익률이 같다. C점을 지나는 수평선 상의 모든 점들 중에서 CML 오른쪽에 해당하는 점들은 기대수익률(공정수익률)이 동일하므로 베타가 동일하다는 것을 알 수 있다. 이 사실을 이용하여 C 점의 공정수익률을 CAPM 모형으로 표현하면 다음과 같다.

$$r_C - r_f = \beta_C(r_m - r_f) + e_C$$

이 식을 이용하여 C점의 위험을 분해하면 다음의 관계가 도출된다.

$$Var(r_C - r_f) = \beta_C^2 Var(r_M - r_f) + Var(e_C)$$

$$\sigma_C^2 \quad = \quad \beta_C^2 \sigma_M^2 \quad + \quad \sigma_{eC}^2$$

총위험 = 체계적위험 + 비체계적 위험

따라서 C점과 C'점의 베타가 동일하다는 것은 체계적 위험이 동일하다는 것이며, 비체계적 위험에 있어서만 차이가 난다는 것을 알 수 있다. 위 그림에서 C'점의 비체계적 위험은 0이다. 그렇다면 위 그림 상에서 체계적 위험은 왜 C'점까지인가? 효율적 투자기회선 혹은 CML 선 상에 존재하는 포트폴리오는 왜 체계적 위험만 갖고 비체계적 위험은 갖지 않는가? 위 그림에서 C점은 분리정리(Two fund separation hypothesis)에 의해서 r_f 및 접점포트폴리오 P(혹은 시장포트폴리오 r_M) 두 개만을 섞어서 만든 포트폴리오로 다음과 같이 정리할 수 있다.

$$r_C = W_m r_m + (1 - W_m) r_f$$

$$\beta_C = \frac{Cov(W_m r_m + (1 - W_m) r_f,\ r_m)}{\sigma_m^2} = \frac{W_m \sigma_m^2}{\sigma_m^2} = W_m$$

이처럼 효율적 투자기회선 상의 C'점에서의 β_C의 값은 C'점에서의 시장포트폴리오 가중치 W_m과 같음을 알 수 있다. C'점의 총분산을 구해보면 다음과 같다.

$$Var(r_{C'}) = Var(W_m r_m + (1 - W_m) r_f) = W_m^2 \sigma_m^2 = \beta_{C'}^2 \sigma_m^2$$

따라서 C'점의 수평선상의 모든 점들의 체계적 위험은 위 그림에서 C'점이 갖고 있는 위험 $\beta_{C'}^2\sigma_m^2$이 되며, 이것이 바로 C'점의 체계적 위험의 크기가 된다. 그러므로 위 그림에서 C'점까지의 위험만 체계적 위험이 되며, 나머지는 비체계적 위험이라는 것을 의미한다.

위의 내용을 다시 요약해 보자. 위의 그림에서 C점은 비효율적인 자산을 나타내고 있다. C점을 지나는 수평선을 그으면, 수평선 상의 모든 점은 기대수익률 혹은 공정수익률이 같은 자산들의 집합이다. 따라서 이들 모든 자산 포트폴리오들은 β값이 동일하다. 이들 동일한 β값을 갖고 있는 자산 들 중에서 가장 효율적인 포트폴리오를 찾아보면 C'점이다. C'점의 분산을 계산해보면 $\beta_{C'}^2\sigma_m^2$이 되는데 이 값은 C'점의 체계적 위험일 뿐만 아니라 수평선 상에 존재하는 모든 포트폴리오들의 체계적 위험이 된다. 그리고 C'점을 제외한 수평선 상의 모든 점들은 C'점과 떨어진 거리에 비례해서 더 높은 비체계적 위험을 가지게 된다. 위의 그림은 표준편차로 표시되어 있으니까 비체계적 위험을 분산으로 표시하면 거리를 제곱한 것만큼 비체계적 위험을 가지게 된다. 그리고 이 수평선 상에 존재하는 모든 포트폴리오들의 R^2도 구할 수 있다. R^2는 체계적 위험인 $\beta_{C'}^2\sigma_m^2$을 전체 거리의 제곱으로 나누어 준 것이 된다. 위 그림에서 A점은 거의 대부분 체계적 위험으로 설명되고 비체계적 위험은 작으니까 R^2 값이 클 것으로 예상되는데 A점의 R^2은 위의 표에 나타난 바와 같이 83.5%로 나타났다. 그에 비해 C점은 체계적 위험을 전체 거리의 제곱으로 나누어 준 값이 20%에 불과한 것으로 나타났다.

6. CML과 SML의 비교

앞서 살펴본 자본시장선(CML)을 증권시장선(SML)과 비교해보자. 이 두 선의 수직축은 모두 기대수익률로 동일하다. 양자의 차이점은 수평축에서 나타나는데, CML의 수평축은 표준편차가 표시되어 있고 SML의 수평축은 β가 표시되어 있다.

먼저 [그림 Ⅶ-8]의 자본시장선(Capital Market Line, CML)을 살펴보자. 자본시장선의 수평축은 표준편차 σ로 표시되어 있는데 총위험을 측정한다. 그리고 그림 내에 파란선과 같이 임의의 한 점에서 수평선을 그었을 때, 수직축에서 CML까지가 체계적 위험을 나타낸다. 총위험에서 체계적 위험을 차감한 부분은 비체계적 위험을 나타낸다. 이

그림 Ⅶ-8 CML과 SML

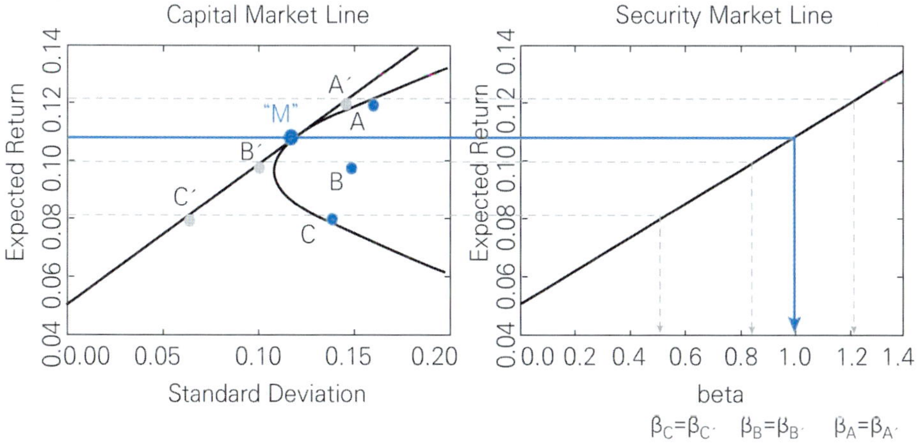

경우 자본시장선은 다음 식으로 표현할 수 있다.

$$E(r_c) = r_f + \frac{E(r_m) - r_f}{\sigma_m}\sigma_c$$

이 식에서 $E(r_c)$는 기대수익률을 나타내고, $\frac{E(r_m) - r_f}{\sigma_m}$은 위험의 시장가격을 나타낸다. 그리고 σ_c는 c점의 위험을 나타낸다. 증권에 대한 수요를 결정하는 것이 이러한 자본시장선(CML)의 주요 역할이다. 만약 어떤 투자자가 5% 정도의 표준편차를 부담하기 원한다면, 주어진 위험에서 기대수익률이 가장 높은 점들의 집합이 CML이므로, $\sigma = 5\%$ 수준에서 수직선을 그어서 CML과 만나는 점에서 시장포트폴리오에 대한 가중치 W_m^i와 무위험수익률에 대한 가중치 $(1 - W_m^i)$가 결정된다. 그리고 $\beta_i = W_m^i$가 일단 결정되고 나면 그 경우에 기대되는 기대수익률은 $E(r_i)$로 결정된다. 이처럼 투자자가 부담하기를 원하는 위험만 알고 있다면 자동적으로 CML을 이용하여 위험자산 시장포트폴리오에 대한 가중치를 결정할 수 있게 되고 이러한 의미에서 CML은 증권에 대한 수요를 결정한다. 위 그림에서 C점과 C'점의 β는 동일하지만, 투자자가 실제로 포트폴리오를 수요하는 것은 C점이 아니라 C'점이다. 왜냐하면 C'점에는 체계적 위험만 존재하지만, C점에는 비체계적 위험도 존재하여 불필요한 위험에 노출되고 있기 때문이다. 그리고 C'점과 C점은 CML을 표시한 공간에서는 총위험이 다르게 나타나고 있어서 다른 점으로 인식되고 있지만, SML에서는 베타가 같은 동일한 한 점으로만 인식되고 있다. 따라서 자산가격결정(asset pricing)의 관점에서 본다면 C점과 C'점은 구분이 되지 않는 동일한 체계적 위험을 가진 상품이다. 자산가격결정의 관점에서는 어차피 C점이 가지고 있는 비체계적 위험은 분산투자 과정에서 가격결정 할 때는 무시될 수 있는 위험이기 때문에 양자를 동일한 상품으로 보아도 무방하다는 것이다.

이어서 증권시장선(Security Market Line, SML)을 살펴보자. SML의 수평축은 자산의 체계적 위험을 나타내는 β로 표시한다. β만 안다면 체계적 위험 $\beta^2\sigma_m^2$을 알 수 있으므로 β자체를 체계적 위험으로 부를 수 있다. 일반적으로 일정한 시점에서 σ_m^2은 상수로 주어져 있기 때문이다. 이 경우 SML식은 다음과 같이 표현된다.

$$E(r_i) = r_f + \beta_i(E(r_m) - r_f)$$

이 식에서 β_i는 자산 i의 체계적 위험을 나타내고, $E(r_m) - r_f$는 위험의 시장가격을 나타낸다. 증권시장선은 기본적으로 자산가격결정의 역할을 수행한다. 증권시장선이 자산가격결정의 역할을 어떻게 수행하는지를 예를 들어서 살펴보자. 예를 들어 i기업 주식의 β_i가 0.5라고 해보자. 위의 사례에서 $E(r_m) = 0.0716$이었고, $r_f = 0.03$이었으므로, 이 사례에서 이 자산의 공정수익률(요구수익률 혹은 적정수익률이라고도 함)은 다음과 같이 결정된다.

$$\begin{aligned} E(r_i) &= 0.03 + 0.5(0.0716 - 0.03) \\ &= 0.0508 \end{aligned}$$

앞에서 살펴본 바와 같이 1기간 이후에 기대하는 가격 $E(P_{i1})$이 주어져 있을 때 공정수익률 $E(r_i)$를 결정하면 자연스럽게 이론가격 P_{i0}가 결정된다. 이 경우 애널리스트가 증권분석을 통해서 i기업 주식의 기대수익률을 6%로 예상한다고 발표했다고 가정해보자. 이 경우 i기업 주식의 현재 시장가격은 애널리스트가 제시한 기대수익률 6%로 할인한 가격으로 볼 수 있다. 주식의 현재가격 즉 시가가 이론가에 비해 낮은 상황이다. 이 경우 이 주식은 저평가된 주식으로 표현된다. 이처럼 저평가된 주식은 SML 선보다 상방에 존재하는 점으로 표현될 수 있으며, 다음 식과 같이 공정수익률에 알파를 더하여 기대수익률이 결정되는 것으로 볼 수 있다. 이처럼 플러스 알파값을 갖는 주식은 저평가 주식으로 매수권고 대상 주식이 된다.

반면, 애널리스트가 증권분석을 통해서 i기업 주식의 기대수익률을 4%로 예상한다고 발표한 경우를 생각해 보자. 이 경우 i기업 주식의 시가는 이론가에 비해 높은 상황으로 이 주식은 고평가된 주식이라고 평가된다. 고평가된 주식은 SML 선보다 하방에 존재하는 점으로 표현된다. 이 경우 이 주식의 기대수익률은 공정수익률에서 알파값을 뺀 값으로 정의되며, 이처럼 마이너스의 알파값을 갖는 주식은 고평가 주식으로 매도권고 대상이 된다. 이처럼 특정 주식의 기대수익률이 SML 선의 상방에 위치하는지 하방에 위치하는지에 따라서 이 주식의 가격이 고평가되어 있는지 저평가되어 있는지 판단 가능하며 주식의 매수 매도의 판단기준으로 사용할 수 있다. 이러한 의미에서 증권시장선의 기본적 역할이 자산가격결정(asset pricing)이라고 말할 수 있다.

결론적으로 자본시장선과 증권시장선의 차이는 다음과 같다. 자본시장선은 주로 증권의 수요함수 제공과 관련된다. 그러나 부분적으로는 효율적 경계선 상에 존재하는 특정 포트폴리오들에 한해서는 자산가격결정에도 사용가능하다. 효율적 경계선 상에 존재하는 특정한 포트폴리오들의 경우 시장포트폴리오에 대한 가중치가 그 포트폴리오의 위험을 측정하는 β와 같은 값을 갖는다. 따라서 이들 포트폴리오의 공정수익률을 결정할 수 있기 때문에 자산가격결정이 이들에 한해서 적용될 수 있다. CML 선상에 존재하는 임의의 포트폴리오를 C라고 해보자. 이 경우 이 포트폴리오의 가격결정에 내재적인 일관성이 존재하는지를 살펴보자. 효율적 경계선 상에 존재하는 C 포트폴리오의 기대수익률은 다음과 같이 결정된다.

$$E(r_C) = r_f + \frac{E(r_m) - r_f}{\sigma_m}\sigma_C$$

이 경우 C 포트폴리오는 효율적이기 때문에 $\sigma_C = W_C\sigma_m$이다. 그런데 위에서 언급한 바와 같이 다음 절차에 의해서 $\beta_C = W_C$가 된다.

$$\begin{aligned}\beta_C &= Cov(r_C, r_m) - Cov((1 - W_C)r_f + W_C r_m,\ r_m) \\ &= \frac{W_C Cov(r_m, r_m)}{\sigma_m^2} = W_C\end{aligned}$$

따라서 $\sigma_C = \beta_C \sigma_m$가 될 것이며, C 포트폴리오의 기대수익률은 다음과 같이 표현된다.

$$\begin{aligned} E(r_C) &= r_f + \frac{E(r_m) - r_f}{\sigma_m} \beta_C \sigma_m \\ &= r_f + \beta_C (E(r_m) - r_f) \end{aligned}$$

이 식의 결과를 보면 CML 선상에 존재하는 효율적 포트폴리오의 경우에는 SML의 가격결정식이 그대로 적용된다는 것을 알 수 있다. 그렇지만 진정한 자산가격결정식(asset pricing equation)은 모든 자산의 가격결정을 다 수행할 수 있어야 하며, SML은 이 조건을 만족한다. 그렇지만 CML은 이 조건을 만족하지 못한다. CML은 오로지 효율적인 포트폴리오에 대해서만 자산가격결정 기능을 수행할 수 있다.

Ⅷ 요인모형(Factor based Approach)

Markowitz(1959)의 포트폴리오 선택에 관한 연구에 뒤이어 Black, Jensen, Scholes (1972), Lintner(1965), Mossin(1966) 및 Sharpe(1964)의 자본자산가격결정모형(CAPM)이 등장하였다. 이후 이를 검증하기 위한 다양한 실증연구들이 수행되었다. 대표적으로 BJS(Black－Jensen－Scholes) 및 Fama－MacBeth의 2－pass 모형을 이용한 연구가 있다. 우선 BJS(1972)[1]는 횡단면 검증(cross－section test) 기법을 이용하여 SML의 속성 연구에 집중하였다. 그들은 1926-1965년 뉴욕 증권 거래소에 상장된 모든 주식을 대상으로 시장지수의 월수익률에 대해 주식의 월별수이률을 회귀하여 추정하였다. 이어서 주식의 추정베타를 기반으로 10개의 포트폴리오를 생성하여 5년 동안 해당 포트폴리오의 월별 수익을 계산하였다. 이를 기간 말까지 반복한다. 마지막으로 포트폴리오 베타를 추정하여 평균 수익률에 대응하여 SML의 근사치를 산출하였다. 분석 결과로는 CAPM 모형이 지지되는 결과가 산출되었다. Fama－MacBeth(1974)[2]의 연구에서는 수익률에 더해 기업규모를 추가로 고려하여 소규모 기업을 제외하고 CAPM이 지지되는 결과를 산출하였다.

그러나 1970년대 말 다수의 연구들에서 CAPM의 한계가 지적되기 시작하였다. 사실 이러한 CAPM의 한계는 어느 정도 예견되던 문제이다. 우선 CAPM은 여러 가지의 매우 강한 비현실적 가정을 전제하고 있다. 모든 투자자가 평균과 분산만을 고려하는 합리적 투자자이며 동일한 기대치를 갖는다는 가정 등이 그러하다. 또한 Roll(1977)[3]이 지적한 바와 같이 시장 포트폴리오가 효율적인 경우에 한하여 검증이 가능하며, 나아가 시장에 존재하는 모든 금융 상품을 포함해야 하므로 사실상 검증이 불가능하다는 점을

1 Black, F, Michael C. Jensen, Myron Scholes, (1972), "The capital asset pricing model: Some empirical evidence", in Michael C, Jensen, ed.: *Studies in the theory of capital markets*, Praeger Publishers, NY.

2 Fama, Eugene F, and James D. MacBeth. (1974), "Tests of The Multiperiod Two-Parameter Model.", *Journal of Financial Economics*. vol. 1, pp. 43-66.

3 Roll, R. (1977). "A critique of the asset pricing theory's tests Part I: On past and potential testability of the theory", *Journal of financial economics*, 4(2), 129-176.

지적하고 있다.

또한 CAPM이 갖는 기본적 구조 자체가 문제점으로 지적되었다. 즉, CAPM은 단일 기간모형으로 미래 수익률을 설명하거나 금융자산의 기대수익률 설명에 정확성이 떨어진다는 것이다. 나아가 CCAPM(Consumption CAPM)의 경우 원 CAPM과 마찬가지로 단일 베타에 의존한다는 한계가 지적되었다. 그러나 결론적으로 이러한 한계를 극복하기 위한 개선 시도가 Ross[4](1976)의 차익가격결정모형(APT; arbitrage pricing theory)로 이어지게 되었다.

APT는 자산수익률의 횡단면적 변동의 이해를 돕기 위해 자산가격결정 및 파생상품 평가를 위한 다요인모형(multi-factor model)로 정의할 수 있다. 이 모형은 핵심적인 몇 가지 체계적인 요인들만이 증권의 장기 평균 수익률에 영향을 미친다는 견해를 전제로 한다. 따라서 APT는 '시장'이라는 1개의 요인에만 의존하는 균형 조건보다 훨씬 더 많은 체계적 위험 측정치를 이용하여 더 다양한 위험 요인을 제시한다. 실질적으로 APT 모형뿐만 아니라 ICAPM(inter-temporal CAPM), 3요인 모형 등도 다요인 모형에 해당한다. 실증적으로도 동일 산업군 내의 주식은 타산업군 대비 더 밀접하게 움직이는 경향이 존재한다. 동일 산업군 내에서도 기업규모가 유사한 기업들이 공통적인 영향을 미치는 경향도 나타난다.

APT 모형은 자산의 기대 수익률과 자산의 위험에 영향을 미치는 거시 경제적 요인의 선형관계를 통해 자산의 수익률을 예측하는 자산 가격 결정 이론이다. 이 이론은 분석가와 투자자에게 금융 자산의 기대 수익률과 위험 간의 관계를 기반으로 증권에 대한 다요인 가격 모형을 제시한다. APT는 일시적으로 가격이 잘못 책정될 수 있는 증권의 공정 시장가격을 정확히 파악하는 것을 목표로 한다. 시장이 항상 완벽하게 효율적인 것은 아니며, 따라서 단기적으로 자산 가격이 과대평가되거나 저평가되는 경우도 있다. 그러나 시장은 결국 상황을 수정하여 가격을 공정 시장 가치로 되돌려 놓는다. 따라서 일시적으로 가격이 잘못 책정된 증권은 사실상 위험부담 없이 수익을 올릴 수 있는 기회를 의미하기도 한다.

APT는 CAPM보다 유연하고 복잡한 대안 이론이다. 여기서 유연성은 투자자와 분석가에게 자신의 목적에 맞춤화할 수 있는 이론이라는 점에서, 복잡성은 자산 가격에

4 Ross. S. A. (1976). "The Arbitrage Theory of Cpital Asset Pricing", *Journal of Economic Theory*, Vol. 13, pp. 341-360.

영향을 미칠 수 있는 모든 다양한 요소를 결정하는 데 상당한 시간과 노력이 필요하다는 것을 의미한다. 이러한 두 가지 장단점을 이해하고 APT를 접근할 필요가 있다.

APT는 전체 시장위험 수준의 단일 요소만 고려하는 CAPM과 달리 이론에 따라 특정 자산의 위험과 수익을 결정하는 몇 가지 거시 경제적 요소를 고려한다. 이러한 요인들은 분산화로 제거할 수 없는 체계적 위험(systematic risk)을 지니고 있기 때문에 투자자들은 위험 프리미엄을 반영할 필요가 있다.

1. APT 모형의 기본구조

주식 및 채권 수익률은 대규모의 횡단면 표본(일부 연구에서 10,000개 이상의 동시 수익률 관찰)에서 내재된 공통의 움직임을 갖는 특징이 나타난다. 이러한 공통된 움직임의 근본적인 원인은 항상 명확하지 않으며 쉽게 측정되지 않는다. 시스템 전체의 변동 내에 쉽게 관찰되지 않는 몇 가지 요인이 영향을 미치는 이러한 체계는 요인 모형의 적용의 배경이 된다. 즉, 이러한 배경 하에 APT는 자산 수익률이 요인 모델을 따른다는 가정에서 시작된다.

예시적으로 APT 모형의 핵임인 체계적 위험의 두 가지 근본적 원천을 '기술력(T)'과 '이자율(I)' 관련 위험이라고 가정하자. 이제 자산 i에 대한 수익률이 다음을 따르게 된다. 물론 모든 주식이 해당 요인을 따른다는 가정을 할 필요는 없다. 자산 i에 대한 임의의 투자자의 가정이라는 점을 재차 언급한다.

$$r_i = f_T + f_I + e_i$$

여기서 CAPM 또한 옳다는 가정을 하자.

$$E[r_i] = r_f + \beta_i [E(r_m) - r_f]$$

$$\text{이때, } \beta_i = \frac{cov(r_i, r_m)}{var(r_m)} = \frac{cov(f_T, r_m) + cov(f_I, r_m)}{var(r_m)}$$

이 구조에 따르면 서로 다른 위험이 동일하게 책정됨으로 인한 비합리성이 존재하게 된다. APT는 바로 이러한 체계적 위험의 다중 소스를 허용하고 각 위험들에 대해 서로 다른 가격책정을 가능케 한다는 점에서 차별적이 된다. 이에 따른 APT의 핵심 특징은 다음과 같다.

첫째, APT는 차익 거래를 허용치 않는 단일 가격의 법칙에 따라 자산 가치를 결정하는 프레임웍을 제공한다.

둘째, APT는 수익률에 대한 통계적 모형(statistical model)에서 파생된 반면 CAPM은 균형 기반 모형(equilibrium model)이다.

셋째, CAPM과는 달리 APT은 상당히 약한 가정만이 필요하다. 특히 APT는 모든 사람이 합리적인 방식으로 최적화함을 요구하지 않는다. 이외에 요구되는 가정으로는, 모든 증권은 유한한 기대수익률과 분산을 갖는다는 현실적 가정이 주어지며, 모든 투자자들은 잘 분산된 포트폴리오를 형성하며, 세금이나 거래비용과 같은 시장 내 마찰요인이 없음을 가정한다. 이러한 기본 가정들은 CAPM의 요구가정에 비해 상대적으로 약한 가정이다.

APT 이면의 핵심 논리는 자산의 가격을 서로 상대적으로 책정한다는 점이다. 즉, 가격에 대한 제약은 무차익 거래를 형성하기 위한 제약 의미를 갖는다. 이를 명확히 이해하기 위해서는 APT 모형의 '차익(arbitrage)'의 용어에 대해 이해가 선행될 필요가 있다. APT의 차익거래 개념은 고전적인 의미와 다르다. 고전적 의미의 차익거래는 무위험 수익을 확보하기 위해 일물일가의 법칙이 위배되는 경우를 찾아 서로 다른 거래소에서 자산을 동시에 구매하고 판매하고, 이로부터 이익을 발생시키는 행위를 뜻한다. 반면 APT에서 차익거래는 무위험을 의미하지 않으며 투자자에게는 자산의 이론적 공정 시장 가치를 결정하여 그 정보를 제공한다. 그 가치에 따라 투자자는 공정한 시장 가격에서 벗어난 자산을 탐색하여 공정시장가치와의 차이를 확보하는 전략을 구사한다. 예를 들어 APT 모형 하에서 A주식의 공정시장가치가 13,000원으로 결정되었지만 시장 가격이 잠시 11,000원으로 떨어지면 거래자는 시장 가격이 더 작용한다는 믿음에 따라 주식을 구매한다. 시장은 이 위배된 가격을 신속하게 13,000원으로 수정할 것이기 때문이다.

따라서 이론적으로 금융시장 내 무차익(no-arbitrage)은 가격이 0인 증권의 존재를 배제하며 동일한 성과를 제시하는 증권 또는 포트폴리오는 동일가격을 갖는다. 역으로 효율적으로 작동하는 금융시장에서는 차익거래기회가 없어야 한다. 이를 완화하여 차익거래기회가 존재한다하더라도 효율적 시장에서는 차익거래기회가 오래 지속되지 않는다. 또한 CAPM의 기본가정과 달리 이 무차익 조건은 1명의 투자자만으로도 가능한 이론이다.

결국 APT 역시 기대수익과 위험을 연관짓는 증권시장선을 예측하며 다음의 세 가지 사항을 전제로 구축된다.

첫째, 증권의 수익률은 요인모형을 설명할 수 있다.

둘째, 비체계적 위험을 분산시킬 수 있는 충분한 증권이 존재한다.

셋째, 잘 작동하는 시장은 차익거래의 기회를 허용하지 않는다.

APT 모형의 핵심 장점은 시장포트폴리오의 존재 여부에 관계없이 실증이 가능한 모형을 제시한다는 점에 있다.

2. 차익거래 이론

1) 차익거래 예시

인플레이션과 실질이자율에 대해 가능한 상태가 높거나 낮은 두 가지 상태만이 가능하다고 가정하자. 현재 가격이 100인 4개 증권(A, B, C, D)을 가정하고 각 상태에서의 수익이 [표 Ⅷ−1]과 같이 주어졌음을 가정하자.

또한 4개 증권의 기대수익률과 표준편차 그리고 상관계수가 다음과 같이 주어졌다.

표 Ⅷ-1 예시: 4개 증권 payoff

	이자율 High		이자율 Low	
		인플레이션 High	인플레이션 low	인플레이션 High
이자율	5%	5%	0%	0%
인플레이션	10%	0%	10%	0%
확률	0.25	0.25	0.25	0.25
A	-20	20	40	60
B	0	70	30	-20
C	90	-20	-10	70
D	15	23	15	36

표 Ⅷ-2 예시: 차익거래 기초자산 모멘트

주식	현재가	% 기대수익률	% 표준편차	상관계수 행렬			
				A	B	C	D
A	100	25.0	29.58	1	−0.15	−0.29	0.68
B	100	20.0	33.90	−0.15	1	−0.84	−0.38
C	100	32.5	48.15	−0.29	−0.84	1	0.22
D	100	22.25	8.58	0.68	−0.38	0.22	1

이제 A, B, C에 동일비중을 투자하여 생성한 등가중포트폴리오(equal weighted portfolio)와 D의 수익을 비교해보면 다음과 같다.

표 Ⅷ-3 예시: 4개 증권 payoff

	이자율 High		이자율 Low	
	인플레이션 High	인플레이션 low	인플레이션 High	인플레이션 low
포트폴리오	23.33	23.33	20	36.67
D	15	23	15	36

비교 결과, A, B, C로 구성한 포트폴리오가 모든 상태에서 D증권을 앞선 성과를 제시한다. 이는 차익거래의 기회가 존재함을 의미하며 D증권에 대한 가격에 조정이 가해진다. 즉, 증권의 수요가 A, B, C 증권에 쏠리게 되며, 반대로 D증권에 대한 수요 감소는 결국 D증권의 가격하락을 유발하게 된다.

2) 위험의 설정

발생 가능한 각기 다른 상태의 확률과 각 상태에서 일어날 일을 알고 있다고 가정하자. 물론 어떤 상태가 실제로 발생할지는 알 수 없다. 편리하게도 요인모형은 이러한 과정을 일괄적으로 설정할 수 있는 간편한 프레임웍을 제공해 주는 특징을 갖는다. 특히 이러한 구조는 위험의 측정이 아예 불가한 Knightian 불확실성과는 다르다. Frank Knight는 1921년 그의 저서인 「Risk, Uncertainty, Profit」에서 위험(risk)과 불확실성(uncertainty)의 개념을 분리하였다. 즉, 측정가능한 불확실성인 '위험'과 어떤 방법으로도 객관적이고 정량적인 확률로 축소될 수 없는 '진정한 불확실성'으로의 구분이 그것이다. 위험은 주어진 상황의 결과를 모르는 상황에 적용되지만, 정확하게 확률을 평가할 수 있다. 반면 불확실성은 가능한 결과를 파악하기에 충분한 정보가 없는 상황을 의미한다. 대부분의 행동 금융(behavioral finance) 개념은 이 후자의 아이디어를 기반으로 한다.

요인 모델은 증권 수익이 경제 전반의 위험과 함께 차례로 어떻게 움직이는지를 현실적으로 설명하는 편리한 프레임워크를 제공한다. 해당 프레임워크의 주요 속성은 다음과 같다.

첫째, 요인모형은 수익에 대한 다변량 통계 내지 수학적 모형으로 수익률의 생성 프로세스로 정의할 수 있다.

둘째, 동조(co-movement)의 원천은 요인(체계적 위험)에서 나온다.

셋째, 다른 요인에 대한 자산의 민감도는 factor loadings/factor betas/factor sensitivities의 수준에 달려있다.

넷째, 공분산과 상관계수의 계산을 단순화하기 위해 사용한 단일 지수 모형은 단일 요인 모형으로 간주할 수 있다.

다섯째, 무차익 조건 하에서 요인들과의 조합을 기반으로 상대적 자산가격을 책정할 수 있다.

3) 요인모형

k개의 요인을 갖는 모형은 다음과 같이 설정할 수 있다.

$$r_i = b_{i,0} + b_{i,1}f_1 + b_{i,2}f_2 + \dots + b_{i,k}f_k + e_i$$

여기서 f는 자산 가격의 대부분의 영향을 미치는 k개의 공통요인을 뜻한다. 예를 들어 거시경제요인으로 경제성장률이나 이자율, 인플레이션 등이 이에 해당할 수 있다. $b_{i,j}$는 자산 i의 j번째 요인에 대한 factor loading, 즉 요인에의 민감도를 의미한다. 이 수준에 따라 자산 수익률의 상향 내지 하향의 정도가 결정된다. e_i는 자산 i의 고유위험(idiosyncratic risk)을 뜻한다. 예를 들어 대규모 계약연장이 실패할 경우 e_i는 수익률을 하락시키는 음수(−)일 가능성이 있다. 이외 자산들의 고유위험 간에는 서로 상관되지

않는다는 $cov(e_i, e_h) = 0$을 가정한다. $(i \neq h)$

이러한 기본 모형은 때로 요인의 충격 $\widetilde{f}_j$의 측면에서 바라보는 것이 더 편리할 수 있다.

$$r_i = a_i + b_{i,1}\widetilde{f}_1 + b_{i,2}\widetilde{f}_2 + \ldots + b_{i,k}\widetilde{f}_k + e_i$$

여기서 $E(\widetilde{f}_j) = 0$로 요인을 경제성장률과 같이 직접적으로 정의하기보다는 기대되는 경제성장률로부터 벗어난 편차로 정의하는 방식이다. 다음의 예시를 통해 이러한 구조를 세부적으로 이해해 보자.

경제 내에서 산업 생산성 성장률(G)과 인플레이션(I)의 두 가지 요소가 확인되었다고 가정하자. 산업 생산성 성장률은 3%, 인플레이션은 5%가 예상된다. G에 대한 베타가 1.1이고 인플레이션에 대한 민감도는 0.4인 주식은 현재 연간 10%의 수익률을 제공할 것으로 예상된다. 산업 생산성이 실제로 내년에 4% 증가하고 인플레이션이 6%로 밝혀졌다면 수정된 주식 수익률에 대한 최선의 추정치는 다음과 같이 조정할 수 있다. 주어진 조건들을 정의하면 다음과 같다.

$$E(G) = 3\%,\ b_G = 1.1,\ E(I) = 5\%,\ b_I = 0.4,\ E(r_i) = 10\%$$

실제 요인 실현치로부터 편차를 다음과 같이 계산할 수 있다.

$$\widetilde{f}_G = 0.04 - 0.03 = 0.01 \ \ ,\ \ \widetilde{f}_I = 0.06 - 0.05 = 0.01$$

따라서 요인의 실제 실현치에 대한 조건부로 주식 수익률의 최선의 추정은 다음과 같다.

$$E(r_i | \widetilde{f}_G, \widetilde{f}_I) = 0.10 + 1.1 \cdot 0.01 + 0.4 \cdot 0.01 = 11.5\%$$

물론 애초 주식의 추정치 또는 실현치를 반영한 조정치가 그대로 수익률이 되는 것은 아니다. 이는 주식별로 존재할 수 있는 고유위험 부분이 여전히 반영될 필요가 있기 때문이다. 이제 관점을 위험으로 확대해 보자.

4) 요인모형의 분산과 공분산

요인모형이 자산 수익률의 분산과 공분산에 대해 어떤 시사점을 제공하는지 살펴보자. 2개 요인을 가정한 경우의 수익률 분산을 도출하면 다음과 같다.

$$\begin{aligned} var(r_i) &= var(b_{i,1}f_1 + b_{i,2}f_2 + e_i) \\ &= b_{i,1}^2 var(f_1) + b_{i,2}^2 var(f_2) + 2b_{i,1}b_{i,2}cov(f_1, f_2) + \sigma_{e,i}^2 \end{aligned}$$

만일 요인들이 비상관되어 있음을 가정하면 수익률 분산은 다음과 같이 간략화된다.

$$var(r_i) = \underbrace{b_{i,1}^2 var(f_1) + b_{i,2}^2 var(f_2)}_{①} + \underbrace{\sigma_{e,i}^2}_{②}$$

이때 수익률 분산의 첫 번째 구성부분인 ①은 체계적 위험을, 두 번째 ②는 고유위험을 반영한다. 이러한 구조는 2개 요인이 아닌 k개의 요인으로 일반화 확장시키더라도 동일한 맥락의 구조를 갖는다. k개의 요인에 대한 일반화 공식은 다음과 같다.

$$var(r_i) = \sum_{j=1}^{k}\sum_{k=1}^{k} b_{i,j}b_{i,k}\sigma_{j,k} + \sigma_{e,i}^2$$

여기서 $\sigma_{j,k}$ $(j \neq k)$는 j번째 요인과 k번째 요인간의 공분산을 의미한다. 따라서 $\sigma_{j,j} \equiv \sigma_j^2$은 j번째 요인의 분산을 의미한다. 만일 요인들이 서로 비상관되어 있음을 가정하면 다음과 같이 간략화된다.

$$var(r_i) = \sum_{k=1}^{k} b_{i,k}^2 \sigma_k^2 + \sigma_{e,i}^2$$

이어서 수식 i와 j 간에 공분산을 고려해 보자.

$$\begin{aligned} cov(r_i, r_j) &= cov(b_{i,1}f_1 + b_{i,2}f_2 + e_i, b_{j,1}f_1 + b_{j,2}f_2 + e_j) \\ &= b_{i,1}b_{j,1}var(f_1) + b_{i,2}b_{j,2}var(f_2) + (b_{i,1}b_{j,2} + b_{j,1}b_{i,2})cov(f_1, f_2) \end{aligned}$$

만일 요인 간에 비상관되어 있다면 더욱 간략화시킬 수 있다.

$$cov(r_i, r_j) = b_{i,1}b_{j,1}var(f_1) + b_{i,2}b_{j,2}var(f_2)$$

5) 포트폴리오 다변화(Diversified Portfolios)

APT는 체계적 위험만이 보상의 대상이 된다. 이는 고유위험 내지 비체계적 위험은 제거될 수 있기 때문이다. 다시 말해 잘 분산된 포트폴리오는 고유위험을 수반하지 않는다. 잘 분산된 포트폴리오 수익률에 대한 k개의 요인모형을 구축하면 다음과 같다.

$$r_p = E(r_p) + b_{p,1}\widetilde{f}_1 + \ldots + b_{p,k}\widetilde{f}_k$$

따라서 실제 수익률은 특정한 요인모형의 설계 그리고 각 요인 별로 실제치와의 편차 등에 영향을 받는다. 이후 전개에 있어서는 투자자가 잘 분산된 포트폴리오를 구성할 수 있다고 가정하자. 단순화를 위해 1개의 요인만을 가정하면 간단한 선형관계가 성립한다. 잘 분산된 포트폴리오일수록 고유위험(e_i)이 제거되며 이는 모형 상 선형라인에 더 가깝게 분포되는 형태로 표현된다. [그림 Ⅷ-1]의 (a) 경우와 같이 잘 분산된 포트폴리오의 경우 y축의 수익률과 x축의 요인 간에 보다 명확한 선형관계, 즉 설명관계가 성립한다.

그림 Ⅷ-1 1요인 모형

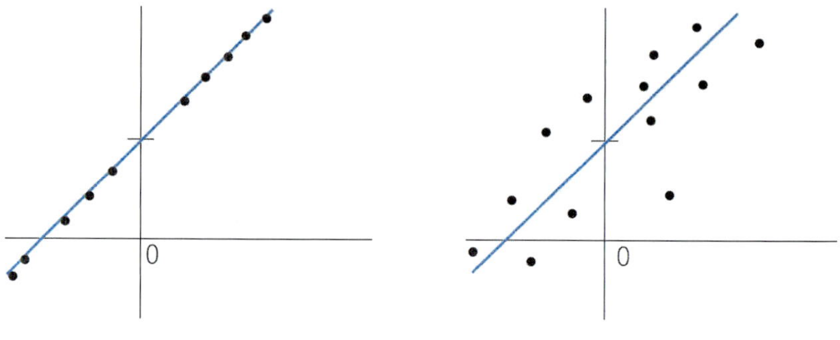

(a) 잘 분산된 포트폴리오 (b) 잘 분산되지 못한 포트폴리오

3. APT 가격결정공식(pricing equation)

앞서 APT 공식은 현 시점의 수익률을 설명하는 요인들과의 관계 수립이라는 측면에서 접근되었다. 이번에는 이러한 자산수익률과 요인 간 관계가 전제된 상황에서 어떤 자산 i의 기대되는 가격산출공식은 다음과 같이 구축할 수 있다.

$$E(r_i) = \lambda_0 + \lambda_1 b_{i,1} + \ldots + \lambda_k b_{i,k}$$

이때, λ_j는 j번째 위험의 추가증분에 대한 수익률의 보상 증분 수준을 나타내는 요인위험프리미아(factor risk premia)이다. 각 체계적 위험요인별로 하나의 λ_j가 존재하며 이에 더하여 하나의 추가요인 λ_0가 부여되는데 통상 λ_0는 무위험자산수익률 r_f로 설정된다. 다만 반드시 무위험자산이어야 할 필요는 없다. 즉, 모형에서 구축한 요인 외에. 즉 요인과 상관되지 않는 제로베타 포트폴리오를 적용할 수 있다는 의미이다.

만일 이러하게 설정된 공식이 잘 분산된 포트폴리오에 잘 부합하지 않는 경우, 차익거래의 기회가 존재하게 된다. 앞서와 같이 설명의 용이성을 위해 잘 분산된 포트폴리오를 위해 1개의 요인만을 가정하면 다음과 같이 정리된다.

$$E(r_i) = \lambda_0 + \beta_i \lambda_k$$

이때, $E(r_i)$: 기대수익률 벡터

λ_0: 제로베타 포트폴리오 수익률(=무위험자산수익률)

λ_k: 요인 위험 프리미엄

1) APT 적용예시

0시점에 A사의 주가는 주당 100원이다. A사는 1년이 경과한 1시점 도래시 배당지급이 예정되어 있으며 이외의 미래 시점의 지급은 전혀 예정되어 있지 않다. 지급예정인 배당금의 액수는 불확정상태로 영업활동을 둘러싼 경기회복 여부에 달려있는 상황이다. 만일 경기가 호황이 될 경우 배당은 140원이 예상된다. 반대로 경기가 불황이 될 경우 배당은 100원이 예상된다. 각 상태로 갈 확률은 동일하다고 가정하면 A사의 기대현금흐름 $E(CF)$는 120(=0.5×140+0.5×100)이다. 20%의 기대수익률(=(120−100)/100) 표현 역시 같은 의미이다.[5] 이러한 기대수익률에 내재된 수요와 공급에 대한 시장의 힘이 가장 핵심적인 영향을 미친다는 점이다.

이제 B주식을 고려해 보자. A주식과 마찬가지로 지금부터 1년 후 배당지급이 예정되어 있다. 경기가 호황이 될 경우 배당은 160원이, 반대로 경기가 불황이 될 경우 배당은 80원이 예상된다. 각 상태로 갈 확률은 동일하다고 가정하면 B사의 기대현금흐름 $E(CF)$는 120(=0.5×160+0.5×80)으로 A사와 동일한 기대현금흐름이 산출된다. 그렇다면 A사와 B사는 동일하게 평가받아야 하는가에 대한 질문이 있을 수 있다. 이를 위해 B사의 현금흐름을 다시 살펴보자.

B사의 기대가치는 A사와 동일하나 B사의 현금흐름은 논란의 여지가 있다. 이는 B사의 성과가 A사 대비 경기 상태에 따른 편차가 더욱 크기 때문이다. 경기 불황기에는 현금 확보의 실질적 가치가 더욱 높아지는 상황에서 낮은 기대현금흐름이 발생하며, 경기 호황기에는 역으로 현금 확보의 실질의미가 더 낮아지는 상태로 현금흐름의 확대가 큰 의미를 갖기 어렵기 때문이다. 따라서 A사와 B사 주가가 동일하다면 A사가 더 선호되어야 한다. 그 결과 B사에 대한 수요 감소로 이어지며 B사의 현재 주가를 하락시키게 된다. 이제 B사의 현재 주가가 90원이면 B사 주식을 매입하려는 투자자를 가정해 보자. 이 경우 B사의 기대수익률(할인률)은 33.3%(=(기대현금흐름 120−90)/90)이다. 이제 지금까지의 상황을 APT 와 연계하여 생각해 보자.

APT의 관점에서 앞서 살펴본 예의 핵심 요인(factor)은 경기순환주기(business cycle)이다. 경기순환주기에 대해서는 미국의 경우 전미경제연구소(NBER; National Bureau of Economic Research)를 통해 발표되고 있으며 우리나라의 경우 통계청의 경기종합지수로 발표되고 있다. 한 나라의 경기순환변동 과정에서 국면이 전환되는 시점을 기준 순환일이라 하며 정점 또는 저점이 이에 해당한다. 중요한 점은 경기순환주기의 예상치 못한 부분이다. 예를 들어 시점 1에 경기가 호황 또는 불황으로 빠질 확률이 반반이라 한다면 이 지표의 기대치는 0.5가 된다. 이는 경기순환요인 내 예상치 못함(surprise)이 호황시에는 0.5(=1−0.5), 불황시에는 −0.5(=0−0.5)를 의미한다.

이제 A사와 B사의 factor loading을 산출해 보자. 요인 내 서프라이즈($\tilde{f}_t$)에 대해 A사의 수익률 회귀를 다음과 같이 수립할 수 있다.

5 이러한 구조는 앞서 어떤 상태가 발생할 것인지, 또 각 상태의 발생확률이 정확히 알려져 있다는 가정이 전제되어 있음을 다시 상기하자.

그림 Ⅷ-2 우리나라 경기순환국면

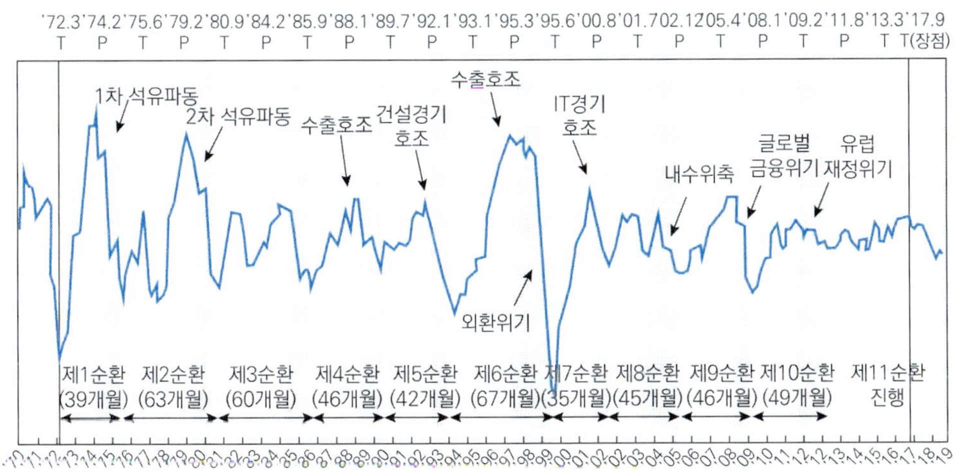

자료: 통계청 보도자료 (2019. 9. 20.) '제10차 경기종합지수개편결과 및 최근의 기준순환일 설정'.

$$r_{A,t} = \alpha_A + \beta_A \widetilde{f}_t + e_{A,t}$$

앞서 A사에 대해 경기가 호황이 될 경우 140원의 배당이, 불황이 될 경우 100원의 배당이 예상되었으므로 각 경기주기(호황 및 불황)에 대한 수익률과 요인값이라는 두 개의 데이터 포인트가 주어지게 된다.

$$\text{호황: } (140-100)/100=0.40$$
$$\text{불황: } (100-100)/100=0.00$$

이를 수이률 회귀식에 다음과 같이 적용시킬 수 있다.

$$\text{호황: } 0.40 = \alpha_A + \beta_A \cdot 0.5$$
$$\text{불화: } 0.00 = \alpha_A + \beta_A \cdot (-0.5)$$

이 두 식으로부터 $\alpha_A = 0.20$이, $\beta_A = 0.4$가 도출된다. B사에 대해서도 동일한 방식을 적용하면 $\alpha_B = 0.33$, $\beta_B = 0.89$가 도출된다. 여기서 각 사의 factor loading은 A와

B사가 경기순환주기라는 요인에 노출된 체계적 정도를 설명해 준다. 회귀에서의 절편은 기대수익률과 일치한다.

이제 factor risk premia λ_0와 $\lambda_{경기주기}$를 계산해 보자. 위험을 어떻게 가격 책정할 것인지를 결정하기 위해 APT 가격산출공식을 적용한다.

$$E(r_i) = \lambda_0 + \beta_i \lambda_{경기주기}$$

이때 $\lambda_{경기주기}$는 경기순환주기 위험의 가격을 뜻한다. 즉 투자자가 경기순환요인위험에 추가 1단위 노출을 부담함에 따라 현금흐름을 얼마나 할인할 것인지를 의미한다. λ_0는 요인에 대한 위험부담이 없는 증권의 요구수익률이 된다. 앞서 도출계수들에 근거하여 λ_0와 $\lambda_{경기주기}$를 계산하면 다음과 같다.

$$0.20 = \lambda_0 + 0.4\lambda_{경기주기}$$
$$0.33 = \lambda_0 + 0.89\lambda_{경기주기}$$

이로부터 λ_0는 0.0909, $\lambda_{경기주기}$는 0.2727이 산출된다.

2) 차익거래 예시

위험의 가격이 모든 자산에 대해 일관되지 않을 경우 차익거래의 기회가 발생한다. 즉, APT 가격산출공식 $E(r_i) = \lambda_0 + \beta_i \lambda_{경기주기}$이 모든 자산에 대해 충족되지 않을 경우 차익거래가 발생할 수 있다. 예를 들어 무위험자산수익률 5%인 경우를 앞서 예와 같이 생각해 보자.

$\lambda_0 = 0.0909$로 산출되었으므로 A사와 B사의 결합을 통해 수익률 9.09%의 합성 무위험 포트폴리오의 생성이 가능하다. 즉, 무위험 수익률 5%로 차입하여 이 합성 무위험 포트폴리오의 투자할 경우 차익의 생성이 가능해진다. 보다 구체적으로 무위험 포트폴리오를 구축하기 위해 A사와 B사에 대한 할당 투자비중을 산출하기 위해 가중평균한 민감도가 0이 되도록 하여야 한다.

$$\beta_{pf} = w_A \beta_A + (1 - w_A)\beta_B = 0$$

이 식을 풀면 $w_A = 1.8182$, $w_B = (1 - w_A) = -0.8182$가 산출된다. 이는 B사의 주

식을 0.8182만큼 매도(공매)하고 A사에 투자하여 차익 포트폴리오(arbitrage portfolio)를 생성할 수 있음을 의미한다. 여기서 차익 포트폴리오의 용어개념에 대해 유의할 필요가 있다. 차익 포트폴리오는 차익을 생성하는 포트폴리오를 뜻하는 것이 아니라 잘 분산되어 체계적 위험이 존재하지 않는, 비용이 소요되지 않은 포트폴리오(zero-cost portfolio)를 뜻한다.

이를 재검증하기 위해 경기 상태별로 합성 무위험 포트폴리오 구축이 가능토록 산출한 w_A 투자시의 포트폴리오 수익률을 다시 살펴보자.

$$\text{호황: } w_A(140/100) + (1 - w_A)(160/90) = 1.0909$$
$$\text{불황: } w_A(100/100) + (1 - w_A)(80/90) = 1.0909$$

따라서 차입을 위한 무위험수익률을 차감하면 경기 상태와 무관하게 0.0409 (=1.0909−0.05)의 무위험 차익이 확보된다. 이러한 결과는 체계적 위험이 자산 간에 일관되게 평가되지 않음으로 인해 유발된 결과다. 앞서 산출된 결과를 포함하여 A증권, B증권, 무위험자산의 3개 자산을 대상으로 아래 세 가지 조합의 경우를 대상으로 λ_0와 $\lambda_{경기주기}$를 산출하면 [표 Ⅷ-4]와 같다. 첫 번째 조합에서 차익이 존재함을 확인하였다.

따라서 차익거래의 가능성을 확인하기 위해서는, 증권들로 구성가능한 조합으로부터 λ를 계산하고 기대수익률을 산출하여 가장 높은 수익률과 가장 낮은 수익률을 주는 증권 내지 포트폴리오를 선택한다.

표 Ⅷ-4 조합별 무위험 차익 여부

조합		λ_0	$\lambda_{경기주기}$
A 증권	B 증권	0.0909	0.2727
A 증권	무위험자산	0.05	0.3750
B 증권	무위험자산	0.05	0.3187

3) N개 자산에 대한 APT

투자자들은 일반적으로 서로 다른 증권에 대해 차별적인 요구수익률을 제시한다. 이러한 요구수익률은 각 증권이 내장하고 있는 '위험 프로파일'에 따라 차별된다. 특히 이러한 위험이 자산 간에 일관되게 가격책정되지 않을 경우 차익거래의 기회가 발생한다. 즉, APT는 투자자가 이러한 차익거래기회를 활용하며, 이로 인해 왜곡되었던 가격이 정상으로 복귀한다는 논리를 기반으로 한다. 물론 현실적으로 거래비용이나 기타 마찰요인으로 인해 차익의 해소가 불가능하다는 제약이 있을 수 있다. 따라서 APT는 바람직한 거래를 파악하기 위한 일종의 기본 분석 툴로서 활용될 수 있다. 이제 가장 일반화된 APT 이론을 살펴보기 위해 N개의 자산에 대한 요인 k개의 요인모형을 구축하자.

$$r_i = \alpha_i + b_{i,1}\widetilde{f}_1 + \dots + b_{i,k}\widetilde{f}_k + e_i, \qquad i = 1,2,\dots N$$

이때 요인들은 표준화되어 서프라이즈의 측정치로 변경되므로 $E(\widetilde{f}_j) = 0$이 된다. 차익거래 포트폴리오를 구성하기 위해 다음의 두 가지 조건에 부합시키도록 구성한다.

첫째, 포트폴리오 구축에 비용이 소요되지 않는다. 이는 역으로 모든 가중치 합이 0이 됨을 뜻한다.

$$w_1 + w_2 + \dots. + w_N = 0$$

둘째, 체계적 위험은 존재하지 않는다.

$$\begin{gathered} w_1 b_{1,1} + w_2 b_{2,1} + \dots + w_N b_{N,1} = 0 \\ w_1 b_{1,2} + w_2 b_{2,2} + \dots + w_N b_{N,2} = 0 \\ \vdots \\ w_1 b_{1,k} + w_2 b_{2,k} + \dots + w_N b_{N,k} = 0 \end{gathered}$$

충분히 큰 자산개수 $N > k$이면 그러한 포트폴리오의 구축이 가능하다.

4. APT의 요인 선택 문제

APT 모형은 기대수익률 및 자본비용의 계산에 사용될 수 있으며 성과 평가나 위험 관리 측면에서도 활용가능하다는 점에서 CAPM을 대체할 수 있다. 그러나 APT의 가장 큰 문제는 수익률에 영향을 미치는 체계적 위험이 무엇인지에 대해서는 말해주고 있지 않다. 다시 말해 APT는 수익률 간에 공동의 움직임이라는 체계적 위험을 묘사해주는 통계적 요인 모형으로 적합한 요인이 선정되지 못하면 APT는 근본적으로 유용성이 없는 모형이 되어 버린다. 따라서 APT는 가장 적절한 요인이 무엇인지 그 선택이 매우 중요하며 요인을 선정하기 위한 몇 가지 방법론이 제시되었다. 이를 살펴보면 다음가 같다.

1) 거시경제적 접근법(Macroeconomic Factors)

첫 번째 선정방법으로 거시경제적 접근법이 있다. 이는 요인 f_j를 알려진 기본요인으로 적용·처리하는 방식이다. 인플레이션이나 GDP 성장률과 같은 거시경제적 변수들을 요인으로 선정하는 방식이다. 각 자산의 수익률이 총경제(aggregate return)와 관련된 요인들에 의해서 결정되는 경우가 이에 해당한다.

거시경제적 접근법에서 체계적인 위험 요인은 경제 이론에 의해 정의되고 수익률 데이터로부터 관찰된다. 실제로 자산 수익률을 설명하는 요소의 유용성 여부는 일반적으로 과거 데이터를 사용하여 평가된다. 이는 요인이 평균 수익률을 설명하는 데 중요한 이유를 경제적으로 설명 할 수 있다면 요인이 미래 수익 증가를 설명할 것이라는 확신에 기인한다. 통상적으로 대부분의 거시지표는 상호 연관되지만 크게 일반 경제상황 및 경기순환요인 / 시장관련 요인 / 통화정책 요인 / 국제관련 요인 등으로 분류된다. [표 Ⅷ−5]에 주요 요인 별 대표 프록시를 제시하였다. 물론 지리적으로나 시간적으로 다양한 거시경제지표의 조합이 존재하며 통계기법 상 매우 다양하거나 서로 일치하지 않는 결과가 산출된다는 점에서 여전히 프록시의 선정은 쉽지 않은 문제이다.

표 Ⅷ-5 요인별 프록시

요인	프록시
일반 경제상황/경기순환	고용, GDP, 산업생산지수
시장관련	국채 수익률, 회사채 수익률, 주식 수익률, 원자재 가격(예: 원유)
통화정책 관련	인플레이션(소비자 물가지수/기타 물가지수) 및 머니 마켓 금리
국제경제	환율

표 VIII-6 Chen, Roll 및 Ross(1986)의 λ 추정결과(괄호: t-value)

	pf 수익률	IP	EI	UI	CG	GB	상수
등가중 pf	5.021 (1.218)	14.009 (3.774)	-0.128 (-1.666)	-0.848 (-2.541)	0.130 (2.855)	-5.017 (-1.576)	6.409 (1.848)
가치가중pf	-2.403 (-0.633)	11.756 (3.054)	-0.123 (-1.600)	-0.795 (-2.376)	8.274 (2.972)	-5.905 (-1.879)	10.713 (2.755)

Sharpe(1963)[6]의 단일 지수 시장 모형의 확장형으로 개발된 거시 경제 요인 모형은 1980년대에 특히 Chan, Chen, Hsieh(1985),[7] Chen, Roll 및 Ross(1986)[8]의 연구 이후 크게 부각되었다. 거시 경제 요인 모형은 가장 단순하고 가장 직관적인 요인 모형으로 관찰 가능한 경제 시계열을 사용한다. Chen, Roll 및 Ross(이하 CRR)의 연구를 살펴보면, 그들은 기대 주식수익률을 설명하는 데 5개의 경제적 변수가 중요하다는 것을 발견하였다. ① 산업 내 기대치 못한 성장(IP) ② 기대 인플레이션(EI)의 변화 ③ 예상치 못한 인플레이션(UI) ④ 채권수익률 스프레드(Baa－AAA등급)의 기대치 못한 변화(CG) ⑤ 수익률 곡선의 기대치 못한 변화(GB; Tbond－Tbill)의 5개 요인을 제시하였다. [표 VIII－6]에 CRR에서 도출된 가격공식의 λ 추정치 및 t－값들이 제시되었다. 분석 결과, 주식시장지수가 주식 수익률의 시계열 변동성의 상당 부분을 설명하지만 거시경제요인들이 가격결정에 있어 더 많은 설명이 가능(통계적으로 유의)하다고 분석하였다.

2) 근원적 접근법(fundamental approach)

두 번째 요인선정방법으로 근원적 접근법을 이용할 수 있다. 이 방법은 factor loading인 $b_{i,k}$에 중점을 둔다. 즉, 체계적 위험 요인을 직접적으로 규명하는 대신 증권별 특성에 기반한 근원적 정보에 근거하여 추론하는 방식이다. 통상 내재된 체계적 위험에 대해 서로 다른 민감도를 갖는 프록시가 기업별로 나타날 때 사용하는 방식이다.

6 Sharpe, William F., 1963, "A simplified model for portfolio analysis", *Management Science* 9, 277-293.

7 Chan, K. C., Nai-fu Chen, and David Hsieh, 1985, "An exploratory investigation of the firm size effect", *Journal of Financial Economics* 14, 451-471.

8 Chen, Nai-fu, Richard Roll, and Stephen A. Ross, 1986, "Economic forces and the stock market", *Journal of Business* 59, 383-403.

이러한 속성의 차이는 기대수익률의 차이를 유발한다. 반대로 유사한 속성을 가진 기업들은 매우 상관되어 움직이게 된다. 따라서 요인들은 이러한 특성에 기반한 지수들로부터 구축되어야 한다. Fama-French의 3요인 모형[9]이 이 접근방식을 사용한 대표적인 예이다. F-F 3요인 모형은 시장위험/대형기업에 상대적인 소형기업의 초과성과(SMB)/낮은 장부가대비 시장가기업 대비 높은 장부가대비시장가 기업의 초과성과(HML)를 요인으로 설정한다. 이 배경에는 CAPM의 실증연구 등에서 나타난 소규모 기업과 성장기업들이 CAPM 예측 대비 더 높은 수익률을 보인다는 결과를 기반으로 한다.

구체적인 공식은 다음과 같다.

$$r_i = r_f + \beta_1(r_m - r_f) + \beta_2(SMB) + \beta_3(HML) + e_i$$

이때, $r_m - r_f$: 시장위험프리미엄

SMB: 대규모 기업 대비 소규모 기업의 과거 초과수익

HML: 높은 장부가 비율 기업 대비 낮은 장부가 비율 기업의 초과수익

SMB(Small Minus Big)는 회사의 시가 총액을 기반으로 하는 크기 효과(size effect)로 대규모 기업에 비해 소규모 기업의 역사적 초과성과를 측정한다. SMB가 식별되면 선형 회귀를 통해 factor loading(β)를 결정할 수 있으며 양의 값뿐만 아니라 음의 값도 취할 수 있다. 이 요인의 주된 근거는 장기적으로 소형주 기업이 대형주 기업보다 높은 수익률을 보이는 경향이 있다는 점에 근거한다. HML(High Minus Low)는 가치 프리미엄으로 장부가 비율이 높은 회사(value stock)와 장부가 비율이 낮은 회사 간의 수익률 스프레드를 나타낸다. SMB 인자와 마찬가지로 HML 인자가 결정되면 선형 회귀를 통해 factor loading을 찾을 수 있다. HML 요인은 장기적으로 가치주(높은 장부 비율)가 성장주(낮은 장부 비율)보다 높은 수익률을 가짐에 근거한다.

보다 구체적으로 SML과 HML 포트폴리오를 구축하기 위해서 Fama-French는 기업규모 및 장부대시장가 비율에 따라 [표 Ⅷ-7]과 같이 종 6개 포트폴리오를 분할하였다.

이로부터 SMB와 HML을 다음과 같이 산출하여 적용한다.

$$\text{SMB(small}-\text{big)}: \left(\frac{1}{2SG} + \frac{1}{2SV}\right) - \left(\frac{1}{2LG} + \frac{1}{2LV}\right)$$

9 Fama, Eugene F. and Kenneth R. French, 1993, "Common risk factors in the returns on stocks and bonds", *Journal of Financial Economics* 33, 3-56.

표 Ⅷ-7 F-F 3요인 모형을 위한 6개 포트폴리오 범주

	장부 대 시장가 비율		
규모	낮음	보통	높음
소규모	SG (small growth)	SC (small core)	SV (small value)
대규모	LG large growth	LC (large core)	LV (large value)

$$\text{HML(high}-\text{low):}\ \left(\frac{1}{2SV}+\frac{1}{2LV}\right)-\left(\frac{1}{2SG}+\frac{1}{2LG}\right)$$

Fama-French 3요인 모형의 분석 결과, 장기적으로 소규모 기업은 대기업보다 성과가 높고 가치 기업은 성장 기업을 능가한다. Fama와 French의 연구 결과에서는 잘 분산된 포트폴리오 수익의 90% 이상을 설명할 수 있다고 밝히고 있다.

3) 통계적 접근법(Statistical Approach)

이 접근법은 특히 요인 및 그 적재값이 관찰이 용이하지 않거나 지연되어 반응하는 경우 유용하다. 이를 위해 주성분 분석(PCA; Principal Components Analysis)을 사용하는데, 역사적 수익률 표본으로부터 요인과 요인적재값을 규명해내는 통계적 절차를 이용한다. 산출된 요인들은 포트폴리오이거나 서로 다른 자산의 선형 결합의 형태일 수 있다. 그러나 산출된 요인들의 해석이 난해하며 경제적 관점에서 해석이 부합하지 않는 등의 한계를 갖기도 한다. 이러한 한계점은 가격예측의 어려움을 가중시키는 제약이 되기도 한다.

PCA는 가능한 한 적은 개수의 k개 요인을 사용하여 수익률의 횡단면적 변동을 가능한 한 정확하게 설명하는 것을 목표로 한다. 이를 위해 PCA는 데이터에서 가장 적절한 정보를 추출하고 나머지 잔여 부분 $e_{i,t}$을 '노이즈'또는 비체계적 위험으로 분류한다. 통상 가장 중요한 첫 번째 주요 구성 요소는 일반적으로 시장 포트폴리오와 높은 상관관계를 갖는다. 이자율에 적용시에는 현 수준(level), 기울기(slope), 곡률(curvature) 등이 주요 요인으로 선정된다.

5. APT와 CAPM

CAPM과 APT 공식은 최종적인 형태만 고려할 경우 사실 서로 유사한 형태로 보이나 CAPM에는 하나의 요인(시장초과수익률)과 하나의 베타만이 존재한다. 반대로 APT에는 서로 독립적인 비기업적 요인을 포함한 복수의 요인을 갖는다.

$$\text{APT: } E(r_i) = \lambda_0 + \lambda_1 b_{i,1} + \ldots + \lambda_k b_{i,k}$$
$$\Rightarrow E(r_i) = \lambda_0 + \lambda \beta_i \quad \text{(reduced form)}$$
$$\text{CAPM: } E(r_i) = r_f + \beta_i [E(r_m) - r_f]$$

반면 APT는 이 요인을 특정하게 지정하지 않음으로 인해 APT 모형의 사용자가 모든 요인 중 자산의 수익률에 충격을 미치는 요인을 스스로 검색해 내야 한다. 따라서 APT 관련 연구들도 대부분이 어떠한 요인이 진정한 체계적 위험요소인지를 제안하기 위한 시도로 집중된다. CAPM과 APT 모형 간 성능을 직접 비교하는 예로 Chen(1983)[10]의 연구가 가장 많이 인용된다. 적용된 테스트 중 하나는 다음 식을 기반으로 한다.

$$r_i = \alpha \tilde{r}_{i,APT} + (1-\alpha)\tilde{r}_{i,CAPM} + e_i$$

이때, $\tilde{r}_{i,APT}$: APT 모형에 의해 생성된 증권 i의 기대수익률

$\tilde{r}_{i,CAPM}$: CAPM 모형에 의해 생성된 증권 i의 기대수익률

이 모형에서 α계수 값이 거의 0과 같을 때 APT 모형 대비 CAPM 모형에 우선순위를 부여한다고 볼 수 있다. 이와 반대로 α계수가 1이면 APT 모형에 중요성을 부여하게 된다. 분석 결과에 따르면, 추정 α계수는 1963년부터 1978 년까지의 전체 관찰 기간과 분석된 4개의 하위 기간에서 0.9보다 큰 값을 가졌다. 이 결과를 바탕으로 Chen은 APT 모델이 CAPM 모델에 비해 우수하다고 결론지었다.

또한 APT 모형은 CAPM에서 요구하는 많은 비현실적인 가정에 비해 상대적으로 더 적은 가정을 사용한다는 점에서 장점을 갖는다.

각 모형별로 대상기간도 차이가 있다. CAPM은 수익률의 단기 움직임에 적합하나,

10 Chen, N. F. (1983). "Some Empirical Tests of the Theory of Arbitrage Pricing", *The Journal of Finance*, 38(5), 1393-1414.

APT는 중기 및 장기에 보다 적합하다. 이러한 차이는 APT가 자산 그 자체보다 위험요인에 더 집중하는 모형이며 이러한 위험요인들은 자산에 즉각적인 영향을 미치기보다는 중장기적 영향을 미치는 것으로 알려져 있기 때문이다. 따라서 두 가지 이유를 지향하는 경우 APT가 선호될 수 있다. 첫째, 단기적 성과보다 중장기적 성과를 지향하는 중대형 투자자의 경우 APT 모형을 선호할 가능성이 있다. 둘째, 타투자자 대비 위험의 평가와 회피에 더 집중하는 투자자의 경우 중장기적 위험을 회피할 수 있다는 점에서 역시 APT 모형을 선호할 수 있다. 그럼에도 CAPM은 APT에 비해 이해가 간편하며(단일요인) 시장 참여자 다수가 이용하고 있다는 점에서 시장의 움직임을 이끄는 여전히 유효한 증권평가방법으로 사용되고 있다.

그렇다면 CAPM과 APT 중에서 어떤 모형을 선택할 것인지에 대한 보다 명확한 기준은 없을까? 이에 대한 답은 다음의 몇 가지 기준의 판단에 근거해야 한다.

첫 번째 기준은 사용자의 적용 능력이다. 이에 더해 사용자가 모형을 적용하기 위해 얼마만큼의 추가 노력을 할 것인지에 달려있다. CAPM은 자산가격결정에 여러 거시경제적 요소를 사용하는 APT에 비해 하나의 요소와 하나의 베타만 고려하나 APT는 추가 계산 시간과 요인 및 관련 데이터를 결정하기 위한 추가 노력이 필요하다. 따라서 APT를 사용하기로 한 결정은 사용할 올바른 요소를 결정하는 능력과 데이터 수집 능력에 따라 달라진다. 추가 요소에 수익률 충격을 설명할 능력이 더 많은 경우 APT가 CAPM보다 정확하다. 결국 정확도 향상과 사용할 요소를 결정하고 관련 데이터를 수집하는 데 필요한 시간과 노력 사이에 균형을 맞춰나갈 필요가 있다. 특히 APT 모형을 위한 요인들은 자산 별로 또는 시간 경과에 따라 일정하지 않은 경우가 많아 지속적인 검증과 변경이 요구된다.

두 번째 기준은 경험적 정확성이다. 직관적으로 자산에 대한 수익을 단일 요소만으로 설명할 수 있다고 보는 CAPM 모형을 전적으로 신뢰하기는 한계가 있을 수 있다. 즉, APT 모형은 CAPM 모형에서 잘 설명되지 못하는 이상 현상을 설명할 수 있으며 가장 좋은 예는 기업규모 효과와 가치 효과이다. Fama-French 의 연구에서와 같이 현실적으로 존재하는 기업규모 효과와 가치 효과는 소형주 및 가치주에 대해 CAPM 모형 적용시 부정확성이 내재될 우려가 있다. 결국 투자자별로 지향하는 투자의 목표나 투자범위, 대상자산 등이 다를 수밖에 없으며 이에 부합하는 최선의 모형은 주관적일 수밖에 없다.

전반적으로 두 모형 모두 자산을 정확하게 평가하거나 예측가능하지 않다는 점을 인지할 필요가 있다. 다만 각 모형의 장점과 단점을 명확히 이해하고 적용해야 한다. 즉, CAPM은 수익률의 계산이 쉽고 간편하다는 점에서 매우 강력하다. 실제로 실무자들은 주로 단순성과 베타 계수로 표현되는 시장 위험을 체계적 위험 요소로 명확하게 정의하기 때문에 CAPM 모형을 더 선호한다. APT는 관련 요인이 확인되면 상대적으로 더 정확하고 신뢰할 수 있는 결과를 제공하나 자산과 관련된 변수 및 민감도를 결정해야 한다는 부담이 있다. 결론적으로 두 모형 모두 자산을 정확하게 평가하고 유가 증권 가격의 변동성을 설명하는 데 한계가 존재하므로 특정 모형이 우월하거나 지배적이라는 보기 어려우며 현 시점에서는 상호 보완적인 사용이 가장 적절할 것이다.

6. 모멘텀 전략(Momentum strategy)

모멘텀은 애초 물체의 운동량을 가리키는 물리학 용어로 두 가지 변수에 영향 받는다. 즉 얼마나 많이 움직이고 있는지와 얼마나 빨리 움직이고 있는지, 즉 운동량이 질량과 속도에 따라 달라진다는 것이다. 방정식의 관점에서 물체의 운동량은 질량과 속도의 곱으로 나타나게 된다. 금융시장에 이와 동일한 논리를 적용하면, 어떤 자산의 모멘텀은 자산가격변화의 방향과 속도로 규정된다. 따라서 모멘텀 거래전략은 단기적인 분석을 통해 가격이 상승할 자산을 매입하거나 가격이 최정점에 도달한 자산을 매각함으로써 이익을 창출하는 전략이다. 기본 아이디어는 가격 움직임의 이면에 어떠한 내재된 힘(force)이 존재한다면 가격은 그 방향으로의 이동을 계속할 것이라는 논리를 그 배경으로 한다. 따라서 모멘텀 전략의 기본원칙은 "고가에 매입하여 최고가에 매도하라"라는 논리로 결론지을 수 있다.

모멘텀 투자전략의 선구자인 Richard Driehaus[11]는 모멘텀을 보이기 시작한 종목, 일명 승자(winner)종목에 패자(loser)를 손절한 자금을 투자함으로써 패자를 손절하고 승자에 올라타라는 기본 원칙을 제시한 바 있다. 여기서 유의할 점은 모멘텀 트레이딩은 일반적 가치투자 패러다임인 '저가매수, 고가매도' 원칙과는 차이가 있다. 실무적으

11 Richard Driehaus는 Driehaus Capital Management의 창립자로 펀더멘탈을 기반으로 한 모멘텀 투자를 기반으로 10년 이상 연 수익률 30% 이상을 낸 것으로 알려짐.

로 모멘텀 전략이 '저가매수, 고가매도'보다 현실적으로 간주되는 이유는 이미 상승하고 있는 자산을 매수하기 때문이다. 이는 저평가된 자산을 매입하여 시장이 이를 재평가하여 상승세로 전환되도록 할 때까지 기다릴 필요가 없기 때문이다.

모멘텀 투자전략의 다른 장점은 단기간에 고수익의 가능성이 있다는 점이다. 이는 궁극적으로 시장의 성과 자체를 적극적으로 추적하는 시장의 변동성 활용의 방법론이기 때문이다. 움직이는 차를 예로 살펴보자. 속도는 느리지만 앞으로 이동하는 경우 가격이 증가하기 시작한 주식으로 판단내릴 수 있다. 차의 속도가 가속화됨에 따라 해당 주식을 규명하여 매입할 경우 투자가치는 증가하기 시작한다. 빨간 신호등이 들어온 경우 차는 감속한다. 이는 자산 가격 내 모멘텀을 잃기 시작한 신호로 포지션을 청산할 시점임을 말해준다.

모멘텀 전략은 크게 시계열 모멘텀(Time-series momentum)과 횡단면 모멘텀(cross-sectional momentum)의 두 유형으로 분류된다. 시계열 모멘텀은 자산 스스로의 역사적 성과에 대한 상대적 평가를 기반으로 한다. 즉, 어떠한 비례적 이익 임계치(percentage profit threshold)를 기준으로 하여 자산이 이러한 임계치를 넘어설 경우 모멘텀이 발생하였다고 판단하고 해당 자산을 매입하게 된다. 횡단면 모멘텀은 포트폴리오 내 다른 자산과의 비교를 통한 성과에 기반한다. 여기서 비교가 되는 다른 자산군은 상위 성과 종목군에 대해 매수를, 하위 성과군에 대해 매도를 하게 된다. 나아가 이러한 모멘텀 전략은 주식에만 적용되는 것은 아니며 선물이나 채권시장에서도 적용될 수 있다.

1) 모멘텀 영향 요인

자산의 단기가격변화는 다양한 요인에 영향을 받는데 다음의 몇 가지 요인으로 분류할 수 있다. 우선 근원적 요인(fundamental factors)이 있다. 만약 어떤 회사에 대해서 좋은 뉴스 혹은 나쁜 뉴스가 공시된다면, 그 회사의 주가는 다음 며칠 동안 특정한 방향으로 움직일 것이다. 원론적으로는 시장이 즉시 이 정보를 반영해야 하지만 뉴스가 시장 전반에 퍼지는 데에는 다소의 시간이 걸리기도 한다. 두 번째로 자산의 모멘텀은 특정한 뉴스나 이벤트의 영향을 받기도 한다. 실적 발표와 같이 예정된 이벤트의 경우 사전에 어느 정도의 방향성이 예상되기 때문에 이러한 효과는 더 작다. 반면 합병 발표처럼 예정에 없던 이벤트가 발생할 경우에는 모멘텀 변화가 더욱 크다. 모멘텀을 이용해 거래할 때 고려해야 할 또 다른 주요 요인은 시장의 변동성이다. 즉, 자산가격이 움직이기 시작한 이후에 포지션이 만들어지기 때문에 변동성이 크다는 것은 이익을 낼 수 있도록 가격이 더 오를 수 있는 여지가 있음을 의미한다. 또 다른 중요 요인으로는 추종효과(herding effect)가 있다. 특히 약세장에서 다수의 움직임을 추종하는 경향이 더 두드러진다. 이러한 추종효과는 모멘텀을 이용하려는 투자자들의 마진을 축소시키는 결과로 나타날 수 있다.

2) 모멘텀의 탐색

모멘텀 거래 기회를 탐지하는 것은 자산 시장의 진입 시점을 판단하게 해준다는 점에서 중요하다. 이러한 모멘텀을 탐지하기 위해서 기술적 지표들을 사용하거나 통계적 분석을 사용할 수 있다. 모멘텀을 탐색할 수 있는 기술적 지표들로는 앞서 살펴본 모멘텀을 검색하기 위한 상대강도지수(RSI), 이동평균이나 모멘텀 파동지표(momentum oscillating indicator) 등을 이용할 수 있다. 이 중 앞서 살펴보지 않은 모멘텀 오실레이터를 살펴보면 다음과 같다.

모멘텀 오실레이터는 특정 기간 동안 유가 증권이 변동된 금액을 측정하며 0에서 100 사이의 범위에서 상하로 움직인다. 다만 모멘텀 오실레이터는 과매수 또는 과매도에 대한 명확한 신호를 나타내는 것은 아니므로 RSI 지표 내지 이동 평균, MACD 등과 같은 다른 지표와 조합하여 매수 기회를 포착할 수 있다.

모멘텀 지표(MOM; Momentum Indicator)는 자산의 종가(closing price)를 다른 기간의 종가와 비교하여 산출한다. 여기서 비교를 위한 다른 기간은 투자자가 결정하지만 보통 10일로 하여 주식 거래 2주 기간을 책정하고 있다. 그러나 전략에 따라 다양할 수 있다. MOM의 산출 공식은 다음과 같이 간단하게 산출된다.

$$MOM = \frac{\text{종가}}{\text{비교시점종가}} \times 100$$

이 MOM의 기본 가정 중 상승할 때 추세가 지속될 것으로 가정한다. 대부분의 경우 반전 시점으로 오실레이터의 중간지점 즉 50을 기준으로 하여 판단 기준을 삼고 있다. 상승세에서는 가격이 중간 포인트 이상을 유지하면 상승세가 유지되는 모멘텀이 충분하다는 판단을 하는 식이다. 이외에도 투자자 별로 특정 지점을 기점으로 과매수 또는 과매도의 지점으로 선정하여 사용한다. 다만 이러한 판단에 있어 몇 가지 유의할 점이 있다. 첫째, 모멘텀 오실레이터는 자산 가격이 상승 또는 하강 추세일 때만 잘 작동한다. 둘째, 상승 추세 중에도 지표가 중앙선(50) 아래로 이동하는 경우가 있다. 셋째, 이 지표가 반드시 특정 매수 및 매도 신호를 생성하는 것은 아니다.

통계적 분석을 통한 모멘텀 검색은 'Hurst Exponent test' 등을 이용할 수 있다. 이 방법은 나일강의 강수와 가뭄을 고려한 최적의 댐 크기를 결정하는 문제해결을 연구하던 Harold Edwin Hurst(1951)[12]에 의해 제안된 방법이다. 댐은 가뭄으로부터 농부를 보호하기 위한 물 저장고 역할과, 반대로 홍수로부터 농민을 보호하기 위한 역할을 하는 등 다양한 목적을 달성해야 한다. 중앙아프리카의 강우 수준은 매년 무작위로 보였지만 나일강 흐름은 자기상관관계를 갖는 것으로 나타났다. 즉, 한 기간의 강우가 이후 기간의 강우에 영향을 미치는 것으로 나타났다. Hurst는 나일강 데이터로부터 숨겨진 장기 추세(장기 메모리 프로세스)가 있는지를 검증하기 위해 Hurst 지수 산출방법을 제안하였다.

Hurst 지수는 시계열의 장기기억의 척도로 시계열의 자기상관 및 장기상관관계의 감소율을 측정하여 이용하며 종속성 지수(dependencee index) 또는 장기의존지수(long-rage dependence index) 등으로도 불린다. 이러한 장기적인 종속성은 시계열 데이터에서 포인트 간의 시간이 증가함에 따라 통계적 의존성이 감소하는 현상과 관련된다. 즉, 장기기억이 긴 프로세스는 자기상관함수가 느리게 감소하는 형태를 보인다.

Hurst 지표가 0.5 이상일 경우 시계열 추세의 지속을, 0.5 이하이면 추세의 지속성이 사라졌음을 의미한다. 혹 Hurst 지표가 정확히 0.5인 경우 랜덤워크 상태, 즉 과거 데이터에 근거한 미래 추정이 불가능함을 의미한다. Hurst 지수 추정을 위해서는 통상 R/S(rescaled range) 분석이 이용되며 시계열 $X = X_1, X_2, \cdots X_n$(시계열 길이 n)에 대해 여러 범위집단(chunk)을 선택하게 된다. 예를 들어 전체 일일 시계열의 데이터 개수가 10,000개이면, 제1집단은 10,000개 전체의 시계열을, 제2집단과 제3집단은 10,000/2인 5,000개씩의 두 집단이, 제4, 5, 6, 7집단은 10,000/4인 2,500개씩의 4개 집단이 해당된

12 H. E. Hurst (1951), "Long-term storage capacity of reservoirs", *Transactions of the American Society of Civil Engineers* 116, 770-808.

표 Ⅷ-8 Hurst R/S 추정절차

1단계	평균계산	$m=\frac{1}{n}\sum_{i=1}^{n}X_i$
2단계	평균이 조정된 시계열 생성	$Y_t=X_t-m$
3단계	조정시계열 누적값	$Z_t=\sum_{i=1}^{t}Y_i$
4단계	범위 R 산출	$R=\text{Max}(Z_1 \dots Z_n)-\text{Min}(Z_1 \dots Z_n)$
5단계	표준편차 산출	$S=\sqrt{\frac{1}{n}\sum_{i=1}^{n}(X_i-m)^2}$
6단계	rescaled rage(R/S) 및 평균 산출	$\frac{R}{S}$

다. 이런 식으로 분할된 각 집단을 대상으로 다음의 절차를 진행한다.

마지막 6단계를 거쳐 각 집단에 대해 재조정된 R/S값을 평균화한다. 예를 들어 전체 범위를 4분할 한 경우 4개의 R/S가 산출되며 이의 평균값을 산출하게 된다. 아래 [표 Ⅷ-9]에 집단 개수를 32개까지 할 경우의 집단별 포함되는 시계열 개수와 가상의 R/S 수치를 예시하였다.

이제 각 계열의 크기(x축) 대 재조정된 범위(y축)의 로그값을 도식화하면 [그림 Ⅷ-3]의 그래프와 추세선을 이끌어낼 수 있다. 이 추세선의 기울기가 Hurst 지수 H로서

표 Ⅷ-9 가상 R/S 산출

시계열 총개수	10,000		X	Y
집단 개수	집단별 포함 시계열 개수	R/S	log(size)	log(R/S)
1	10,000	150	4.00	2.18
2	5,000	120	3.70	2.08
4	2,500	80	3.40	1.90
5	2,000	63	3.30	1.80
16	625	45	2.80	1.65
32	313	27	2.49	1.43

그림 Ⅷ-3 Hurst 지수 추세선

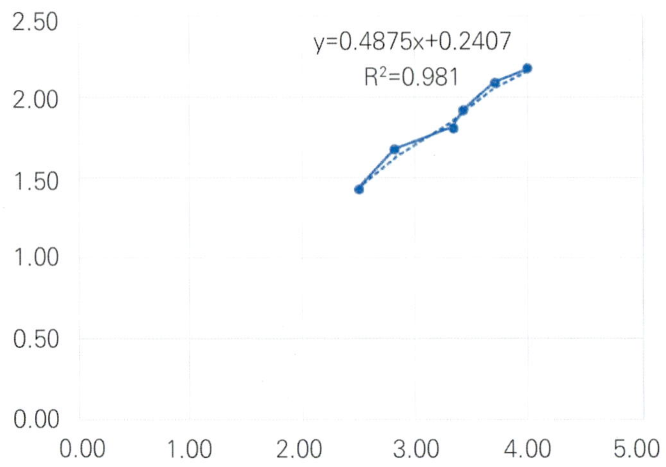

장기 종속성의 측도가 되는 것이다. 본 예의 경우 0,4875로 거의 0.5에 가까워 시계열 데이터가 랜덤워크에 가까움을 의미한다.

3) 모멘텀 전략의 활용 예

이동평균을 이용한 모멘텀 전략의 예를 살펴보자. 익히 알려진 이동평균의 '골든크로스(golden cross)'와 '데드크로스(death cross)'의 적용이 대표적인 모멘텀 전략이다. 골든 크로스는 강세(bullish) 가격 추세를 나타내는 차트 패턴으로 단기이동평균선이 장기이동평균선을 위쪽 방향(즉, 아래에서 위로)으로 교차할 때 발생한다. 이와 반대로 데드크로스는 약세(bearish) 가격 추세로 단기이동평균선이 장기이동평균선을 아래쪽 방향(즉, 위에서 아래로)으로 교차할 때 발생한다. 이로부터 구축할 수 있는 단순 모멘텀 전략은 골든크로스 발생시 자산을 매수하는 전략이다. 또는 골든크로스 발생시 매수와 데드크로스 발생시 자산 매도를 결합하는 전략이다.

모든 거래 전략과 마찬가지로 모멘텀 거래전략 역시 위험을 수반한다. 유의해야 할 위험 요소는 다음과 같다.

첫째, 진입 및 퇴장시기의 선택문제이다. 모멘텀 거래 전략에 있어 시간은 매우 중요하다. 진입 시점이 너무 늦어지면 투자손실을 입을 수 있다. 마찬가지로 모멘텀의 둔화가 잘못 식별되거나 너무 빨리 포지션을 청산하면 잠재적인 이익을 잃게 된다.

둘째, 거래 비용의 문제를 고려해야 한다. 모멘텀의 식별이 단기적으로 반복될 경우 이를 빈번하게 추적하기에는 높은 거래비용의 가능성이 있으며, 나아가 장기 가치투자에 비해 더 큰 거래 비용이 자명하게 발생한다.

셋째, 전략의 구사에 상당한 시간이 소모된다는 점이다. 투자자는 모멘텀의 발생 및 소멸 시점을 파악하기 위해 지속적인 모니터링이 요구되며, 거래되는 자산에 대한 모든 관련 뉴스를 끊임없이 업데이트해야 한다는 점에서 더욱 그러하다.

넷째, 시장 심리의 문제이다. 통상 모멘텀 전략은 강세장에서 가장 잘 작동하는 것으로 알려져 있다. 이는 하락장과 같은 불리한 조건 하에서는 투자자들 대부분이 동일한 공동움직임(herding)을 보이는 속성이 발생하며 이는 거래이익을 감소시킬 가능성이 있다.

다섯째, 판단기준인 추세가 예상과 달리 반전될 가능성이다. 모멘텀 전략은 추세가 같은 방향으로 계속될 것이라고 가정한다. 그러나 때때로 추세가 반전될 경우 전략은 실패한다.

결국 시장에서 모멘텀 거래 전략을 구사할 경우 적절한 포지션 규모와 후행 손절매를 사용하여 성과의 하락 가능성을 줄이고 시장 노출을 제한하는 등 적절한 위험 관리 기술이 필요하다.

7. 역행투자전략(Contrarian strategy)

역행투자전략은 명칭만으로는 매우 비생산적인 투자전략으로 들린다. 용어 그대로 현재의 수요와 정반대의 추세에 투자함을 의미하기 때문이다. 역행투자의 핵심 아이디어는 자산이 현재 저평가되었을 때 자산을 구매하여 자산이 다시 상승세로 돌아섰을 때 좋은 성과를 얻을 수 있다는 것이다. 즉, 역행투자는 주가 수익률이 낮은 호의적이지 않은 자산에 투자하여 시장이 상승세로 전환되면 매도하여 이익을 창출한다. 다음 예를 살펴보자.

투자자 A가 현재 겨울인 시점에 유리하지 않은 산업인 썬크림 생산 관련 주식에 투자하는 경우를 가정해 보자. 이 주식은 초기에 낮은 주가 수익률을 가지고 있기 때문에 투자자는 적당한 금액으로 상당량을 매수할 수 있다. 여름이 다가오면서 더 많은 사람들이 썬크림을 사기 시작하면서 이 기업의 성과가 향상되고 주가는 증가하기 시작한다. 이 주식의 가치는 기업이 확장되고 내재가치가 확장됨에 따라 시장 내 다른 주식 대비 더 상승하게 된다.

결국 역행투자의 핵심은 집단심리(group psychology)로 인해 개인이 시장에서 특정 자산의 가격을 잘못 책정하는 상황을 이용하는 것이다. 더 많은 사람들이 투자 트렌드에 호소할수록 특정 주식이 과대평가 될 가능성이 커진다. 역행투자자는 다른 투자자의 비관주의를 이용하여 의도적으로 저평가된 주식을 대중 정서가 회복되기 전에 매수하고 저평가된 증권이 크게 성장하는 시점이 될 때까지 기다린다. 이러한 역행투자는 개별 주식뿐만 아니라 전체 시장에 적용될 수 있다.

여기서 잘 알려진 가치투자와 역행투자 간에는 동일하지는 않지만 많은 유사점을 공유한다. 가치 투자는 경쟁사에 비해 지속가능한 경쟁 우위를 제공하는 내재가치(intrinsic value)를 지닌 저평가된 증권을 식별하는 데 초점을 맞춘 투자 철학이다. 이러한 가치 투자는 Warren Buffett의 투자철학이기도 하다.

역행투자와 가치투자의 공통점은 상대적으로 다른 증권에 비해 저평가된 증권을 확인하고 매수하는 투자를 중심으로 한다. 두 투자전략 간의 주요 차이점은 가치 투자는 기업의 근본적인 장점, 즉 리더십, 근로현장 개선, 경쟁업체에 비해 장기적인 우위를 제공하는 틈새시장의 파악 등에 집중한다. 반면 역행투자전략은 저평가 또는 미디어의 저평가 언급과 같은 기술적 요인 및 주관적 요인을 살펴본다. 다시 말해 역행투자는 과매도 및 저평가된 증권을 찾고자하는 반면 가치 투자는 주로 저평가된 증권에 중점을 둔다.

구체적인 역행투자전략을 살펴보기에 앞서 명확히 해야 할 사항은 원천적으로 역행투자를 지향하고 역행투자자가 되는 것은 올바른 투자방향이 아닐 수 있다. 즉, 역행투자를 한다고 해서 반드시 좋은 성과를 얻을 수 있는 것은 아니다. 성공적인 역행투자는 단지 비인기 종목만을 고르는 것이 아니라 투자자들이 전반적인 의사결정 과정 중에 어떻게 과민반응(overreact)을 보이는지를 고려한 탄탄한 근본적인 분석을 포함한다는 것을 의미한다.

[워렌 버핏의 가치 투자]

'가치투자'의 간단한 정의는 주식의 내재 가치보다 낮은 가치를 지닌 주식(저평가 주식)을 찾아 투자하는 방식을 말한다. 워렌 버핏은 주식 시장의 움직임, 매수자, 매도자 또는 주식 이면에 존재할 수 있는 모멘텀에 관심이 없다. 반면, 개별 회사가 무엇을 하고 있는지, 어떻게 수행하고 있는지, 기대를 충족하는지 여부에 관심이 있다. 즉, 워렌 버핏은 마치 자신이 사업을 소유한 것처럼 사고하며 장기 투자를 지향한다. 그는 단기가 아닌 장기 관점에서 수익을 제공할 것으로 기대되는 양질의 주식(회사)에 투자하는 것이다. 그가 지향하는 투자판단 기준은 다음과 같다.

1. 당신이 이해하는 것에 투자하라

워렌 버핏은 그가 이해하고 향후 10~15년 동안 안정적이고 예측 가능한 제품을 보유하고 있다고 믿는 회사에만 투자한다.

2. 일관된 성과를 내고 있는 회사인가

버핏은 투자자들에게 지속적으로 돈을 돌려줄 수 있는 사업을 소유하고자 한다. 이를 위해 워렌 버핏이 사용하는 측정치는 자기자본수익률(ROE=순이익/자기자본)으로 10~15년 동안의 ROE의 일관성을 위주로 검토한다.

3. 경쟁적 우위에 있는 기업인가

경제상황이 좋은 시기와 어려운 시기 모두 좋은 성과를 거두기 위해 가격 결정력, 전략적 자산, 강력한 브랜드 또는 기타 경쟁우위를 가진 기업에 투자한다.

4. 과다한 부채에 노출된 기업은 아닌가

많은 투자자들은 당연하게도 회사가 부채를 충당하는 한 부채가 과다하더라도 문제가 발생하지 않는다. 회사가 자금을 조달하는 데 사용한 부채-자기자본 비율을 이용하여 건전성을 확인한다. 자기자본 대비 부채가 많은 경우 신속하게 상환이 어려우며 결국 부채에 대해 더 많은 이자를 부담하게 되는 문제가 발생하기 때문이다.

5. 장기투자

장기에 걸친 복리(compounding) 투자를 통해 기하급수적 성장의 힘을 믿는다. 이윤 증가 기업을 선택하기 위해 이익 마진(=순이익/순매출)을 검토한다. 또한 가치 투자가 결코 완전한 투자방법이 아닌 결함이 존재함을 인정한다. 특히 점점 기술이 발달하고 있는 세상에서 투자한 기업에 대한 이해를 위한 의지가 필요하다.

구체적인 역행투자에 대해서는 Dreman의 연구[13]를 참조할 수 있다. 그는 주가를 사업의 강점을 측정하는 재무 변수들과 비교하여 저평가된 회사를 식별하는 방안을 제

표 Ⅷ-10 Dreman의 결과

주가-수익	19.0%
주가-현금흐름	18.0%
주가-장부가치	18.8%
주가-배당금	16.1%

시하였다. 그는 1970년부터 1996년까지 주가－이익, 주가－현금흐름, 주가－장부가 및 주가－배당 비율에 따라 시장의 하위 20%에 해당하는 주식의 수익률을 조사하는 연구를 수행하였다. 비율이 가장 낮은 주식군의 연간 평균 수익률은 [표 Ⅷ－10]과 같다. 분석결과, 해당 기간 동안 모든 유형에서 벤치마크(대형주 시장) 수익률인 15.1%를 초과하였으며 투자자는 더 적은 위험에 노출되었다.

따라서 Dreman 방법론의 핵심은 이러한 4가지 주요 변수—'수익', '현금흐름', '장부가치', '배당률'—중 최소 2개에 대해 시장의 하위 20%에 속하는 주식을 선택하는 것이다. 또한 대상 주식은 시가총액이 더 큰 회사가 더 많은 유지력을 가지고 대중의 눈에 더 많이 노출되기 때문에 시가 총액이 상위인 기업을 대상으로 한다. 4개 주요 변수 중 측정해야 할 가장 중요한 변수는 '가격－현금흐름' 비율이다. 낮은 '가격－현금흐름' 비율은 회사가 잘하고 있지만 현재 시장에서 저평가되어 있다는 좋은 지표가 된다.

Dreman 방법론은 주식 시장의 예상치 못한 움직임을 활용한다. 즉, 투자자가 가능한 정보를 동원하여 통상적으로 가능한 기대에서 벗어난 예상치 못한 움직임은 현실에서 항상 발생하며 이를 통해 이익을 창출할 수 있다. 이를 이용함으로써 역행투자전략은 시장의 상승에서 가장 큰 이익을 얻고 시장의 하락으로 인한 최악의 영향으로부터 보호할 수 있는 최적의 위치에 놓이게 한다. 또한 역행투자에는 약간의 인내가 필요하다. 이는 시장이 반전되어 주식 가치를 회복할 시간을 주어야 한다.

종종 역행투자에서 강조되는 한 가지는 전문가의 말을 과신하지 말라는 것이다. 전문적인 시장 분석가는 때로 많은 관련 지식을 보유하고 있지만 자신의 능력을 과대평가하는 경향이 있으며 이는 주식의 과대평가로 이어진다는 것이다. 따라서 역행투자를 추구하는 투자자는 전문가 의견보다 외부의 편견과 가정에 치우치지 않은 채 스스로의 판

13 Dreman D., (2012), "Contrarian Investment Strategies: The Next Generation", Simon & Schuster.

단 하에 투자할 것을 권고한다.

8. 고유변동성(idiosyncratic volatility) 투자전략

이미 앞서 우리는 시장포트폴리오의 변동에 체계적 위험과 개별기업의 기대수익률 간에 선형관계가 존재한다는 자본자산가격모형(CAPM)을 학습하였다. 특히 체계적 위험은 분산이 불가능하나 비체계적 위험은 복수의 자산으로 포트폴리오를 형성함으로써 제거가 가능하기 때문에 보상의 대상이 되지 못한다는 것이다. 그러나 점차 이러한 전통적인 CAPM과 실증적 관점으로부터 유추되는 결과 간에 불일치가 존재한다는 증거들이 제시되고 있다. 이후 비체계적 위험, 즉 고유위험(idiosyncratic risk)의 설명력에 초점을 맞춘 연구들이 등장하였다. Merton(1987)[14]은 합리적 투자자가 단순히 시장포트폴리오를 유지하는 것은 불가능하며 투자자에게 불완전하게 분산화된 포트폴리오를 보유함에 따른 보상이 부가될 필요가 있다고 지적한 바 있다. Malkiel and Xu(2002)[15]는 투자자들이 특정 이유(자금공여자의 요구, 투자한도 존재 등)로 시장포트폴리오를 보유할 수 없는 경우가 현실인 상황에서 상기 전제가 부적합하다고 지적한 바 있다. 이외에도 위험과 수익 간 관계의 불일치성을 보이는 여러 연구들에 따르면, 전통적 개념인 체계적 변동성만이 보상의 대상이 아니라 총변동성은 체계적 변동성과 비체계적 변동성의 합이며 투자자는 두 위험 모두에 보상받아야 한다는 견해로 나타난다.

실증적 관점에서도 전통적 CAPM 모형의 위배를 나타내는 다양한 연구들이 제시되고 있다. Jensen, Black and Scholes(1972)[16]은 개별주식의 베타계수 크기에 따라 10개 포트폴리오를 구성하고 각각의 포트폴리오 베타계수와 수익률에 대해 다음의 회귀식을 추정하였다.

14 Merton, R. C. (1987). "A simple model of capital market equilibrium with incomplete information", *Journal of Finance* 42, 483-510.

15 Malkiel, B. G., & Xu, Y. (2002). "Idiosyncratic risk and security returns", University of Texas at Dallas (November 2002).

16 Jensen, M. C., Black, F., & Scholes, M. S. (1972). The capital asset pricing model: Some empirical tests.

그림 Ⅷ-4 평균초과수익률 vs. 체계적 위험

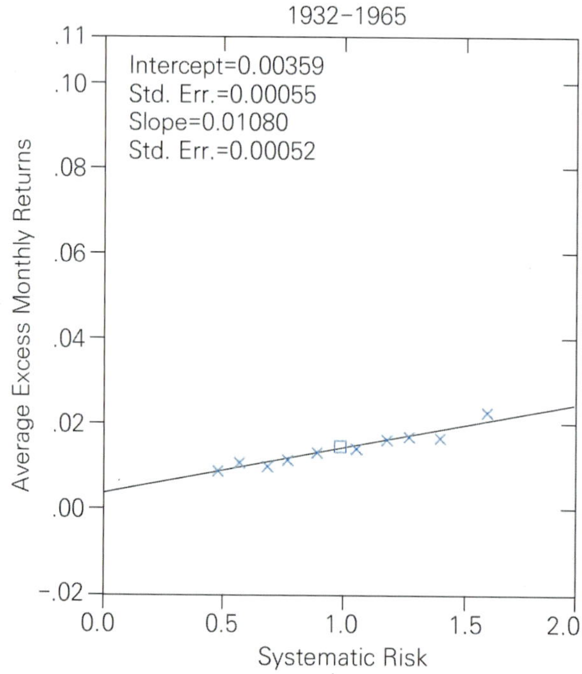

자료: Jensen, Black and Scholes(1972), Fig1, 23p.

$$\overline{R_j} = \gamma_0 + \gamma_1 \hat{\beta}_j + u_j$$

이때 $\overline{R_j}$: 초과수익률

이 결과가 CAPM과 일치하기 위해서는 γ_0은 0이, γ_1은 $\overline{R_M}$(시장초과수익률)이어야 한다. 분석결과 해당 귀무가설을 유의하게 위배되어 기대수익이 주식베타에 비례한다는 기존의 전통적인 자산가격모형이 적합지 않을 수 있다고 지적하였다.

이후 고유변동성에 대한 관점이 변화되어야 하며 고유변동성의 실질적 중요성이 부각되어야 한다는 다양한 연구들이 제시되었다. 예시적으로 주식수익률의 고유변동성(idiosyncratic volatility)의 통계적 속성에 대한 연구로 Campbell, Lettau, Malkiel and Xu(2001)[17]를 살펴보자. 이들은 CAPM 모형을 기반으로 기업 및 산업 수익률을 세 부분으로 분할하였다. CAPM을 절편을 0으로 하여 구축한 모형은 다음과 같다.

$$\text{산업군 수익률:} \quad R_{it} = \beta_{mi} R_{mt} + \widetilde{\epsilon_{it}}$$
$$\text{개별기업 수익률:} \quad R_{ijt} = \beta_{mj} R_{mt} + \beta_{ij} \tilde{\epsilon}_{it} + \tilde{\eta}_{ijt}$$

이때, β_{mi}: 시장수익률에 대한 산업군 i의 베타

$\tilde{\epsilon}_{it}$: 산업 고유 잔차

β_{mj}: 기업 j의 시장에 대한 베타

β_{ij}: 산업충격에 대한 산업 i내 기업 j의 베타

$\tilde{\eta}_{ijt}$: 기업 고유 잔차

기업 수익률의 서로 다른 요인 간에 상호 직교성을 가정하면 모든 공분산 항이 0이 되어 다음과 같이 분산이 단순형태로 정리된다.

$$Var(R_{it}) = \beta_{mi}^2 Var(R_{mt}) + Var(\tilde{\epsilon}_{it})$$
$$Var(R_{ijt}) = \beta_{mj}^2 VaR(R_{mt}) + \beta_{ij}^2 Var(\tilde{\epsilon}_{it}) + Var(\tilde{\eta}_{ijt})$$

이때 발생하는 하나의 문제는 기업고유의 베타가 추정이 어렵거나 안정적이지 못하다는 점이다. 따라서 베타에 대한 정보를 요구하지 않는 단순화된 모형으로의 전환이 필요하다. 우선 산업베타계수 β_{mi}를 제거한 단순화된 산업 수익률을 고려한다.

$$R_{it} = R_{mt} + \epsilon_{it}$$

이는 잔차를 시장수익률 R_{mt}와 산업수익률 R_{it}와의 차이로 정의하는 방법으로 단순화한 것으로 '시장조정수익률 모형'으로 명명하였다. 이제 애초 기본모형과 단순화 모형을 비교하여 정리하면 다음을 얻는다.

$$\text{원 모형 :} \quad R_{it} = \beta_{mi} R_{mt} + \widetilde{\epsilon_{it}}$$
$$\text{단순화 모형 :} \quad R_{it} = R_{mt} + \epsilon_{it}$$
$$\Rightarrow \epsilon_{it} = \tilde{\epsilon}_{it} + (\beta_{mi} - 1) R_{mt}$$

17 Campbell, J. Y., Lettau, M., Malkiel, B. G., & Xu, Y. (2001). "Have individual stocks become more volatile? An empirical exploration of idiosyncratic risk". *The journal of finance*, 56(1), 1-43.

즉, 시장조정수익률 잔차는 산업베타 β_{mi}가 1일 경우 또는 $R_{mt}=0$ 경우에 한해 CAPM 잔차와 동일해진다. 이제 산업군수익률의 분산을 도출하면 다음과 같다.

$$\begin{aligned} Var(R_{it}) =&\ Var(R_{mt}) + Var(\epsilon_{it}) + 2Cov(R_{mt}, \epsilon_{it}) \\ =&\ Var(R_{mt}) + Var(\epsilon_{it}) + 2(\beta_{mi}-1)Var(R_{mt}) \end{aligned}$$

산업군 간 분산의 가중평균을 취하게 되면 개별 공분산항으로부터 자유로워질 수 있다. 이는 $\sum w_{it}\beta_{mi}=1$이 되는 베타합의 속성에 근거한다.

$$\begin{aligned} \sum_i w_{it} Var(R_{it}) =&\ Var(R_{mt}) + \sum_i w_{it} Var(\epsilon_{it}) \\ =&\ \sigma_{mt}^2 + \sigma_{\epsilon t}^2 \end{aligned}$$

따라서 베타의 추정이 불필요한 평균적 산업변동성 측도로 전환된다.

개별수익률에 대해서도 동일논리를 적용하여 전산업의 가중평균변동성을 산출하면 다음과 같다.

$$\sum_i w_{it} \sum_i w_{ijt} Var(R_{ijt}) = \underset{\substack{① \\ \text{MKT}}}{\sigma_{mt}^2} + \underset{\substack{② \\ \text{IND}}}{\sigma_{\epsilon t}^2} + \underset{\substack{③ \\ \text{FIRM}}}{\sigma_{\eta t}^2}$$

여기서 ①은 시장변동성을, ②는 산업군의 가중평균변동성을, ③ $\sigma_{\eta t}^2$는 모든 기업의 가중평균 기업변동성이 되어 결과적으로 베타의 추정치를 포함하지 않는다. 각 요인의 추정산출식은 다음과 같이 정리된다.

$$\begin{aligned} \text{MKT} \ =&\ \ \hat{\sigma}_{mt}^2 = \sum (R_{ms}-\mu_m)^2 \\ \text{IND} \ =&\ \ \hat{\sigma}_{\epsilon it}^2 = \sum_i w_{it}\hat{\sigma}_{eit}^2 \\ \text{FIRM} \ =&\ \ \hat{\sigma}_{\eta it}^2 = \sum_{j \in i} w_{ijt}\hat{\sigma}_{\eta ijt}^2 \end{aligned}$$

이러한 단순화 모형을 기반으로 1962년부터 1997년까지 월별 자료를 사용하여 분석한 결과, FIRM, 즉, 기업단위 속성인 가중평균 고유변동성 $\sigma_{\eta t}^2$이 총변동성에서 가장 중요한 요소이며, 변동성의 각 요소 모두 경기변동성을 띠며 GDP의 변동을 주도하는 경향이 있는 것으로 분석되어 향후 경제활동을 예측하는데 도움을 준다고 주장하였다.

이렇듯 고유변동성과 수익률 간의 관계를 투자전략으로 검증한 연구는 그 시작을 Ang 외(2006)[18]로 들 수 있다. 이들은 Fama & French(1993)의 3요인 모형을 이용하여 개별 기업의 고유변동성을 추정하여 이 고유변동성이 높은 주식들이 매우 낮은 평균수익률을 얻는다는 사실을 발견하였다. 우선 이들은 추정기간 L월에 대해 M기간 동안 대기 후, N기간 보유하는 방식으로 하여 고유변동성을 기준으로 5개 포트폴리오를 구성 후 고유변동성이 가장 낮은 포트폴리오(포트폴리오 1)와 가장 높은 포트폴리오(포트폴리오 5) 사이의 평균수익률이 월별로 1% 이상 차이가 발생함을 발견하였다. 나아가 기업규모, 장부가 대 시가비율, 유동성, 회전율, 모멘텀 변수 등 추가적인 위험원천(risk source)을 통제한 이후에도 고유변동성이 높은 주식들이 더 낮은 주가수익률을 가짐을 확인하고 'high risk, high return'이라는 변동성과 기대수익률 간 양(+)의 상관관계에 부합하지 않는 이상현상이 존재한다고 주장하였다.

종합하면, 위험과 수익률 간 관계에 대해 전통적인 자산가격모형(asset pricing model)과 오로지 실증적 관점으로부터 유추되는 결과 간에 불일치가 존재하며, 고유변동성 투자전략은 이러한 실증적 현상을 적극적으로 이용하는 투자전략으로 간주할 수 있다.

9. TDF(Target Date Fund) 투자전략

TDF[19] 투자전략은 목돈이 필요한 시점이나 은퇴일과 같은 투자자의 목표일(target date)에 맞주어 자산을 혼합하여 운용하는 전략을 의미한다. 따라서 최초 구성시점이 자산구성이 목표일에 근접함에 따라 변화하게 된다. TDF는 1990년대 초 Barclays Global Investors(현재는 합병에 의해 블랙록(BlackRock))에 의해 최초 출시되어 고령화 트렌드와 더불어 급격한 성장세를 보이고 있다. 특히 미국의 2006년 연금보호법(PPA;Pension Protection Act)과 적격기본투자상품(QDIA; Qualified Default Investment Alternatives) 제

18 A Ang, RJ Hodrick, Y Xing, X Zhang, 2006, "The cross-section of volatility and expected returns", *The Journal of Finance*, 61(1), 2006.

19 'Life cycle fund'로도 불림.

도[20] 도입 이후 크게 증가하였다. 이는 2007년 TDF가 401(k)의 QDIA 범주로 포함됨과 동시에 연금보호법의 자동가입제도(automatic enrollment) — 근로자가 확정급여형 방식을 선택(opt-out) 의사를 밝히지 않는 한, 401(k) 플랜에 자동으로 등록(opt-in)되는 것 — 로 인해 401(k) 플랜 가입자가 크게 증가하였다. 또한 가입자의 별도 지시가 없을 경우 운용자가 QDIA 중 선택하여 운용하더라도 투자결과에 대해 수탁자 책임을 면제해줌으로써 사실상 거의 전 연령대에서 TDF가 크게 증가하게 되었다.

[401(k)]
미국의 퇴직연금제도로 확정급여형(DB)과 확정기여형(DC), 현금잔고형(CB)으로 나뉘는데, 이중 확정기여형을 401(k) 플랜으로 부르고 있다. 401(k) 플랜은 은퇴를 위해 저축할 수 있도록 직장 고용주가 제공하는 투자 계좌를 의미한다. 회사에서 401(k) 플랜을 제공하는 경우 특정 자격 요건이 있다. 회사마다 다르지만 일반적으로 21세 이상이고 정규직으로 일하며 1년 동안 근무한 경우 참여할 수 있다. 2021년 기준으로 적립금 한도는 $19,500이며 401(k) 저축금액은 소득공제가 가능하며, 가장 큰 장점은 회사가 직원을 위해 추가로 저축을 보조(matching contribution)해준다는 점이다. 다른 중요 특징으로는 개별의 개인이 투자를 이해하고 적합한 펀드 투자를 결정하는 구조로 투자에 대한 결과(손해와 이익)를 본인이 진다는 점에서 운영에 대해 과실을 전혀 부담하지 않는 국내의 DB형 퇴직연금과는 차이가 존재한다. 이러한 연유로 401(k) 플랜은 근로자에게 투자위험을 전가하며, 투자은행이나 자산운용사들에게 수수료 수익을 만들어 줄 뿐이라는 비판을 받고 있기도 하다.

TDF는 투자의 선택과 포트폴리오의 유지가 가능한 한 이해가 용이하고 간단하게 구성될 것을 지향한다. 예를 들어 퇴직 시점이 많이 남아있는 젊은 투자자의 경우 주식과 같은 위험자산에 더 많은 비중을 둠으로써 더 높은 성장전략을 선호한다. 이 투자자가 은퇴일로 다가감에 따라 TDF는 채권 및 현금과 같이 더 안전하고 수익률이 낮은 자산에 더 많은 비중을 둠으로써 더 낮은 위험전략으로 전환한다. 즉 TDF는 목표일(target date)가 다가옴에 따라 자산조합을 점진적으로 변경해 나가며 이러한 이동경로를 'glide path'라 한다. 시간의 경과에 따라 자산배분을 변경해나가는 방식은 매우 다양할 수 있으며, 이에 따라 목표일이 동일한 펀드라도 다른 배분의 glide path를 거치므로 수익이나 위험이 달라질 수 있다. 401(k)의 경우 투자자가 직접 선택하지 않으면 연령에 따라

20 QDIA는 TDF, 전문투자서비스, 혼합형펀드, 원금보존상품 등이 해당한다.

그림 Ⅷ-5 Glide path 예시

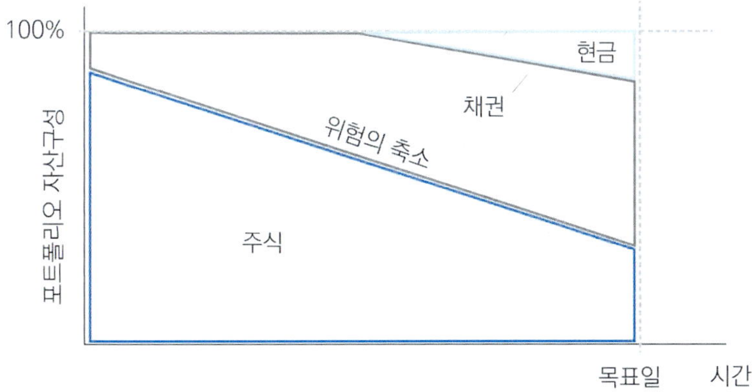

미리 확정된 비율대로 자산배분을 자동으로 조정해 나간다.

실제 401(k)의 참가자 연령에 따른 자산배분비중을 살펴보면 다음과 같다. 다음 [그림 Ⅷ-6]은 2018년도 말 기준의 401(k) 배분비중이다.

이 분석결과에 따르면, 2018년 말 기준으로 20대 투자자는 401(k) 자산 중 26%를 주식형 펀드에 투자하였으며 TDF에는 51%를, 단순 균형 펀드 3% 그리고 주식에 2%를 투자하였다. 이에 비해, 60대의 고연령층 투자자들은 주식형 펀드에 더 높은 배분(자산 401(k)의 36%), TDF에 대한 낮은 배분(23%), 균형 펀드(5%)와 주식(4%)를 배분하였다. 또한 노년층 참여자들은 고정 수입(fixed income) 투자에 더 높은 투자를 할당한다. 즉, 401(k)의 계좌 자산 중 거의 1/4을 머니펀드, 채권 펀드, GIC 및 기타 안정적 가치 펀드에 투자함을 알 수 있다. 반면 20대 투자자들은 평균적으로 훨씬 낮은 12%를 고정수입 투자에 할당하였다. 요약하면, 20대 참여자들은 평균적으로 401(k) 자산 중 74%를 주식 투자에, 60대는 52%를 주식에 투자한 것으로 나타나 젊은 투자자들은 포트폴리오 중 더 많은 부분을 주식(주식형 펀드 포함)에 배정함을 알 수 있다.

종합하면 TDF 투자방식은 포트폴리오 구성에 대해 목표일을 기준으로 한다는 명확한 기준을 제시한다는 점에서 전문가가 아닌 개인의 차원에서 투자실수를 방지해 준다는 장점이 있다. 여기서 투자실수는 단순히 잘못된 자산에 대한 투자만이 아닌 자산

그림 Ⅷ-6 401(k) 20대 및 60대 자산배분비중(2018년 말)

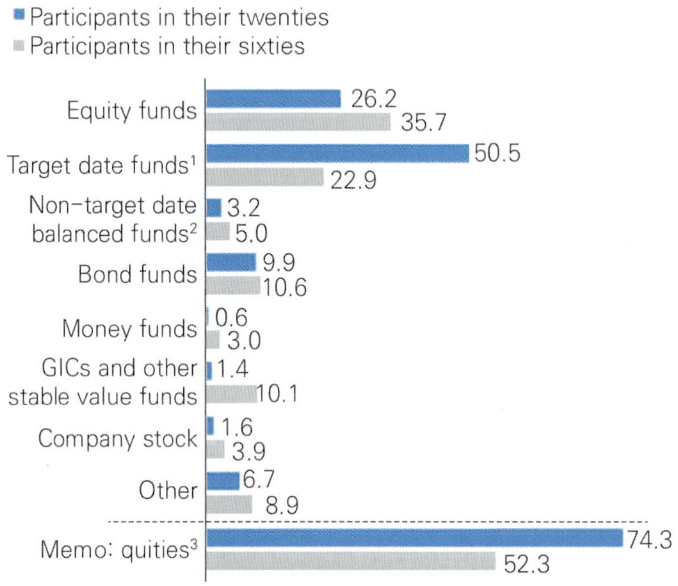

자료: 2021 Investment Company Fact Book, ICI.

배분의 리밸런싱 타이밍이나 극단적 자산배분 등 비전문가가 취할 가능성이 있는 투자 행위 전반을 의미한다.

그러나 이러한 TDF 투자의 성장에도 불구하고 시간경과를 최우선 목표로 하기 때문에 급변하는 시장 내에 존재할 수 있는 다른 요인을 무시한다는 잠재적 한계가 있다는 점은 유의할 필요가 있다. 다시 말해 개인투자자라 하더라도 지속적으로 금융시장에 대한 관심과 학습을 통해 투자의 이해, 그리고 투자자의 관점에 부합하는 투자배분이 가능한 능력을 보유한다면 TDF의 선택이 반드시 필요한 것은 아니다. 최근의 TDF 투자는 전통적인 자산 외에 장기옵션이나 CDS 등을 통한 헷징 수단까지 포괄되고 있으며 옵션과 선물 등을 활용한 변동성 관리까지 포함되도록 진화하고 있다.

IX. Black-Litterman 모형[1]

1. 평균-분산 방법론의 한계

1) MV-최적화의 한계

Black & Litterman(1992)[2]에 의해 개발된 블랙-리터만 모형은 균형 기대수익률과 투자자의 주관적 전망(subjective view) 내지 사전적 신념(prior belief)을 결합하는 모형으로 정의내릴 수 있다. 그러나 세부 내용을 살펴보기에 앞서 해당 대안적 모형이 등장하게 된 배경을 먼저 이해할 필요가 있다. 즉, 블랙-리터만 모형은 앞서 학습한 가장 내표적 자산배분 모형인 평균-분산 모형이 가지는 한계를 극복하기 위한 대안적 방법론으로 제시되었기 때문이다. 평균 분산 모형을 대상으로 제기되는 주된 비판의 범주를 정리하면 다음과 같다.

첫째, 자산배분과정에서 일부 자산에 투자금액이 집중되는 모서리해(corner solution)의 문제가 발생할 수 있다는 점이다. 이러한 투자비중의 쏠림현상으로 인해 실제로 비중조정을 하기에는 거래비용의 발생 등과 같은 제약이 존재하는 만큼 그 비현실성이 주된 비판의 대상이 된다.

둘째, 투자자 효용, 그리고 투자수익률의 평균과 분산으로 투자목적을 표현함에 따른 한계가 존재한다는 점이다. 특히 과거의 데이터로부터 기대수익률과 위험을 추축하여 사용하는데 과거의 흐름이 미래에도 여전히 지속될 것이라는 가정의 논리적 근거는 존재하지 않는다.

셋째, 자산군 수익률이 정규분포를 따른다고 가정한다. 그러나 실증적으로 두터운 꼬리(fat tail) 등 자산수익률의 비정규성이 논란이 되고 있으며 특히 부동산, 인프라, 헤지펀드 등과 같은 대체자산의 경우 전통적 자산군과 달리 이러한 비정규성이 더욱 높아

1 본 장은 저자의 '대안적 자산배분 방법론 연구(국민연금연구원, 2019)' 보고서의 일부를 인용 및 재편집하여 작성함.
2 Black, F., and R. Litterman., "Global Portfolio Optimization", *Financial Analysis Journal* 48., 1992.

그림 IX-1

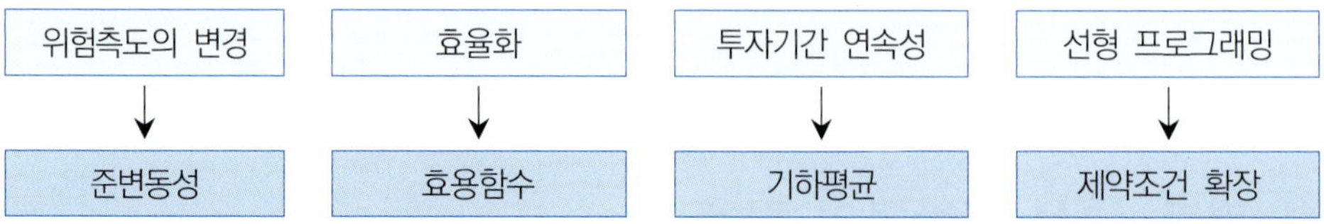

지는 것으로 알려졌다.

넷째, 평균－분산 방법론은 시작과 종료로 구성된 하나의 단일기간을 가정하고 있어 연기금과 같은 재투자와 장기성 투자의 목적에 적용하기에 한계가 존재한다.

다섯째, 자산배분에 있어 자산－부채 관리(ALM; Asset－Liability Management)가 보다 많은 현실을 반영한다는 점 등이 주된 비판의 대상이 되고 있다.

그러나 평균－분산 분석법의 최대 약점은 모형이 가지는 불안정성과 배분결과의 모호함이다. 즉, 불안정성을 유발하는 요인은 바로 최적화 함수 자체에 있다. 이는 투입변수 가정의 작은 변화에도 최적포트폴리오가 크게 변동하는 한계를 갖기 때문이다. 이에 따라 최적화 포트폴리오를 명확하게 정의하기가 어려워진다. 이러한 근본적 원인은 추정 정보의 과다사용, 그리고 오차 극대화를 통해 최적화를 수행하는 평균－분산 최적 포트폴리오의 추정오차 효과가 자산배분에 크게 영향을 미치기 때문이다. 특히 대형 기관투자자의 경우 실무적으로 납득할 수 없는 최적 포트폴리오가 산출되는 경우 다른 대안적 방법을 모색해야 한다. 이러한 방법론적 한계를 해소하기 위한 다양한 대안적 방법들이 제시되고 있는데 이하에서 구체적인 대안들을 살펴보기로 한다.

가. 위험측도의 변경

평균－분산 최적화에서는 수익률의 분산 또는 표준편차로 증권 및 포트폴리오 위험을 측정한다. 분산은 평균에서 상하로 벗어난 수준을 측정한다. 그러나 투자자의 관점에서 평균 상방으로의 이탈을 사실상 위험으로 간주하는 것은 납득하기 어렵다는 주장이 있다. 이러한 불합리성을 반영한 측도가 준변동성(semi－variance) 내지 준표준편차(semi－standard deviation)이다. 이 위험측도 하에서는 평균 이하 또는 특정 수익률 수준 이하의 수익률만이 변동성 추정에 사용된다. 이러한 연유로 하방위험(downside risk) 측도로도 불리운다. 이외에도 다양한 변동성 측도가 존재하며 각각은 수익률 분포의 속성에 따라 정합성 여부가 달라진다. 자산 또는 포트폴리오의 수익률 분포는 몇 가지 요인에 영향 받는다. 분산화된 주식 포트폴리오 수익률은 기간 동안 대칭에 근접한 형태를 보이는 경우가 많아 분산이 아닌 다른 측도들도 분산 사용시와 거의 유사한 결과를 갖는다. 실무적으로 비분산형 위험측도는 분산 사용시와 다른 배분 결과를 산출한다. 통상 평균－분산 방법론의 적용시와 평균－준변동성 방법론 적용시의 효율적 프런티어를 비교하면 주로 가운데 영역에서 차이를 보이는데 이는 비대칭적으로 낮은 하방위험을 가지는 경우에 그러하다. 옵션이나 스왑, 헤지펀드 사모와 같은 전통적 주식형 자산이 아닌 증권들은 극히 비대칭적인 수익률 구조를 갖는다. 또한 채권이나 부동산 지수의 수익률 분포는 주식형보다 덜 대칭적이다. 이러한 자산들로 포트폴리오가 다변화될수록 포트폴리오 수익률 역시 장기적으로 더욱 비대칭 분포를 갖는다. 따라서 분산화 포트폴리오에 대해 분산의 적용이 더욱 부적합하다는 주장이 힘을 얻고 있다. 물론 분산 기반 효율적 프런티어가 다른 위험측도의 채용으로 인한 프런티어 개선과 매우 유의하게 차이가 나지 않는 경우가 많아 여전히 평균－분산 효율적 프런티어를 사용하고 있다. 게다가 대안적 위험측도는 정확한 추정이 용이하지 않다. 따라서 추정오차와 위험측도로 인한 프런티어 개선 간의 상충정도를 적절히 판단할 필요가 있다. 특히 위험측도는 투자 기간 동안의 투자자의 위험에 대한 이해도를 적정히 반영해야 하며 기대하지 못한 사건들이 현실에서는 발생한다는 점을 고려해야 한다.

나. 효용함수의 적용

이론적으로 최종 부의 기대효용 최대화는 불확실성 하에서 가장 합리적인 의사결정을 위한 기본 틀이 된다. 그러나 Markowitz의 평균－분산 효율성은 기대효용 최대화와는 다른 구조로 보아야 한다. 단, Markowitz의 평균－분산 효율성은 수익률 정규분포 가정 및 2차 효용함수를 가질 때 기대효용 최대화와 일관된 맥락을 갖게 된다. 물론 수익률의 정규분포 가정은 현실에서는 받아들이기 어려운 가정이다. 또한 대표 투자자 행태를 나타내는 데 많이 사용되는 2차 효용함수 역시 현실에서는 받아들이기 어렵다. 왜냐하면 2차 함수는 부의 단조증가 함수가 아니며 특정 지점부터는 부의 증가에 따라 기대효용이 감소한다는 비합리적 함수형이 되기 때문이다. 따라서 일반적으로 부가 일정한 영역에 한정되는 경우에만 기대효용 최대화의 목표함수로서 2차 효용함수를 사용할 수 있다.

반면 최적화의 측면에서 효용함수의 적용에 대한 실무적 적용의 제약이 있을 수 있다. 이는 최적 포트폴리오 계산을 위한 자원의 제약 및 알고리듬의 문제에 기인한다. 함수적 형태를 갖기는 하지만 비선형 최적화는 최적해를 구하는 데 상당한 시간과 자원이 소요될 수 있다.

효용함수 접근의 또 다른 제약은 효용함수의 형태를 어떻게 정의할 것인가의 문제이다. 실무적으로 투자자의 효용은 알려져 있지 않다. 즉 투자자 효용함수가 함수의 형태를 가지고 있으나 그 안에 내재된 한두 개의 변수로 투자자 효용함수를 특정하는 것은 사실상 거의 불가능한 일이며 위험에 대한 인식, 투자행태 등 투자자 효용에 영향을 미치는 요인을 특정하는 것 역시 어려운 일이기 때문이다. 이러한 요인들로 인해 효용함수 추정의 오류는 최적 포트폴리오의 투자자 특성을 크게 왜곡시킬 수 있으며 결국 효용함수 기반의 포트폴리오 최적화는 그 활용에 상당한 제약을 가질 수밖에 없다.

이러한 측면에서 평균－분산 최적화 방법론이 기대효용 최대화의 근사적 접근이라는 면에서 여전히 활용되고 있다. 또한 2차형 효용함수 역시 합리적으로 받아들여질 수 있는 수준의 근사 효용함수라는 점에서 사용되고 있다. 결국 현실적 제약을 고려할 때 평균－분산 접근법이 실무적으로 간편하게 채택할 수 있는 대표적 방법이라는 점을 부정하기는 어렵다.

다. 투자기간의 연속성

대부분의 투자자들은 실질적으로 장기 투자자이다. 반면 평균－분산 접근법은 이론적으로 단일의 투자기간을 가정하고 있어 해당 접근법을 연속화할 경우 추가적인 고려가 필요하다.

이를 위해서 장기 투자기간을 마치 단일 투자기간인 것처럼 간주하는 방식을 적용할 수 있다. 그러나 평균－분산 접근법은 일반적으로 보다 단기 투자기간에 적합한 모형으로 알려져 있다. 이는 기대효용의 최대화를 위한 2차형 근사가 비교적 단기구간에 한하여 유효하기 때문이다. 또한 투자 구간의 확대는 과거 자료로부터 추정되는 최적화 파라미터의 통계적 유의성에도 영향을 미친다.

다기간 수익률 분포를 다루기 위한 가장 보편적 방법은 기하평균(geometric mean)

을 활용하는 방식이다. 즉, 복수의 기간에 대해 매기 발생된 수익이 재투자된다는 복리(compound)를 적용, 다기간으로 확장하는 방식이다. 그렇다면 반복적 투자를 가정할 경우의 평균-분산 효율적 프런티어가 어떻게 영향 받을지를 고려할 필요가 있다. 이에 대해 Hakansson(1971)[3]은 평균-분산 접근법은 반복 투자를 가정하더라도 매 시점을 투자의 마지막 시점처럼 의사결정하는 근시안적(myopic) 최적화를 수행하므로 다기간으로의 확장 의미가 없음을 주장하였다. 이외에도 기하평균 사용에 대해 반론을 제기하는 연구들도 존재한다. 특히 다기간 확장시 기대 기하평균이 기대효용함수를 대신하기에는 심각한 문제를 유발한다는 논란이 있다. 그러나 실무적으로 평균-분산 기하평균의 적용이 중장기 평균적 목표수익률의 달성이라는 대다수 기관투자자의 요구와 일치한다는 점에서 여전히 평균-분산 방법론이 그 유효성을 인정받고 있다. 이외에도 컴퓨터 연산속도의 발달과 더불어 다기간 동태적 프로그래밍 기법이 점차 발달하면서 투자기간 확대에 따른 최적화문제의 해를 직접 찾아내려는 시도가 확산되고 있다.

라. 선형 프로그래밍(linear programming)

포트폴리오 관리라는 실무적 차원에서 평균-분산 최적화의 한계를 극복하기 위한 대안으로 선형 프로그래밍이 제시되었다. 선형 프로그래밍을 통한 포트폴리오 최적화는 2차형 프로그래밍의 특수한 경우로 볼 수 있다. 가장 큰 차이점은 선형 프로그래밍에서는 포트폴리오 분산을 포함하지 않는다는 점이다. 대신 산업, 섹터, 가중치 등에 대한 제약조건을 적절히 이용하여 포트폴리오 위험을 통제하면서 동시에 기대수익을 최대화하게 된다. 이러한 제약들은 특정한 속성 내지 목적에 부합하도록 포트폴리오를 디자인하는 효과를 갖는다.

이처럼 제약요건을 적절히 이용하는 방식은 평균-분산 최적화가 가지는 근본적인 한계점을 극복할 수 있도록 하는 효과적인 방법이 될 수 있다. 그러나 특정시점의 최적화에서 선형 프로그래밍이 무조건적으로 활용되기에는 제약요건이 자산배분의 방향성을 사전에 규정해 버린다는 점에서 유의가 필요하다.

3 Hakansson, Nils H., "Multi-period mean-variance analysis: Toward a general theory of portfolio choice.", *The Journal of Finance* 26(4), 1971.

2) 비경계(unbound) 최적화 조건의 변경

다수의 평균-분산 최적화 연구들은 자산 배분 가중치 산출에 있어 경계를 부여하지 않음(unbound)을 가정한다. 이는 예산제약 또는 투자비중 합이 1이라는 가정이 유일한 가정임을 의미하며 별도의 위험-수익 추정에서의 불확실성은 고려되지 않는다. 이러한 가정은 평균-분산 최적화가 분석적 방법론으로 해를 구할 수 있도록 하기 위한 장치이다. 그러나 투자 실무적으로 존재하는 경계조건을 부여하지 않을 경우 위험-수익의 추정이 불확실하게 이루어질 수밖에 없으며 왜곡된 배분을 이끌 우려가 존재한다. 이러한 비경계 최적화 이슈를 구체적으로 살펴보자.

우선 기존의 표준화 경계를 부여하지 않는 평균-분산 최적화 공식은 다음과 같다.

$$X = \frac{\Sigma^{-1}\mu}{1'\Sigma^{-1}\mu}$$

이때, X: 최적포트폴리오 가중치, Σ: 공분산행렬
μ: 수익률 추정치 열, 1: 자산 개수와 동일한 1 벡터

그림 IX-2 최대 샤프비율 포트폴리오

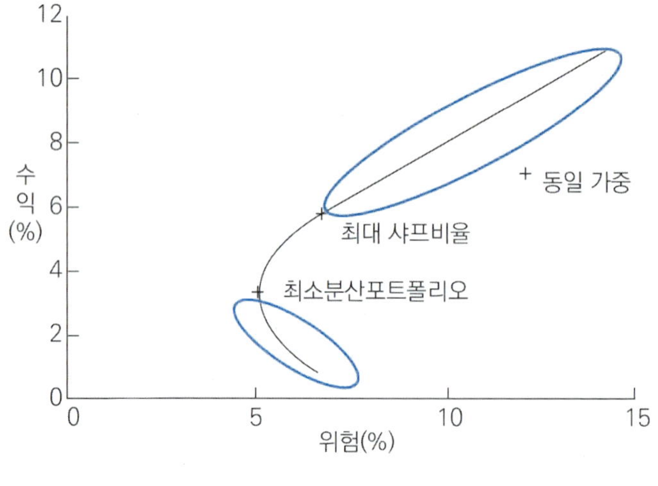

상기 공식으로부터 산출된 최적포트폴리오 가중치 X는 샤프비율을 최대화하는 포트폴리오를 구성한다. 이를 [그림 Ⅸ-2]의 평균-분산 좌표 내에서 도식적으로 살펴보자. 효율적 프런티어 상의 모든 포트폴리오는 최대 샤프비율 포트폴리오와 최소분산 효율적 포트폴리오의 선형조합이 된다. 최적화를 수행함에 있어 레버리지 또는 차입에 특별한 제약이 없으므로 효율적 프런티어 상의 포트폴리오 집합이 최소분산포트폴리오 이하 또는 최대 샤프비율 포트폴리오 이상으로 확장되는 형태를 보이게 된다. 그러나 실무 측면에서 큰 음(-)의 배분 또는 큰 양(+)의 배분값이 도출될 경우 대형 기관 투자자에게도 실제 구현이 어려운 비현실적 배분이 된다. 따라서 현실적으로 구현가능한 포트폴리오로서 샤프비율 최대화 포트폴리오가 가장 핵심 포트폴리오가 된다.

수치적 최적화 알고리듬 자체는 위험-수익 추정치가 갖는 불확실성에 크게 영향받지 않는다. 현대 컴퓨터의 수치적 정확도를 규정한 IEEE(Institute of Electrical and Electronics Engineers) 754에 따르면 16자리로 규정하고 있다. 이는 10% 수익률의 표현이 내부적으로 그 뒤에 15개의 0이 자리함을 의미한다. 이러한 16자리 부동소수점은 매우 비현실적인 수치로 실제 투자활동에서 큰 의미를 가지지 못한다. 그러나 평균-분산 최적화에서는 위험-수익 추정치의 작은 변화에도 최적화가 민감하게 반응한다는 문제점을 갖는다. 이에 따라 발생하는 본질적인 문제는 평균-분산 최적화의 안정성 문제보다는 이러한 방법론에 내재한 민감성이 투자배분에 있어 큰 영향을 미친다는 사실이다.

이와 관련하여 Jobson and Korkie(1980)[4]의 초기연구를 살펴볼 필요가 있다. 이들은 정보가 불확실한 경우에 있어 평균-분산 최적화는 상당한 편의를 유발할 수 있으며 최적화 포트폴리오 역시 큰 차이가 발생할 수 있음을 보였다. 이들은 몬테카를로 재표본 추출법을 이용하여 경계가 부여되지 않는 최적화를 시뮬레이션하여 분석하였다. 이들의 몬테카를로 수행절차는 우선 20개 주식의 역사적 월별자료로부터 평균, 표준편차, 상관관계를 설정한 후, 각 자산별로 60개월 및 100개월의 수익률을 시뮬레이션 하였다. 시뮬레이션된 수익률을 대상으로 샤프비율 최대화 포트폴리오를 산출하고 이를 반복하였다. 시뮬레이션된 데이터는 통계적 오차를 가지기 때문에 각 시뮬레이션된 효율적 프런티어는 참 프런티어에서 벗어나있으며 추정된 최대 샤프비율 포트폴리오도 각 시뮬레이션별로 서로 다르다. 이제 각 시뮬레이션에서 최대 샤프비율 포트폴리오로부터 평

4 Jobson, J. David, and Bob Korkie., "Estimation for Markowitz efficient portfolios.", *Journal of the American Statistical Association* 75(371), 1980.

균샤프비율을 구하여 실제 최대 샤프비율 및 동일가중 포트폴리오의 샤프비율과 비교하였다. 분석 결과, 시뮬레이션된 평균-분산 효율적 프런티어가 평균적으로 최대 샤프비율 0.08이 산출되어 데이터의 참 샤프비율 0.32와 큰 차이를 보이며 등가중(equal-weighted) 포트폴리오의 샤프비율 0.27과도 차이를 보인다. 이러한 분석 결과는 평균-분산 최적화 포트폴리오가 효율적인 결과를 산출한다는 기조와는 배치되는 결과로 볼 수 있다. 또한 앞서 언급한 바와 같이 평균-분산 최적화 포트폴리오는 다소 실현하기 어려운 배분을 제시하는 경우가 빈번하게 발생한다. 특히 추정기간을 짧게 설정할수록 추정오차는 증가하며 최적화 포트폴리오의 평균성과가 하락하는 문제를 갖는다.

이들의 분석 결과는 각 시뮬레이션별로 샤프비율을 최대화 한 값들의 결과임에도 열악한 결과를 제시한다는 점에서 평균-분산 최적화에 대해 세밀한 고민이 필요함을 뜻한다. 또한 수익률 생성 프로세스의 안정성(stationary) 가정도 열위의 결과를 산출하는데 기여한다. 즉, 과거의 자산 움직임이 미래에도 여전히 지속될 것이라는 가정은 실무적으로 현실을 반영한다고 보기 어렵다는 것이다. 결국 명확하고 구체적인 하나의 해를 제시해주는 경계가 부여되지 않은 평균-분산 최적화가 잘못된 자산배분을 이끌 가능성이 존재함을 나타낸다. 나아가 평균-분산 최적화는 무조건적인 최적화의 수행보다는 각 투자자가 처한 현실을 반영한 적절한 제약이 오히려 합리적인 배분치를 생성해 낼 수 있음을 시사한다.

결국 비경계 조건으로부터 유발되는 문제는 현실적으로 효율적인 포트폴리오 최적화를 위해서는 투자정보 내에 내재된 불확실성을 고려해야할 필요성을 증대시킨다. 자산관리 실무에서 추정오차는 의사결정에 큰 영향을 미치며, 이러한 통계적 속성을 무시할 경우 큰 비생산적 결과로 귀결될 가능성이 있기 때문이다. 다시 말해 자산배분에 있어 통계적 속성을 명확히 이해할 경우 성과의 유의한 향상을 이끌 수 있다.

3) 선형 부등식 제약(linear inequality constraints)

평균-분산 최적화는 구조상 선형 제약이 부여된 가정 하의 자산배분을 수행한다. 선형 부등식 제약은 자산 관리자가 투자 레버리지를 발생시키는 데 제약이 존재함을 의미한다. 이러한 선형 부등식 제약이 포함되면 앞서 비경계 부여시의 최적화와 같이 정리된 분석해의 산출이 불가능하며 가능한 해의 범위 내에서 컴퓨터를 통한 해만이 이용

가능하다.[5]

실무적으로는 포트폴리오 최적화시 많은 선형 부등식 내지 선형 등식 제약이 부가된다. 문제는 부가되는 제약수가 많아질수록 최적화의 의미가 퇴색된다는 점이다. 이는 제약으로 인해 자산배분이 유연하게 움직일 수 있는 여지가 점점 축소되기 때문이다. 가장 공통적으로 부여되는 선형제약은 예산제약 및 비음 부등식 제약이다. 당연하게도 제약 부가시 비경계 조건 부여시보다 샤프비율 등 최적화에서 열위의 의사결정이 이루어진다. 그러나 투자 매니저에게 현실을 반영한 보다 합리적인 배분안을 제시해 준다는 점에서 오히려 투자기간 내 위험-수익 효율성을 제고해주는 측면으로 이해할 필요가 있다.

최적화 제약의 이러한 패러독스적 성격은 추정오차(estimation error)를 고려할 때 더욱 중요하게 간주되어야 한다. 제약되지 않은 평균-분산 최적화는 과다(과소)한 배분이 이루어지기 쉬우며, 그 결과 지나치게 크거나 지나치게 낮은 추정 수익률을 제시하는 등 편향된 결과를 가져온다. 즉, 오차를 최대화하는 방식은 받아들이기 어려운 극단적인 배분이 이루어진 포트폴리오로 나타나기 때문이다. 이는 평균-분산 최적화 과정 중에 이용가능한 정보를 과다사용한 결과로도 볼 수 있다. 따라서 추정 오차 측면에서 선형 제약된 평균-분산 최적화 포트폴리오의 통계적 특성은 투자 실무에서 중요하게 다루어져야 한다. 다만 최적해 자체를 그대로 적용하기 어려운 기관투자자의 경우 개별 통계적 특성치가 최종 자산배분에 미치는 영향보다는 제약 조건 자체가 더 중요하게 다루어져야 하며 이러한 점에서 엄격한 제약조건 관리가 요구된다.

2. B-L 모형의 이론적 배경

블랙-리터만(이하 B-L) 모형은 앞서 살펴본 평균-분산 모형의 제약을 개선할 수 있는 대안적 자산배분방법론으로 제시되었다. 이 방법론의 기본 전제는 현재의 자본시장이 효율적이기 때문에 자본 시장은 수요와 공급이 일치하는 균형 상태에 있다고 가정한다. 따라서 CAPM에서의 시장포트폴리오(Market Portfolio)를 균형 포트폴리오로 간주

5 Markowitz는 이러한 선형 제약된 최적화 포트폴리오를 풀어내기 위한 컴퓨터 알고리즘을 제시한 바 있다.

하여 이를 바탕으로 시장 포트폴리오에 내재된 수익률(Implied return)을 도출하여 균형 수익률(equilibrium return)로 가정한다. 이로부터 역 최적화 방식을 통해 자산군별 기대 수익률을 산출하게 된다. 특히 투자자가 시장 전망을 가질 경우, 위의 균형 수익률에 투자자의 시장 전망을 반영하여 최종적인 투자 비중을 산출한다. 이 과정에서 투자자의 자산군에 대한 전망이나 전망에 대한 신뢰도를 반영한 자산배분안을 산출해준다는 점에서 의미를 갖는다.

반면 수익률 산정 시 투자자의 경제 전망치 및 자산군에 대한 주관적 전망치가 개입됨으로 인해 객관성이 결여되었다는 공격을 받을 여지가 있다. 또한 각 자산군별 규모 추정이 필요하나 유동성이 부족한 대체투자군의 경우 정확한 규모 파악이 어려워 그 적용이 용이하지 않다. 이외에도 수익률의 정규 분포 가정, 역사적인 시계열 데이터를 이용한 상관관계 등 기존 평균-분산 최적화 방법론의 한계와 동일한 노출도를 갖는다는 문제점이 지적되고 있다. 따라서 장기자산배분보다는 주로 자산군의 기대수익률 도출 내지 단기의 전술적 자산배분에 활용되고 있다. B-L 자산배분방법론의 구체적 내용을 살펴보자.

B-L 모형의 첫 번째 단계는 내재된 균형기대수익률 벡터 측면의 준거점(reference point)을 유도하는 것이다. 이 중립적인 시장포트폴리오는 균형으로 수렴하는 가중치 벡터의 핵심 유인으로 작용한다. 이 접근법은 자산에 대한 주관적인 전망이 없는 투자자는 자동적으로 시장포트폴리오 내 가중치로 투자하도록 해준다.

앞서 학습한 Markowitz의 최적 포트폴리오 산출을 위한 최적화 문제는 다음과 같다.

$$\arg\max \; W^T\mu - \frac{1}{2}\delta W^T \Sigma W$$

이때, W: 자산 가중치 벡터
μ: 자산의 기대수익률, Σ : 분산-공분산행렬
δ: 시장 내 평균 투자자의 (양의) 위험회피계수 (스칼라)

이 문제는 주어진 위험회피계수 δ 하에서 자산가중치 W에 대해 다음의 닫힌 해(closed form)로 풀 수 있다.

$$W = \frac{1}{\delta}\Sigma^{-1}\mu$$

이로서 시장포트폴리오에 대한 내재균형초과수익률 Π는 Σ, W_{mkt}로 산출된다.

$$\Pi = \delta \Sigma W_{mkt}$$

이때, Π : $N \times 1$ 내재균형초과수익률 벡터 (N : 자산개수)
W_{mkt} : $N \times 1$ 시장가중치 열벡터

위험회피계수 δ에 대한 직관적인 이해를 위해, 상기 식의 양변에 W_{mkt}를 곱하고 스칼라 항으로 나눈 뒤, σ_M^2으로 양변을 나누면 다음과 같이 전환된다.

$$\delta = \frac{E(r_M) - r_f}{\sigma_M^2}$$

이때, $E(r_M)$: 시장포트폴리오의 총기대수익률
r_f: 무위험수익률
σ_M^2: 시장포트폴리오 기대수익률의 분산

정리된 δ는 '샤프비율'로 위험조정수익률, 즉 시장포트폴리오의 위험을 감내함에 대한 투자자가 요구하는 보상이 된다. 따라서 δ가 높을수록 무위험자산의 투자비중이 높아지고, 낮을수록 위험자산의 투자비중이 높아진다. 특히 내재균형초과수익률은 CAPM 균형과 밀접하게 연관된다. 상기 식의 양변에 시장 분산을 곱하여 정리하면 이러한 관계가 명확히 드러난다.

$$E(r_M) - r_f = \delta \sigma_M^2$$

이 식은 앞서 CAPM의 시장위험프리미엄이 평균 시장위험회피도와 시장분산의 곱으로 결정된다는 논리와 정확히 일치한다.

1) 사전적 분포(prior distribution)

B−L 모형의 핵심 속성은 기대수익률을 관찰된 특정값이 아니라 정규분포하는 확률변수로 간주한다는 데 있다. 이러한 관점 하에 기대수익률은 확률분포의 측면에서 모형화될 필요가 있다.[6] 이와 반대로 실제 수익률은 역사적 자료로부터 추출되는 관찰되

는 랜덤변수로 간주한다.

B−L 모형 내 핵심 사항은 상기 변수들을 적절히 분리함으로써 실제 수익률 벡터가 정규분포하도록 함에 있다. 이를 식으로 표현하면 다음과 같다 우선 정규분포하는 N개 자산의 수익률벡터 r을 가정하자.

$$r \sim N(\mu, \Sigma)$$

이때, $\mu = (\Pi + \epsilon)$: $N \times 1$ 기대수익률 벡터,

Π: $N \times 1$ 시장포트폴리오의 기대수익률 벡터

$\epsilon \sim N(0, \tau\Sigma_{\pi})$

Σ: $N \times N$ 분산−공분산 행렬

분산−공분산 행렬은 알려지거나 역사적 자료로부터 추정된 것으로 가정한다. 반면 기대수익률 벡터는 알려진 파리미터 Π, τ, Σ_{π}의 정규분포를 따르는 랜덤벡터로 가정하자. 여기서 Π는 시장포트폴리오를 시작 포인트 내지 중립적인 준거점(reference point)으로 설정하고, 시장포트폴리오의 기대수익률을 역최적화를 통해 산출한다. 블랙−리터만은 적절한 준거수익률의 선택을 위해 개별 증권들의 역사적 기대수익률, 자산군 동일가중(equal−weighted) 기대수익률 및 위험조정 기대수익률 등 다양한 검토를 수행하였다. 그 결과 시장포트폴리오가 가장 균형잡힌 직관적인 포트폴리오라고 결론내린 바 있다.

기대수익률 벡터 μ의 분산−공분산 행렬은 스케일링 요인 τ로 조정된 수익률의 분산−공분산 행렬이다. 스케일링 요인 τ는 기대수익률에 대한 불확실성 수준을 조정하기 위한 일종의 조정변수로 볼 수 있다. 따라서 기대수익률에 대한 불확실성이 낮을수록 상대적으로 낮은 τ값을, 신뢰도가 높을수록 높은 τ값을 적용한다. 통상 0에서 1 사이로 0.025 수준이 일반적이며, 1/자료수를 적용하기도 한다.

2) 전망 분포(View Distribution)

투자자의 주관적 전망은 조건부 분포를 형성하며 세 가지 요인, 즉 P, Q, 그리고 Ω로 구성된다. P는 $k \times n$ 행렬로 각 전망에 대응한 자산가중치를 의미한다. Q는 $k \times 1$

6 He, G. and Litterman, R., "The Intuition behind Black-Litterman model portfolios", SSRN-334304, 2002.

벡터로 각 전망별 수익률을 의미한다. 즉, 투자자가 추정한 특정 자산의 기대수익률 또는 기대되는 상대적 차이값을 의미한다. 수학적으로 상대적 전망의 모든 가중치 합은 0, 또는 절대적 전망 하의 모든 가중치의 합은 1의 값을 갖는다. 이를 수식으로 표현하면 다음과 같다.

$$P=\begin{bmatrix} P_{1,1} & \cdots & P_{1,k} \\ \vdots & \ddots & \cdots \\ P_{n,1} & \cdots & P_{n,k} \end{bmatrix} \qquad Q=\begin{bmatrix} q_1 \\ \vdots \\ q_n \end{bmatrix}+\begin{bmatrix} \epsilon_1 \\ \vdots \\ \epsilon_n \end{bmatrix}$$

전망분포의 세 번째 구성요인은 투자자에게 P와 Q의 행렬로 특정되는 사전적 전망의 확신수준을 의미하며 대각 공분산 행렬의 형태인 Ω로 표기한다. 확신수준에 따라 0%에서 100%의 구간 내의 값으로 나타낸다.

$$\Omega=\begin{bmatrix} \omega_{1,1} & \cdots & 0 \\ \vdots & \ddots & \vdots \\ 0 & \cdots & \omega_{n,k} \end{bmatrix}$$

3) 사후적 분포(posterior distribution)

CAPM의 균형 사전 분포와 결합하여 전망을 표현하는 메커니즘은 B-L 마스터 공식(Master Formula)으로 알려진 수식적 표현으로 베이지안 형태를 갖는다. 사전적 분포에 전망 분포를 결합한 사후적 분포, 즉 μ분포를 다음과 같이 표현할 수 있다.

$$\mu \sim N(\overline{\mu},\ M^{-1})$$

이때, $\overline{\mu}$: 분포의 평균치

$$= \left[(\tau\Sigma)^{-1} + P'\Omega^{-1}P\right]^{-1}\left[(\tau\Sigma)^{-1}\Pi + P'\Omega^{-1}Q\right]$$

$$= \left[P'\Omega^{-1}P + C^{-1}\right]^{-1}\left[P'\Omega^{-1}Q + C^{-1}\Pi\right]$$

$$(C=\tau\Sigma)$$

$\text{cov}(\mu)$: 공분산행렬

$$= \left[P'\Omega^{-1}P + C^{-1}\right]^{-1}$$

결합 기대수익률 $\overline{\mu}$의 정확성은 사전 분포의 불확실성 τ와 전망 분포의 불확실성을 적절히 결합하는가에 달려있다. 이러한 결합 메커니즘은 투자자의 자신의 전망에 대

그림 IX-3 Black-Litterman Master Formula

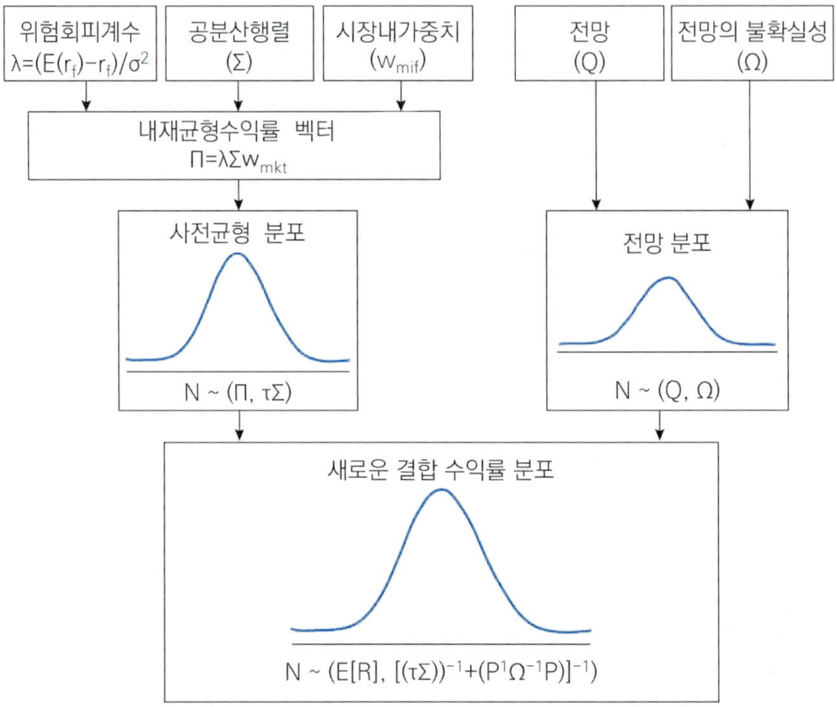

자료: Idzorek, T. (2007).

한 확신수준과 사전분포에 내재된 평균 간 역관계를 구축한다. 만일 전망 분포 내에 불확실성 수준이 증가할 경우, $\bar{\mu}$는 사전적 분포의 평균에 좀 더 높은 가중치를 두게 된다. 반대로 사전 분포에 불확실성을 고려할 경우 사후적 분포의 평균은 전망분포의 평균에 수렴하게 되며 사전값으로부터는 멀어지게 된다. 이러한 메커니즘을 좀 더 용이하게 이해하기 위해 Idzorek(2007)[7]이 제시한 [그림 IX−3]의 도식을 참조할 필요가 있다.

7 Idzorek, Thomas., "A step-by-step guide to the Black-Litterman model: Incorporating user-specified confidence levels in Forecasting expected returns in the financial markets.", *Academic Press*, 2007.

4) 주관적 전망(subjective view)

B-L 모형의 메커니즘 중 특히 주관적 전망(subjective view)과 관련하여 계량경제학적 접근법 내지 전문가의 예측을 통한 접근법은 크게 두 분야로 연구들이 수행되어 왔다. 이와 관련된 주요 연구들은 다음과 같다.

우선 주관적 전망 벡터 추정을 위해 계량경제학 모델에 의해 생성된 주관적 전망을 B-L 모형에 통합하는 시도가 수행되었다. Andregård와 Pezoa(2016)[8]는 주관적 구성 요소에 통계학적 모형인 GARCH(1.1)에서 산출되는 분산을 결합하는 방식이 최적의 B-L 모형을 제공한다고 주장하였다. 이후 GARCH 모형 외에 다른 계량경제학적 모형을 주관적 전망에 결합시키는 형태로 발전되어 왔다. Geyer and Lucivjanská(2016)[9]은 B-L 모형의 베이지안 프레임워크에 예측력을 가진 회귀분석을 결합함으로써 투자자에게 전망치와 불확실성 수준 모두를 생성하는 방식을 제안하였다. 이들은 해당 방식이 R^2에 내재된 사전 정보를 예측 모형에 고려하는 것이 다른 방법론보다 상대적으로 우월한 성과를 산출한다고 주장하였다.

또 다른 주관적 예측의 개선을 위한 방법으로 전문가 예측을 활용하는 방안이다. Treynor and Black(1973)[10]은 증권 분석이 어떻게 포트폴리오 선택을 향상시킬 수 있는가에 대한 7가지 사항을 제시한 바 있다. 이들은 모든 포트폴리오는 거의 분산가능한 부분, 무위험 부분, 그리고 특이위험과 시장위험 모두에 노출된 액티브 부분으로 구성됨을 주장하였다. 액티브 포트폴리오를 최적으로 선택하기 위해서는 체계적 위험이나 시장프리미엄이 아닌 자산 고유의 위험과 프리미엄에 근거한 자산배분이 가장 중요하다고 주장하였다. 다시 말해 최적포트폴리오가 시장포트폴리오를 얼마나 벗어날 것인가, 얼마나 균형 잡힌 효율적 포트폴리오를 구성할 것인가는 증권 분석의 질에 달려있다는 것이다. 이들은 포트폴리오 성과에 대한 기여도 분석을 통해 수익의 절대수준보다는 실제 수익률에 예측치가 얼마나 잘 연계되있는지가 중요하다고 결론 내렸다.

8 Andregård, V. and Pezoa, C., "Black-littermans allokeringsmodell: En empirisk studie av prognosvariansen och dess betydelse för portföljprestationen", Master's thesis, Linköping University, *Department of Management and Engineering*., 2016.

9 Geyer, Alois, and Katarína Lucivjanská., "The black-litterman approach and views from predictive regressions: Theory and implementation.", *The Journal of Portfolio Management* 42(4), 2016.

10 Treynor, J. L. and Black, F., "How to use security analysis to improve portfolio selection", *The Journal of Business* 46(1), 1973.

Becker and Gürtler(2008)[11]는 주관적 전망을 계량화함에 있어 정성적 방법을 도입함으로써 B−L 모형에서 요구되는 전망치를 개선하고자 하였다. 이들은 전문가들의 예측치로 2층의 베이시안 층을 구성하였다. 이들은 전문가들이 제시하는 목표 가격과 추천 종목 등을 사용함으로 인해 발생하는 문제는 증권분석이 모든 투자자가 요구하는 광범위한 수준으로 활용가능하지 않다는 데 있다고 지적하였다. 이들은 이러한 제약을 극복하기 위해 전문가들의 배당에 대한 예측을 기대수익률의 주관적 전망치를 결정하는 데 이용하였다. 또한 투자자가 가지는 전망의 불확실성을 계량화하기 위해 해당 자산을 다루는 전문가의 수에 주목하였다. 즉, 이들은 분석가의 수가 많아질수록 신뢰수준이 높아진다고 보았다. 또한 몬테카를로 시뮬레이션 결과, 사전 전망치를 생성함에 있어 배당 예측치를 사용하는 것이 샤프비율 기준으로 다른 전략보다 우월한 성과를 가져온다고 주장하였다.

이어서 He et al.(2013)[12]는 배당예측이 갖는 여러 제약을 극복하기 위해 호주 주식시장을 대상으로 배당예측치 대신 전문가 추천을 B−L 모형에 적용하였다. 이들은 양(+)의 추천을 받은 주식(매입의 추천)은 벤치마크 지수를 평균적으로 넘어섰으며, 반면 비우호적인 추천을 받은 주식의 경우 열위의 성과를 보인다고 분석하였다. 이러한 결과는 앞서 전문가 예측의 사용이 수익률 및 위험−수익률 측면에서 우월한 성과를 보인 것으로 볼 수 있다. 다만 일별 리밸런싱 전략을 수행할 경우에는 거래비용으로 인해 비정상 수익이 달성되지 않는다고 하였다. 따라서 거래비용을 부담해야 하는 리밸런싱 주기에 따라 최종 성과가 영향받을 수 있다고 하였다. 이들은 이러한 결과가 전문가 추천이 단기적으로 경로의존적(path dependent)이기 때문에 발생하는 것으로 보았다. 즉, 합의된 전문가 추천은 단기적으로 자기충족적(self−fulfilling) 예언으로 미래에 관한 기댓값 그 자체가 미래에 영향을 주는 경향성을 가지며, 이로 인해 단기적인 전문가 예측치와 실제수익률 간 연관성이 설명된다고 분석하였다.

사실 '전문가 추천'의 이슈는 Liu et al.(1990)[13]의 연구에서 주식 가격과 거래량이

11 Becker, F., and M. Gürtler. "Quantitative forecast model for the application of the Black-Litterman approach.", Paris December 2009 Finance International Meeting AFFI-EUROFIDAI., 2010.

12 He, P. W., Grant, A. and Fabre, J., "Economic value of analyst recommendations in australia: an application of the black-litterman asset allocation model", *Accounting and Finance* 53(2), 2013.

13 Liu, P., Smith, S. D. and Syed, A. A., "Stock price reactions to the wall street journal's securities recommendations", *Journal of Financial and Quantitative Analysis*, 25(3), 1990.

최근 3 영업일 이내 배포된 추천종목인지에 따라 크게 영향을 받는다는 점을 보고하고 있다. Womack(1996)[14] 역시 유사하게 주가가 전문가 예측치와 동일한 방향성을 보인다고 분석하고 전문가의 예측이 단기적으로 자기충족적 성격을 가진다고 하였다. 그러나 해당 연구는 이러한 종목추천을 단순하게 따르는 것은 투자자에게 과다한 비용을 요구한다고 결론짓는다. 이는 추천된 주식이 건전한 펀더멘탈을 갖는 경우에만 유효하기 때문으로 해석하고 있다. Kahneman(2011)[15]이 지적한 바와 같이, 전문가들은 국면전환을 예측하는 데는 적절하지 않으며, 많은 역사적 자료가 존재하는 종목에 대해서는 과다하게 긍정적 시각을 갖는 것으로 보인다. Kahneman은 투자자에게 가장 어려운 의사결정은 합리적이지 못한 의사결정을 내리게 만드는 편의를 어떻게 통제할 것인가에 있다고 하였다. 이외에도 전문가들이 새로운 정보에 체계적으로 과대반응하고 긍정적 정보에 과다하게 긍정적으로, 부정적 정보에 과다하게 부정적으로 반응한다는 측면, 전문가의 예측에 편의가 개입되는 경향, 전문가들의 투자자 이익이 아닌 자기이익을 목적으로 하는 행위 등을 고려할 때 자산선택에 있어 전문가의 추천을 이용하는 것은 상당한 주의가 필요하다.

3. B-L 모형의 예시적 분석

B-L 모형은 시장균형수익률에 주관적 전망을 가미하여 자산배분을 수행하는 절차로 볼 수 있다. 즉, 단순히 역사적 수익률에만 의존하지 않고 전망치와 균형수익률을 혼합함으로써 자산의 평균과 공분산을 추정하는 변형된 체계적 방법론을 제공한다.

이를 수식으로 정리하면 다음과 같이 주관적 전망이 반영되어 조정된 B-L 기대수익률과 B-L 공분산이 정리된다.

표 IX-1 평균-분산 최적화 vs 블랙-리터만 모형

	평균-분산 최적화	블랙-리터만 모형
평균	역사적 수익률의 평균	주관적 전망과 균형수익률로부터 추정된 혼합 수익률
공분산	역사적 수익률의 공분산	역사적 자산수익률 & 혼합 수익률의 불확실성 추정치

14 Womack, K., "Do brokerage analysts' recommendations have investment value?", *Journal of Finance* 51(1), 1996.
15 Kahneman, D., "Thinking, fast and slow", Macmillian, 2011.

[B-L 모형의 주관적 전망 조정 기대수익률 및 조정 공분산]

$$\bar{\mu} = [P'\Omega^{-1}P + C^{-1}]^{-1}[P'\Omega^{-1}Q + C^{-1}\Pi]$$

$$\mathrm{cov}(\mu) = [P'\Omega^{-1}P + C^{-1}]^{-1}$$

이때, P : 각 전망에 대응한 자산가중치

Q : 투자자가 추정한 특정 자산별 기대수익률 또는 기대되는 상대적 차이값

Ω : 사전 전망의 확신수준

Π : 균형수익률

$C(=\tau\Sigma)$: 사전적 믿음에 대한 불확실성

τ : 기대수익률에 대한 불확실성 수준을 조정하기 위한 조정변수

Σ : 역사적 수익률의 분산-공분산 행렬

예시를 위해 2010년 1월부터 2018년 12월까지의 일별 데이터를 대상으로 하여, KOSPI200 종목 중 7개 종목을 선택하고 벤치마크로 KOSPI200를 설정한 자산배분을 시행하였다. 종목선택은 임의적이며 산업군이 중복되지 않도록 하였다. 기본적인 데이터셋의 형태는 다음과 같다.

표 IX-2 구성 데이터셋

Dates	KOSPI	○○○스 A	○○화재 B	○○은행 C	○○산업 D	○○오 E	○○DI F	○○OIL G
2010-01-01	221.86	23,150	199,500	14,000	83,200	70,300	148,500	54,000
2010-01-04	223.49	24,100	204,500	14,250	85,300	73,400	148,000	53,300
2010-01-05	222.84	23,350	202,500	14,250	84,500	74,000	144,000	54,800
2010-01-06	224.67	24,550	208,500	14,300	86,200	74,300	144,500	54,800
2010-01-07	221.31	24,400	207,000	14,150	86,000	73,400	137,000	55,200
2010-01-08	222.66	24,650	201,000	14,300	86,900	72,900	136,500	55,200
2010-01-11	222.23	24,000	196,500	14,700	89,900	72,000	131,500	55,200
2010-01-12	223.04	24,050	197,500	14,700	93,900	72,500	134,500	54,800
				⋮				

데이터로부터 산출된 종목별 역사적 기대수익률은 [표 IX-3]과 같다.

이 중 세 종목에 대해 투자자가 주관적 전망을 부여하는 경우를 상정하자. 우선 A

표 IX-3 예시 데이터 역사적 기대수익률

KOSPI	A	B	C	D	E	F	G
3.07%	17.78%	6.75%	4.19%	10.19%	10.94%	11.12%	13.14%

주식이 0.001의 불확실성으로 연수익률 10%이 될 것으로 전망(수익률 하락)하며, C주식이 0.001의 불확실성으로 연수익률 8%가 될 것으로 전망(수익률 상승)하며, F주식이 0.00001의 불확실성(강한 확신)으로 G주식을 1% 초과할 것으로 전망(F주식의 상대적 선호)하는 경우를 상정하자. 즉, A주식과 C주식은 각 주식의 절대적 수준을 전망한 경우이고, F주식은 G주식에 상대적인 초과성과를 전망한 경우이다. 이러한 전망관계를 표로 정리하면 다음과 같다.

표 IX-4 투자자 전망수익률 및 전망불확실성

A	B	C	D	E	F	G	전망수익률	전망의 불확실성
1	0	0	0	0	0	0	0.10	0.001
0	0	1	0	0	0	0	0.08	0.001
0	0	0	0	0	1	-1	0.01	0.00001

이로부터 전망이 결합된 수익률을 산출하기 위해 요구되는 전망이 적용되는 자산 가중치 P, 투자자 전망 Q, 그리고 전망의 불확실성 수준 Ω는 아래와 같이 정리할 수 있다.

$$P=\begin{bmatrix}1\,0\,0\,0\,0\,0 & 0\\ 0\,0\,1\,0\,0\,0 & 0\\ 0\,0\,0\,0\,0\,1 & -1\end{bmatrix},\ Q=\begin{bmatrix}0.10\\0.08\\0.01\end{bmatrix},\ \Omega=\begin{bmatrix}0.001 & 0 & 0\\ 0 & 0.001 & 0\\ 0 & 0 & 0.00001\end{bmatrix}$$

단, 연간 수익률을 전망하였으므로 일별자료기준과 일치시키기 위해서 Q와 Ω를 260으로 나누어 전환한다.

$$Q=\begin{bmatrix}0.0003846\\0.0003077\\0.0000385\end{bmatrix},\ \Omega=\begin{bmatrix}0.0000038462 & 0 & 0\\ 0 & 0.0000038462 & 0\\ 0 & 0 & 0.0000000385\end{bmatrix}$$

이제 역사적 수익률로부터 분산-공분산 행렬을 추출하면 다음과 같다.

$$\Sigma = \begin{bmatrix} 0.000549 & 0.000029 & 0.000077 & 0.000112 & 0.000085 & 0.000170 & 0.000112 \\ 0.000029 & 0.000265 & 0.000085 & 0.000064 & 0.000026 & 0.000046 & 0.000038 \\ 0.000077 & 0.000085 & 0.000319 & 0.000130 & 0.000041 & 0.000089 & 0.000104 \\ 0.000112 & 0.000064 & 0.000130 & 0.000605 & 0.000065 & 0.000125 & 0.000231 \\ 0.000085 & 0.000026 & 0.000041 & 0.000065 & 0.000522 & 0.000077 & 0.000043 \\ 0.000170 & 0.000046 & 0.000089 & 0.000125 & 0.000077 & 0.000524 & 0.000126 \\ 0.000112 & 0.000038 & 0.000104 & 0.000231 & 0.000043 & 0.000126 & 0.000507 \end{bmatrix}$$

여기에 불확실성 조정치 τ는 He & Litterman(2002)이 사용한 0.025로 부여하거나 (1/데이터 포인트)를 τ로 설정하는 방식으로 0.00043(=1/2346)으로 하여 $C(=\tau\Sigma)$를 산출할 수 있다. τ는 작은 값일수록 μ의 사전 믿음에 대한 높은 신뢰도를 의미한다. 여기서는 데이터 포인트를 기준한 후자의 값을 선택하였다.

이제 내재균형수익률 Π를 산출해보자. 균형수익률은 균형포트폴리오를 보유하고 있을 때의 수익률로서 벤치마크 포트폴리오와 같이 추가적인 전망의 고려 없이 보유할 수 있는 최적 포트폴리오가 균형포트폴리오가 된다. 즉, 벤치마크를 추적하는 시장포트폴리오를 균형포트폴리오로 하여 역최적화(reverse optimization)를 통해 내재된 균형수익률을 도출할 수 있다.

분석의 단순화를 위해 무위험수익률은 0을 가정하고, 앞서 살펴본 바와 같이 시장포트폴리오에 대한 내재균형수익률 Π는 다음과 같이 δ, Σ, W_{mkt}의 세 요소가 요구된다.

$$\Pi = \delta \Sigma W_{mkt}$$

이때, Π : 내재균형수익률 벡터($N \times 1$, N : 자산개수)
δ : 시장 내 평균투자자의 (양의) 위험회피계수(스칼라)
Σ : 분산−공분산행렬
W_{mkt} : $N \times 1$ 시장가중치 열벡터

우선 시장가중치벡터 W_{mkt}를 산출하기 위해 가중치가 양수이며 총합이 1이 된다는 제약 하에 벤치마크인 KOSPI200에 대해 자산 수익률을 선형회귀하여 구한다. 즉, 벤치마크 수익률을 추적하도록 하는 가중치벡터 W_{mkt}는 다음과 같은 제약 하의 선형 최소제곱 문제를 최적화함으로써 산출한다.

$$\min_W \frac{1}{2} \| \text{자산수익률} \cdot W - \text{벤치마크수익률} \|^2$$

$$\text{s.t} \sum_{i=1}^{n} W_i = 1, \; 0 \le W_i$$

이어서 투자자가 위험을 감내함에 따른 위험프리미엄의 수준을 의미하는 위험회피계수 δ는 앞서 산출한 바와 같다.

$$\delta = \frac{E(r_M) - r_f}{\sigma_M^2}$$

벤치마크는 샤프비율을 최대화하도록 가정되므로 벤치마크 수익률을 시장기대수익율로 간주하여 δ를 도출할 수 있다. 즉, 무위험수익률 r_f의 0 가정 하에 $E(r_M)$을 샤프비율로 적용하면,

$$\delta = \frac{E(\text{벤치마크수익률})}{\text{분산}(\text{벤치마크수익률})} = \frac{\text{샤프비율}}{\text{분산}}$$
$$= \frac{\text{평균}(\text{벤치마크수익률})/\text{표준편차}(\text{벤치마크수익률})}{W_{mkt}\,\Sigma\, W_{mkt}}$$

이제 내재균형수익률 Π를 산출하기 위한 세 요소가 구성되었으므로 다음과 같이 내재균형수익률이 산출된다.

$$\Pi = \delta \Sigma W_{mkt} = \begin{bmatrix} 0.00017093 \\ 0.00009948 \\ 0.00013857 \\ 0.00017372 \\ 0.00010124 \\ 0.00015583 \\ 0.00016353 \end{bmatrix}$$

이로부터 주관적 전망이 개입된 블랙-리터만 평균과 분산을 계산하면 다음과 같다. 단, 상기 산출된 내재균형수익률 Π는 일별 기준값이므로 연기준으로 전환을 위해 260을 곱한다.

이 B-L 조정 기대수익률과 조성 공분산으로 평균 분산 최적화를 수행하여 B-L 방법론 하의 최종 자산배분비중을 산출한다.

표 IX-5 내재균형수익률 및 B-L 기대수익률

	내재 균형수익률 Π	B-L 기대수익률 $\bar{\mu}=[P'\Omega^{-1}P+C^{-1}]^{-1}[P'\Omega^{-1}Q+C^{-1}\Pi]$
A	0.044442	0.048714
B	0.025866	0.026533
C	0.036029	0.037760
D	0.045166	0.044977
E	0.026322	0.027458
F	0.040515	0.047277
G	0.042518	0.038496

평균－분산 최적화와 블랙－리터만 방법론 하의 비중을 비교하고 이를 도식해보면 [표 Ⅸ－6]과 같다. 앞서 강조되었던 주관적 전망을 다시 상기해 보면, 역사적 수익률 대비 'A주식 수익률 하락', 'C주식 수익률 상승', 'F주식의 G주식 대비 선호'라는 세 가지 사항이었으며 이러한 전망이 배분치에 영향을 미쳤음이 확인된다. A주식의 배분은 0.3037에서 0.1771로 낮아졌으며, C주식은 0의 배분에서 0.2021으로 배분치가 발생하였다. F주식 역시 G주식 대비 선호되는 내용이 반영되어 비중이 증가하였다.

표 IX-6 최종 자산배분비중 산출 비교

자산	평균-분산 최적화	블랙-리터만	전망	배분방향
A	0.3037	0.1771	주가하락	배분축소
B	0.2263	0.2005		
C	0.0000	0.2021	주가상승	배분상향
D	0.0236	0.0920		
E	0.1749	0.0900		
F	0.0704	0.1536	상대적 선호	배분상향
G	0.2010	0.0849		배분축소
기대수익률	12.51%	10.04%		

그림 IX-4 M-V 모형 배분

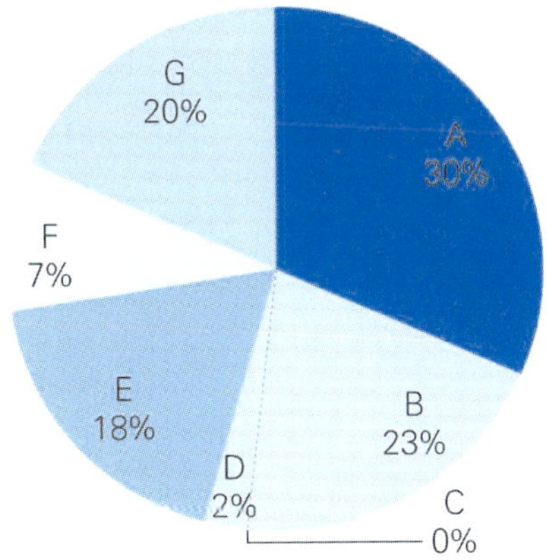

그림 IX-5 B-L 모형 배분

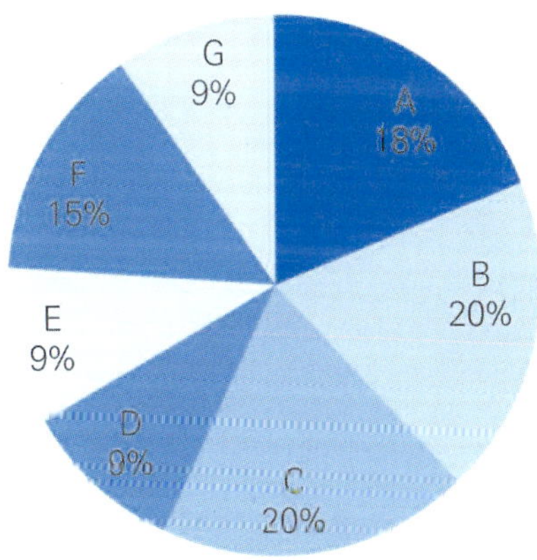

특히 B－L 방법론 하에서는 평균－분산 방법론의 단점인 모서리해의 문제가 해소된다. 예를 들어 평균－분산 방법론 하에서 C주식에 0의 투자비중이 할당되었으나 B－L 방법론 하에서는 C주식의 주가상승 전망을 반영하여 배분비중이 할당됨을 알 수 있다. 이는 자산배분에 있어 모서리해를 받아들이기 어렵거나 거래비용으로 인해 대량의 자산배분비중을 쉽게 조정하기 어려운 투자자들에게 보다 현실적인 모형으로 받아들여질 수 있다. 단, 모서리 해의 해소는 그만큼 비효율적 자산으로의 배분을 의미하므로 B−L 방법론 하의 기대수익률이 평균−분산 방법론 하의 기대수익률에 미치지 못함을 이해할 필요가 있다. 따라서 이러한 준최적화 기대수익률에 대해 투자의사결정자의 합리적 이해가 선행되어야만 B−L 방법론이 의미를 가짐에 유의해야 한다.

X. 배당정책

1. 배당정책의 정의

기업이 영업활동을 영위하고 이익을 얻으면 경영진은 그 이익으로 무엇을 할 것인지 의사결정해야 한다. 즉, 기업 내부에 이익을 계속 유보하거나 배당금의 형태로 기업의 주주에게 이익을 지급할지를 결정하게 된다. 이러한 기업의 배당금 정책은 그 수준과 지속성 여부에 따라 금융시장에서 투자자와 회사에 대한 인식에 큰 영향을 미치게 되며 주식투자에 있어 중요한 요소가 된다. 이러한 의사결정은 현재와 미래의 기업 상황에 영향 받으며 투자자 및 잠재적 투자자의 선호도에도 영향 받게 된다. 이러한 측면에서 본 장에서는 주식투자에 있어 중요한 배당정책을 학습한다. 이를 위해 배당정책의 정의, 배당정책이 중요한 이유, 배당정책의 주가에 대한 영향도, 구체적 예시 등의 순으로 살펴보고 배당정책의 전반적 구조를 학습한다.

1) 배당금의 이해

배당금은 수익이 현재 또는 이전 기간에 발생했는지 여부에 관계없이 회사의 수익에서 주주에게 지급되는 경제적 가치(economic value)의 배분을 뜻한다. 다만 기업의 이익발생이 반드시 배당금을 지불해야 하는 의무를 발생시키는 것은 아님에 유의해야 한다. 이러한 특성은 채무자와 주주의 속성 차이에서 발생하는 것으로 채무자는 채권을 수취하고 자금을 공여한 대가로서 일정기간(만기) 경과 후 원금과 이자를 지급받을 법적인 권리를 갖는다. 반면 주주는 주권을 수취하고 자금을 공여한 대가로 기업이익을 지급받을 권리를 확보한다는 점이다. 단 여기서 기업이익은 영업이익 중 기업이 법적으로 채무에 대응하여 지불해야만 하는 이자와 세금을 차감한 이후의 잔여이익이며 이 잔여이익에 대한 분배 참가권일 뿐 잔여이익의 분배가 법적으로 강제되는 것은 아니기 때문이다. 그 지급의 형태는 현금, 추가 주식 또는 유형자산 등 다양한 형태를 가질 수 있으나 이 중 현금의 형태가 가장 많이 활용된다.

배당정책(Dividend Policy)은 이러한 배당금과 관련된 의사결정을 이끄는 배당에 대한 기업의 특정 관점을 내포한다. 배당금은 기업 내 최고의사결정기구인 이사회의 승인을 받아야 지급이 가능한데 이를 즉흥적으로 결정하는 것이 아니라 이사회의 배당정책 및 배포 지침을 수립하여 따르게 되며 이를 배당정책으로 정의하게 된다. 그렇다고 해서 배당정책이 무조건적인 배당금의 최대화를 지향하는 것은 아니다. 이후 세부적으로 살펴보겠지만 기업에 유보된 이익은 기업이 이용할 수 있는 가장 저렴한 자금원이 되며 미래 성장을 위한 투자자금으로 활용될 수 있기 때문에 현 시점에서 배당금으로 이익을 모두 유출하는 것이 기업의 장기적인 성장을 오히려 저해하는 행위가 될 수 있기 때문이다. 이와 같이 이익의 유보는 크게 5가지의 합리적인 사유를 들 수 있다. ① 현금준비금 또는 기타 유동성 투자의 증가 ② 영업활동 재투자 ③ 다른 기업의 인수 ④ 부채상환 ⑤ 주식재매입이 그것이다. 이러한 현금의 필요 사유들 모두 기업의 배당정책에 영향을 미치게 된다.

[2011년 배당 관련 상법개정]

우리나라는 2011년 이전에는 배당의사결정이 주주총회의 승인사항이었으나 20011년 상법개정을 통해 이사회 결의로 가능토록 변경되었다. 이를 포함하여 이때 이루어진 주요 상법변경사항을 정리하면 다음과 같다.

(상법 제449조 재무제표 등의 승인에 대한 특칙) 일정한 요건 하에서 이사회가 재무제표 등을 승인하고 이익배당(배당지급시기 포함)도 결의가 가능토록 되었다. 이는 과거 전문성이 부족한 주주가 배당의사결정을 판단하기가 쉽지 않아 요식행위로 전락하였으며 기업의 투자와 자금조달의 양 측면에서 바라볼 수 있는 이사의 여유자금에 대한 판단이 가장 효율적일 것이라는 점에서 주총이 아닌 이사회의 결의로 변경개정하였다.

(상법 제462조 이익의 배당) 일부 항목의 미실현이익을 배당가능이익의 산정에서 명시적으로 제외하였다. 대통령령으로 정하는 미실현이익은 배당가능이익에 포함되지 않도록 하였다.

(상법 제462조의 4 현물배당) 금전 이외의 현물로도 이익을 배당할 수 있도록 정관에 정하여 주식, 사채, 옵션, 기타 재산으로도 배당을 할 수 있도록 정하였다.

2) 배당정책과 주가

적정 배당정책의 수립은 공식적으로 배당의 영향력을 공표함으로써 궁극적으로 주가에 영향을 미친다는 점에서 매우 중요하다. 이러한 점에서 기업의 배당정책과 보통주 가치의 관계를 설명하려는 다양한 이론이 존재한다. 크게 배당 무관련 이론(Dividend Irrelevance Theory), 최적배당 이론, 그리고 배당 관련 이론(Dividend Relevance Theory)으로 분류된다.

우선 배당 무관련 이론은 기업의 배당정책이 기업가치나 자본비용에 영향을 미치지 않으며, 투자자는 배당금과 자본이득을 동등하게 평가한다. 최적배당 이론은 현재 배당금과 회사의 주가를 극대화하는 미래 성장 간의 균형을 맞추는 배당정책이 존재한다고 믿는다. 배당 관련 이론은 유의하게 기업의 가치가 배당정책의 영향을 받는나고 주장한다.

투자자와 배당정책 간의 관계에 대해서도 크게 정보 콘텐츠 또는 신호 가설, 고객효과, 자유현금흐름가설이 존재한다. 신호가설에 따르면 투자자는 배당금 변동을 경영진의 수익 예측 신호로 간주한다. 고객효과는 회사가 배당정책을 선호하는 유형의 투자자를 끌어들이는 경향이 있어 이에 따라 배당정책이 영향받음을 주장한다. 끝으로 자유현금 흐름 가설은, 다른 조건이 동일하다면, 양(+)의 순현재가치 프로젝트(자유현금흐름)에 재투자할 수 없는 현금을 재원으로 하여 배당금을 지급하는 기업은 자유현금흐름을 유보한 기업보다 가치가 높다.

3) 배당 유형

배당은 크게 지급의 방식과 시기에 따라 여러 유형으로 구분된나. 지급 방식에 따라서는 현금과 주식, 현물, 스크립(Scrip), 그리고 청산배당의 형대로 지급될 수 있으며, 지급 시기에 따라서는 기말, 중간, 분기 배당 등으로 분류된다. 이를 보다 상세히 살펴보자.

현금배당(cash dividends)은 가장 일반적으로 사용되는 방식으로 배당금에 중점을 둔 주식에 투자하는 전략, 일명 배당투자전략(dividend investing strategy)의 사용시 가장 우선적으로 고려하는 부분이 된다. 배당을 지급하는 기업측면에서는 특정시점에 정기적으로 지급하는 정기배당과 부정기적으로 특별사유로 지급하는 특별배당을 지급할 수 있다. 투자자의 측면에서는 현금배당이 주어지면 이를 사용할 것인지, 저축할 것인지, 주식에 재투자할 것인지 또는 다른 유형의 자산에 투자할 것인지의 추가 의사결정이 필요하다.

주식배당(stock dividends)은 현금배당에 비해 주주에게 추가 주식을 제공하는 방식으로 지급한다. 주식이 부여되므로 표면적으로 긍정적으로 보이는 지급방식이나 투자자에게는 경제적 의미가 거의 없다. 이는 주식배당을 받는 후에도 주주는 기업의 현재 동일한 비율의 소유권을 보유하고 있으며 전체 기업의 가치는 동일하게 유지된다. 따라서 주주에게 이전되는 가치는 거의 없다는 점에서 제약적이다. 따라서 상법상(462조의2 주식배당)으로도 주식배당의 활용에 대해 남용되지 못하도록 주식배당이 이익배당총액의 2분의 1을 초과하지 못하도록 하고 있다.

현물배당(property dividends)은 정관으로 금전 외의 재산으로 배당함을 의미한다. 예를 들어 현금부족 등의 여러 가지 사유로 자회사와 관련된 주식을 발행하거나 현금 대신 물리적 자산을 제공함으로써 투자자에게 보상한다. 보다 구체적인 사유로, 현금이 부족하지 않은 상태에서도 현물 배당을 선택하는 경우는 현금 보유고를 유지하면서 회사의 현재 주식 포지션의 희석을 피하고자 할 경우가 해당된다. 또는 현금이 일시적으로 부족할 때에도 사용된다. 비즈니스의 핵심 운영에 필수적이지 않은 자산을 사용함으로써 투자자는 여전히 투자 수익을 받을 수 있으며 기업의 측면에서는 제한된 현금흐름에 추가적인 스트레스를 주지 않는다는 장점이 있다. 다만 우리나라의 경우 현물배당의 활용도가 매우 낮은 상태이다. 상법상 현물배당이 허용된 2011년 4월부터 현물배당을 활용한 사례는 본 서의 작성시점인 2021년 초까지 우진, 대성산업, 쌍용양회공업 등 3건에 불과하다. 이렇게 현물배당의 활용이 미미한 주된 이유는 크게 두 가지 이유에 근거한다. 첫째, 주주 스스로가 특별한 사유가 없는 한 현금배당을 선호하기 때문이라는 점과, 둘째, 현물에 대한 가치평가가 복잡하다는 문제가 있기 때문이다. 즉, 대상 현물에 대한 시가평가 절차가 쉽지 않아 손쉬운 현금배당 형태가 더 선호되기 때문이다. 타 자산 대비 가치평가가 용이한 자사주 배당의 형태도 이미 대다수 기업이 보유자사주에 경영권 유지 및 방어와 같은 특정목적이 부여되어 있어 이를 처분하기가 어렵다는 한계도 존재한다.

[우리나라 현물배당 사례]

○ 사례 1

1980년 설립된 산업용 계측기 제조회사로 2010년 상장하였다. 2012년 7월에 자기주식 16만 3630주(약 20억원)를 현물배당했다. 이로써 회사 지분은 줄어들고 주주 지분이 늘어났다. 당시 대표이사를 비롯한 특수관계인이 회사 지분 약 56%를 갖고 있었는데, 주식을 현물배당함으로써 지분율이 1% 포인트 이상 늘게 되었다.

○ 사례 2

대성산업가스(대성산업)가 2014년 8월 대성산업 지분 17%(주식 481만여주, 224억여원)를 대성합동지주에 배당했다. 이는 대성산업가스를 골드만삭스PIA에 매각하는 과정에서 현물배당 받으면서 대성산업지분율을 72%까지 높였으며 2017년 6월 대성합동지주에 흡수합병되었다.

○ 사례 3

사모펀드 운용사 한앤컴퍼니가 2017년 4월 쌍용정보통신을 인수하는 과정의 일환으로 쌍용양회공업은 2017년 2월 쌍용정보통신 260만여주(546억여원)를 한앤코시멘트홀딩스(SPC)에 배당하였다. 쌍용양회 1주당 쌍용정보통신 0.27966주씩이었다. 이로써 당시 쌍용양회 지분 71.8%를 가진 한앤컴퍼니는 쌍용정보통신 지분 약 49.8%를 넘겨받아 경영권을 확보했다. 이후 투자금 회수를 위해 2020년 지분 40%를 매각하여 10.2% 지분을 보유하고 있다가 2021년 일부를 추가 처분하였다.

스크립 배당(scrip dividends)은 현금이 부족한 기업이 주주들에게 현금 대신 기존 주식이 아닌 신규로 생성된 주식을 받을 수 있는 옵션을 제공하는 형태이다. 기업이 스크립 배당금을 발행하면 주주가 수수료 없이 보유 지분을 늘릴 수 있다. 주주에게 미래 시점에 현금으로 전환할 수 있는 약속 어음의 형태를 갖기 때문에 부채 배당(liability dividend)이라고도 불리운다. 이렇게 스크립 배당은 보통주를 취득할 수 있는 능력을 제공하므로 주식 취득과 관련된 비용을 낮출 뿐만 아니라 투자자에게 세금혜택도 제공할 수 있다. 예를 들어, 스크립 배당을 받는 투자자는 현금 배당과 같이 직접적인 소득 대신 자본 이득의 형태를 받으므로 일반 배당금보다 낮은 세율로 과세될 수 있다.

마지막으로 청산배당(liquidation dividends)은 청산 프로세스의 일부로 기업이 발행하는 배당금을 뜻한다. 청산은 자발적 또는 비자발적으로 회사가 사업 활동을 끝내고 시장을 나가는 과정으로 자산을 주주에게 배분해야 할 때 사용된다. 모든 기업 부채를 충족한 후 지급되는 청산 배당금은 회사의 기초 자산으로 이루어지는 자본환급 개념으로 앞서 살펴본 기업의 영업이익 또는 이익잉여금에 기반한 일반적 배당과는 차별된다.

지금까지 살펴본 배당의 형태와는 다르나 현금배당과 등가 개념으로 주주부에 영향을 미치는 행위로 자사주매입(stock repurchase)가 있다. 현금배당이나 자사주매입 방법 모두 가용 자금을 활용하고 주주 가치를 높이려는 회사의 의지를 나타낸다. 그럼에도 배당금 지급과 자사주매입 간의 주요 차이점은 우선 현금배당의 경우 현재 기간에 과세되는 확실한 수익을 나타내는 반면, 자사주매입은 주식이 팔릴 때까지 세금이 연기되는 불확실한 미래 수익을 나타낸다. 따라서 자사주매입과 직접적인 배당의 비교는 투자자가 어떤 시점 내지 어떤 형태를 더 선호하는가에 따른 선택의 문제가 된다.

2. 배당정책의 영향요인

사실 배당정책은 아직까지 현대 금융이론에서 논란이 진행 중에 있는 이슈이다. Black(1976)[1]은 "배당 이슈를 자세하게 들여다볼수록 조각이 서로 맞지 않는 퍼즐처럼 보인다"고 주장할 정도로 배당은 그 이해가 어려운 상황이다. 즉, 기업이 배당금을 지불하거나 지불하지 않는 이유를 설명하기 위해 경쟁하는 다양한 이론적 및 경험적 연구가 등장하였다. 물론 아직까지도 명확하게 하나의 합의로 도달된 상황은 아니다.

배당정책의 결정 요인을 조사하기 위해 많은 이론과 모형이 시도되었지만, 실증적 문헌의 뿌리는 1950년대 중반 미국 기업의 배당정책을 살펴본 Lintner(1956)[2]의 연구에서 출발한다. 그는 배당금의 결정이 현재 수익성과 전년도 배당금을 기반으로 한다고 결론지었다. 이 연구 이후 배당정책에 대한 다양한 논쟁이 계속되고 있다. 예를 들어 1961년 Miller & Modigliani(이하 MM)[3]의 배당 무관련 이론은 배당정책에 관한 많은 연구자들의 사고방식을 전환하는 계기가 되었다. MM은 세금이자 거래비용, 그리고 대리인 비용이나 주주권 보유와 연계된 일체의 계약 비용이 존재하지 않는 완전시장상황에서는 배당 결정이 기업의 가치나 주주의 부에 영향을 미치지 않기 때문에 무의미하다고 주장하였다. 그러나 현실의 시장 불완전성은 다양한 이론발전을 위한 기초가 되었다.

1 Black, F. (1976). "The dividend puzzle", *Journal of Portfolio Management*, 2, 5-8.

2 Lintner, J. (1956). "Distribution of incomes of corporations among dividends, retained earnings, and taxes", *American Economic Review*, 46(2), 97-113.

3 Miller, M. H., F. Modigliani, "Dividend Policy, Growth, and the Valuation of Shares", *Journal of Business*, 34(4), 1961, pp. 411-433.

따라서 Miller & Modigliani(1961)의 배당 무관련 이론, 그리고 Black(1976)의 "배당금 퍼즐" 문제를 해결하기 위해 배당정책의 가장 중요한 결정 요인과 관련된 연구들이 집중되었다. 이러한 주장들은 몇 가지 큰 범주로 귀결되는 데 본 장에서 세부적으로 살펴보고자 한다.

1) MM의 배당 무관련 이론

1961년 F. Modigliani와 Merton Miller에 의해 제안된 배당 무관련 이론(Dividend Irrelevance) 개념은 투자자가 투자 수익을 고려할 때 배당금과 자본 이득이 동등하다는 것이다. 기업의 평가에 영향을 미치는 유일한 요소는 기업의 투자정책과 미래 전망의 직접적인 결과인 수익이며 투자정책이 투자자에게 알려지면 회사의 배당 내역에 대한 추가 입력이 필요하지 않다. 따라서 투자 결정은 배당정책이 아닌 회사의 투자정책에 따라 결정된다. 즉, 기업의 배당금은 기업의 가치를 계산할 때 무관하다.

MM 이론은 한 단계 더 나아가 배당금이 투자자와 무관한 실제 상황을 설명한다. 회사가 배당금을 지급하는지 여부에 관계없이 투자자는 자신의 현금 흐름을 만들 수 있다. 만일 투자자가 받은 배당금보다 더 많은 자금이 필요한 경우, 그는 항상 자신의 투자의 일부를 매각하여 차이를 보상할 수 있다. 마찬가지로 투자자가 현재 현금에 대한 요구가 없는 경우, 수령한 배당금을 주식에 재투자할 수 있다. 따라서 MM 이론은 기업의 배당 정책이 투자자의 투자 결정에 영향을 미치지 않음을 주장한다. 또한 주주에 대한 배당금 분배효과는 외부 자금조달(external financing)에 의해 상쇄된다는 것이다. 즉, 배당금의 분배로 인해 주식 가격이 하락하고 배당금으로 인해 투자자가 얻은 이익이 무효화된다는 것이다.

MM 이론은 다음의 가정을 기반으로 한다.

첫째, 완전시장을 가정한다. 모든 투자자가 합리적이며 비용을 들이지 않고 정보에 접근이 가능하며 거래 비용이 없으며 주식의 시장 가격에 영향을 미칠 대규모 투자자가 없다고 가정한다.

둘째, 거래의 대표적 마찰요인인 세금이 없다. 또는 세금을 가정하더라도 배당금과 자본 이득 모두 동일한 세율로 과세됨을 가정한다.

셋째, 기업은 기존 투자 정책을 변경하지 않는다. 배당금이 무엇이든 기업은 이미 결정한대로 투자한다는 의미이다.

넷째, 투자자는 배당소득과 자본이득 간에 무차별하다고 가정한다. 즉, 어떤 형태로 투자자에게 회수되건 두 경우 모두 동등한 만족을 얻는다.

다섯째, 불확실성의 위험이 없다. 모든 투자자는 미래 시장 가격과 배당금에 대해 확신한다. 이는 모든 기간의 모든 유형의 주식에 동일한 할인율이 적용된다는 것을 의미한다.

이러한 가정 하에 MM 평가공식은 다음과 같이 설정된다. 즉, 자본비용 k는 기말의 주가 P_1, 기초 주가 P_0, 그리고 기말까지 지급한 배당지급액 d로부터 산출된다.

$$\frac{P_1 + d - P_0}{P_0} = k$$

$$\Rightarrow P_1 = (1+k)P_0 - d \text{ or } P_0 = \frac{1}{1+k}[P_1 + d]$$

이때, P_1 : 기말 주식의 시가, P_0 : 기초 주식의 시가

k : 자본비용, d : 기말 수령한 배당금

n_0을 기초발행주식수, Δn을 신주발행주식수라 하면 기말의 총발행주식수는 $n_0 + \Delta n$이다.

$$n_1 = n_0 + \Delta n \quad (\text{또는 } n_0 = n_1 - \Delta n\ )$$

이제 앞서 1주당 개념의 MM 평가공식을 기업가치, 즉 기업총량개념으로 전환하자. 0시점의 기업가치 V_0은 각 시점의 발행주식수에 주당 주식가격을 곱하여 산출한다.

$$\begin{aligned}
V_0 &= n_0 \cdot P_0 \\
&= n_0\left[\frac{1}{1+k}[P_1 + d]\right] \\
&= (n_1 - \Delta n)\left(\frac{1}{1+k}\right)(P_1 + d) \\
&= \left(\frac{1}{1+k}\right)(n_1 P_1 + n_1 d - \Delta n P_1 - \Delta n d) \\
&= \left(\frac{1}{1+k}\right)(V_1 - \Delta n P_1 + (n_1 - \Delta n)d)
\end{aligned}$$

$$= \left(\frac{1}{1+k}\right)(V_1 - \Delta n P_1 + n_0 d)$$
$$= \left(\frac{1}{1+k}\right)(V_1 + D - \Delta n P_1)$$

따라서 이렇게 재정리된 기업가치 V_0는 두 가지 요소에 영향받는다. 즉, 직접적인 배당의사결정 D에 따른 양(+)의 효과와 $\Delta n P_1$을 통한 음(−)의 효과가 미치게 된다. 이 상황에서 기업에게는 다음의 딜레마가 발생한다. 즉, 향후 투자를 위한 자금원으로 배당을 줄이고 유보이익에 의존할 것인가, 아니면 배당을 높이고 동시에 신주를 발행할 것인가의 문제이다. 배당액을 높일수록 원하는 투자수준을 유지하기 위해서는 외부 자금원의 추가조달이 불가피하다. 이 두 효과는 서로 상쇄되기 때문에 사실상 가격에 아무런 영향을 미치지 않는다. 이를 공식으로 확증해 보자.

기업의 투자수준을 I로, 기업의 총순이익을 E라 하면, 외부 자금조달요구액은 총순이익에서 외부로 유출되는 배당액을 차감한 만큼과 원하는 투자액 간의 차이만큼이 된다.

$$\Delta n P_1 = I - [E - D]$$

이를 기업가치 V_0식과 결합하면 다음이 정리된다.

$$V_0 = \left(\frac{1}{1+k}\right)(V_1 + D - I + E - D)$$
$$= \left(\frac{1}{1+k}\right)(V_1 - I + E)$$

최종 기업가치 공식에서 D가 사라지게 된다. 물론 배당지급액 D 내지 배당정책과 기업가치를 설정하는 나머지 요소인 E, I, V_1과는 독립적이라는 전제가 요구된다.

결국 기업의 투자정책이 주어진 상태에서 배당정책은 현행 주가 또는 총수익에 영향을 주지 않으며 기업가치는 실질요인−기업자산의 수익 획득력, 투자정책−에 영향받는다고 결론지을 수 있다. 나아가 주주의 입장에서는 기업의 실현 수익률이 배당의 형태로 돌아오건 아니면 재투자되건 무차별하다. 왜냐하면 주주는 현금이 필요한 시점에 주식을 매각함으로써 자신 스스로의 배당금을 생성해낼 수 있기 때문이다. 이 논리가 바로 MM의 배당 무관련 이론의 최종 결과가 된다.

2) Bird in the hand Theory

Bird in the hand Theory는 기업의 배당정책에 관한 주요 이론 중 하나로 Gordon(1963)[4]과 Lintner(1964)[5]에 의해 앞서 살펴본 Modigliani와 Miller의 배당 무관련 이론에 대응하여 개발되었다. 이 모형은 기업가치가 배당금 지급과 양(+)의 관계를 가지며, 이에 따라 배당금의 증가는 주식의 가치 역시 상승시킬 것이라고 주장한다.

John Williams(1938)[6]는 주가가 내재가치에 의해 결정된다고 믿은 최초의 경제학자 중 한 명이다. 그는 주식의 가치는 오로지 해당 주식이 직접적으로 가져오는 금전적 이익에 의해서만 결정된다고 보았다. 따라서 보통주의 내재가치 또는 장기가치는 수령한 배당금의 형태로 예상되는 미래 순유입의 현재 가치와 판매가의 현재 가치를 합산한 만큼이 된다. Graham과 Dodd(1934)[7]는 다음의 가정을 제시하였다. 배당금 1 달러는 이익 잉여금 1 달러보다 주가에 평균 4배 더 큰 영향을 미친다는 것이다. 이것이 배당 배수를 사용하여 주가를 결정한다는 아이디어의 기초가 된다.

Gordon과 Lintner는 이 논리 하에 시장 상황이 불확실하고 정보가 비대칭이면 배당금은 자본 이득과 다르게 평가된다고 주장하였다. 이 개념은 '손에 든 한 마리 새는 덤불 속의 두 마리의 가치가 있다'라는 속담으로 요약된다. 이 모형은 다음의 가정들을 기반으로 한다.

첫째, 기업은 주식으로만 자금을 조달한다.
둘째, 기업에 대한 영속적인 이익 흐름이 발생한다.
셋째, 기업은 지속적으로 성장한다.
넷째, 자본비용(할인율)이 성장률보다 크다.
다섯째, 법인세는 존재하지 않는다.

이러한 가정 하에, 투자자들은 보다 위험한 미래 자본이득보다 안전한 배당금 지급

4 Gordon, M. J., Optimal Investment and Financing Policy, *Journal of Finance*, 18(2), 1963, pp. 264-272.

5 Lintner, J.,, "Optimal Dividends and Corporate Growth under Uncertainty", *The Quarterly Journal of Economics*, Volume 78, Issue 1, February 1964, Pages 49-95.

6 Williams, J. B., The Theory of Investment Value, Amsterdam: North Holland, 1938.

7 Graham, B., D. Dodd, Security Analysis, New York: McGraw-Hill, 1st edition, 1934.

(오늘의 현금(bird-in-the-hand))을 선호한다. 현재 배당금이 높을수록 투자자의 불확실성이 낮아진다는 것이다. 나아가 위험이 감소하면 주주에게 필요한 투자 수익률이 낮아지게 된다. 결과적으로 배당 성향이 높은 기업은 자본 비용이 낮아지고 주식 가치가 높아지게 된다.

이제 "bird-in-the-hand"모형, 즉 높은 배당금이 회사의 가치를 극대화한다는 것을 이론적으로 살펴보자. Gordon과 Shapiro(1956)[8]는 기업가치 V_0를 결정하기 위해 다음 모형을 개발했으며, 이는 미래 배당금 D_t를 현재 시점으로 할인한 가치를 기반으로 한다.

$$V_0 = \sum_{t=1}^{\infty} \frac{D_t}{(1+r_t)^t}$$

이 모형은 시간 경과에 따라 점점 더 높은 배당금을 지불하면 주가가 상승한다는 것을 보여준다. 그러나 배당금을 지불하면 투자에 사용할 수 있는 자금이 점차 감소하게 되며 배당금 증가율이 낮아지게 된다. 그러나 Gordon은 낮은 수준의 배당지급은 더 높은 할인율로 이어진다고 주장하였다. 결과적으로 낮은 자본 비용으로 인한 주가 상승은 저성장으로 인한 하락을 상쇄할 수 있게 된다.

추가로 Lintner(1956)는 표본 기업들을 대상으로 배당정책을 조사한 결과 관리자가 일정한 일정 수준의 배당금 지급을 선호한다는 사실을 발견하였다. 이에 따라 고정 배당(sticky dividends)의 개념을 도입하였다. 관리자는 의식적으로 배당금을 이전에 분배된 배당금과 비슷한 수준으로 유지한다는 것이다. 결과적으로 배당금의 변동은 주가 또는 이익의 변동보다 훨씬 작다. Lintner는 배당정책이 기업지배구조의 중요한 부분이며 여유자금 및 유보이익을 결정하는 결정은 배당금 지급규모에 달려 있다고 보았다. 이를 증명하기 위해 Gordon(1959)[9]은 투자자들이 특정 주식을 사는 이유에 대한 세 가지 가능성을 고려한 가설을 검증하였다. 세 유형은 배당금과 자본 이득을 받는 형태, 배당금만 받는 형태, 그리고 자본 이득만을 받는 형태가 그것이다. 이 가설을 검증하기 위해 1951-1954년의 4개 산업군 데이터 표본을 사용하여 다양한 회귀 모형을 검증하였다.

8 Gordon, M. J., E. Shapiro, "Capital Equipment Analysis: The Required Rate of Profit", *Management Science*, 3 (1), 1956, pp. 102-110.

9 Gordon, M. J., "Dividends, Earnings and Stock Prices", *Review of Economics and Statistics*, 41(2) - part 1, 1959, pp. 99-105.

배당금 가설은 다음 유형의 선형 회귀를 사용하였다.

$$P_{it} = \alpha_0 + \alpha_1 D_{it} + \alpha_2 R_{it} + \epsilon_{it}$$

이때, P_{it} : 기업 i의 t시점의 주당주가

D_{it} : 배당금

R_{it} : 유보이익

α_1 : 성장이 없는 보통주에 대한 요구수익률(배당계수)

α_2 : 성장의 가격(유보이익계수)

Gordon의 계산에 따르면 배당금은 이익 잉여금보다 주가에 더 큰 영향을 미치는 것으로 나타났다. 즉, 미래 이익의 불확실성이 커져 이익 잉여금에 비례하여 필요한 수익률이 증가한다는 것을 확인하였다. Fischer(1961)[10] 역시 1949－1957년 사이의 영국 데이터를 분석한 결과 동일한 결론을 확인하였다. 그럼에도 이 모형은 가정의 엄격함으로 인해 한계가 존재한다. 특히 다음의 이슈들을 설명하지 못한다.

첫째, 기업 간에 존재할 수 있는 위험 수준의 차이가 고려되지 못한다. 이 경우 배당계수 α_1이 과대하게 높게 나타날 가능성이 있다. 이러한 부정확한 결과로 인해 위험한 주식은 낮은 배당금 및 낮은 가격과 연관되고, 위험이 낮은 주식은 높은 배당금 및 높은 가격과 연관되는 비합리적 논리가 유도될 우려가 있다.

둘째, 회귀식에서 성장은 유보이익의 투자에 대한 결과로 가정한다. 따라서 외부자금 조달을 통해 성장할 수 있는 가능성이 배제된다. 이로 인해 유보이익의 계수 α_2의 오류 가능성이 존재한다.

셋째, 기업이 고정 배당 정책을 적용하면 단기 수익의 변화는 주로 유보이익에 영향을 미친다. 만일 주가와 배당금이 통상적인 이익이 아닌 당기 이익에만 연관되는 경우, 이러한 단기 변동은 배당금을 선호하는 방정식의 결과를 왜곡하게 된다.

넷째, 일부 회계 상의 제약으로 인해 배당금 대비 유보이익이 상대적으로 더 부정확하게 측정될 가능성이 있다. 이에 따라 유보이익 계수 α_2가 더 낮게 추정될 우려가 있다.

10 Fisher, G. R., "Some Factors Influencing Share Prices", *Economic Journal*, 71, 1961, pp. 121-141.

이러한 부정확성을 피하기 위해 Diamond(1967)[11]는 직전 기 (t−1) 주당 이익(PER)의 3년 평균값을 이용한 회귀모형을 제안하였다. 그는 1961−1962년의 8개 산업군 255개 미국 기업 표본을 사용하여 배당금과 이익 잉여금이 주가에 미치는 영향을 조사하였다. 그 결과 투자자들이 투자 이익보다 배당금을 선호하며, 성장률 수준이 상대적으로 높은 경우에는 이익 유보율이 배당금 지불보나 더 선호되고, 반대로 성장률이 낮은 산업분야에서는 배당금을 분배하려는 성향이 강하다는 사실이 확인되었다. 이러한 결과는 기업의 성장과 배당금 지급 사이에 음(−)의 관계를 나타낸다.

이와 다른 결과로 Baker et al.(2002)[12]는 뉴욕의 나스닥 장외시장기업의 관리자를 대상으로 하여 "bird−in−the−hand" 배당정책이론을 어떻게 인식하고 적용하는지 설문 조사하였다. 설문지의 질문 중 하나는 응답자들에게 "일반적으로 투자자들은 불확실한 미래의 주가 상승보다는 오늘 배당금을 지불하는 것을 선호한다"라는 질의를 평가토록 하였다. 설문 결과 17.1%만이 이에 동의하였고 54,9%는 반대, 28%는 판단하기 어렵다고 보았다. 이 연구는 배당금 지급에 대한 투자자의 선호가 지지되지 못하는 결과를 보였다.

이후 Bird−in−the−hand 이론은 배당정책이 회사의 자본 비용에 영향을 미치지 않으며 투자자가 배당금이나 자본 이득 간에 전적으로 무관련하다는 MM에 의해 비판받았다. MM은 Gordon과 Lintner의 이론을 'Bird−in−the−hand fallacy'라 불렀는데, 이는 대부분의 투자자가 유사하거나 같은 회사에 배당금을 재투자하며, 기업 위험이 영업 현금 흐름과 관련된 위험이며 회사의 배당금 지급 여부에 영향을 받지 않는다고 주장하였다.

이와 유사하게 Bhattacharya(1979)[13]는 기업 위험이 배당금 규모에 영향을 미치나, 반대로 배당금이 기업에 영향을 미치는 것은 아니라는 실증분석을 제시하였다.

그럼에도 배당과 기업 위험 사이에 음(−)의 관계, 즉 기업위험의 증가가 배당지급을 감소시킨다는 다수의 연구들이 존재한다.

11 Diamond, J. J., "Earnings Distribution and the Valuation of Share: Some Recent Evidence", *Journal of Financial and Quantitative Analysis*, 2(1), 1967, pp. 15-30.

12 Baker, H. K., G. E. Powell, E. T. Veit, "Revisiting the Dividend Puzzle: Do All of the Pieces Now Fit?", *Review of Financial Economics*, 11(4), 2002, pp. 241-261.

13 Bhattacharya, S., "Imperfect Information, Dividend Policy, and the Bird in the Hand Fallacy", *The Bell Journal of Economics*, 10(1), 1979, pp. 259-270.

종합하면, 당 이론의 근거는 현 시점의 배당 수익이 잠재적인 미래 자본 이득보다 덜 위험하다는 점에 근거한다. 이러한 이유 때문에 투자자들은 높은 성과를 내고 매우 좋은 평가를 받는 기업에 더 많은 가치를 부여한다. 기업이 더 나은 투자대비 성과를 내면 신용기관의 대출과 같은 외부 금융에 쉽게 접근할 수 있다. 따라서 Gordon(1963)의 주장대로 배당금을 지급한 기업은 더 나은 기업 가치를 누리게 된다. 기업에 대한 투자자의 인식은 일반적으로 배당금 지급에 기반하므로 기업이 투자자에게 배당금을 지급하는 경우, 회사에 대한 건전한 재무 상황을 전달하는 의미를 가지며, 그 반대의 경우도 그러하다. 회사가 지속가능한 기대 미래 현금 흐름을 확보하였다면 회사는 추가 자금의 소진 없이 투자자에게 배당금의 지불이 가능할 것이기 때문이다.

3) 세금의 고려

주주에게 배당금을 지급하는 근본적인 원인에 대한 또 다른 이론으로는 세금 선호도와 고객 효과에 특히 중점을 둔다.

실제로 많은 국가에서 이자·배당소득 외에 자본이득에 대해서도 폭넓게 과세하고 있으며 여러 금융투자소득을 묶어서 포괄적으로 과세하거나 이자와 배당은 금융투자소득이 아닌 종합소득으로 보는 등 세부적인 과세체계는 국가별로 다양하다. 그러나 세금 측면에서 배당금에 대한 수령시점에 세금을 즉시 지불해야 하며, 반면 자본 이득에 대한 세금은 존재할 경우 주식의 매각이후에 지급한다는 차이는 명확하다. 전적으로 이러한 차이만을 고려한다면 주주 부의 극대화를 위해서는 기업이 배당금을 지급하지 않아야 함을 시사한다. 따라서 주주에게 기업 이익을 배분하기 위해서 높은 세금 납부를 피할 필요가 있으며 기업은 이를 위해 자사주 매입을 시행하게 된다.

따라서 세금 효과 이론은 투자자와 기업이 일반적으로 현금 배당을 피하는 이유를 설명해 준다. 즉, 기업이 주주에게 배당금을 거의 또는 전혀 지불하지 않으면 자본 비용이 줄어들고 회사 주가가 상승하는 결과로 이어진다.

앞서 살펴본 MM의 배당무 관련 이론은 기업의 가치와 주주의 복지가 배당정책에 의해 결정되지 않기 때문에 완전시장 하에서 배당 정책이 아무런 영향을 미치지 못함을 주장하였다. 그러나 해당 이론의 가정 중 하나는 세금이 존재하지 않음을 가정하고 있다. 이 가정이 위배되고 배당금 또는 양도 소득에 과세된다면 주주는 합리적인 투자자로서 더 낮은 세율로 과세되는 소득을 받는 것을 선호할 것은 자명하다. MM은 배당비관련 이론을 주장한 이후 세금의 영향력에 초점을 맞추어 세금을 주로 자본시장의 체계적인 불완전성으로 간주하고 그 영향력을 무시할 수 없음을 스스로 지적하였다.

그 이후 다수의 연구들에서 세금의 영향력이 중요하게 부각되면서 배당금과 세금 간의 관계를 보여주는 세금조정모형(tax－adjusted model)들이 구축되고 분석되었다. 즉, 투자자는 세금 효과를 고려할 때 현금배당이 있는 주식이 더 높은 수익을 내도록 요구한다. 이 경우 배당금은 과세 후에도 주주에게 필요한 수준의 순이익을 보장할 수 있을 만큼 충분히 높아야 한다. 결과적으로 투자자들은 현금배당이 있는 주식에 대해 더 낮은 가격을 지불하는 경향이 나타난다.

이와 반대되는 측면의 모형으로는 세금회피모형(tax－avoidance model)이 있다. 이 모형에서는 배당금에 대한 과세가 투자 결정에 미미한 영향만을 미치는 것으로 해석한다. 즉, 배당금 지급과 세금 사이에 유의한 관계가 존재하지 않는다고 판단한다.

이와 같은 세금 효과 이론에서 고려해야 할 또 다른 문제는 투자자가 배당금과 자사주 매입 간에 무차별한지의 여부이다. 이에 대해 Farrar와 Selwyn(1967)[14]은 법인세와 개인세를 모두 고려하여 MM의 모형을 확장하였다. 이들은 투자자들이 자신의 순이익을 극대화하는 가정 하의 부분 균형 모델을 사용한다. 현금배당 또는 자사주 매입 중 하나를 선택하려면 투자자는 어느 것이 더 높은 순이익을 가져 오는지를 판단할 필요가 있다.

만일 기업이 수익을 현금배당의 형태로 배분하기로 결정하면 주주는 세금 납부 후 주당 다음과 같은 소득을 받는다.

$$Z^d = [(X_t - kD_c)(1 - t_c) - kD_p](1 - t_p)$$

이때, Z^d : 모든 세금 공제 후 현금배당으로 얻어지는 투자자 순이익

X_t : 주당 영업이익

D_c : 기업의 부채, D_p : 투자자 개인의 부채

t_c : 법인세율, t_p : 배당에 대한 개인소득세율

k : 부채이자율 (단, 기업과 개인이 모두 동일함을 가정)

14 Farrar, D. E., L. L. Selwyn, "Taxes, Corporate Financial Policy and Return to Investors", *National Tax Journal*, 20(4), 1967, pp. 444-454.

이제 기업이 자사주를 재매입할 때 주주는 자본이득에 대한 세금을 제외한 후의 이익을 받으며 다음과 같다.

$$Z^g = (X_t - kD_c)(1-t_c)(1-t_g) - kD_p(1-t_p)$$

이때, Z^g : 모든 세금 공제 후 자본이득으로 얻어지는 투자자 순이익
t_g : 개인투자자 자본이득에 대한 세율

이 Z^g는 일부 조정을 거쳐 다음 식으로 전환할 수 있다.

$$Z^{g'} = [(X_t - kD_c)(1-t_c) - kD_p](1-t_g) + kD_p(t_p - t_g)$$

이제 앞서 Z^d와 $Z^{g'}$을 비교하면 투자자의 잠재적 순이익의 크기는 배당에 대한 개인소득세율 t_p와 자본이득에 대한 세율 t_g에 달려있다는 점을 확인하게 된다.

배당소득	$Z^d = [(X_t - kD_c)(1-t_c) - kD_p](1-t_p)$
자본이득	$Z^{g'} = [(X_t - kD_c)(1-t_c) - kD_p](1-t_g) + kD_p(t_p - t_g)$

이제 t_p와 t_g의 상호 상대적 수준에 따라 배당소득과 자본이득 간 우열이 달라진다.

첫째, $t_p < t_g$일 경우, $Z^d > Z^{g'}$이 되어 합리적 투자자는 자본이득보다 현금배당을 더 선호하게 된다.

둘째, $t_p = t_g$일 경우, $Z^d = Z^{g'}$이 되어 배당소득과 자본이득은 무차별하다.

셋째, $t_p > t_g$일 경우, $Z^d < Z^{g'}$이 되어 합리적 투자자는 현금배당보다 자본이득을 더 선호하게 된다.

4) 고객효과의 고려

높은 세율을 적용받는 투자자들은 배당세에 강하게 반응하는 경향이 있다. 즉, 이러한 투자자들의 합리적 선택은 배당금이 없거나 최소 배당이 있는 주식을 매입하는 것이다. 반면 세금 부담이 적은 주주는 현금배당을 더 많이 해주는 종목에 몰리게 된다. 이렇듯 서로 다른 세금으로 인한 선호도의 차이는 세금에 대한 고객별 민감도에 따라 서로 다르게 나타난다. 이를 고객효과라 정의한다. 이 고객효과에 따르면 기업의 배당정책

은 투자자의 특성에 따라 과세 압력을 최적화해야 한다. 두 가지 유형의 세금관련 고객효과가 제시되었는데, 고정고객모형(Static clientele models)와 동적고객모형(Dynamic clientele models)이 그것이다.

우선 고정고객모형은 앞서 살펴본 MM 모형이 포함된다. 이 모형은 기업이 고객의 세금 부담을 최소화하기 위해 정책을 펴야 하는 동기를 부여한다. 이후 시장이 균형에 도달하면 세금 부담을 줄일 수 있는 추가적인 기회가 없기 때문에 모든 기업이 동등하게 평가된다. 예시적으로 모든 투자자가 자본 이득보다 높은 현금 배당세율을 적용받을 경우, 기업이 선택해야 하는 정책은 현금배당의 지급을 최소화하는 것이므로 높은 배당금을 지불하는 회사는 배당금이 낮거나 전혀 없는 기업에 비해 낮은 평가를 받게 된다.

동적고객모형은 배당이 지급된 배당락 이후에도 주가가 현금 배당액보다 적게 하락하는 실증적 추세를 설명하기 위한 모형으로 세금에 대응한 고객효과 외에 거래 비용에 대응한 고객효과가 고려될 필요가 있음을 주장하는 모형이다. 거래 비용은 배당정책에 두 가지 방향－포트폴리오 형성 및 자본구조(capital structure)에 영향을 미친다.

첫째, 거래 비용은 투자자의 주식 매각 또는 재투자 등 투자자의 포트폴리오 구축과 관련된다. 예를 들어, 주식 매도 행위는 상당한 거래 비용이 포함될 수 있기 때문에 현재 소비를 유지하거나 늘리기 위해서 투자자가 배당금이 있는 주식을 선호하게 된다. 그러나 배당금보다 자본 이득을 선호하는 부유한 투자자는 배당금의 재투자와 관련된 거래비용을 회피하기 위해 적절한 주식 매입을 더 선호할 수도 있다.

둘째, 배당정책은 회사의 자본 구조에 영향을 미친다. 때로 배당금의 지급은 그 재원을 신주발행이나 차입을 통해 부분적으로 조달할 수 있다. 이러한 비용이 상당할 경우 회사 경영진은 대부분 자체 내부 재원을 사용하고 배당금 지급을 자제하려는 행태를 보이게 된다. 이렇듯 거래 비용은 배당에 대한 세금과 유사한 방식으로 배당정책에 영향을 미친다. 결과적으로 거래 비용으로 인한 고객 효과 가설이 발생한다.

5) 명성(Reputation)을 고려한 행태적 영향

Warther(1993)[15]는 배당금에 대한 “sleeping dog” 접근방식을 제안하였다. 이 이론

15 Warther, V 1993. “Boards, dividends, and sleeping dogs”, Graduate School of Business. University of Chicago: Chicago; 1993.

은 배당의 결정은 경영자가 주주와의 갈등 내지 과도한 통제와 간섭을 피할 수 있을 만큼의 지불을 한다는 접근법이다. 즉, 관리자가 어느 정도 높은 배당금을 사용하여 외부 주주가 운영 관리에 개입하지 못하도록(개입이 불필요하도록) 하는 상황을 설명해 준다. Gomes(2000)는 이 아이디어를 발전시켜 대주주가 소수 주주를 잘 대우함으로써 명성을 쌓는 경향이 있음을 주장하였다. 그의 모형에 따르면 대주주(blockholder)는 효과적인 지배구조 메커니즘에 의한 보호가 부족한 소수 주주를 완전히 무시하거나 착취하지 않는다. 즉, 경영자는 대주주와 소수 주주 간에 충돌이 일어나지 않도록 하는 동시에 소수 주주에 대한 적절한 고려를 통해 전반적인 명성이 유지되도록 하는 최적 균형을 찾아 배당정책을 수립하게 된다. 여기서 '명성의 유지'라는 개념은 기업의 경영자가 대주주를 기쁘게 함과 동시에 수익에 대한 감시가 강화되지 않도록 하기 위한 목적을 갖는다. 나아가 소수주주 역시 만족할 수준의 배당정책을 마련함으로써 경영자는 명성을 쌓을 수 있다.

배당을 높게 유지하는 것과 명성 간의 관계는 고배당 지급을 통해 잉여 현금의 오용이 제한되어 내부적으로는 대주주 및 소수주주들에게 긍정적 시그널로 작용할 수 있기 때문이다. 따라서 이러한 평판구축행동은 신주 발행이 계획되어 있을 때 더 높은 배당금을 지불하는 경향으로도 나타난다. 특히 기업 내부의 비효율성이 높거나, 내부 지배구조의 비효율적 메커니즘이 존재할 경우 신규 투자자들은 해당 기업의 주식투자를 꺼리게 되므로 사전적으로 더 높은 배당금을 지불함으로써 비효율적인 기업의 현 상태를 극복할 수 있게 된다. 즉, 평판구축행위 내지 의지는 수익발생분 중 더 많은 부분을 주주에게 직접적으로 반환하는 행위로 이어지게 된다.

찾아보기

[공저자약력]

이 필 상

서울대학교 금속공학 학사
美 컬럼비아대학교 경영대학원 경영학 석사
美 컬럼비아대학교 경영대학원 경영학 박사
고려대학교 경영대학 교수
고려대 총장
제7대 유한재단 이사장
현) 서울대학교 경제학부 특임교수

안 동 현

고려대학교 경영학 학사
고려대학교 대학원 경영학 석사
美 뉴욕대학교 대학원 경영학 박사
고려대학교 경영대학 교수
자본시장연구원장
美 노스캐롤라이나 주립대학 풀신부교수
현) 서울대학교 경제학부 교수

손 삼 호

부산대학교 경제학과 학사
서울대학교 경제학부 석사
서울대학교 경제학부 박사
경일대학교 금융증권학과 조교수
현) 순천향대 경제금융학과 부교수

최 영 민

한국외국어대학교 경영학 학사
고려대학교 대학원 경영학 석사
고려대학교 대학원 경영학 박사
LG투자증권, 삼성생명
현) 국민연금연구원 기금정책분석실 연구위원

주식의 이해 – 기본학습을 위한 길라잡이–

2022년 4월 10일 제 1 판 인쇄
2022년 4월 20일 제 1 판 발행

공저자 이필상 안동현 손삼호 최영민
발행인 임 권 규
발행처 홍 문 사

05855 서울시 송파구 송파대로 167 테라타워 B동 802호
등록 1993. 6. 24. 제1-1543호
TEL. 712-5311(代) FAX 716-5311

값 29,000원

ISBN 978-89-7770-723-8 93320